JOÃO CÂNDIDO E OS NAVEGANTES NEGROS: A REVOLTA DA CHIBATA E A SEGUNDA ABOLIÇÃO

Sílvia Capanema

JOÃO CÂNDIDO E OS NAVEGANTES NEGROS: A REVOLTA DA CHIBATA E A SEGUNDA ABOLIÇÃO

2. ed.

Todos os direitos desta edição reservados à Editora Malê.
Direção: Francisco Jorge & Vagner Amaro

João Cândido e os navegantes negros: a Revolta da Chibata e a segunda abolição
ISBN: 978-85-92736-72-9
Edição: Vagner Amaro
Capa: Dandarra Santana
Diagramação: Maristela Meneghetti

Texto revisado segundo o novo Acordo Ortográfico da Língua Portuguesa.
Proibida a reprodução, no todo, ou em parte, através de quaisquer meios.

Dados internacionais de catalogação na publicação (CIP)
Vagner Amaro – Bibliotecário - CRB-7/5224

```
S232m   Capanema, Sílvia
            João Cândido e os navegantes negro: a Revolta
        da Chibata e a segunda abolição / Sílvia Capanema. —
        Rio de Janeiro, 2022.
        402 p.

        ISBN 978-85-92736-72-9

        1. História do Brasil 2. Revolta da Chibata
        2. Cândido, João, 1880-1969 I. Título.
                                            CDD 981
```

Índices para catálogo sistemático: 1. História do Brasil 981

Editora Malê
Rua Acre, 83, sala 202, Centro. Rio de Janeiro (RJ)
www.editoramale.com.br
contato@editoramale.com.br

"Eles combinaram de nos matar,
mas nós combinamos de não morrer."
(Conceição Evaristo)

"Nasci livre no Império e fui escravo na República."
(João Cândido)

"Portanto, para ser ativada pelo negro e pelo mulato, a negação do mito da democracia racial no plano prático exige uma estratégia de luta política corajosa, pela qual a fusão de 'raça' e 'classe' regule a eclosão do Povo na história."
(Florestan Fernandes)

LISTA DE ABREVIAÇÕES

ABI – Associação Brasileira de Imprensa
AMFNB – Associação de Marinheiros e Fuzileiros Navais do Brasil
AN – Arquivo Nacional
BN – Batalhão Naval
CMN – Corpo de Marinheiros Nacionais
DPHDM – Diretoria do Patrimônio Histórico e de Documentação da Marinha
EAM – Escola de Aprendizes Marinheiros
GIA – Gabinete de Identificação da Armada
L – Livro
MIS – Museu da Imagem e do Som
MN – Marinheiros Nacionais
MODAC – Movimento Democrático pela Anistia e Cidadania
RMM – Relatório do Ministro da Marinha
UMNA – Unidade de Mobilização Nacional pela Anistia

SUMÁRIO

INTRODUÇÃO..11
Há muito tempo nas águas da Guanabara... Raça, Revolta e República no Brasil..11
Marias, Mahins, Marielles, Malês e... Marujos...13
Aviso aos navegantes: considerações sobre as fontes e os capítulos antes de embarcar..18

ADEUS À ESCRAVIDÃO E VIVA A REPÚBLICA: A MARINHA DE GUERRA RUMO À MODERNIDADE OCIDENTAL?...........................25
Os militares, as elites civis e uma República sem cidadãos no Brasil..........27
A modernização urbana do Rio de Janeiro e a invenção das favelas..........33
A modernização da Marinha de Guerra: as propostas para o material......35
Da jovem escola ao projeto naval do ministro Noronha (1904).................39
Adaptar os navios, prevenir a guerra: os projetos de renovação naval.......43
O programa naval de 1906: Alexandrino de Alencar, os diplomatas e a corrida "rumo ao mar"...46
Viva o "Minas Gerais", o gigante do mar..53

UM "VIVEIRO" DE HOMENS "ADESTRADOS" PARA A ARMADA: RECRUTAMENTO E FORMAÇÃO DE MARUJOS NO PÓS-ABOLIÇÃO..57
O recrutamento na Marinha do século XIX...57
Marinheiros e soldados para a República...62
O lado obscuro do recrutamento forçado..65

As escolas da Armada brasileira: modelos e experiências de marinheiros e oficiais na República 68
Uma escola para os oficiais 69
Do outro lado do mesmo barco: a escola de aprendizes marinheiros 71
A virada da era Alexandrino de Alencar 73
Uma cartografia das escolas de aprendizes 74
Ensino e recrutamento nas escolas de aprendizes a marinheiro 81
O aprendiz de marinheiro: entre a instituição e o indivíduo 89
João Cândido, um aprendiz marinheiro 93

SER MARINHEIRO NO BRASIL PÓS-ABOLICIONISTA: PERFIL COLETIVO E NASCIMENTO DE UM SENTIMENTO COMUM 101
O olhar dos outros 101
Sujeitos fichados: o serviço de identificação da Marinha 104
A cor e a raça dos marinheiros e soldados navais 109
Sujeitos conotados: as definições dos dicionários 111
Classes trabalhadoras, classes perigosas: os soldados navais 113
Para além da cor: outros índices de identificação de marujos e soldados navais .. 115
Ser marinheiro, soldado ou ter outra profissão 119
Trajetórias: do registro criminal às promoções 122
Tornar-se sargento ou tenente na Marinha de guerra 129
O corpo como linguagem: marcas e tatuagens, o nascimento de uma autoidentificação de marinheiro? 130
A escrita das tatuagens 134

CORPOS NO TRABALHO: VIDA COTIDIANA, MASCULINIDADE, PODER E PUNIÇÃO NO CORPO DE MARINHEIROS NACIONAIS 143
A vida de marujo nos navios de guerra no início do século XX 143
A falta de braços 145
Comer e beber na Marinha de guerra: as tabelas dos oficiais para o rancho dos marujos 149

Corpos em sofrimento: a saúde dos marujos nacionais 154
As doenças dos marujos em 1909 156
Sodomia, prostituição e poder: a vida sexual dos marujos e homens do mar 160
O corpo do militar, o corpo masculino: maturidade, hierarquia e posição social "através do bigode" 164
Ser bigodudo no Brasil dos anos de 1910 167
Corpos rebeldes: crimes e castigos na Marinha de guerra 172
Corpos punidos, corpos torturados: o pragmatismo e o sentido da chibata na Marinha 178
Os castigos corporais numa perspectiva internacional 183

MARINHEIROS EM AÇÃO: AS REVOLTAS DE NOVEMBRO E DEZEMBRO DE 1910 191
As primeiras horas da sublevação 191
A bordo dos navios rebeldes 198
As reações da esfera política 205
Uma saída para a crise: anistia ou contra-ataque? 212
A anistia votada pelos políticos e vivida pelos marujos 218
A Marinha depois da anistia: um retorno à ordem? 227
O motim de dezembro: um golpe montado? 233
A repressão: prisões e deportação 239

NO PALCO DA REVOLTA: ENSAIO, ATORES, RECEPÇÃO 251
O prelúdio: a organização de uma revolta 251
Os comitês rebeldes 252
O que querem os marinheiros nacionais? 259
Os atores ocupam a cena 264
Outros protagonistas de 1910 271
Um "novo" antigo líder: a história de Adalberto Ferreira Ribas 282
Um teatro de opiniões: a revolta na imprensa 287
Marinheiros, jornalistas e fotógrafos 292

Uma inversão de papéis cômica e violenta: a revolta de 1910 na caricatura e na sátira 296
De um espetáculo a outro: cantar, filmar e representar os marinheiros de 1910. 303
A revolta nas telas e no palco 306

SALVE O NAVEGANTE NEGRO: REVOLTA E MEMÓRIA 311
Quando o ator se torna escritor: as memórias de João Cândido 311
João Cândido ou João do Rio? 314
Os primeiros autores de uma história censurada: o nascimento de um herói popular 317
Do retorno à imprensa às primeiras versões oficiais da Armada: um herói desconstruído 324
O despertar de um herói romântico 326
A "Revolta da Chibata": o jornalista e o marujo fazem história 327
A Revolta da Chibata e o golpe de estado militar de 1964 338
Ditadura e perseguições 343
Uma nova aurora: a revolta dá samba 345
Entre canção e edição: duas novas publicações 351
As vozes da revolta 355
A memória da revolta: uma história de família 362

EPÍLOGO 375
Para além das pedras pisadas do cais: João Cândido e a revolta dos marinheiros no século XXI 375

FONTES E BIBLIOGRAFIA 381

INTRODUÇÃO

HÁ MUITO TEMPO NAS ÁGUAS DA GUANABARA... RAÇA, REVOLTA E REPÚBLICA NO BRASIL

Na noite do 22 de novembro de 1910, mais de dois mil e trezentos marinheiros se revoltam na baía da Guanabara, no Rio de Janeiro. Eles ocupam os principais navios da frota brasileira, os moderníssimos e poderosos encouraçados Minas Gerais e São Paulo, o *scout* Bahia e o mais antigo mas ainda imponente encouraçado Deodoro. Os três primeiros, encomendados na Europa, faziam parte de um plano naval e tinham sido entregues à Marinha de Guerra do Brasil no mesmo ano. Os marujos rebeldes, homens jovens e oriundos das classes populares, na maioria negros e pardos, em grande parte nordestinos e nortistas, apontam os canhões dos navios contra a cidade do Rio de Janeiro, visando ao poder federal. A principal exigência do movimento é a supressão das punições corporais e, em particular, do uso da chibata. As outras reivindicações centrais: substituir os superiores considerados autoritários e "incompetentes", aumentar o soldo, melhorar a educação dos marujos e a qualidade da comida e instaurar uma nova tabela de serviços, com redução do tempo de trabalho. As principais palavras de ordem exigiam "liberdade" e "abaixo a chibata", pediam para que fossem tratados como "marinheiros, cidadãos brasileiros e republicanos", e não como "escravos de oficiais". Como sabemos, o Brasil foi o último país do espaço ocidental a abolir a escravidão, somente em 1888, e a República foi instaurada um ano depois, em 1889.

A revolta dos marujos dura cinco dias e mobiliza a opinião no Brasil e no mundo afora. Vários órgãos da imprensa e personalidades públicas manifestam simpatia pelos marinheiros. Outros criticam o ato de insubordinação, mesmo se reconhecem a legitimidade das reivindicações do movimento, sobretudo a supressão dos castigos corporais, cuja revelação em grande escala, no âmbito de uma instituição nacional em pleno ano de 1910, causa repugnância. No parlamento nacional, a revolta encontra também apoio de diversos políticos, como o jurista e senador Rui Barbosa, e a maior parte dos parlamentares se pronuncia favoravelmente por uma solução rápida e sem maiores perdas humanas e materiais. Nessas condições, o governo concede anistia aos "reclamantes", um dos termos usados pelos marujos para se identificarem.

O plano de revolta foi elaborado durante meses e em absoluto segredo, a partir da experiência internacional dos marujos e contato com outros trabalhadores navais, com importante papel da comunicação escrita. Nas páginas de jornais e nos escritos de correspondentes e observadores estrangeiros, os marujos aparecem como "comandantes", "oficiais", "navegantes" negros e populares. João Cândido (1880-1969), o líder da rebelião, recebe a alcunha de Almirante Negro. Essa apropriação das hierarquias é uma escolha dos próprios praças, que apontam entre si comandantes, imediatos, oficiais, para cada navio rebelde.

No entanto, o Estado autoriza, alguns dias depois da assinatura da anistia e através de um decreto, a exclusão dos elementos considerados "prejudiciais" à disciplina a bordo. Aproximadamente mil marinheiros são expulsos da Marinha em dezembro do mesmo ano. Um clima de desconfiança entre oficiais e marujos toma conta dos navios. Os oficiais desejam vingar a morte dos colegas – são mortos seis oficiais e seis marinheiros na noite de tomada do poder dos navios – e não aceitam a quebra das hierarquias. Quanto aos marinheiros, alguns se mostram descontentes com o fato de não terem obtido nenhuma garantia concreta em resposta às suas reivindicações, nenhuma mudança na legislação e nos decretos. Circulam rumores de um possível ataque dos navios pelas forças do Exército. Nesse contexto, uma segunda revolta acontece no início de dezembro no Batalhão Naval. Essa revolta dos soldados navais provoca centenas de mortes e feridos e é rapidamente reprimida pelas autoridades da República.

Os parlamentares, não sem oposição, aproveitam para declarar estado de sítio e prender centenas de pessoas. Um navio é preparado para extraditar na Amazônia brasileira 491 pessoas, entre as quais 105 marinheiros e outros sujeitos das classes populares, identificados como "vagabundos, prostitutas, soldados do Exército."[1] Muitos passageiros morrem durante a viagem, nove são fuzilados. Dezenas de membros da revolta de novembro de 1910 são presos em celas na Ilha das Cobras, presídio do complexo da Marinha no Rio de Janeiro, durante o Natal do mesmo ano. A maior parte morre ao cabo de três dias, sufocados e desidratados. Em uma das celas, identificada como uma solitária, mas onde foram colocados 18 homens, somente dois sobrevivem: o marinheiro primeira-classe João Cândido e o fuzileiro naval João Avelino Lira.

Um Conselho de Guerra com o intuito de investigar a responsabilidade dos rebeldes de novembro na revolta de dezembro de 1910 é formado. Entre os 70 intimados, somente 10 se apresentam, os outros são considerados "desaparecidos, fuzilados, mortos por insolação". Todos os 10 são absolvidos em dezembro de 1912, sendo provada sua fidelidade ao governo depois da anistia.

O conjunto desses acontecimentos ficou conhecido pela historiografia brasileira como *Revolta da Chibata*, título de uma obra clássica do jornalista Edmar Morel cuja primeira edição data de 1959, lançada no contexto do "intervalo democrático", entre o fim do Estado Novo de Getúlio Vargas e o golpe civil e militar de 1964. Trata-se de um caso exemplar de repressão do Estado contra os rebeldes, afrodescendentes e classes populares. Uma revolta que revela contradições na jovem República brasileira. Um momento de tomada do poder e da palavra por marinheiros subalternos, organizados em torno de reivindicações ligadas a suas origens, memórias, experiências, classe social e anseios.

Marias, Mahins, Marielles, Malês e... Marujos

Em fevereiro de 2019, a escola de samba carioca Mangueira marcou o Carnaval – e os espíritos – com seu samba-enredo desenvolvido pelo carnavalesco

---

[1] Eram "105 ex-marinheiros, 292 vagabundos, 44 mulheres e 50 soldados do Exército". Cf.: DPHDM, Divisão de Documentos Especiais. STORRY, Carlos Brandão. "Relatório da viagem extraordinária do paquete Satélite a Santo Antônio do Rio Madeira", 06/03/1911.

Leandro Vieira que ecoava: "Brasil chegou a vez, de ouvir as Marias, Mahins, Marielles, Malês". O samba, intitulado "História para ninar gente grande", campeão do desfile da Sapucaí, além de evocar mulheres e atores sociais comuns (Marias), homenageia heroínas desconhecidas (Maria Felipa de Oliveira, descendente de escravizados que liderou a resistência contra os portugueses na Ilha de Itaparica, no contexto da resistência baiana contra a Independência). Valoriza a herança dos escravizados que resistem (Luíza Mahin e Malês, em referência à revolta de escravizados letrados de religião islâmica que acontece em 1835 em Salvador) e a luta contemporânea dos afrodescendentes e sujeitos periféricos no Brasil (Marielles, em homenagem à vereadora Marielle Franco, assassinada em março de 2018). Com forte evocação feminista, a letra diz também:

> Brasil, meu nego
> Deixa eu te contar
> A história que a história não conta
> O avesso do mesmo lugar
> Na luta é que a gente se encontra
>
> Brasil, meu dengo
> A Mangueira chegou
> Com versos que o livro apagou
> Desde 1500 tem mais invasão do que descobrimento
> Tem sangue retinto pisado
> Atrás do herói emoldurado
> Mulheres, tamoios, mulatos
> Eu quero um país que não está no retrato

Estes trechos contemporâneos são provocativos e emblemáticos. O samba nos convida a pensar no sangue que existe por trás dos heróis oficiais. Numa história que se constrói com lutas e pelos que "estão embaixo", mas também com atores sociais plurais, que não estão no retrato pendurado nas galerias de imagens, no Panteão nacional.

Em 1975, seis anos após a morte de João Cândido (Rio Pardo, 1880 – Rio de Janeiro, 1969), e em plena ditadura civil e militar, os compositores Aldir Blanc e João Bosco lançam o belíssimo samba "Mestre-Sala dos Mares", imortalizado na voz de Elis Regina. A música começa com os versos "Há muito tempo nas águas da Guanabara". Como veremos no capítulo final deste livro, fazem uma homenagem ao Almirante Negro, que se torna "navegante" para escapar da censura sem perder a força da figura de linguagem. Cantavam eles:

> Glória a todas as lutas inglórias
> Que através da nossa História
> Não esquecemos jamais
>
> Salve o navegante negro
> Que tem por monumento
> As pedras pisadas do cais

A música reconhecia a importância e o papel da história para que os corpos violentados dos marinheiros marcados por "rubras cascatas" que "jorravam das costas dos santos entre cantos e chibatas" não sejam esquecidos. A revolta dos marinheiros seria, nesse sentido, um momento de eclosão da resistência, nos termos de Achille Mbembe: "quando o poder brutaliza o corpo, a resistência assume uma forma visceral."[2] Os compositores lamentavam, todavia, a ausência de monumentos. Mesmo que hoje já exista algo mais do que "as pedras pisadas do cais" como "lugares de memória". A própria canção é um monumento dinâmico a João Cândido e a seus companheiros, cujos nomes gostaria de citar aqui, pelo menos alguns deles: Gregório do Nascimento, Francisco Dias Martins, André Avelino Santanna, Deusdedit Teles de Andrade, Vitalino José Ferreira, Ricardo de Freitas, Adalberto Ferreira Ribas, José Alves. Um pouco sobre a vida deles estão nas páginas seguintes.

Um paralelo entre os dois sambas, para além de dizer muito sobre a relação entre história, memória e cultura popular, surge como uma verdadeira interpelação no contexto atual. Um contexto de reivindicações pela memória no espaço público, mas também de reconhecimento da luta de atores sociais, cidadãos e afrodescendentes. Na sequência de conquistas dos afrodescendentes, como o

---
[2] MBEMBE, Achille. Citado em *El Diário*, em 16 de junho de 2016. Ver também, do autor: Mbembe, 2018.

estatuto da igualdade racial de 2010, a política de cotas nas Universidades que começa em 2002 em alguns Estados e se generaliza em 2012, a obrigatoriedade do ensino de história e cultura africana nas escolas por uma lei de 2003, surge todo um debate sobre a luta antirracista que envolve a repressão policial, bem como todas as instituições e estruturas das sociedades do mundo Atlântico, a reivindicação por igualdade, lugares de poder, de fala e de representação.[3] O censo brasileiro de 2010, nesse sentido, representa uma grande virada. Pela primeira vez, os afrodescendentes são reconhecidos estatisticamente como maioria da população brasileira, correspondendo a 51% das pessoas que se autoidentificam como de cor preta ou parda. E nas páginas da história? E mais do que isso, como reinterpretar a sociedade brasileira à luz do escravismo e da desigualdade[4], os dois grandes eixos, pode-se dizer, da nossa "civilização".

Se a questão são os livros de história, uma observação feita por um colega, historiador africano-americano, que convidamos para um seminário realizado na UERJ na ocasião do centenário da Revolta, nunca me saiu da cabeça.[5] Zachary R. Morgan dizia, com outras palavras certamente: um tema como este, uma revolta como esta, nos Estados Unidos, já teria sido objeto de dezenas de livros, frutos de pesquisas de historiadores e universitários.

A partir dos anos de 1980, outra sublevação popular, a Revolta da Vacina (Rio de Janeiro, 1904) é objeto de crescente interesse dos historiadores, beneficiando o debate em torno da noção de cidadania no contexto da redemocratização do país e da Constituição de 1988.[6] Pode-se dizer que, de certa forma, um interesse pela revolta dos marinheiros de 1910, no âmbito acadêmico, surge nos anos 2000, impulsionado pela emergência da questão racial.

Pelo menos quatro teses são defendidas nesse contexto. José Miguel Arias Neto (2001), a partir sobretudo dos relatórios de ministros e outras fontes, retraça o processo histórico da Marinha durante o Império e o início da República, inserindo a revolta no contexto mais complexo de luta pela cidadania.

---

[3] Duas referências biográficas, dentre outras, marcam bastante o contexto dos debates atuais no Brasil: Ribeiro, 2017; Almeida, 2018.
[4] Obra importante nesse contexto que provoca debate e propõe repensar a desigualdade estrutural e a sociedade escravocrata brasileira num tempo longo é: Sousa, 2019.
[5] Seminário "Revolta da Chibata – 100 anos, história e historiografia", organizado por Marco Morel, Tânia Bessone e Sílvia Capanema, na Universidade do Estado do Rio de Janeiro – UERJ, nos dias 9 e 10 de setembro de 2010.
[6] Alguns desses trabalhos: Carvalho, 1987; Sevcenko, 2018; Chalhoub, 1997.

Álvaro Pereira do Nascimento (2002), por sua vez, estuda as lógicas dos castigos corporais desde o século XIX, a experiência cotidiana dos marujos, a criação de uma consciência de classe e profissional. Zacharias R. Morgan (2001) discute os processos militares durante o fim do século XIX buscando compreender as relações entre identidade afrodescendente e a revolta de 1910. Eu, Sílvia Capanema (2009), propus estudar a revolta como acontecimento, buscando seus antecedentes na Marinha e nas formas de recrutamento e vida cotidiana, sua historicidade, sua recepção e sua memória.

No que diz respeito aos livros publicados, a grande referência, tanto para especialistas quanto para um público mais amplo, continua sendo a obra de Edmar Morel, que recebeu uma sexta edição em 2016. Mesmo sendo o trabalho de um jornalista, o livro apresenta discussões teóricas e um bom número de fontes de primeira ordem, inclusive o testemunho de João Cândido. Ele é o ponto de partida para muitos de nós. Álvaro Pereira do Nascimento publica no Brasil dois excelentes livros, um contendo sua pesquisa premiada no Arquivo Nacional sobre uma forma de "economia dos castigos corporais" no século XIX e outro com os resultados da sua tese de doutorado.[7] Nos Estados Unidos, duas outras boas obras são publicadas: a versão em livro universitário da tese de Morgan (2014) e a excelente pesquisa do historiador brasilianista Joseph Love (2012), que revela sobretudo as redes de relações internacionais da Marinha. Além disso, outros livros paradidáticos, como o de Mário Maestri (1998), são publicados, bem como o testemunho do marinheiro João Cândido, em 1968, ao Museu da Imagem e do Som numa versão enriquecida com diversos artigos.[8] Como não podia deixar de ser, destaca-se também o trabalho de um "historiador naval", o vice-almirante Hélio Leôncio Martins (1988), que analisa a revolta do ponto de vista interno institucional, com uma pesquisa séria feita a partir de vários documentos. Também Henrique Samet (2011) publica os resultados de sua pesquisa sobre a Revolta do Batalhão Naval.

Não pretendo aqui citar todas as referências que existem, mas as mais relevantes, que estão longe das dezenas de trabalhos que o assunto mereceria

---

[7] Nascimento, 2001; Nascimento, 2008.
[8] MIS, 1999.

em seu próprio país, nos dizeres de nosso colega norte-americano. Há uma nova geração de estudantes de história, de pessoas engajadas politicamente de diferentes formas, de marujos e sobretudo de cidadãs e cidadãos brasileiros com grande interesse pelo tema, em pleno século XXI.

Nesse sentido, ouso pensar que ainda precisamos ouvir Marias, Mahins, Marielles, Malês e Marujos de 1910, embora seja uma história praticamente só protagonizada – e escrita – por homens (mais uma!). Desbravar as águas do tema e da Marinha nacional, para mim, foi um desafio e tanto. Além disso, ousar propor outro olhar, com sensibilidade, interrogações sobres os atores e as vozes, colocando o acontecimento no seu tempo, mas também vislumbrando a memória da revolta como parte integrante da sua própria história, num Brasil escravocrata, periferia do capitalismo e repressor, que é também país de lutas, de avanços e de transformações, com a condição de que os espaços sejam concedidos – ou melhor, ocupados.

Como veremos nas páginas a seguir, um "acontecimento", no sentido histórico, revela mecanismos profundos e por vezes invisibilizados de uma sociedade. Quem foram os marinheiros de 1910? Como eles entraram para a Marinha e como era a Marinha do tempo deles? Como eles organizaram a revolta contra a chibata? O que aconteceu? Como essa revolta foi recebida no seu tempo e como ela entra, ou não, na memória nacional? Que país é este que não está no retrato?

Aviso aos navegantes: considerações sobre as fontes e os capítulos antes de embarcar

Três tipos de fontes foram utilizados permitindo diferentes escalas de análise. Primeiramente, documentos conservados nos arquivos públicos, sobretudo sobre o funcionamento da Marinha: relatórios de ministros, legislação militar, documentos produzidos a bordo dos navios e sobre as escolas de aprendizes, atas dos processos do Tribunal Militar e seus anexos, obras sobre aspectos técnicos e sobre o pessoal da Marinha, livros de bordo, relatórios de viagem dos comandantes dos navios. Nesse âmbito, uma rica documentação foi descoberta: as fichas de identificação da Marinha produzidas pelo Gabinete de Identificação da Armada (GIA) a partir de 1908, data de criação do serviço. Também referente aos arquivos públicos, encontrei documentos e referências importantes na correspondência diplomática (sobretudo os conservados atualmente em La Courneuve, na região de Paris, e no palácio do Itamaraty, no Rio de Janeiro), bem como os anais da Câmara dos Deputados e do Senado brasileiro.

Em segundo lugar, a análise da imprensa da época tornou-se indispensável para o estudo do acontecimento, em particular os periódicos do Rio de Janeiro, as revistas ilustradas, bem como alguns órgãos das associações de trabalhadores e do movimento operário. A imprensa não foi compreendida como um lugar de verificação objetiva do tema, mas como a expressão daqueles que a produzem, como um suporte para debates e esfera pública para a sociedade letrada em seus diferentes níveis, mas também para além dos leitores. Foram analisados textos e imagens, já que a iconografia – fotografia e caricaturas – teve uma dimensão importante na revolta, com a emergência de novos discursos.

Enfim, para compreender a memória do acontecimento, privilegiaram-se os testemunhos orais e escritos. Entrevistei diferentes atores que se relacionavam com a memória da revolta, desde os escritores que apresentavam olhares diversos sobre o tema (ou seus descendentes) aos marinheiros rebeldes de 1964, nas vésperas do golpe militar, bem como descendentes dos marinheiros rebeldes de 1910, a família de João Cândido e de Adalberto Ferreira Ribas, as únicas que conhecemos até hoje. Também foi importante o testemunho do próprio João Cândido em três diferentes ocasiões: gravado pelo Museu da Imagem e do Som, em 1968, concedido a Edmar Morel no fim dos anos de 1950, e publicado em artigos na *Gazeta de Notícias*, em dezembro de 1912 e janeiro de 1913. Ainda sobre os traços biográficos de João Cândido, outras fontes existem: a ficha estabelecida durante a sua estadia no hospital de alienados, as bandeiras bordadas pelo marujo na prisão da Ilha das Cobras quando esperava seu julgamento entre 1911 e fim de 1912 e descobertas pelo historiador José Murilo de Carvalho (1998). Arquivos pessoais, da família dos rebeldes ou de outros atores de sua memória, permitiram completar esse corpus de fontes.

O primeiro capítulo apresenta uma dimensão introdutiva clara. Abordo os desafios do projeto "modernizador" da Primeira República como um período de refundação da modernidade política, urbana e militar da Marinha de Guerra, ainda que uma "modernidade conservadora". Essa reestruturação naval torna-se uma urgência a partir do fim do século XIX e também em decorrência da chamada Revolta da Armada, levante de oficiais da Marinha contra o Marechal Floriano Peixoto, em 1893. No século XX, entramos na época dos projetos navais e dos grandes encouraçados, e a jovem República brasileira, à sua maneira, buscará acompanhar essa corrida armamentista. Porém, não havia um só modelo linear, mas diferentes projetos em concorrência. "Oh! Minas Gerais, o gigante do mar", cantava a canção popular do palhaço e compositor negro Dudu das Neves, canção que é mais tarde utilizada como uma forma de hino do Estado de Minas Gerais. Ela expressa o orgulho nacional, mesmo que houvesse também muita crítica quanto ao custo dos equipamentos. Modernizar a Marinha de Guerra significava também ocupar um novo espaço nas relações diplomáticas internacionais, conduzidas pelo Barão do Rio Branco, ou seja, seguir em certa medida o modelo dos Estados Unidos, buscar a supremacia da América do Sul e se posicionar nas disputas entre as nações europeias, principalmente França, Inglaterra e Alemanha.

A modernização da Marinha é também objeto do Capítulo 2, agora com relação ao pessoal. Assim, são analisadas as lógicas de recrutamento desde o fim do século XIX. Ao lado das práticas ditas de recrutamento forçado pela polícia, do subefetivo, das deserções, são estudadas mais precisamente as escolas de aprendizes a marinheiro, solução encontrada pela Marinha de Guerra para resolver diversos problemas: a falta de braços, a necessidade de formação dos profissionais marinheiros, e uma solução de destino para a infância abandonada e carente no pós-abolição. Essas escolas, apontadas como instituição de correção para menores delinquentes em certas fontes, são também utilizadas como elemento de propaganda positivista, sobretudo a partir de 1906, com o Ministério de Alexandrino de Alencar. A partir do estudo feito nesses dois primeiros capítulos, pude discutir um paradigma tradicionalmente sustentado para a Marinha do período, o da existência de uma contradição entre material –

supervalorizado – e pessoal – desqualificado e desvalorizado. De fato, as fontes nos permitem refutar essa hipótese e pensar que as contradições existiam, mas existiam no interior dessas duas dimensões, embarcadas pela mentalidade de preconceitos raciais e sociais da época.

O terceiro capítulo aborda a questão das origens sociais e raciais dos marujos. As fichas de identificação se mostraram uma fonte preciosa para melhor conhecer esses homens, descendentes de escravizados em grande parte, ex-alunos das escolas de aprendizes. Componho um perfil coletivo dos marinheiros e soldados navais, bem como algumas trajetórias, símbolos e inscrições em suas fichas e em seus corpos através das tatuagens. Analiso as categorias utilizadas como construções em seu tempo. Combinando fatores e estudando algumas promoções, percebe-se claramente, mais uma vez, como o preconceito de cor estava presente na instituição naval, apesar de os marujos serem majoritariamente negros e pardos, aproximadamente 80% de não brancos nos dois corpos de subalternos da Armada.

O Capítulo 4 conclui essa parte do estudo sobre os antecedentes da revolta e sobre a Marinha no início do século, e dedica-se à vida cotidiana desses homens no interior da instituição. As viagens, a alimentação, as doenças, a sexualidade, a masculinidade e as punições são as dimensões exploradas. A história do corpo abre possibilidades para se compreenderem as trocas simbólicas e valores na época. O corpo é portador de identidades e um lugar de linguagem, bem como de resistência e liberdade. Podemos compreender também através desse prisma por que as punições corporais – com rituais de castigo que chegavam a 250 golpes de chibata diante da tripulação – tornavam-se insuportáveis aos olhos dos marujos brasileiros, que eram formados nas escolas de aprendizes e nas viagens internacionais.

O quinto capítulo do livro é o primeiro da parte final, precisamente sobre a revolta de 1910. Nele é apresentada a narrativa dos acontecimentos chamados de Revolta da Chibata ou Revolta dos Marinheiros de 1910, incluindo a revolta do Batalhão Naval, e toda a violência da repressão. Busca-se historicizar os fatos. Aqui também se encontram muitos dos escritos dos marinheiros, que foram importantes na construção e no sucesso da empreitada.

Já o sexto capítulo retoma uma parte desses escritos e da recepção imediata, no intuito de estudar a organização dos marujos, a formação dos ditos comitês rebeldes, o papel das viagens, as trocas de informações e o perfil dos principais líderes. São os atores do movimento que ocupam o palco. Nessa *mis en scène* surgem as primeiras produções culturais a partir da revolta, feitas por homens das classes populares ou afrodescendentes, como canções, teatro, circo e até filmes do cinema nascente. A revolta de João Cândido começa, assim, a entrar para a memória nacional.

O sétimo e último capítulo aborda a memória da revolta no século XX e no início do XXI. Estudo as condições de escrita de João Cândido de suas próprias memórias, bem como as outras narrativas dessa história durante boa parte do século XX. A revolta dos marinheiros desperta inicialmente o interesse de dois grupos: os intelectuais progressistas (de diferentes correntes da esquerda) e os oficiais da Marinha. Além deles, outros marinheiros buscam entender e rememorar o acontecimento, elegendo João Cândido como herói, além dos atores do movimento negro. Essa memória coletiva é apoiada pela memória individual, de descendentes dos marujos ou de pessoas que buscaram uma relação pessoal com o tema. Trata-se de uma revolta que marca seu tempo, com relações evidentes com a sociedade escravista. Acontecida na Primeira República, ela chega até o golpe de 1964, a ditadura civil e militar e o processo de redemocratização.

Último país ocidentalizado a abolir a escravidão, o Brasil é também o último país a abolir a chibata na Marinha de guerra. E, mesmo sem decreto, como desejavam os marujos, ela foi drasticamente eliminada das práticas graças à revolta dos marinheiros de 1910. Marujos que eram verdadeiros mestres-salas na condução dos navios e na organização do levante, chamados "almirantes e oficiais" por parte da opinião pública na época e da memória social posterior. Buscavam, de múltiplas formas, avançar no que se chama também de "segunda abolição", ainda não realizada no Brasil desigual e racialmente excludente.

Este livro é a concretização de um longo trabalho, de idas e voltas, com a publicação de diferentes artigos e diálogos universitários. Grande parte do trabalho foi escrita inicialmente em francês. Esta versão foi reescrita, modificada com novos elementos de leitura e fontes e revista por mim. Estudar a revolta foi algo que não somente marcou o meu destino acadêmico e profissional, mas também foi vivido junto com a emergência de uma nova consciência social e política. Muitos anos se passaram, fiz outros trabalhos, mas não podia deixar de publicar esta versão em língua portuguesa.

Devo agradecer a muitas pessoas. Inicialmente, ao meu querido mestre e amigo, que me puxou pela mão no início de tudo, me dando a ideia de trabalhar sobre o tema, Jorge Santiago. Também agradeço a Juan Carlos Garavaglia, que orientou minha tese na École des Hautes Etudes en Sciences Sociales, bem como outros professores e colegas, presentes nos diálogos, em momentos diferentes: Marco Morel, Tânia Bessone, Joseph Love, Cláudia Poncioni, Álvaro Pereira do Nascimento, José Miguel Arias Neto, Anaïs Fléchet, Olivier Compagnon, Véronique Hébrard, Hebe Mattos, Antônio Sérgio Alfredo Guimarães, Arlette Farge, Nikita Harwich. Não posso deixar de agradecer a amigas e amigos, alguns familiares e estudantes determinantes no processo, de diferentes maneiras, Mary Renée, Philippe, Benito, Terezinha, Jane, Françoises, Schmidtão, Thiago, Maud, Juliette, Sébastien, Dina, Moacir, Azzédine, Rogério, Hilário, Guilhermes. *Special Thanks* a Júlio Ludemir, amigo e verdadeiro "parteiro de livros e projetos". Agradeço ao pessoal do antigo Serviço de Documentação da Marinha (SDM, hoje, DPHDM), sobretudo a José Antônio Araújo Alves (*in memoriam*) e a todos os entrevistados neste livro, alguns infelizmente já falecidos: Zeelândia Cândido, Adalberto Cândido, Hélio Leôncio Martins, Raimundo Porfírio Costa, Otacílio dos Santos Anjos e outros membros do MODAC e da UMNA, Sílvio Tendler, Moacyr C. Lopes, Marcos Valério Ribas e Adaléia Ribas.

Gostaria de agradecer também a meus pais, Wilson (*in memoriam*) e Regina, e às minhas irmãs, Cristina e Laura. Nada teria sentido nem poderia ser feito sem a presença paciente, carinhosa, companheira e inteligente do René. Dedico este trabalho às minhas três lindas filhas, Hannah, Rosa e Clara, que eram apenas um sonho longínquo quando comecei a minha pesquisa, mas precisei esperar que elas crescessem um pouco para que eu pudesse, enfim, pôr este ponto-final.

ADEUS À ESCRAVIDÃO E VIVA A REPÚBLICA: A MARINHA DE GUERRA RUMO À MODERNIDADE OCIDENTAL?

A virada do século XIX para o XX é marcada por uma busca do progresso estimulada pelas novas descobertas no domínio da ciência e das tecnologias. Os países periféricos, como o Brasil, tentam acompanhar essa corrida, que coloca o mundo num novo contexto de integração internacional e de produção. A noção de modernidade, que já existia desde as descobertas e o Iluminismo, adquire uma nova dimensão e estará definitivamente presente nos discursos dos intelectuais, políticos, na literatura e na filosofia, bem como na imprensa e nas diferentes esferas sociais do mundo ocidental ou ocidentalizado, como nos países latino-americanos, com todas as disparidades e contradições.

A expansão imperialista, tanto em sua versão colonial quanto continental – no caso da Alemanha, da Áustria e da Rússia –, segue esse mesmo objetivo político, orientado pela noção de raça. O evolucionismo de Charles Darwin teve implicações na evolução do pensamento. No fim do século XIX, o darwinismo social dá origem às teorias eugenistas e a leituras sobre as diferentes raças humanas.[1]

Esse projeto imperialista não é estranho ao Brasil, país que se construiu como um "império para dentro", nos dizeres do historiador Ilmar Rohloff de Mattos.[2] A busca pela unidade territorial é baseada num poder concentrado no Rio de Janeiro (ou no Sudeste) e que se impõe sobre as províncias no interior do país, propagando um discurso de civilização e de poder. Ao mesmo

---

[1] Sobre esse contexto de imperialismo, de progresso e de hierarquia racial, ver, entre outros, os trabalhos clássicos de: ARENDT, 1982; HOBSBAWN, 1975; MBEMBE, 2018. Sobre a questão das teorias eugenistas apropriadas pelas instituições brasileiras, ver: SCHWARCZ, 2005.
[2] MATTOS, 2005.

tempo, o mundo se divide entre países centrais e periféricos, entre avançados e atrasados, segundo a noção de progresso em voga. O desejo de partilhar um sistema de valores elaborados do outro lado do Atlântico influencia as elites latino-americanas. Nesse contexto, a Inglaterra ocupa um importante lugar nas transações econômicas, os Estados Unidos emergem como exemplo de modernidade e progresso, a França segue sendo a referência em termos de civilização, ainda que outras potências europeias, como a Alemanha, tenham uma importância crescente na organização militar.

Para parte das elites no poder, torna-se fundamental repensar as instituições do país e, sobretudo, abolir a escravidão e modernizar o sistema político. A existência da escravidão até 1888 é incompatível com a noção de nação moderna. A ação dos escravizados e de descendentes de escravizados, os movimentos abolicionistas, as pressões de diferentes setores sociais internos e exteriores culminam na assinatura da Lei Áurea no dia 13 de maio de 1888.[3] A monarquia perde sua principal base de apoio no poder, os proprietários rurais, que desejavam ser indenizados pela abolição.[4] Sem defesa, a Monarquia passa a ser vista como um símbolo de atraso, que isola o Brasil das outras Repúblicas nas Américas. Embora sem grande adesão popular, a República se impõe como um golpe de Estado no 15 de novembro de 1889.

O período compreendido entre 1889 e 1930 é conhecido como "Primeira República" ou "República Velha", embora esta última designação esteja em desuso por ter sido forjada de forma depreciativa pelos grupos que ascenderam ao poder após a chamada "Revolução de 1930", que levou Getúlio Vargas à presidência. O termo "República Velha" pode nos conduzir a pensar que haja uma hierarquia entre formas melhores e mais atuais de República, uma ruptura entre um antes e um depois, com eliminação das oligarquias.[5] Ora, o que vemos na compreensão mais ampla da história do Brasil é que as classes dominantes se adaptam às mudanças de regimes ou governos, num processo já chamado de "modernização conservadora".

---

[3] Ver os excelentes estudos sobre o tema: ALBUQUERQUE, 2009; ALONSO, 2015; MATTOS, 2013.
[4] Sobre a escravidão e os proprietários, ver: COSTA, 1998; 2008.
[5] Ver: VISCARDI, 2001; ENDERS, 1993.

A síntese do projeto republicano brasileiro, expressa pelas palavras "ordem e progresso" da doutrina positivista, era também marcada pelo desejo de constituir uma verdadeira "civilização" nos trópicos. Mas esses modelos de modernidade brasileira são confrontados com uma prática bem mais complexa, denunciada por uma crítica interna e externa. Ao mesmo tempo em que se busca "melhorar a raça brasileira" através de diferentes estratégias – imigração de trabalhadores europeus, a mestiçagem como caminho para o branqueamento –, diversas práticas de "racismo estrutural" tomam conta das instituições brasileiras – exclusão econômica e social, castigos corporais, segregação espacial, violência policial e militar contra pobres e negros, entre outros.

Os militares, as elites civis e uma República sem cidadãos no Brasil

Para as instituições oficiais, o início da República significou um novo tempo de afirmação dos ideais da modernidade brasileira, que permitiam reforçar as noções de progresso, de civilização e de ordem. Todavia, isso não significava que existia um só projeto uniforme, nem que a modernização fosse um dado objetivo. Ao contrário, havia continuidades e descontinuidades, bem como diferentes visões no próprio interior da Marinha. Os ideais republicanos podiam também ser só um efeito discursivo, com frequência reafirmado nos relatórios elaborados pelos diferentes Ministros da Marinha.

Estudos precedentes conduziram à elaboração de um paradigma tradicionalmente admitido na Primeira República, segundo o qual o período em questão se caracteriza por uma diferença crescente entre o material – que seria privilegiado – e o pessoal – menosprezado.[6] Essa abordagem deve ser relativizada: com efeito, na Marinha, a "modernização" passa tanto pela aquisição de novos equipamentos quanto por uma tentativa de melhorar o recrutamento e a formação do pessoal, sobretudo durante o ministério de Alexandrino de Alencar (1906-1910), considerado, no interior da corporação, um momento de

---

[6] A expressão desse paradigma do material versus pessoal encontra-se em: FREYRE, 2000; MARTINS, 1988. Em artigo precedente, discuto essa linha de interpretação: ALMEIDA, 2010.

refundação da Marinha de Guerra. No entanto, essas duas dimensões do projeto modernizador não foram isentas de críticas, de imprevistos, de problemas e de limitações. Foram nada mais do que a realização de um modelo entre outros, posto em prática de acordo com a visão própria dos oficiais da Marinha. Um olhar que frequentemente carrega os preconceitos de sua época.

No meio militar, a insatisfação contra o Império tem origem na Guerra do Paraguai (1864-1870). Durante a guerra, o Brasil mobiliza suas duas forças armadas (Marinha e Exército), bem como milhares de homens "voluntários da pátria" ou alistados à força. Para completar os contingentes de voluntários, buscou-se o recrutamento forçado de homens livres, libertos, bem como de escravizados enviados por seus senhores, mendigos e alguns condenados. Aproximadamente 135 000 brasileiros lutaram durante cinco anos, mais de 50 000 morreram nos conflitos. A guerra permitiu a consolidação de um espírito de corpo no Exército, que passa a ocupar o lugar da defesa atribuído à Guarda Nacional.[7] A profissionalização e a burocratização do Exército, que já eram uma realidade em outros países, são iniciadas no Brasil. Assim, os militares passam a reivindicar tanto uma classe de oficiais mais bem-formada quanto o recrutamento de soldados por meio do alistamento. Porém, o serviço militar obrigatório somente será posto em prática em 1918 com a extinção da Guarda Nacional, depois da elaboração, por duas vezes, de um projeto de sorteio militar, em 1914 e 1916, que se revela um verdadeiro fracasso. Ao mesmo tempo, apesar da implicação do Império na guerra do Paraguai, os militares passam a exigir mais implicação e financiamento da parte do governo imperial.

A dita "Questão Militar" (1886-1887) – uma polêmica de artigos publicados na imprensa com repressão e censura do imperador – também reforça o sentimento de que os militares são menosprezados pelo Império, em detrimento dos civis, políticos, funcionários, bacharéis em direito.

A República é imposta no Brasil através de um golpe que destitui o imperador, em 15 de novembro de 1889. O ato é concretizado por alguns civis,

---

[7] Sobre a guerra do Paraguai, ver: CHIAVENATTO, 1983. A Guarda Nacional foi criada em 1831 para substituir as milícias, combater as revoltas no interior do país e proteger as elites locais. Era uma instituição de certo prestígio (CASTRO, 1979). Durante o século XIX, o Exército brasileiro enfrenta uma forma de concorrência com a Guarda Nacional.

mas sobretudo por militares, em particular jovens oficiais do Exército (capitães e tenentes) formados na escola militar do Rio de Janeiro. Esses jovens, chamados de mocidade militar, não tinham um projeto claro, mas consideravam a República a forma de governo mais compatível com o progresso. Eles se inspiram no professor de matemática Benjamin Constant e obtêm o apoio do "prestigiado" Marechal Deodoro da Fonseca, um chamado *tarimbeiro*. Esse termo era usado pelos jovens militares, de forma pejorativa, para designar os oficiais combatentes que ascendiam ao grau de oficiais através da experiência nos combates, e não pela frequentação das escolas de formação, em oposição aos oficiais científicos, como Benjamin Constant, por exemplo. Essa aliança entre um oficial científico apoiado pela "mocidade militar" e um oficial tarimbeiro foi determinante para o sucesso do 15 de novembro.[8] Porém, é importante saber que a maior parte dos militares somente se tornam republicanos depois dessa data. Observa-se também, no que nos interessa mais precisamente neste livro, que a adesão do pessoal da Marinha à Proclamação da República é praticamente inexistente.

    A insatisfação geral suscitada pelo governo do Visconde de Ouro Preto, a crise econômica[9], o problema da sucessão do imperador, cuja filha era casada com um Conde d'Eu – um príncipe francês que não inspirava confiança em alguns meios políticos e militares – e a questão religiosa[10] são outros tantos fatores apontados pela historiografia para explicar a progressão dos republicanos no Brasil. Entre os políticos civis, o projeto republicano seduzia também pessoas como o intelectual e jurista Rui Barbosa. O Partido Republicano nasce no Brasil, em 1870, com a publicação do Manifesto Republicano no primeiro número do Jornal *A República*. Depois da abolição da escravidão, os proprietários rurais também começam a ver na República uma solução para se resolver o problema da penúria da mão de obra (através do incentivo à imigração europeia) e de garantir mais autonomia às províncias, que se tornam Estados, por meio do federalismo.

---

[8] Sobre esse contexto interno do Exército, ver: CASTRO, 1995, 2000.
[9] A crise econômica é agravada pela Guerra do Paraguay. A dívida brasileira, que alcançava três milhões de libras em 1871, chega a quase 20 milhões em 1889.
[10] Dom Pedro II pune os responsáveis da Igreja Católica que tinham, seguindo as ordens do Papa Pio IX, decidido afastar da Igreja os religiosos que eram membros da franco-maçonaria. Abrem-se precedentes para um conflito entre a Igreja Católica, submissa ao Império, e o Imperador, que era próximo da franco-maçonaria.

O imperador é destituído sem maior resistência. A República é proclamada por decreto no dia seguinte à intervenção militar, e a família real parte em exílio, indignada, mas impotente diante do Exército de republicanos – ou recém-convertidos – já presentes nas instituições do Estado brasileiro.[11]

A instalação da República é, portanto, um acontecimento repentino, mesmo que o desejo de mudança já existisse antes. Uma boa parte das tropas que participaram do movimento não foi nem sequer informada de que se tratava de uma mudança de regime. Quanto ao povo, ele teria contemplado "bestializado" a destituição do imperador e a chegada da República.

Todavia, essa distância do povo não significa que não houve, em momentos e lugares distintos, reações e expressões de opiniões. Como demonstrou-se, diversos batalhões de soldados se rebelaram nos novos Estados da República entre novembro e dezembro de 1889, mostrando a ligação que tinham com o Imperador e a Monarquia. Composto em grande parte de negros e pardos, esses contingentes proclamavam sua fidelidade à princesa Isabel, reconhecida como "a redentora" pela abolição da escravidão no contexto.[12] Inversamente, após a proclamação, as noções de República e de cidadão são reapropriadas por outros setores populares, saindo da condição de bestializados para exigir direitos, reconhecimento da igualdade republicana prometida.

A República, do ponto de vista econômico, segue uma orientação liberal, marcando, assim, mais continuidades do que rupturas com o Império. O grupo econômico privilegiado continua sendo o dos proprietários rurais e, mais precisamente, os fazendeiros das grandes plantações de café do sudeste. Esses grupos se esforçam para estar sempre mais próximos do poder, garantindo a estabilidade política nos períodos das eleições através de alianças e afastando o povo do exercício do poder e das decisões políticas por meio de práticas clientelistas e de intimidação. Em termos estruturais, a República não representa mudanças. Porém, em termos simbólicos, ela abre novas perspectivas, na medida em que proclama valores da modernidade ocidental, mesmo se de forma

---

[11] Recentemente, a publicação do diário da princesa Isabel e de dois membros da família real, o Barão e a Baronesa de Muritiba, enviados ao exílio, nos revela a leitura dos acontecimentos do seu ponto de vista, o sentimento de indignação e de impotência: GRINBERG; MUAZE, 2019.
[12] Ver: CASTRO, 2004: 301-313.

incompleta na prática e excluindo-se parcialmente as mulheres, como separação do Estado e da Igreja, separação dos poderes (executivo, legislativo e judiciário), igualdade de estatuto jurídico, democracia, garantia de liberdades, sufrágio universal para os homens maiores e alfabetizados, eleições diretas, direitos civis.

Deodoro da Fonseca torna-se o primeiro presidente pelo voto indireto após o decreto de Proclamação da República. Em 1891, o Marechal Deodoro dissolve o Congresso, o Exército e a Marinha conspiram contra ele, com apoio de civis. Ele renuncia ao posto e o vice-presidente, um outro marechal, Floriano Peixoto, assume o governo. Floriano recebe a alcunha de "Marechal de Ferro" por suas intervenções nos Estados nomeando governadores à sua escolha e pela violência com a qual reprime a Revolução Federalista no Rio Grande do Sul e a Revolta dos oficiais da Armada (ambas em 1893). No fim do seu mandato, é eleito o primeiro presidente civil, Prudente de Morais, marcando igualmente a entrada dos paulistas no governo. Prudente de Morais passa um acordo com os federalistas do Rio Grande do Sul em 1895, mas reprime severamente a comunidade popular de Canudos, no interior da Bahia, em 1897.

Com a eleição do paulista Campos Salles, em 1898, consolidam-se as bases do sistema político da Primeira República, através do estabelecimento de alianças entre Estados representados por seus governadores os quais, por sua vez, representavam os interesses das oligarquias econômicas e políticas locais. Na prática, o federalismo brasileiro garantia o poder aos governadores dos Estados e às pessoas de prestígio nos municípios, chamados coronéis em referência ao grau mais alto da Guarda Nacional. Esses chefes locais garantiam, através da pressão, de trocas de favores e fraudes eleitorais, os resultados desejados.[13]

Nesse contexto, os Estados mais importantes, como São Paulo (poder econômico), Minas Gerais (maior colégio eleitoral e com maior número de acentos na câmara), Rio Grande do Sul (força dos líderes políticos), Bahia e Pernambuco (oligarquias tradicionais) e Rio de Janeiro (a capital federal), negociavam entre si as sucessões presidenciais. Porém, esse modelo não garantia uma estabilidade política perfeita, nem um monopólio do poder. A estabilidade – que garantia os

---

[13] Esse período era também designado pela historiografia tradicional de "política do café com leite", em alusão aos acordos entre Minas (criação de gado) e São Paulo (fazenda de cafés). Análises recentes refutam esta interpretação, considerada redutora das atividades econômicas e da real dimensão das alianças entre os Estados. Ver: VISCARDI, 2001, p. 21; ENDERS, 1993, p. 69-91.

interesses econômicos – era assegurada por um sistema de acordos, e cada sucessão presidencial representava um verdadeiro risco de ruptura das alianças.

O poder dos chefes locais é ameaçado quando o presidente Afonso Pena, apoiado pelas elites locais de Minas, São Paulo e Rio Grande do Sul, pretende impor seu sucessor, David Campista. Esse ato é visto com desconfiança pelos grupos dominantes que temem que seja reforçado o presidencialismo, e não os interesses econômicos das elites. David Campista é isolado, e surgem duas candidaturas opostas: a de Hermes da Fonseca, sobrinho de Deodoro da Fonseca, apoiado pelas oligarquias de Minas, Rio Grande do Sul e pelos antigos produtores de açúcar do Nordeste, e a de Rui Barbosa, apoiado pelos representantes da Bahia – seu Estado natal – e de São Paulo, que não querem correr o risco de que um militar intervenha na economia.

A campanha de 1909-1910 conduz, portanto, à divisão dos grupos dominantes e à formação de novas alianças. Ela é marcada também pela expressão de uma relativa participação popular – pouco comum na época – dividida entre apoiadores "civilistas" (Rui Barbosa) e "hermistas" ou "militaristas". Hermes da Fonseca é eleito presidente, mas a divisão política deixa traços na opinião pública da época, como demonstram o crescimento da participação e a mais baixa diferença de votos obtida pelo candidato eleito. Todavia, como se vê no quadro a seguir, a participação eleitoral era constantemente muito baixa nos primeiros anos da República:

Quadro 1: Os presidentes eleitos e a participação eleitoral

Ano	Presidente eleito	Taxa de participação (em % da população)	Votos obtidos pelo eleito
1894	Prudente de Morais	2,20%	84,30%
1898	Campos Sales	2,70%	90,90%
1902	Rodrigues Alves	3,40%	91,70%
1906	Afonso Pena	1,40%	97,90%
1910	Hermes da Fonseca	3,20%	57,10%

Fonte: Viscardi, 2001, p. 68.

Uma crônica publicada na revista *O Malho*, do dia 3 de dezembro de 1910, tenta fazer uma síntese da principal ação dos presidentes no início da República:[14]

> Há quinze anos que o Brasil entrara num período de paz fecunda, senão totalmente em doce calma [...] Floriano deixara consolidada a República e afirmado solenemente o princípio da autoridade constituída. Prudente pacificara os espíritos. Campos Sales concertara as finanças. Rodrigues Alves saneara a capital federal e empreendera as grandes obras e grandes medidas administrativas que atiraram o Brasil na larga estrada da vulgarização e do renome universal. Afonso Pena continuara febrilmente essa obra de reclame, desde a construção dos dreadnoughts, a Embaixada de Ouro, a Exposição Universal, até a exibição de fitas cinematográficas indígenas, nos grandes centros de civilização do velho mundo.

Esse olhar orgânico sobre a política nacional e as sucessões presidenciais revela as prioridades dos representantes: promover o país no exterior e garantir a ordem interna, necessária para as políticas de modernização do Brasil, mesmo se com repressão a toda forma de participação popular. Nota-se que a encomenda dos modernos encouraçados dreadnoughts fazia parte dessa demanda.

A modernização urbana do Rio de Janeiro e a invenção das favelas

Nos últimos 25 anos do século XIX, a população do Rio aumenta de maneira contínua em razão dos fluxos de migração interna, de imigração europeia. Em 1890, o Rio contava 522 651 habitantes e, em 1906, a população da cidade passou para 811 443 moradores. No mesmo período, havia uma presença muito grande de estrangeiros (30% da população total em 1890; dos quais 20% nascidos em Portugal), bem como de negros e pardos (34% de acordo com o senso de 1890).[15] Em busca de trabalho nos portos, no comércio e na indústria, os trabalhadores se concentravam em cortiços e bairros pobres.

Essa concentração de pobres no centro da cidade é contrária ao projeto

---

[14] A ortografia dos textos da época foi atualizada neste livro.
15 CHALHOUB, 2001, p. 43.

de modernização da República, que se inspirava nas reformas do Barão de Hausmann, em Paris. Os médicos e higienistas são os primeiros a reclamar a necessidade de renovação urbana no fim do século XIX. As doenças infecciosas se propagavam na cidade – paludismo, tuberculose, lepra, varíola, febre amarela, entre outras. Somente no ano de 1890, contavam-se 6 884 vítimas da varíola, 2 235 de paludismo, 2 202 de tuberculose na cidade. No ano seguinte, a febre amarela atacou 4 454 pessoas, concentradas sobretudo nos cortiços do centro, nos quartéis, nas prisões, nas pensões, nos hospícios e hospitais.[16] A imprensa estrangeira recomendava aos viajantes evitar os portos do Rio de Janeiro, o que prejudicava a atividade comercial.

O programa do presidente Rodrigues Alves (1902-1906) projetava remodelar a cidade do Rio através de obras nos portos, alargamento das avenidas, embelezamento do espaço público, criação de um sistema de esgotos, realização de uma política de saúde pública. Aproveitando um curto período de estabilidade econômica, ele obteve novos empréstimos para executar o seu projeto, cuja realização foi confiada a três engenheiros: Lauro Müller, encarregado das obras do porto; Pereira Passos, que tinha acompanhado a reforma de Paris de Haussmann e é nomeado prefeito do Rio, em 1902, encarregado do urbanismo; e Oswaldo Cruz, responsável pela higiene pública.

A política de grandes obras acarreta a demolição de numerosas habitações no centro da cidade. Em teoria, as demolições teriam como consequência a indenização das famílias, mas essas compensações são mínimas e não são acompanhadas de nenhuma política de realojamento das populações deslocadas. O bota-abaixo, como se dizia na época, tem como consequência a expulsão das populações pobres do centro da cidade, que se instalam nos subúrbios, nas periferias e nos morros. A demolição do famoso cortiço Cabeça de Porco, que agrupava até 2 000 residentes em uma centena de casebres, deu origem à primeira favela da cidade, em 1893.[17] A reforma urbana, vista como um elemento

---

[16] BECHIMOL, 2006, p. 245.
[17] Diversos autores narram que as favelas nasceram do deslocamento das pessoas expulsas do Cabeça de Porco, que subiram o morro da Providência carregando os destroços da demolição do antigo cortiço com os quais construíram suas barracas. Mais tarde, em 1897, com o fim do conflito de Canudos, soldados do exército também passaram a viver no morro, chamando-o de Favela, em alusão ao nome do relevo do povoado de Canudos. Mas é somente em meados do século XX que o termo é amplamente usado para designar esse tipo de aglomeração urbana (VALLADARES, 2006). Ver também: CHALHOUB, 1996, p. 15.

de progresso, é também alvo de virulentas críticas na imprensa, nas caricaturas, nas crônicas da época. Debaixo da poeira das obras, surgiam as contradições de uma República feita de aparências e desprovida de projetos concretos de inclusão. Todavia, as populações pobres, muitos negros e pardos, continuaram a viver no centro do Rio, mesmo que de forma "clandestina", e organizavam, à sua maneira, suas formas de resistência e de protesto, mostrando que nem tudo podia ser controlado e traçado pelas linhas do progresso.

A modernização da Marinha de Guerra: as propostas para o material

Assim como a esfera política e urbana, as ambições de modernização alcançam também as forças armadas. O Exército e a Marinha, cujos postos de comando eram reservados à aristocracia, passam a abrir o recrutamento de oficiais a perfis mais variados, buscando responder ao novo discurso da meritocracia e, sobretudo, às novas exigências técnicas. No que concerne ao Exército, as diferentes demandas dos ministros não obtêm uma resposta imediata: a maior parte das mudanças são posteriores ao envio de um legado de oficiais brasileiros à Alemanha com o objetivo de observar a organização militar no país, entre 1906 e 1910.[18] Na Marinha, as reformas eram reclamadas desde o fim do século XIX, mas, somente no início do século XX, o Estado apresenta um projeto de reformas estruturais e meios financeiros.

Foi durante o Império que a Marinha brasileira ganhou corpo. Diversos estudos colocam em evidência o papel da Marinha Nacional nas ditas guerras da independência e na guerra da Cisplatina[19], durante o Primeiro Império (1822-1831). Na regência (1831-1840), a Armada serviu à consolidação das fronteiras brasileiras e à repressão das revoltas nas províncias, tornando-se, assim, ao mesmo tempo defensora da unidade territorial e da imposição do poder central. No Segundo Império (1848-1889), a Marinha tem um importante

---

[18] Esses oficiais receberam o nome de "jovens turcos", provavelmente em razão da presença de instrutores turcos na escola do Realengo, aberta em 1911 em substituição à escola da Praia Vermelha que foi fechada em 1904. Eles eram partidários do cidadão-soldado e defenderam a adoção em 1916 da lei do sorteio militar, com apoio de civis e de parte da opinião pública.

[19] Conflito que envolve o Império brasileiro e as províncias Unidas do Rio de La Plata, entre 1825 e 1828, na disputa pela posse da província Cisplatina, atual República Oriental do Uruguai (NEVES; MACHADO, 1999).

papel na "consolidação do Estado Nacional", participando da repressão ao Tráfico Negreiro a partir de 1850 e da Guerra do Paraguai.[20]

Quadro 2: A renovação da frota da Marinha de guerra no Brasil entre 1851 e 1868

Tipo	1851	1864	1868
Vela	49	15	6
Vapor a roda	10	15	21
Vapor a hélice	-	13	51
Vapor encouraçado	-	-	16
Total	59	41	94

Fonte: Arias Neto, 2001, p. 80.

Contemporânea da Revolução Industrial, a revolução dos transportes teve grandes consequências para a Marinha brasileira do século XIX. A passagem do sistema de vela a vapor provoca uma mudança nas dinâmicas das viagens e do trabalho marítimo. As tripulações são menos numerosas, e surge uma nova função entre oficiais e marinheiros: os maquinistas, que são responsáveis pela produção de energia. Sem as velas, os novos vapores necessitam de timoneiros.

A Guerra do Paraguai foi um marco na reestruturação da Marinha de guerra brasileira. Em menos de 20 anos, os navios a vela foram substituídos pelos vapores, equipados com rodas ou hélices, que permitem a adoção do sistema misto vela-vapor (Quadro 2). Porém, esses vapores mistos são rapidamente ultrapassados pelos encouraçados. Entre 1848 e 1870, a Marinha recebe 118 novos navios de guerra, entre os quais 30 são construídos no Brasil. Ao mesmo tempo, 94 navios são aposentados, o que representa uma renovação de quase 100% de frota brasileira em 22 anos.[21]

---

[20] Ver: ARIAS NETO, 2001. No âmbito dos historiadores militares, ver: GREENHALGH, 1965; MAIA, 1965; CAMINHA, 1986.
[21] ARIAS NETO, 2001, p. 80.

Num livro publicado em 1910, o oficial Arthur Dias estimava que o Brasil era, em 1872, pouco depois da Guerra do Paraguai, a sexta potência naval do mundo no que diz respeito ao número de navios (encouraçados e vapores).[22] A Marinha do Brasil teria conhecido uma fase de decadência, nos últimos anos do Império e no início da República, quando acontece uma nova guinada em termos de projetos e de investimentos.

Um ano após a Proclamação da República, em 1890, o ministro da Marinha Eduardo Wandenkolk retoma a demanda por novos créditos para a "construção do material flutuante", insuficiente para "defender a pátria e garantir a propriedade"[23], como já havia feito seu antecessor, em 1885. No seu relatório do ano, ele deplorava o estado dos navios da frota brasileira, a maioria construídos na época da Guerra do Paraguai, e preconizava a construção de uma nova frota, "destinada mais a prevenir a guerra do que a provocá-la". Os navios deveriam ser encomendados de preferência na Europa por causa dos melhores prazos de entrega.

Cada ministério devia dar conta de suas principais atividades em seus relatórios anuais. Para a Marinha, os relatórios eram ocasião não somente para se apresentar a contabilidade e um inventário dos armamentos e do pessoal, mas também para propor novos projetos, fazer pedidos para os anos seguintes e registrar críticas contra o tratamento reservado à Marinha pelo governo federal. Esses relatórios são, portanto, bastante reveladores dos desejos e das reclamações dos ministros.

Se analisarmos os documentos, vemos claramente que os ministros da Marinha fazem críticas constantes ao governo até 1893, ano da chamada "Revolta da Armada", conhecida como uma insurreição de oficiais da Marinha. No dia 6 de setembro de 1893, o almirante Custódio de Mello assume o controle de uma parte da frota que se rebela, bombardeando a capital federal e Niterói para exigir a renúncia do Marechal Floriano Peixoto. O governo responde em duas frentes: no exterior, pede ajuda à Marinha dos Estados Unidos para bloquear os

---

[22] As primeiras potências eram, na ordem: A Inglaterra, os Estados Unidos, a França, a Rússia, a Turquia, o Brasil, a Espanha, a Áustria, a Alemanha, a Itália, a Dinamarca, a Suécia, a Noruega e Portugal. O Brasil seria, segundo o autor, o único país sul-americano a figurar nesse grupo (DIAS, 1910, p. 45).
[23] *Relatório do Ministro da Marinha*, 1890, p. 13-16. A partir de agora, identificados também como RMM e citados diretamente no texto, com o ano de publicação.

portos e isolar os navios rebeldes; dentro do país, constituindo uma frota legalista para combater os insurgentes. Uma parte da imprensa critica esse apelo às forças estrangeiras e veem nessa medida um afronto à soberania nacional. No entanto, elas foram determinantes para a vitória contra os rebeldes, já que as forças navais constituídas para combater ao lado do governo eram extremamente precárias, improvisadas e constituídas de velhos navios comerciais, com uma tripulação de mercenários, sendo chamadas mais tarde de "frotas de papel". Isolados e sem provisões, os rebeldes renunciam no início de 1894. Alguns fogem para o Uruguai e para a Argentina, outros retornam ao Rio de Janeiro, outros, ainda, vão se juntar aos federalistas que também se rebelam no Sul do Brasil.[24]

Os historiadores evitaram durante muito tempo pesquisar sobre as verdadeiras razões dessa revolta, atribuindo-a ao caráter reacionário da Marinha que era descrita como um antro monarquista. Essa interpretação se deve em grande parte ao manifesto do Almirante Saldanha da Gama (de dezembro de 1893), que apelava para que o Brasil retomasse a sua situação de antes do 15 de novembro de 1889. Porém, não se pode dizer que essa visão era realmente majoritária na Marinha. O próprio Saldanha da Gama se vê obrigado a publicar outro manifesto afirmando sua afeição ao regime republicano alguns dias mais tarde. Na época, se a ideia monarquista beneficiava de alguns apoios, o republicanismo já se encontrava bastante implantado em diferentes lugares. Mais do que a natureza do regime, era a forma de conceber a República que causava debate. Para se compreender a revolta de 1893, é preciso analisar detalhadamente os pertencimentos políticos e ideológicos dos rebeldes. Segundo o Relatório do Ministro da Marinha (RMM) de 1894, 395 oficiais participaram na revolta num total de 1 423, os quais faziam parte das escalas médias ou baixas da hierarquia. Seria preciso também interrogar a adesão de outros contingentes da Marinha (marinheiros, suboficiais, soldados navais).[25]

Com a revolta dominada, a Marinha conhece uma situação bastante delicada, tanto em matéria de organização quanto de materiais e forças humanas. Assim, no

---

[24] ARIAS NETO, 2001; FLORES, 2006.
[25] Vários elementos atestam que havia um envolvimento de outros corpos subalternos, nomeadamente dos fuzileiros navais. De maneira reveladora, observa-se que o Batalhão Naval, corpo que agrupava esses militares, é suprimido logo depois da revolta e é recriado em 1894. Segundo o RMM de 1893, o Batalhão é extinto por causa das deserções e implicação de seus membros da Revolta da Armada.

relatório de 1893, o ministro João Gonçalves Duarte se queixa do péssimo estado da frota, que devia ser restaurada em sua integralidade, e das numerosas deserções; 305 oficiais haviam deixado a Marinha depois do levante.

Os anos seguintes não são mais felizes, como indica a valsa de ministros entre 1893 e 1902: seis nomes se sucedem na cabeça do Ministério até a nomeação do contra-almirante Júlio César de Noronha, que ocupa o posto durante quatro anos consecutivos. Com a chegada do paulista e civil Prudente de Morais à presidência, em 1895, os oficiais rebeldes de 1893 são anistiados. Inaugura-se uma fase de conciliação entre a Armada e o governo, o que possibilita que a Marinha prossiga em seu projeto de modernização.

De 1893 a 1902, os RMM assinalam a necessidade de se comprarem novos equipamentos. No relatório de 1893, o ministro evoca a necessidade de se consertar o material existente e de aumentar a força naval brasileira com a aquisição de dois *scouts* de primeira classe e de seis caça-torpedeiros. No ano seguinte, o ministro Elisário J. Barbosa acrescenta a demanda de aquisição de dois encouraçados de pequena dimensão. Estavam lançadas, assim, as bases de um debate que empolgaria os meios militares e navais nos anos seguintes: a necessidade de escolher entre grandes encouraçados e pequenos navios (cruzadores rápidos, canoeiras, torpedeiros e submarinos).

Da jovem escola ao projeto naval do ministro Noronha (1904)

Esse debate não se limitava à Marinha brasileira. Na França, a escolha dos pequenos navios de guerra rápidos e ágeis em oposição aos grandes encouraçados encontrava-se no cerne do projeto da chamada "Jovem Escola" na segunda metade do século XIX. A construção dos primeiros encouraçados a partir dos anos de 1860 encoraja o desenvolvimento dos grandes armamentos navais caríssimos no mundo todo, mas o surgimento do torpedo alguns anos mais tarde inverte essa tendência, fornecendo argumentos aos defensores das pequenas unidades. O contra-almirante Aube desenvolve uma teoria, a partir de 1875, segundo a qual no combate naval havia uma tendência à neutralização dos poderes dos encouraçados e os conflitos se limitariam à guerra do percurso contra o comércio e a logística do inimigo. Essa doutrina é levada ao extremo, e as vantagens dos pequenos navios como torpedeiras ou cruzadores são ressaltadas (baixo custo, agilidade nos trajetos de provisões), sem que se pensasse em suas desvantagens (raio de ação limitado e dificuldade de combate em alto-mar). A "Jovem Escola" é assim apontada como responsável pelo atraso naval da França às vésperas da Primeira Guerra Mundial.[26]

Como contraponto a esse modelo, o almirante norte-americano Alfred Thayer Mahan escreve uma série de estudos sobre os combates marítimos na segunda metade do século XIX. Segundo ele, o combate moderno deveria acontecer em alto-mar, e não ao longo das costas, numa estratégia mais ofensiva do que defensiva. Em consequência, ele defendia o papel dos grandes equipamentos navais para as grandes potências. O seu pensamento é também criticado após a Grande Guerra, por não ter previsto a importância crescente dos submarinos nos conflitos modernos.

Inspirado por esse debate internacional, Rui Barbosa escreve, na ocasião de seu exílio na Inglaterra, em 1895, um artigo intitulado "Lição do Extremo Oriente". Partindo do exemplo do conflito sino-japonês, afirma que o Brasil deveria dotar-se de uma frota naval poderosa para prevenir a guerra (mais do que para rovoca-la), garantir hegemonia e equilíbrio entre os países. Na época, modernizar a Marinha brasileira significava entrar na corrida armamentista e seguir a tendência dos países do norte. Assim, já no relatório do Ministro da Marinha, de 1896, lê-se que oito navios brasileiros tinham sido encomendados no exterior, mesmo que não pudéssemos esperar que fossem construídos em um prazo curto em razão do "estado das finanças do país". Segundo o ministro Manoel José Alves Barbosa, no RMM, de 1896: "Dos três cruzadores protegidos, cuja construção foi confiada à firma Amstrong de New-Castle, acha-se pronto e em experiências o Almirante Barroso, que brevemente será entregue". Além disso, os construtores *Forges et Chantiers* de Toulon estavam encarregados da construção dos encouraçados Marechal Deodoro e Marechal Floriano; o encouraçado Vinte e Quatro de Maio tinha sido encomendado à firma Vulcain, em Stettin. Somente os cruzadores Almirante Tamandaré e os monitores de rio Maranhão e Pernambuco deviam ser fabricados na capital federal.

---

[26] VERGE-FRANCESCHI, 2002, p. 801-802.

O Brasil, na busca de corresponder a esse ideal armamentista internacional da época, parecia não perceber toda a propaganda dos construtores navais internacionais e tampouco o fato de que entrava num ciclo de dependência das nações consideradas mais avançadas. Mas os altos custos dessas operações e as dificuldades econômicas do país obrigavam muitas vezes que os planos fossem mudados. No relatório de 1897, Prudente de Morais evoca as dificuldades do governo brasileiro para honrar as encomendas de navios na Europa, bem como a penúria de soldados e marinheiros. A encomenda de um encouraçado em Toulon, que se chamaria Marechal Floriano, é suspensa, e o vapor Niteroy é vendido finalmente aos Estados Unidos. Provavelmente, os dois cruzadores encomendados à firma Armstrong terão o mesmo destino.

Nos anos que se seguem, a manutenção dos navios existentes e a "aquisição do pessoal e do material" aparecem como o "problema mais sério" da Marinha, como diz o Relatório do Ministro, de 1899. O contexto internacional é marcado pelos conflitos entre o Japão e a China (1894-1895) e entre os Estados Unidos e a Espanha (1898). O Brasil, por sua vez, disputava o *leadership* sul-americano com a Argentina ou o Chile, como dizia o ministro Carlos Ballbazar da Silveira, no RMM, de 1898: "é minha firme convicção ser necessário e imprescindível termos uma força naval que nos garanta, senão a supremacia na América do Sul como já tivemos, ao menos posição não inferior entre as outras Marinhas desta parte do Continente. É, portanto, necessário e de boa providencia despendermos alguma cousa com a reparação da nossa esquadra e subsequente adestramento do pessoal que a guarnece".

De fato, o Brasil não era o único país do subcontinente preocupado com o futuro de seus armamentos navais. Em 1900, o embaixador brasileiro em Buenos Aires escreve uma carta a seu ministro correspondente para alertá-lo sobre o considerável desenvolvimento da Marinha de guerra argentina, que passava de uma capacidade de 6 114 toneladas, em 1875, a 94 891, em 1900. Assim, o Brasil perdia o seu lugar de primeira potência naval regional e deveria, portanto, recuperar sua posição a qualquer preço.[27]

---
[27] BUENO, 2003, p. 288-232.

A busca de construir uma República que fosse reconhecida como moderna e de se tornar a primeira potência da América do Sul orienta a política militar e naval brasileira, sobretudo quando o Barão do Rio Branco se torna ministro das Relações Internacionais, entre 1902 e 1912. Monarquista liberal, amigo de Dom Pedro II, senador e diplomata do Império, Rio Branco admirava os Estados Unidos e o federalismo e via com certo desprezo as Repúblicas latino-americanas. Como outros monarquistas, ele aceita passivamente a mudança de regime, com medo de que a instabilidade das revoluções latino-americanas se reproduzisse no Brasil. Suas relações com o Império não o impedem de aceder a altas funções na República e de exercer um papel relevante na história das Relações Internacionais no Brasil. Ao mesmo tempo em que executa uma política estrangeira adaptada aos interesses das elites agroexportadoras, Rio Branco põe em obra uma política nacionalista ambiciosa, fundamentando-se na grande extensão e união territorial do país, no crescimento demográfico, na estabilidade das oligarquias republicanas no poder após a presidência de Campos Salles (1898-1902) e no potencial das riquezas naturais do país.

O período Rio Branco marca uma mudança na orientação da política externa brasileira, com a emergência de novos parceiros econômicos. Até o final do século XIX, a Grã-Bretanha figura como o principal "aliado" comercial do Brasil, mas, no início do século XX, os Estados Unidos ganham um novo estatuto nas trocas comerciais e tornam-se o principal mercado de exportação da República Federativa do Brasil. Os principais importadores de produtos brasileiros, entre 1901 e 1911, eram, na ordem: os Estados Unidos – que absorvem quase a metade das exportações do país –, a Grã-Bretanha, a Alemanha, a França, a Holanda e a Argentina.

A diplomacia brasileira aceita a doutrina Monroe, bem como o corolário Roosevelt e se posiciona como a guardiã dos interesses norte-americanos na região para promover suas próprias ambições.[28] Rio Branco busca, assim, manter boas relações com o principal importador de café (mais da metade do

---

[28] A doutrina Monroe previa a suposta proteção dos países latino-americanos, compreendidos como pertencendo à zona de influência dos Estados Unidos, contra a invasão e intervenção dos países europeus. Concebida em 1823 pelo presidente norte-americano Monroe, ela tinha, em sua origem, um sentido anticolonialista, mas foi também utilizada para justificar a expansão dos Estados Unidos e sua hegemonia no continente. O corolário Roosevelt reafirma, em 1904, essa doutrina e garante tanto a proteção militar norte-americana às nações da América Latina quanto a manutenção da ordem nessas Repúblicas, o que assegurava os credores europeus (BUENO, 2003).

café brasileiro, principal produto do país na época, era exportada para os Estados Unidos) e garantir a distância militar entre o continente americano e as potências europeias num contexto imperialista. O Itamaraty visava não somente à instalação de uma "diplomacia agroexportadora", mas também à expansão territorial do Brasil (a anexação do território correspondente ao Acre data desse período) e, sobretudo, à conquista do *leadership* sul-americano.

O desenvolvimento das forças militares, e sobretudo da Marinha, constituía outro pilar dessa política externa. A experiência da guerra russo-japonesa, em 1904-1905, mostrou a todos os países a importância de uma Armada poderosa para o combate moderno. Esse conflito prefigura as guerras do século XX, no plano militar, tanto por sua duração (1 ano e meio) e amplitude dos contingentes mobilizados (mais de 2 milhões de homens) quanto no que se refere ao uso das técnicas mais modernas da arte de guerra (logística, linhas de comunicação e informações, combinação entre as operações terrestres e marítimas, etc.). A rivalidade com a República Argentina, existente nos dois lados da fronteira, fornecia um argumento suplementar para os investimentos em material de guerra. Enfim, a Marinha nacional contribuía para assegurar a presença da bandeira do Brasil em diversos países, através de suas missões e deslocamentos pelo mundo. É nesse contexto que surge a necessidade de se elaborar um verdadeiro projeto naval para a Marinha de Guerra do Brasil, fato inédito até a época.

Adaptar os navios, prevenir a guerra: os projetos de renovação naval

Um primeiro projeto de renovação naval é finalmente formulado, em 1903, com a estabilidade das contas públicas do período Campos Salles e a presidência de Rodrigues Alves, que assume uma plataforma de "modernização" nacional. Em seu discurso de posse, ele afirma que desejava dedicar uma atenção especial às forças armadas, de terra e de mar, e "promover melhoras compatíveis".[29] O novo ministro da Marinha, Júlio César de Noronha, aproveita a ocasião para pedir ao governo novos créditos para a realização de um projeto que seria concretizado

---

[29] ARIAS NETO, 2001, p. 234.

antes do fim da década. Em seu relatório, de 1903, o ministro apresenta uma síntese de seu projeto, que passa a ser designado como "projeto de 1904" ou "projeto de Júlio César de Noronha":

> Eis, pois, em resumo, o meu programa a realizar-se no decurso de seis a oito anos: 3 couraçados de 12.500 a 13.000 tons. de deslocamento; 3 cruzadores couraçados de 9.200 a 9.700 tons.; 6 caça-torpedeiros de 400 tons.; 6 torpedeiras de 130 tons.; 6 torpedeiras de 50 tons.; 3 submarinos; 1 vapor carvoeiro, capaz de carregar 6.000 tons. de combustível.

Com seu modelo proporcional de 3 por 3, esse plano inspirava-se provavelmente na Marinha japonesa após a batalha de Porto-Arthur (uma das mais sangrentas da guerra russo-japonesa),[30] que lhe permitia frisar o poder das torpedeiras, dos cruzadores e dos caça-torpedeiros. Trata-se do primeiro projeto naval integral, as outras encomendas realizadas anteriormente não previam um conjunto, e sim armamentos individuais. Em sua apresentação ao Congresso, os deputados discutem as finalidades – competição com a Argentina e busca da liderança brasileira, mais uma vez – e concordam, ainda, sobre a necessidade de se investir na formação do pessoal.[31]

O relatório do ano seguinte nos informa que o Congresso aprova o projeto com quase unanimidade e o converte em lei pelo Decreto nº 1296, de 14 de dezembro de 1904. O relatório de 1905 é o último assinado pelo vice-almirante Júlio César de Noronha. Ele informa que, após um estudo comparativo feito em diferentes companhias estrangeiras, o governo decide confiar a construção dos couraçados de 13 000 toneladas aos construtores Armstrong Whitworth & Co. Limited, companhia que se destacava por ser, "entre as que satisfizeram todos os requisitos exigidos, a de menor preço", segundo o RMM de 1905. No final desse ano, a Lei nº 1452 atribui à Armada o valor de 4 212 550 libras esterlinas para o projeto naval, previsto para um pagamento em diferentes parcelas.

No entanto, a escolha da companhia inglesa parece ter outras explicações. Para responder à encomenda brasileira e realizar o desenho dos navios brasileiros,

---

[30] Porto-Arthur capitula com 33 mil homens e 504 canhões. Os japoneses perdem 57 mil homens. Cf.: "Port-Arthur". In: VERGE-FRANCESCHI, 2002, p. 1170.
[31] MARTINS FILHO, 2010.

os construtores Amstrong trabalharam com a firma Vickers, Sons & Maxim, segunda líder britânica da construção naval. Segundo os documentos do Foreign Office britânico, datados de meados de outubro de 1906, "interesses privados pessoais tiveram papel importante na encomenda dos navios, que jamais teria sido conseguida não fossem os enormes 'pots-de-vin' generosamente distribuídos às mais altas autoridades navais e outras personagens envolvidas".[32] Assim, ficou estabelecido que a Armstrong Whitworth & Co. ficaria encarregada da construção dos dois encouraçados, batizados pelos brasileiros como Minas Gerais e Rio de Janeiro, enquanto a Vickers ficaria responsável pela construção do terceiro navio do mesmo modelo, o São Paulo. O prazo de fabricação era estipulado em dois anos aproximadamente.

Todavia, as questões levantadas pelo relatório de 1905 iam bem além da escolha das companhias estrangeiras. Mesmo mantendo certo otimismo quanto à realização de seu projeto naval, Júlio César de Noronha não podia ignorar as novas concepções da Marinha que eram defendidas na escala internacional. Ele respondia às críticas afirmando que aqueles que agora condenavam o seu projeto por causa da pequena estatura dos armamentos encomendados eram os mesmos que o tinham acusado, alguns anos antes de ter escolhido navios muito custosos e grandes para os portos brasileiros. O vice-almirante Júlio César de Noronha, no Relatório do Ministro da Marinha de 1905, estimava, ainda que o Brasil, por falta de meios, não devia buscar seguir o exemplo da Grã-Bretanha, da França ou da Alemanha:

> A guerra russo-japonesa, pondo em relevo a utilidade de uma Marinha poderosa, levou as principais potências marítimas à construção de navios de grande deslocamento. E, como cada uma quer a primazia no domínio do mar, construído o Dreadnought, de 18 000 toneladas, o Japão, a Alemanha e a França, cujos orçamentos comportam largas despesas, imitaram a Grã-Bretanha. Esse deslocamento, desde que, como soe acontecer, se tenha em vista exceder o valor individual das unidades de combate das nações rivais, será avolumado dentro em pouco. [...] E o Brasil, que em assunto de Marinha tem muito a fazer,

---

[32] Barclay a Bart, Petrópolis, October 15, 1906. FO 371/13, 37222, p. 251. Citado por Martins Filho, 2010.

que é tributário do estrangeiro e nem sequer dispõe de um arsenal aparelhado para a conservação dos navios projetados, poderá seguir a perigosa trilha ora encetada pelas nações de primeira ordem?

Apesar de defender com unhas e dentes o seu projeto, ele é substituído em 1906 por Alexandrino de Alencar, uma vez que o seu programa é considerado obsoleto tendo em vista o desenvolvimento dos armamentos na escala internacional. Nascido no Rio Grande do Sul em 1848, filho de um oficial do Exército, o novo ministro era, ele próprio, um antigo oficial da Guerra do Paraguai e um rebelde de 1893. Exilado depois da revolta da Armada, Alexandrino de Alencar é anistiado e volta ao Brasil, ocupando o posto de ministro da Marinha entre 1906 e 1910, na presidência de Afonso Pena, e posteriormente entre 1913 e 1918, e 1922 e 1926.[33]

Alexandrino assina, portanto, os relatórios do Ministério da Marinha entre 1906 e 1909. O texto de 1906 indica que somente 8 dos 35 navios da Marinha brasileira estavam em bom estado, entre os quais nenhum couraçado e um único cruzador.

Enquanto o Brasil lamentava o estado da sua frota, o lançamento do dreadnought pela força real britânica tem um grande impacto nas quatro partes do mundo. Os construtores ingleses tiram proveito do sucesso desse novo encouraçado e propõem às autoridades brasileiras substituir os navios já encomendados pelos modernos dreadnoughts, em 1906. Como o projeto de 1904 ainda não tinha saído do papel e havia um novo ministro da Marinha, estavam reunidas as condições para se preparar um novo programa naval, ainda que não houvesse unanimidade na troca das encomendas.

O programa naval de 1906: Alexandrino de Alencar, os diplomatas e a corrida "rumo ao mar"

Pouco depois do início do seu mandato, Alexandrino de Alencar rejeita o projeto de Noronha e condena de uma vez por todas os couraçados de 13 000

---

[33] Alexandrino é considerado, pela história oficial da Marinha, um herói da Armada. Ele foi também senador entre 1921 e 1922 (ALENCAR, 1989).

toneladas, que tinham sido encomendados por "infelicidade" ou por "falta de sorte", "abaixo de toda crítica".[34] A seu ver, uma nova era começava, marcada pelo desaparecimento dos armamentos de médio porte.

Antes mesmo que o novo projeto fosse oficializado, os parlamentares brasileiros começam a debater o tema. Algumas vozes se levantam para defender o projeto anterior, como os deputados Jesuíno Cardoso e Tomás Cavancanti, que defendem que o Brasil devia reconhecer seu lugar subalterno no cenário militar internacional e, assim, realizar investimentos modestos a fim de não despertar a desconfiança das nações vizinhas. Contudo, no meio político, o discurso mais eficaz era o que defendia a modificação do antigo projeto para que pudessem ser introduzidos navios de maior porte e mais potentes para defender um país cujo litoral era de vastas dimensões.

O Decreto nº 1.567 é promulgado sete dias depois da posse de Afonso Pena e do ministro Alexandrino de Alencar, em 15 de novembro de 1906, estipulando:

> Art. 1º - Fica o Presidente da República autorizado a efetuar as modificações que forem necessárias no contrato celebrado para a construção dos navios de guerra em virtude da Lei n. 1296, de 14 de dezembro de 1904, aumentando o deslocamento dos couraçados e caça-torpedeiros (destroyers) e substituídos os cruzadores-couraçados por esclarecedores extra-rápidos, assim como o navio carvoeiro e o navio escola por navio mineiro e um pequeno navio destinado ao serviço de hidrografia e exploração da costa.

Esse decreto previa que as despesas deviam se limitar ao orçamento do programa de 1904. Vê-se também claramente que o novo decreto, ao contrário do primeiro, não determinava modelos, velocidades e limites para os armamentos a serem construídos. Evitava-se, assim, fornecer dados que poderiam tornar-se obsoletos, mas, ao mesmo tempo, Alexandrino de Alencar tinha carta branca para escolher as características dos novos modelos de guerra.

Como consequência, as companhias inglesas começaram a modificar as construções em andamento e a desenhar os novos equipamentos. No dia 20 de

---

[34] MARTINS FILHO, 2010, p. 29

fevereiro de 1907, um novo contrato é assinado, prevendo dois navios, o Minas Gerais e o São Paulo, que deveriam ser entregues rapidamente. A construção do Minas tem início no dia 17 de abril de 1907 em Elswick, enquanto o São Paulo sai do projeto no dia 24 de setembro do mesmo ano. Uma nota do diplomata inglês em posto em Petrópolis observava que "a transação deve ser muito vantajosa para os Srs. Armstrong, pois, uma vez feita a encomenda, foi depositada como caução pelo governo brasileiro a quantia de 1.700.000 libras e o mero manuseio dessa grande soma de dinheiro por um período extenso deve gerar lucros não desprezíveis, mesmo para uma firma tão rica quanto os Srs. Armstrong".[35]

Dessa forma, o projeto de 1906 substituía os dois encouraçados de 13 000 toneladas (reavaliados a 15 000 toneladas) por dois encouraçados do modelo dreadnought de 18 000 toneladas. Quanto ao terceiro, o Rio de Janeiro, ele não será finalmente incorporado à Marinha brasileira, mas comprado pela Turquia e participará, assim, das operações da Primeira Guerra Mundial. Dois fatores são mencionados pelas pesquisas historiográficas para justificar essa mudança de destino e desistência do Brasil: a pressão das outras nações sul-americanas (sobretudo da Argentina) e os custos para as finanças da República do Brasil.

Os debates sobre a modernização da Marinha despertam, na Argentina, argumentos próprios a uma verdadeira corrida armamentista. O projeto naval brasileiro serve, assim, de pretexto para o plano argentino de compra de dois encouraçados de modelo dreadnought. Para tanto, a Argentina devia renunciar ao pacto de equivalência naval assinado com o Chile em 1902, segundo o qual os dois países se comprometiam a não comprar novos equipamentos.[36] Dessa maneira, o jornal *La Prensa* chama a atenção para a política de Rio Branco, que buscava fazer do Brasil o líder do subcontinente em diferentes áreas, inclusive militar. O jornal alerta para o fato de que o governo argentino não podia aceitar uma posição de inferioridade diante do Brasil e devia elaborar um projeto naval pelo menos equivalente ao do país vizinho. *La Nación*, entretanto, defendia uma posição diferente, alegando que o projeto naval brasileiro era muito dispendioso e

---

[35] Haggard a Grey, 6 de março de 1907. Citado por Martins Filho, 2010, p. 35.
[36] HEINSFELD, 2006

que outras despesas eram mais judiciosas para assegurar o progresso da Argentina, do Brasil ou do Chile.[37]

Zeballos, ministro argentino das relações internacionais, era um representante da corrente nacionalista estimulada pelos projetos navais brasileiros. Anteriormente defensor da paz armada, ele evolui para uma atitude de desconfiança crítica quanto à política exterior do Brasil e se levanta contra a diplomacia de Rio Branco, acusando-o de ser expansionista e "imperialista". Segundo ele, por que o Brasil não se contentaria "com a metade de sua nova frota"?[38] A tensão diplomática entre os dois países se agrava em 1908, provocando o afastamento do ministro visto por uma parte da opinião pública do seu país como excessivo em suas declarações hostis ao Brasil e à sua política naval.

No entanto, a Argentina acaba cedendo à corrida armamentista entre os países do Sul e adota uma lei, em 1908, que prevê um plano de restruturação naval de 75 milhões de pesos em seis anos.[39] No início de 1910, a República Argentina encomenda, por sua vez, dois dreadnoughts, o Moreno e o Rivadavia, de 28 000 toneladas de deslocamento cada um deles construídos pelas companhias New York Shipbuilding Co. e Fore River Shipbuilding.[40] A concorrência com o Brasil era vista com desconfiança por outras nações, como revelado em correspondência confidencial do embaixador do Uruguai no Brasil.

Rio Branco, todavia, não era o mentor no projeto de 1906. Ele era favorável a um Exército e uma Marinha poderosos, com objetivo pacifista. Mas sua escolha se orientava mais no sentido da aquisição de diferentes pequenas embarcações, mais dentro do plano de Júlio César de Noronha. Aliás, o projeto de 1906, ainda que defendido por senadores e deputados, era obra exclusiva do ministro Alexandrino, sem a participação de nenhum outro ministro. Porém, mesmo se Rio Branco não fosse um defensor nem um elaborador do projeto de 1906, as compras dos armamentos corroboram suas posições em termos de política

---

[37] Os periódicos *El País* e *El Diario* defendiam uma opinião igualmente mais moderada: as despesas acarretadas por esses equipamentos eram muito altas e a Argentina devia ter outras prioridades (BUENO, 2003, p. 195-219).
[38] *La Prensa*, 20.10.1908. Citado por Heinsfeld, 2006.
[39] HEINSFELD, 2006.
[40] Segundo a *The Encyclopedia Britannica, a Dictionary of Arts, Sciences, Literature and General Information*, Eleventh Edition, volume XXIV, Cambridge, University Press, 1911, p. 906.

externa, que vão no mesmo sentido da criação de uma missão militar nos Estados Unidos e da participação do Brasil na conferência de Haia, em 1899 e 1907

Essas encomendas de grandes armamentos despertam também questionamentos para os diplomatas franceses no Brasil, como testemunha uma missiva de 1908:

> Os construtores ingleses laçaram há alguns dias o encouraçado Minas Gerais, do tipo dreadnought, destinado à Marinha do Brasil e que é hoje o mais poderoso navio de guerra do mundo. Dois outros encouraçados do mesmo tipo, *o* Rio de Janeiro e o São Paulo, estão sendo construídos na Inglaterra, bem como uma certa quantidade de scouts, destroyers, contra-torpedeiros, submarinos, que devem fazer do Brasil a nova potência naval do mundo [...] Qual é o objetivo imediato desses armamentos? Trata-se de um acesso, aliás dispendioso, de megalomania? Ou o Brasil teme realmente um conflito com a República Argentina, com relação à jurisdição das águas do Rio da Prata?[41]

Por trás desse olhar de desconfiança em matéria de política naval, a correspondência diplomática mostra que os interesses franceses no Brasil estavam com frequência subordinados às rivalidades existentes entre os países europeus. A ação francesa no Brasil no início do século XX dependia com frequência das disputas que esse país entretinha – ou tinha condições de entreter – com a Alemanha, no campo militar, ou com a Inglaterra, no domínio econômico ou tecnológico. Como na passagem seguinte da mesma correspondência dos representantes da França no Brasil: "Percebemos de maneira desagradável o fato de que todas as construções navais do Brasil sejam confiadas às companhias inglesas e que todas as encomendas de fuzis sejam endereçadas às fábricas alemãs". Em outra correspondência, datada de 9 de maio de 1909, o representante francês em Petrópolis reafirma a disputa das potências europeias pelo mercado naval brasileiro e insiste no fato de que era importante fazer um verdadeiro trabalho de *lobby*:

---

[41] Archives du ministère des Affaires Etrangères (AMAE), La Courneuve. Brésil. Correspondance politique et commerciale, Défense Nationale, v. 3, 24/09/1908. Tradução feita pela autora.

O governo brasileiro acaba de encarregar a indústria francesa da reparação do navio-escola Benjamin Constant. As obras necessárias alcançam aproximadamente 1 500 000 francos. M. Lambert, negociante francês radicado no Rio de Janeiro há muitos anos e que trata de negócios com o Ministro da Marinha, tinha-me pedido para intervir em seu favor junto ao Almirante Alencar para que ele decidisse confiar à companhia Forges et Chantiers do Mediterrâneo as reparações desse navio de guerra, construído, aliás, por essa sociedade metalúrgica francesa. Construtores ingleses tinham apresentado ofertas sensivelmente mais vantajosas e ameaçavam ganhar. As entrevistas que eu tive com o ministro da Marinha foram decisivas para que ele nos desse preferência.

O programa do ministro Alexandrino de Alencar, que ele tinha batizado de *Rumo ao Mar*, se reduz finalmente a dois dreadnoughts, dois *scouts* e dez *destroyers* entregues pelos construtores internacionais ao Brasil a partir de 1908, como indicado no Quadro 3.

Quadro 3: Os principais navios da frota brasileira em 1910

Navio	Classe	Velocidade (t)	Ano de incorporação	Ano de fim do serviço	Lugar de construção
Alagoas*	Destroyer	560	1909	1939	Inglaterra
Amazonas*	Destroyer	560	1908	1931	Inglaterra
Andradra	Vapor	2.000	1893	1914	Noruega
Bahia*	Scout	3.150	1909	1945	Inglaterra
Barroso	Cruzador	3.400	1895	1931	Inglaterra
Benjamin Constant**	Navio escola	2.750	1892	1926	França
Carlos Gomes	Vapor de guerra	-	1896	1926	Inglaterra
Deodoro	Encouraçado	3.150	1898	1924	França
Floriano	Encouraçado	3.150	1900	-	França
Mato Grosso*	Destroyer	560	1909	1946	Inglaterra
Minas Gerais*	Encouraçado do tipo Dreadnought	19.280	1910	1952	Inglaterra

Pará*	Destroyer	560	1908	1936	Inglaterra
Paraíba*	Destroyer	560	1908	-	Inglaterra
Piauhi*	Destroyer	560	1908	-	Inglaterra
República	Cruzador	1.300	1892	1920	Inglaterra
Rio Grande do Norte*	Destroyer	560	1908	1944	Inglaterra
Rio Grande do Sul	Scout	3.150	1909	1947	Inglaterra
Santa Catarina*	Destroyer	560	1909	-	Inglaterra
São Paulo*	Cruzador tipo Dreadnought	19.280	1910	1947	Inglaterra
Tamandaré	Cruzador – Navio Escola	4.500	1891	1915	Rio de Janeiro
Tamoio	Cruzador-torpedeiro	1.190	1898	1815	Alemanha
Timbira	Cruzador-torpedeiro	1.190	1896	1917	Alemanha
Tiradentes	Cruzador	750	1892	1919	Inglaterra
Tupi	Cruzador-torpedeiro	1.190	1896	1915	Alemanha

Fontes: CAMINHA, 1989; MARTINS, 1988.
* Navios que faziam parte do projeto Rumo ao Mar.
** Navios reequipados no contexto do projeto Rumo ao Mar.

Seguindo o modelo da Marinha dos Estados Unidos, que era na época um exemplo de República Federalista para o Brasil, os navios da nova frota eram batizados com nomes de Estados brasileiros (Bahia, Minas Gerais, São Paulo, Alagoas, Amazonas, etc.).[42] Essa nova tradição, acrescentada às práticas de nominação dos navios de guerra em homenagem a heróis da Marinha e personagens ou datas históricas, estava de acordo com o contexto da época, já que dar nomes de Estados era uma forma de reforçar o federalismo, correspondendo, de certa maneira, à "política dos governadores" que caracteriza a Primeira República.

---

[42] Nos Estados Unidos, os navios de guerra chamavam-se, por exemplo, *USS Conecticut, USS Kansas, USS Vermont, USS New Jersey*, etc. O *USS South-Caroline* foi o primeiro dreadnought norte-americano.

Viva o "Minas Gerais", o gigante do mar

Na época, diversas publicações inglesas mencionavam os navios da frota brasileira. Eram apresentadas, sobretudo, as características dos dois navios de classe, os dois dreadnoughts de 19 281 toneladas de deslocamento e similares, mesmo se o Minas era um pouco mais poderoso com relação aos seus armamentos (tinha 12 canhões contra 10 para um modelo tradicional de dreadnought). Uma publicação especializada reproduz os perfis dos navios de guerra brasileiros da época:[43]

Figura 1: Os navios de guerra do Brasil em 1910

Figura 1: Os navios de guerra do Brasil em 1910

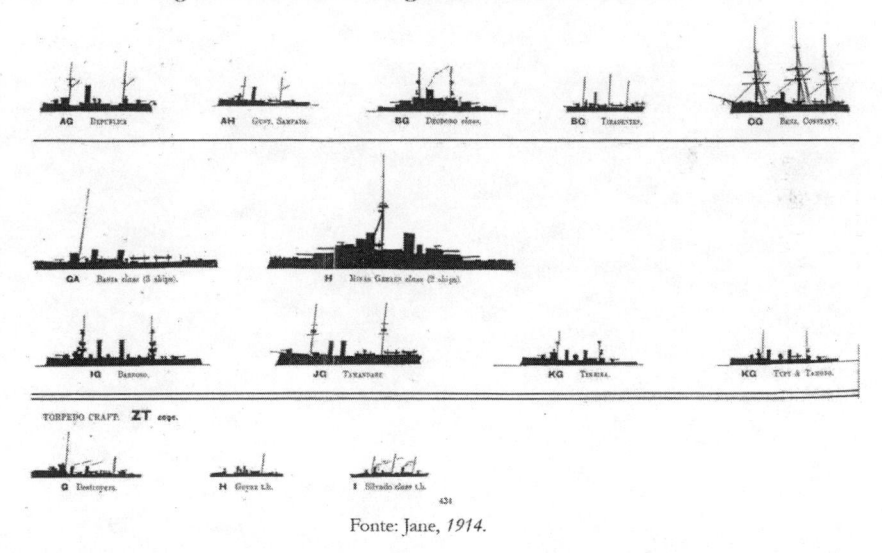

Fonte: Jane, *1914*.

Em 1910, a Marinha brasileira confecciona cartões-postais com os dois novos e principais navios da frota:

---

43 JANE, Fred T. (ed.), *Fighting Ships*, London, Printed by Netherwood, Dalton & Co.,Phoenix Works, Raschcliffe, Huddersfield, 1914. Agradeço ao historiador Joseph Love por este documento.

Figuras 2 e 3: Cartões-postais do Minas Gerais e do São Paulo em 1910

Fonte: DPHDM, Fundo de imagens, fotos da frota de 1910.

Incorporado antes e sendo o mais poderoso navio de guerra, o Minas Gerais é o equipamento mais festejado no Brasil. Sua chegada, em 17 de abril de 1910, é celebrada com entusiasmo pela população brasileira, como testemunha o jornal *O Paiz* na sua edição do dia seguinte:[44]

> A chegada do Minas Gerais, eis o grande acontecimento que ontem fez palpitar numa vibrante emoção patriótica toda a alma nacional, porque não foi só o Rio de Janeiro que recebeu nas águas da sua formosa baía o formidável dreadnought... foi o Brasil inteiro que saudou no vulto agigantado do colosso dos mares sul-americanos o símbolo soberano da sua própria pujança, a expressão concreta de sua energia de nação [...]. O povo brasileiro [...] em milhares de lenços brancos ou gritando vivas calorosos, manifestou seu imenso júbilo. [...] E quando, transposta a barra, ele salvou a terra e os pavilhões das nações estrangeiras militarmente representadas na costa pelo North Carolina e pelo Kaiser Karl VI, sentia-se que a saudação partida da alma daqueles canhões de salva era uma voz mais sonora, mais cheia, uma nova voz, uma consciência nova. [...] Os brasileiros [...] saudavam no vulto de aço do Minas Gerais o Brasil novo, opulento e poderoso que vai na sua rota de progresso e civilização com a mesma galhardia com que o primeiro de seus dreadnoughts – o primeiro dreadnought do mundo – entrou nas águas espelhantes da Guanabara.

---

[44] O Bahia chega logo depois, no dia 21 de abril. O São Paulo é entregue ao governo brasileiro em setembro de 1910, chegando ao porto do Rio em 25 de outubro de 1910 (MARTINS, 1988, p. 22-31).

Essa passagem da imprensa revela claramente que o Minas Gerais era tanto um símbolo quanto um navio de guerra: ele significava o poder, a beleza, o progresso e a civilização. Como encarnação da modernidade técnica desejada pela Marinha do início do século XX, esse grande dreadnought surge na letra de uma cançoneta de um famoso artista e compositor popular da época: Eduardo das Neves, um palhaço negro, antigo membro do corpo de bombeiros, de origem modesta e que animava as ruas do Rio com suas canções e performances. Ele grava diversas canções entre 1895 e 1919, entre as quais "Minas Gerais"[45], escrita para a melodia napolitana de "Vieni sul mare", música que se torna posteriormente uma forma de hino do Estado de Minas Gerais com o título *Oh, Minas Gerais!* (com a letra modificada em duas versões diferentes). Eduardo das Neves, apelidado Dudu das Neves, se inspirava com frequência nos acontecimentos cotidianos, nos fatos publicados na imprensa, nas tensões sociais e na luta contra a discriminação racial para escrever suas canções, compostas muitas vezes para melodias que já existiam. Trata-se de um estilo de canção popular de cunho humorístico e nacionalista. Como a letra de "Minas Gerais":

> Louros triunfais / O século nos traz / Vamos saudar o gigante do mar / Oh Minas Gerais! / Viva a armada, viril, brasileira / Que hoje pode, orgulhosa, cantar / É no mar, pelo sul, a primeira / Pois ostenta o gigante do mar / Já não teme os poderes navais / É, também, poderosa e viril / Basta a força do Minas Gerais / Pra defesa do nosso Brasil!

Apesar desse entusiasmo popular com a chegada do Minas, o projeto de aquisição dos grandes armamentos suscitava ainda muitas críticas, que são reforçadas após a revolta dos marujos de 1910, como veremos. A frota do programa *Rumo ao Mar* custou caro ao governo brasileiro. Segundo uma publicação oficial da Marinha, cada um dos navios teria custado 1 821 400 libras.[46] A mesma publicação compara os preços de outros navios do mesmo tipo no mundo: o Dreadnought mais caro da frota inglesa alcançava a cifra de

---

[45] O tema da Marinha não era estrangeiro para esse compositor popular. Ele compôs também *O Arquibadan*, em 1907, para homenagear as vítimas da explosão desse navio no mesmo ano, bem como *Canção do marinheiro*, em 1908. Atribui-se a ele também uma canção sobre a revolta dos marinheiros de 1910. Ver: MARCONDES, 1999; Vasconcellos, 1965. Sobre Dudu das Neves, ver: ABREU, 2010.
[46] DIAS, 1910, p. 201.

£1 813 100, enquanto o Von der Tann, navio equivalente na Marinha alemã, era orçado a £1 833 000. A França possuía navios ainda mais caros, os Condorcet e Voltaire chegavam a £2 000 824. A intenção do autor era demonstrar que o Brasil tinha feito um ótimo negócio, já que os navios tinham uma melhor relação de preço por tonelada de velocidade (£ 94,47 contra £ 101,28 para o navio inglês, £ 96,47 para o alemão e £ 112,98 para os franceses).

Esse estudo visava justificar e fazer a promoção da escolha do projeto naval de 1906, cujos objetivos não eram muito claros. A Inglaterra, a França e a Alemanha vão construir outros navios do modelo dreadnought antes de 1914 (para a Primeira Guerra Mundial, a Inglaterra alinhava 31 navios desse modelo, a Alemanha, 21, a Rússia, 7, a França, Itália e Áustria, 4),[47] mas de fato os dois gigantes brasileiros, o Minas e o São Paulo, serão rapidamente ultrapassados pela nova corrida armamentista provocada pela Grande Guerra. E o Brasil não terá condições de acompanhar essa concorrência.

A conclusão do projeto de aquisição de novos navios de guerra é, portanto, parte de um processo complexo relacionado ao desejo de modernizar a Marinha. Os modelos exteriores eram a verdadeira orientação para o governo brasileiro e uma bússola para os projetos dos diferentes almirantes, oficias e ministros. Se essas escolham eram políticas, podiam também ser influenciadas pelas relações entre os construtores e a ação (verdadeiro *lobby*) dos diplomatas. No exterior, os projetos navais brasileiros despertavam tanto cobiça das nações europeias quanto desconfiança dos países vizinhos. No interior do país, a chegada dos armamentos, apresentados como verdadeiros símbolos da República, suscita entusiasmo popular, mesmo se as críticas não demoram a ecoar. De fato, se a necessidade de modernizar a Marinha era reconhecida de maneira quase consensual, as formas de alcançar esse objetivo não eram uma unanimidade entre os diversos atores do meio político e militar da época. Eles também vão opinar e se opor ao projeto concomitante de restruturação do pessoal da Marinha, muitas vezes revelando os preconceitos raciais em voga na época, como veremos no capítulo seguinte.

---

[47] TAILLEMITE, 1999, p. 389-395.

UM "VIVEIRO" DE HOMENS "ADESTRADOS" PARA A ARMADA: RECRUTAMENTO E FORMAÇÃO DE MARUJOS NO PÓS-ABOLIÇÃO

O recrutamento na Marinha do século XIX

A preocupação com a consolidação de uma Marinha composta por um pessoal fixo e bem-formado existe desde o início do século XIX. No entanto, as condições de trabalho não são as mesmas para os corpos de oficiais e marinheiros e o recrutamento de marujos torna-se um problema constante, com soluções que revelam os abismos sociais e raciais da sociedade brasileira.

O recrutamento forçado era comum no século XIX, compondo um quadro de marujos e soldados de origens sociais similares: escravizados, homens livres pobres, expropriados, mendigos, retirantes. Frequentemente, o recrutamento era feito por intermédio da polícia, que enviava condenados ao Exército ou à Marinha de guerra, bem como marinheiros da marinha mercante capturados à força nos navios em que trabalhavam.[1] A criação de companhias fixas dá origem, em 1840, ao Corpo de Marinheiros Imperiais, aos quais eram anexadas as Companhias de Aprendizes a Marinheiro, definidas da maneira seguinte (RMM, 1840):

> Art. 5º. Além das Companhias mencionadas no Artigo antecedente, haverá outra de Aprendizes Marinheiros, que poderá ser elevada até o número de 200 menores da idade de 10 a 17 anos, findos os quais principiarão a vencer tempo de serviço; Art. 6º.: O Governo fica desde já autorizado a dar uma gratificação de 12U000 réis, aos Pais e

---
[1] Ver BEATTIE, 2001.

Tutores, que voluntariamente apresentarem os menores para serem admitidos às Escolas de Aprendizes Marinheiros, e mais um terço de soldo, deduzido do que houverem de vencer os mesmos menores até idade de 17 anos.

As companhias de aprendizes deveriam, portanto, reunir garotos de 10 a 17 anos, em boa constituição física e que se apresentassem de maneira voluntária. Entretanto, o recrutamento forçado não era incomum, um recurso utilizado por tutores, curadores ou autoridades locais que inscreviam nas escolas órfãos, crianças pobres e errantes. A partir dessa época, as três principais formas de recrutamento na Marinha são estabelecidas: o voluntariado, o recrutamento forçado e os jovens oriundos das escolas de aprendizes.

No contexto da Guerra do Paraguai, os marujos também se organizaram para protestar contra medidas que julgavam injustas. Em janeiro de 1866, seis meses após a batalha naval do Riachuelo, 268 soldados do corpo de marinheiros imperiais enviam uma petição a Dom Pedro II e ao Congresso para reclamar a redução do tempo de serviço obrigatório, que era de 20 anos segundo o decreto do 24 de outubro de 1854. Segundo eles, 20 anos na Marinha era tempo suficiente para "invalidar" o praça que passa na instituição "os mais belos anos de sua vida". Este era o caso dos alunos da escola de aprendizes, que pediam que o tempo de serviço voltasse a ser de 12 anos, como estabelecido pelo decreto anterior, de 1845.[2]

Para os ministros da Marinha, somente os longos anos de serviço obrigatório, combinados aos bônus para os voluntários e reengajados, bem como melhores pensões e melhores soldos, comparáveis aos salários da Marinha mercante, poderiam manter os marujos nos navios de guerra. Todos consideravam, porém, natural que os grumetes vindos das escolas de aprendizes fossem obrigados a servir muitos anos na Marinha. Afinal, as escolas eram vistas como custosas, um investimento feito pelo governo brasileiro. No quadro abaixo, percebem-se as principais formas de recrutamento dos marinheiros na Marinha de Guerra no final do Império:

---

[2] Sobre a legislação e mudanças no recrutamento da Marinha, ver: ARIAS NETO, 2001.

Quadro 1: O recrutamento de soldados no Corpo de Marinheiros Imperiais (1845-1888)

Modalidade	1845-1854	1855-1866	1867-1874	1875-1888	TOTAL
Recrutamento forçado	1.357	2.935	1.089	335	5.716
Companhia de aprendizes	683	1.336	1.888	4.504	8.411
Voluntários	91	87	25	218	421
Transferidos de outros corpos	6	11	53	176	246
Substituições	1	2	12	111	126
Alforriados	-	-	294	13	307
Engajados	-	-	-	137	137
Total	2.138	4.371	3.361	5.494	15.364

Fonte: Produzido pela autora a partir do RMM, 1867 e RMM, 1889

Observa-se que o recrutamento forçado constituía a principal forma de incorporação de soldados na Marinha até os anos 1867-1874, quando começa a ser ultrapassado pelas companhias de aprendizes a marinheiro. O gráfico abaixo nos permite visualizar como essas escolas tornam-se importantes fornecedoras de mão de obra para a Marinha a partir de 1859 precisamente:

Quadro 2: Comparação entre as diferentes modalidades de recrutamento de marinheiros (1845-1866)

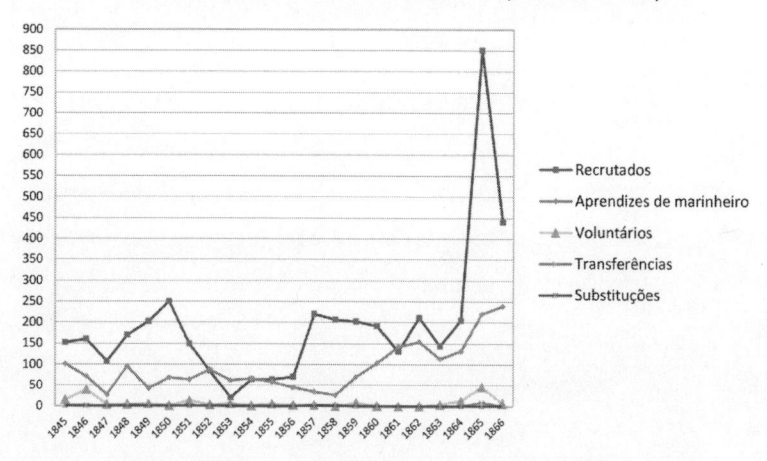

Fonte: Gráfico produzido pela autora a partir de RMM, 1845-1866.

O aumento significativo do recrutamento forçado em 1865 se explica pelo contexto de entrada na guerra contra o Paraguai. As transferências de outros corpos e as substituições não são muito expressivas até os anos 1875-1888, bem como o número de voluntários, apesar de um relativo aumento no período 1875-1888 que se explica pelo fato de ter sido adotada, em 1871, uma lei que reduzia o tempo de serviço obrigatório a 12 anos. Os ministros reclamam constantemente em seus relatórios do recrutamento forçado e da penúria de mão de obra. Para responder a essa questão, uma nova lei é aprovada em 1874 que tenta colocar em prática o sorteio militar, para completar o número de voluntários, engajados ou reengajados. O sorteio militar não se aplicava, no entanto, a numerosas categorias socioprofissionais: deficientes físicos e mentais, bacharéis, estudantes de teologia, seminaristas, religiosos, homens que sustentavam uma família, policiais, pescadores profissionais, marinheiros da Marinha mercante, proprietários e administradores de fábricas de mais de 10 assalariados, ferroviários, maquinistas dos navios a vapor, funcionários dos correios e dos telégrafos, empregados de fazenda de criação de gado, caixas de casas comerciais e todos aqueles que pudessem apresentar substitutos. Essas diversas exceções visavam, por um lado, preservar a mão de obra disponível para o mercado de trabalho e, por outro, proteger os membros das famílias mais abastadas. Evidentemente, essa lei foi um grande fracasso.

No contexto, alistar os escravizados em troca de alforria podia significar uma alternativa para a falta de mão de obra na Marinha e no Exército. Na província da Bahia, durante a guerra da independência, o recrutamento de escravizados já havia sido praticado no Exército. Mas os homens recrutados somente foram libertos depois do conflito. As alforrias são relativamente pouco numerosas também durante o conflito contra o Paraguai e nos anos seguintes – os libertos engajados representavam somente 8,75% dos contingentes da Marinha entre 1867-1874 e 0,24% apenas entre 1875-1888.[3] Sabe-se que os alforriados enviados para a Marinha ou o Exército durante a Guerra do Paraguai eram enviados por seus senhores como seus substitutos. Podiam substituir outros homens livres que não tivessem conseguido evitar o recrutamento. O Império favorecia o envio de

---

[3] BEATTIE, 2001, p. 41

escravizados, que deveriam ser libertos em troca do alistamento, e uma lei é votada nesse sentido em 1866. Porém, os senhores, sobretudo do Rio de Janeiro, região de produção econômica mais importante na época, não viam com bons olhos essa medida de estímulo à doação de escravizados, sobretudo a partir de 1850 quando o preço dos braços escravizados aumenta devido à interdição do tráfico transatlântico. De fato, eles aspiravam receber uma compensação financeira do Estado por essas doações.

Ao mesmo tempo, alistar-se na Marinha ou no Exército podia ser uma escolha para escravizados que tinham fugido das propriedades de origem como forma de adquirir a liberdade posteriormente. Como havia muitos negros e pardos nesses contingentes, eles frequentemente não eram identificados como escravizados foragidos.[4] Esses homens criavam na Marinha ou no Exército novos laços sociais, na esperança de mudança de condição. Mas podiam ser vistos com desprezo e repugnância pelas autoridades. Na imprensa da época, há diferentes registros de caricaturas de soldados da época da Guerra do Paraguai, antigos escravizados, representados como maltrapilhos, descalços e fracos servindo "em nome da pátria".

Depois da abolição, a Marinha de guerra sofre diretamente com a concorrência da Marinha mercante no recrutamento do pessoal. Recrutar cidadãos se torna uma tarefa ainda mais difícil e o número crescente de deserções desde o fim do Império agrava a penúria de mão de obra.

Quadro 3: Alistamentos e deserções no Corpo de Marinheiros Imperiais (1839-1888)

Anos	1836-1854	1855-1865	1867-1874	1875-1888
Alistados	2913	3814	3361	5494
Deserções	1668	1706	1370	2872
"Apresentados/ capturados Depois da deserção"	717	896	452	1555
Perdas reais	951	810	918	1317

Fonte: Produzido pela autora a partir do RMM, 1867 e RMM, 1889.

---

[4] IZECKSOHN, 2004; KRAAY, 1996.

Marinheiros e soldados para a República

A instauração da República, contemporânea do fim da escravidão, exige reformas nos corpos da Marinha brasileira (de oficiais e soldados subalternos). O número de tenentes é reduzido, passando de 240 a 160 poucos meses depois da Proclamação da República, e também se começa a utilizar o termo "oficial combatente" para diferenciar os oficiais da Armada dos novos oficiais engenheiros ou médicos. Progressivamente, concentra-se maior número de pessoal nos postos mais altos da Marinha, e menos nos postos intermediários (por exemplo, em 1909, 65% dos oficiais são de graduação igual ou superior a tenente-coronel).[5] A distância entre oficiais de alto escalão e marinheiros é, portanto, acentuada, ao mesmo tempo em que há uma crescente complexificação técnica das funções, como, por exemplo, para exercer como engenheiros navais, na parte de eletricidade dos navios e nas máquinas. Internamente, essas mudanças são justificadas como:

> Em consequência, sem dúvida, do programa naval do princípio do século (1906-10), que dera ao Brasil uma Marinha de guerra apreciável e modernizada. [...] O navio de guerra, mais apurado, constituía-se, pela multiplicidade da aparelhagem, num conjunto tão complexo e dispendioso que já não era mais possível entregá-lo a profissionais meramente práticos.[6]

Para o contato mais direto com a marujada, havia o Corpo de Inferiores da Armada, que agrupava "oficiais inferiores" ou suboficiais. Ele é reorganizado pelo Decreto nº 921 de 24 de outubro de 1890, que lhe confere um pequeno aumento do soldo e aumenta o número de quadros (um total de 102 homens). Esse corpo contava com cinco categorias bem distintas: 1) Os oficiais marinheiros (mestre, contramestre e guarda-marinha, equivalentes, respectivamente, a sargento auxiliar, primeiro e segundo sargentos); 2) Enfermeiros (equivalentes a primeiro sargento); 3) artífices (equivalente a sargento auxiliar, primeiro e segundo

---

[5] CAMINHA, 1989.
[6] SCARVADA, Levy. *História do corpo de suboficiais da Armada*. Rio de Janeiro: Imprensa Naval, 1954. Citado por: CAMINHA, 1989, p. 124.

sargento); 4) fiéis de 1ª e 2ª classe (primeiro e segundo sargento); 5) escrivão de 1ª e 2ª classe. A bordo, os oficiais marinheiros eram subordinados aos oficiais superiores e tinham como função enquadrar os membros do chamado Corpo de Marinheiros Nacionais, como indica o Relatório do Ministro da Marinha de 1909. Os oficiais marinheiros podiam vir do Corpo de Marinheiros Nacionais e, a partir de 1909, eram formados numa escola de oficiais marinheiros, a bordo de um navio. Já os oficiais do Corpo da Armada eram formados na Escola Naval situada na Ilha das Enxadas até maio de 1914.

O Corpo de Marinheiros Nacionais substitui, com a mudança de regime, o Corpo de Marinheiros Imperiais (cujo recrutamento se fazia, de acordo com a Lei n° 1874, através dos grumetes oriundos das Companhias de Aprendizes, do engajamento e reengajamento de voluntários e do minguado sorteio militar). Os efetivos para o Corpo de Marinheiros Nacionais eram fixados em 4000 homens, ou seja, 700 a mais do que no fim do Império. Mas a tendência ao subefetivo continua no início da República.

Algumas medidas são anunciadas na virada para a República a fim de lutar contra a penúria de praças. O terceiro decreto da República de 1889 prevê o fim dos castigos corporais na Armada e a redução do tempo de serviço para todos os praças a nove anos. Também, aumentam-se os soldos dos Marinheiros Nacionais e do Batalhão Naval. Essas medidas não executadas na prática, conforme os diferentes relatórios dos ministros entre 1889 e 1908, têm pouco efeito para o recrutamento. Os soldos continuam baixos, as condições de trabalho são duras, os marinheiros sofrem preconceito internamente e externamente e os castigos corporais, sobretudo as chibatadas, permanecem uma triste realidade. Em seu relatório de 1891, o Ministro da Marinha alegava que o soldo de um mês de trabalho de um marujo era equivalente a um dia de trabalho na Marinha mercante. Como vemos no quadro abaixo, a falta de pessoal no Corpo de Marinheiros Nacionais era uma constante, chegando a ser alarmante em alguns momentos, sobretudo em 1893, após a revolta dos oficiais da Armada, e em 1911, depois da revolta dos marujos.

Quadro 4: Efetivos do Corpo de Marinheiros Nacionais (1888-1914)

Ano	Efetivos	Efetivos desejados	Postos vagos	Taxa de preenchimento do corpo
1888 – Companhia de Imperiais Marinheiros	3 218	3 300	Unicamente 82 (Mas sugere-se a criação de 5 outras companhias)	98%
1889	-	4 000	-	-
1890	-	4 000	-	-
1891	2 951	4 012	1 054	74%
1892	3 174	4 012	838	79%
1893	916	4 012	3 096	23%
1894	1 248	4 012	2 764	31%
1895	1 708	4 000	2 292	43%
1896	1 809	4 000	2 191	45%
1897	1 792	4 000	2 208	45%
1898	1 904	4 000	2 096	48%
1899	1 981	4 000	2 019	50%
1900	1 946	4 000	2 054	49%
1901	2 091	4 000	1 909	52%
1902	2 552	4 000	1 448	64%
1903	3 014	4 000	986	75%
1904	2 661	4 000	1 339	67%
1905	2 760	4 000	1 240	69%
1906	2 866	4 000	1 134	72%
1907	3 120	4 000	880	78%
1908	3 274	5 000	1 726	66%
1909	4 097	5 000	903	82%
1910	-	-	-	-
1911	2 335	5 000	2 665	47%
1912	4 032	5 000	968	81%
1913	4 449	6 000 (dos quais 4000 marujos do CMN e 2000 marinheiros contratados)	1 968	74%
1914	4 700	5 000	300	94%

Fonte: Produzido pela autora a partir do RMM dos anos em questão

Sobre a questão do subefetivo, o Ministro Eduardo Wandenkol, em seu relatório de 1890, explica o que seria, segundo ele, o problema. Havia uma verdadeira repugnância da população brasileira para a função:

> Não obstante a abolição do castigo corporal e as vantagens oferecidas no regulamento anexo ao Decreto n. 673 de 20 de agosto de 1890, e em diversos avisos de meu antecessor aos indivíduos que se quisessem alistar, não se conseguiu até hoje completá-lo, nem mesmo obter o número de praças restritamente necessário para preencherem-se os claros que produzem as deserções, as baixas por falecimentos, incapacidade física ou por conclusão de tempo de serviço. [...] A abolição do recrutamento e a supressão, nos termos dos artigos 3º. e 4º. da Constituição, de prêmios aos alistados, dificultará ainda mais a aquisição de pessoal para o serviço, enquanto não for organizado o sorteio de que trata o segundo daqueles parágrafos, <u>tão grande é a repugnância que em geral manifesta a nossa população para a vida marítima militar</u>." (Grifo meu).

O lado obscuro do recrutamento forçado

Mas como se operava de fato o recrutamento forçado e de voluntários na Marinha? O novo Código Penal da República, de 1890, se dotava de dispositivos que permitiam uma comunicação entre a repressão policial e as forças armadas. Ficavam estabelecidas contravenções por vagabundagem, mendicância e capoeiragem (artigos 399 a 404), que visavam diretamente às populações pobres, errantes, afrodescendentes.

Consagrado aos "vagabundos e capoeiras", o capítulo 13 do Código Penal estipulava que toda pessoa sem ocupação, recursos ou tutor podia ser detida por 15 dias a até 6 meses. Ao final do prazo, ela devia se comprometer a encontrar uma ocupação. Os estrangeiros podiam ser deportados, os recidivistas podiam ser enviados às colônias correcionais ou às prisões militares. Vários homens detidos nessas condições eram enviados à Marinha, como comprova um estudo da documentação do Gabinete de Identificação da Marinha (GIA) criado em 1908, apresentada mais profundamente no terceiro capítulo. Além disso, o mesmo código instituía os delitos de "mendicância" e de "embriaguez" (artigos 391 e 398), que também podiam ser pretexto para um "alistamento forçado" na Marinha. Esses indivíduos podiam também ser apresentados como voluntários pelas autoridades encarregadas do recrutamento, na Marinha ou no Exército. Porém, como vemos no quadro seguinte, o recrutamento forçado ou "voluntariamente forçado" não eram a principal fonte de mão de obra para a Marinha republicana. Assim como no Império, são as Escolas de aprendizes que ocupam um papel cada vez mais importante na missão de preencher o Corpo de Marinheiros Nacionais.

Quadro 5: As diferentes modalidades de alistamento no Corpo de Marinheiros Nacionais (1888-1909)

Ano	Sorteados	Voluntários	Engajados e reengajados	Escola de aprendizes a marinheiro	Porcentagem do total	Desertores (capturados ou apresentados voluntariamente)	Transferências de outros corpos, fim de sentença ou retornados do asilo	Substituições	Total
1888		64	3	431	85%	0	0	12	510
1891		13		264	75%	73		1	351
1896		42		210	38%	250	50		552
1897		45		362	67%	133			540
1898		90	3	268	40%	257	55		673
1900		7	11	261	82%	37	1		317
1901		20	17	363	71%	98	16		514
1902		13		432	81%	90			535
1903	170	294		339	38%	100			903
1904	13	182		210	43%	83			488
1905		86		488	74%	85			659
1906		118		849	88%	0			967
1907		181	98	693	66%	82	3		1 057
1908		84	88	380	61%	68	2		622
1909		117	85	771	72%	67	33		1 073

Fonte: Produzido pela autora, RMM, 1888-1909

Sobre os sorteados registrados no quadro acima, vemos que os números são relativamente baixos, já que o dispositivo foi um fracasso em todas as ocasiões. Em 1903, foi tentado um sorteio marítimo militar, ou seja, realizado somente entre os trabalhadores navais, dos portos e da Marinha mercante, já que as autoridades da Armada defendiam o recrutamento de homens com algum conhecimento das funções de navegação. O relatório do ministro de 1903 relata que uma mobilização do pessoal nos portos, a organização de uma greve alguns dias antes do sorteio marítimo militar e a "falta de interesse" do resto da população eram responsáveis pelo não funcionamento do dispositivo. De fato, grande parte dos homens sorteados apresentavam procurações de juízes ou certificados médicos para serem dispensados, outros simplesmente não se apresentavam à Marinha. Tinham o objetivo de recrutar 2000 homens pelo sorteio militar, mas conseguiram somente 170 adesões em 1903.[7] A categoria simplesmente desaparece nos anos seguintes. Observa-se também que o número de deserções era bastante importante.

Para resolver a questão dos efetivos, toma-se a decisão de reforçar as escolas de aprendizes marinheiros pelo país. Mesmo que as companhias já existissem na época imperial e fornecessem muitos braços à Marinha, era preciso reformá-las com a mudança de regime. Elas próprias encontravam dificuldades de recrutamento e em subefetivo (ver Quadro 6). Muitas eram também as críticas quanto à qualidade da formação nessas instituições, que se encontravam em condições ruins de instalação e com falta de instrutores.

Quadro 6: Efetivos das escolas de aprendizes por Estado

Localização	1896	1897	1898	1899	1900	1901	1902	TOTAL
Rio de Janeiro	46	137	138	90	156	127	111	805
Pernambuco	22	28	31	47	37	58	65	288
Bahia	20	---	64	4	9	53	43	193
Alagoas	14	60	14	32	16	12	33	181
Paraíba	12	26	27	14	...	14	75	168
Ceará	31	14	17	19	20	34	20	164
Rio Grande do Sul	9	29	20	16	16	43	6	139
Santa Catarina	13	14	27	15	11	19	5	104
Maranhão	9	25	16	12	------	8	5	75
Mato Grosso	---	----	---	---	---	---	---	---

Fonte: RMM, 1903, p. 42.

---

[7] Cf. RMM, 1903, p. 51. Segundo esse relatório, 2 000 homens correspondiam a 6,76% do total de inscritos na Marinha mercante, que contava com 29 559 trabalhadores.

De maneira esquemática, pode-se dizer que dois modelos foram pensados. Um primeiro sugeria a diminuição do número de escolas para um melhor uso de seus recursos (relatórios de 1894, 1895, 1896, 1897, 1902, 1905). Um segundo, ao contrário, defendia o aumento do número de escolas para uma melhor distribuição nos diferentes Estados da federação (relatórios de 1890, 1891, 1892, 1893, 1898, 1899, 1903). Esses modelos – e suas concretizações – serão o assunto das páginas seguintes deste capítulo.

As escolas da Armada brasileira: modelos e experiências de marinheiros e oficiais na República

Os abismos eram gigantes também com relação à formação para oficial ou marinheiro. A modernização da Marinha buscada no início da República teria também um impacto na formação do pessoal, com diversas reformas que não colocavam em questão, todavia, as desigualdades colossais. Enquanto os oficiais vinham de famílias de militares de alto grau, eram na maioria brancos, os marujos eram majoritariamente negros, pardos e originários do norte e do nordeste do Brasil que buscavam no Rio de Janeiro novas oportunidades, como veremos no terceiro capítulo.[8] Esses dois universos socioprofissionais eram marcados pela passagem em escolas diferentes: a Escola Naval para os oficiais, que confirmava o pertencimento a uma elite brasileira, e a Escola de aprendizes para os marinheiros, entre os quais muitos órfãos e desprovidos de qualquer meios, cujos responsáveis buscavam segurança, abrigo ou melhoria de suas condições no futuro.

Essas diferenças terão também uma repercussão evidente nas remunerações. A tabela dos soldos estabelecida logo após a proclamação de República nos fornece uma ideia dessas disparidades, bem como das possibilidades de evolução na carreira para marujos vindos das escolas de aprendizes ou oficiais que poderiam ter frequentado a Escola Naval.

---

[8] Um estudo sobre os oficiais da Marinha demonstra que os negros e pardos que podiam entrar como oficiais no contexto no pós-abolição eram minoritários e seguiam uma lógica de "branqueamento" e "silenciamento" de suas cores, por causa do seu estatuto social. Ver: NASCIMENTO, 2019.

Quadro 7: A remuneração dos oficiais em 1890

Grau	Soldo mensal (em Réis - $)
Almirante	750 $ 000
Vice-almirante	600 $ 000
Contra-almirante	450 $ 000
Capitão	300 $ 000
Capitão Tenente	210 $ 000
Primeiro Tenente	150 $ 000
Segundo Tenente	105 $ 000
Guarda-Marinha	90 $ 000

Fonte: Decreto 13 C, do dia 2 de janeiro de 1890, RMM, 1890.

Quadro 8: A remuneração dos marinheiros em 1890

Grau	Soldo mensal – em Réis
Sargento Auxiliar	35 $ 000
Primeiro Sargento	30 $ 000
Segundo Sargento	25 $ 000
Forrieis	20 $ 000
Cabo	19 $ 000
Marinheiro Primeira Classe	14 $ 000
Marinheiro Segunda Classe	10 $ 000
Grumete	7 $ 500

Fonte: Decreto n° 13 C, do dia 2 de janeiro de 1890, RMM, 1890.

As desigualdades de estatuto e remuneração eram abissais. O posto mais alto a que poderia aceder um marujo representava, em termos de soldos, apenas um pouco mais de um terço da remuneração de um oficial iniciante. Os soldos dos grumetes representavam, por sua vez, somente 1% do pagamento dos almirantes.

Uma escola para os oficiais

Situada na Ilha das Exadas no Rio de Janeiro, a Escola Naval propunha uma formação de quatro anos, acessível após aprovação em concurso bastante disputado. Os alunos frequentavam um ano de curso preparatório na própria escola (admissão ao concurso). No início do século XX, as autoridades da Marinha reclamam para que haja uma formação mais específica para o posto de maquinista, diferente da formação dos oficiais comandantes. São, assim, criadas as escolas práticas. Além disso, os diferentes ministros reclamam dos altos custos da escola, sobretudo com relação aos ranchos (refeições) e o número elevado de alunos. Progressivamente, eles suspendem o curso de admissão.

Novas reformas são previstas a partir do regulamento de 1907, inspiradas nos modelos das escolas navais europeias, da Inglaterra, da Alemanha e da França sobretudo. Prevê-se a fusão de cursos da escola de Marinha e de máquinas; a criação de novas disciplinas, como teoria e construção de máquinas a vapor e de navios; a admissão exclusiva por concurso, eliminando as indicações pessoais; a renovação dos professores todos os cinco anos; a criação de um prêmio de mérito; a introdução da educação física e a supressão dos postos de alunos guarda-marinha.

Os alunos continuavam a se distinguir por um estatuto social elevado. O concurso de admissão garantia que os alunos viessem majoritariamente de meios mais abastados, pois somente os filhos das classes mais favorecidas teriam condição de estudos e de capital cultural para passar no exame. Em suas memórias publicadas em 1951, Gastão Penalva, ex-aluno da Escola Naval, afirma que vários dos seus colegas tinham família na Marinha. Muitos eram filhos de oficiais, por vezes mesmo de almirantes e ministros. Segundo um testemunho de 1917, as famílias da elite brasileiras aspiravam para seus filhos que fossem bacharéis em direito, medicina e engenharia ou, como alternativa, oficiais da Marinha.[9]

No entanto, além de reduzir os orçamentos, reformar os cursos era necessário para responder às críticas que diziam que essas escolas eram lugares de produção de uma elite de oficiais, mas com pouco conhecimento técnico de qualidade para servir à Marinha brasileira. Em 23 de fevereiro de 1908, *O Paiz* publicava as impressões do Capitão-tenente Frederico Villar sobre as escolas de oficiais:

---

[9] Cf.: MONTEIRO, Tobias. Funcionários e doutores. Rio de Janeiro: Livraria Francisco Alves, 1919 (2. ed.), p. 14, citado por: CARVALHO, 2005.

Saímos da Escola Naval cheios de ciências inúteis! Nunca ali ninguém nos ensinou nada de prático! Tenho quase 20 anos de serviço, e nunca me ensinaram a dar um tiro e nunca ninguém me ensinou o que é um torpedo! Se quis aprendê-lo, fi-lo por minha vontade e própria iniciativa [...] O que nós sabemos de útil a nós mesmos devemos, por falta de instrução, de mestres e de recursos materiais de instrução! [...] Em complemento dessa miserabilidade, formavam-se bacharéis em direito e estudantes de medicina (oficiais da Marinha), que nessas academias matavam o tempo [...].

Do outro lado do mesmo barco: a escola de aprendizes marinheiros

Mesmo pertencendo a realidades sociais diferentes e opostas, as duas categorias de pessoal, oficiais e marinheiros ordinários, frequentavam os mesmos espaços nos navios desde a formação prática que recebiam nos navios-escolas, como pode ser observado na fotografia abaixo, tirada a bordo do navio-escola Benjamin Constant, em 1906.

Figura 1: Continência a bordo do navio-escola Benjamin Constant

Fonte: DPHDM – Coleção de imagens – Série Navios: Benjamin Constant, 1906.

A imagem fotográfica captada na ocasião de uma viagem pela Europa, durante uma estação fria, registra a continência dos grumetes prestada a seus oficiais, a bordo do navio-escola, provavelmente num contexto de formação. As distâncias estão bem-marcadas, os lugares e os gestos codificados, como testemunha este extrato do manual de formação dos marujos publicado em 1908:

> Os militares da Marinha com os mesmos postos ou graduações quando se encontrarem, deverão cortejar-se reciprocamente se forem oficiais, e se forem inferiores ou praças levarão a mão ao bonnet ou gorro; devendo em todos os casos partir o cumprimento do mais modesto. [...] A praça de prêt desarmada quando falar ao seu superior levará a mão direita ao gorro ou bonnet, tocando com a primeira a falange do dedo index, a extremidade do gorro ou bonnet, acima do olho direito, tendo a palma da mão para a frente e os dedos unidos. Conservar-se-á nessa posição enquanto estiver falando ao seu superior e, depois de receber ordem para retirar-se, dará meia volta, desfazendo a continência e seguindo o seu destino no passo que lhe for ordenado.[10]

Essas e outras regras de hierarquia e disciplina eram ensinadas desde as escolas. A passagem por essas instituições significava um momento de iniciação ritual ao mundo militar. As escolas de aprendizes eram consideradas na época, nos dizeres do ministro em posto em 1906, "o mais importante viveiro da Marinha de Guerra". Os aprendizes eram inscritos por seus pais ou tutores, no caso dos órfãos, muitas vezes em troca de um bônus que podia chegar a 100$000, ou seja, igual ou superior ao soldo de um marujo iniciante por um ano de trabalho (quadros 9 e 10). Os menores, recrutados em idades diferentes, ficavam nas escolas até os 16 ou 18 anos, quando se tornavam grumetes na Marinha. Eles deveriam aprender os rudimentos da leitura e da escrita, os trabalhos necessários ao funcionamento dos barcos e a disciplina militar.

Alguns autores denunciam o caráter de colônias de recuperação ou de instituições de correção das escolas de aprendizes.[11] Segundo essa visão, as

---

[10] ROCHA, 1908, p. 187-191.
[11] MORGAN, 2014.

escolas de aprendizes marinheiros eram equivalentes a verdadeiras prisões cujo objetivo final não era a instrução nem a formação. De fato, alguns testemunhos da época apontam essa visão comum, como no Relatório do Ministro da Marinha de 1899, para quem havia "um antigo preconceito" segundo o qual as escolas de aprendizes seriam "companhias correcionais" para punir os menores recuperados nas ruas "em pleno exercício da vagabundagem".

Essa análise era também bastante difundida nos meios diplomáticos da época, como testemunha uma nota enviada por um diplomata francês ao ministro das Relações Exteriores do seu país, em 1910, ano da revolta dos marujos na Baia da Guanabara: "As tripulações, em grande maioria compostas por negros e mulatos, provêm das escolas de 'aprendizes marinheiros', jovens vagabundos e malfeitores recolhidos pela polícia, ou jovens incorrigíveis que suas famílias, desesperadas, enviam a essas escolas como se fossem uma instituição de correção".[12]

A virada da era Alexandrino de Alencar

As reformas realizadas no ministério de Alexandrino de Alencar (1906-1910) visavam não somente "modernizar" os equipamentos, como vimos no capítulo anterior, mas também inverter essa imagem negativa através de uma restruturação das escolas. *Nossa Marinha*, uma publicação oficial da Marinha preparada para divulgar e promover as novas medidas, traçava um panorama desolador para essas escolas antes de 1910: "A instrução das equipagens era nula. As escolas de aprendizes se reduziam a sete ou oito, funcionando em edifícios inacreditáveis, com uma matrícula de alunos tão exígua que cada grumete fornecido à esquadra vinha a custar ao estado, diz um documento oficial, mais de 1:900$000".[13]

Apesar de caras para o Estado, essas escolas se encontravam em situação de penúria. A mesma publicação oficial citava os dizeres de um "oficial" sobre a Escola de aprendizes do Estado da Bahia, que tinha apenas "treze alunos! – Treze mendigos, vestidos com miseráveis andrajos feitos de restos de sacos de mantimentos!".

---

[12] Archives du Ministères des Affaires Etrangères (AMAE), La Courneuve. Brésil, Correspondance politique et commerciale, politique Intérieure – Immigration, vol. 6, 28/11/1910. Tradução da autora.
[13] DIAS, 1910.

Para justificar o novo projeto, era preciso reforçar a "função social" desses estabelecimentos, ou seja, proteger o menor sem família, frequentemente mendigo ou delinquente, segundo as fontes oficiais produzidas pelas autoridades da Marinha na época, e as crianças pobres oferecendo-lhes um meio de sobrevivência, de instrução e uma formação profissional. Dizia a mesma publicação oficial de 1910:

> O resultado desta orientação é desde já magnífico. Basta averbar que no ano de 1908 esses <u>viveiros</u> forneceram à armada cerca de 700 grumetes, e em 1909 nada menos de 905, todos sabendo ler e escrever, familiarizados com a vida de bordo e <u>adestrados</u> nalguma das especialidades da Marinha moderna: - sinaleiros, timoneiros, torpedistas, artilheiros, ... mineiros. (Grifo meu)

O objetivo era, portanto, instruir os menores e, mais do que isso, civilizá-los como se lê nas entrelinhas do uso de expressões como "viveiro", "adestrar", também comuns à realidade animal. Além disso, o investimento na formação se justificava como forma de reduzir a criminalidade, como dito nesta passagem do livro de 1910, *Nossa Marinha*: "Deste modo o nível do preparo das equipagens vem subindo sempre, ao passo que – fato digno de nota – a criminalidade baixa a um coeficiente até então não conseguido nos efetivos militares do país, e muito favorável, se o compararmos aos coeficientes respectivos em outras Marinhas".

Essas observações, ainda que formuladas no intuito de promover as ações do ministério, atestam a existência de uma vontade de reformar as instituições de ensino. Mesmo que muita coisa pudesse ser somente da ordem discursiva, um novo modelo é proposto, prevendo a divisão em dois tipos de escolas de aprendizes: as escolas primárias da Marinha e as escolas modelo, estas últimas mais precisamente voltadas para a formação técnica do marujo. Essa nova organização deveria ao mesmo tempo possibilitar formar mais eficazmente o pessoal e compensar a falta de braços na Marinha.

Uma cartografia das escolas de aprendizes

A estruturação das escolas de aprendizes tem efeitos positivos para o recrutamento e para os efetivos da Marinha de guerra. De fato, ainda que o número dos efetivos do Corpo de Marinheiros Nacionais já conhecesse um aumento progressivo a partir de 1902, é em 1907, como consequência das reformas de Alexandrino de Alencar, que o corpo adquire mais de 3 000 marujos, chegando mesmo a 4 097 em 1909, para um total fixado em 5 000 homens. Todavia, privilegiar as escolas de aprendizes não era ainda uma unanimidade no fim do século XIX, como escreve o ministro Elisário J. Barbosa em 1894 (RMM), alegando que seu número devia ser reduzido:

> A meu ver, tão excessivo número, longe de ser conveniente, é prejudicial. Produzindo uma enorme despesa, não consente que se cuide, como é necessário, da educação do futuro marinheiro. [...] Três escolas somente, no Norte, na capital da União e no Sul, estabelecidas não em terra, mas em navios apropriados, seriam, estou certo, de muito mais utilidade.

Segundo o mesmo ministro, era difícil manter os aprendizes nas escolas, como lamentava no relatório do ano seguinte, indicando a ação da polícia nos recrutamentos: "Ultimamente tem se dado ainda outro fato que vem aumentar ainda aquele desfalque. Menos enviados pela polícia, por serem vadios e não terem quem deles cuidem, são depois soltos e desligados das escolas por ordem de habeas-corpus".

Essa crítica retorna quatro anos mais tarde, no relatório assinado pelo ministro J. Pinto da Luz, em 1899, que reclama "um esforço partido das autoridades judiciárias que têm a seu cargo a proteção aos órfãos". Em 1902, o ministro Júlio César de Noronha constata o alto custo das escolas de aprendizes com relação à sua ineficiência, dizendo que cada escola teria custado 1.050:000$000 por ano à Nação brasileira, e cada aluno representaria, portanto, a quantia "desproporcional" de 3 398 058 *reis*.[14] No entanto, no ano seguinte, o mesmo ministro defende a abertura de uma escola por Estado (com exceção de Minas Gerais e Goiás). Cada Estado, na visão desse novo projeto, deveria ser responsável pelo recrutamento de menores para sua escola. O interesse dos Estados seria duplo (RMM, 1903):

---

[14] A título de comparação, o orçamento da Marinha no mesmo ano era de 24.379:297$254. RMM, 1902: 43 e 130-134.

As escolas, posto sejam instituições federais, estão vinculadas aos Estados por interesses recíprocos. De feito, se elas necessitam de pessoal para satisfazerem os intuitos de sua criação, também são úteis aos Estados já como asilos da infância desvalida, já como consumidoras dos respectivos produtos.

Assim, o projeto de criação de escola de aprendizes nos diferentes Estados do território brasileiro vai ganhando corpo no início do século XX. A modernização conservadora de Alexandrino de Alencar, que assume a pasta da Marinha em 1906, cria as condições para que isso aconteça, com a criação de escolas primárias, onde os aprendizes deveriam ficar um ano antes de serem transferidos para o Corpo de Marinheiros Nacionais, e as escolas modelo, onde deveriam seguir dois anos de estudo antes da integração no mesmo corpo. A carta abaixo representa a distribuição das escolas de aprendizes no território brasileiro como elaborada pelo ministério de Alexandrino de Alencar:

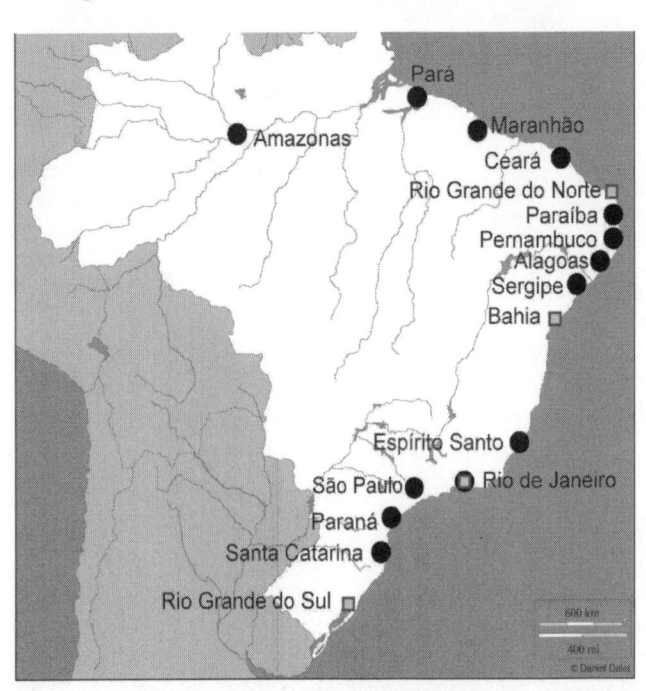

Figura 2: Distribuição das EAM em 1907

Fonte: A partir de dados do RMM, 1907, p. 48.

☐ Escolas Modelos – 2o. e 3o. Anos	● Escola Primárias da Marinha – 1o. Ano
Rio Grande do Norte –Ainda sem alunos	Ceará, Piauí, Maranhão, Pará e Amazonas – 161 alunos
Bahia – 197 alunos	Sergipe, Alagoas, Pernambuco e Paraíba – 570 alunos
Capital Federal – 510 alunos	Espírito Santo, Rio de Janeiro e São Paulo- Ainda sem alunos
Rio Grande do Sul – 88 alunos	Paraná, Santa Catarina e Mato Grosso – 185 alunos

Em 1907, contavam-se 1711 alunos, para um total de efetivos desejado de 5000 marinheiros nacionais para o mesmo ano (o número havia sido aumentado nesse ano em razão dos novos navios de guerra adquiridos ou em fabricação, que exigiam mais pessoal). Em termos numéricos, o resultado era encorajador. No entanto, as escolas buscavam privilegiar o aspecto humano, a formação e a profissionalização do pessoal. Nesse aspecto, convém notar o otimismo que contaminava os discursos dos oficiais e as publicações oficiais a partir de 1906, sempre prontos a insistir no papel civilizador e filantrópico da Marinha, como testemunha ainda este extrato de *Nossa Marinha* (livro editado em 1910):

> Noutros tempos... o preconceito de que o serviço do mar era um castigo. Nada mais absurdo [...] O verdadeiro, o maior, o mais triste castigo é o que inconscientemente nossas autoridades infligem à infância com o analfabetismo e a vadiagem, que no geral a embrutecem e infelicitam em muitas cidades da nossa terra. Ao contrário, o aluno de uma Escola de Aprendizes ali recebe a preparação intelectual, física, moral e profissional, que o dignifica, o aperfeiçoa e o salva. Na própria Armada ele adquire condições que, ao ter baixa, lhe dão indisputável superioridade sobre o comum da gente do povo, na disputa do trabalho e do bem-estar, no meio civil a que regressa.

Nas publicações oficiais, esse discurso era reforçado com séries fotográficas, como podemos ver abaixo (figuras 3, 4 e 5). Veem-se alunos das escolas de aprendizes do Rio de Janeiro em três situações diferentes: no dormitório, na sala de aula e no refeitório. As imagens exibem a formação, a organização e a limpeza dos ambientes, promovendo a Marinha como instituição recuperadora da infância sem futuro. É preciso lembrar que o período é marcado pela existência de numerosos casos de crianças órfãs e abandonadas nas ruas das cidades. Essas crianças eram, muitas vezes, confiadas às redes da Igreja, abandonadas na "roda de expostos", mas também enviadas para as instituições militares.[15]

Figura 3: Escola de aprendizes marinheiros do Rio de Janeiro. O dormitório.

Fonte: Dias, 1910.

Essas imagens representam cenas extremamente organizadas, induzindo a concluir que havia boas condições humanas e materiais na escola de aprendizes do Rio. A Figura 3 mostra jovens meninos antes da hora de dormir, ordenados, organizados, com suas redes para deitar (tradicionais no Norte e no Nordeste do Brasil, mas também na Marinha) e obedecendo a um ritual preciso (a presença do tambor indica que o toque estava dado para o recolher). Na Figura 4, vemos

---
[15] PRIORI, 2006.

vários meninos em uma sala de aula, concentrados, observando um colega que escreve no quadro negro. O professor, vestido com uniforme de oficial, também ocupa um lugar preestabelecido. Outra figura exibe os alunos sentados esperando a hora da refeição. No conjunto de fotos, vê-se uma presença importante de negros e pardos. A presença de adultos é marcada pelo oficial no dormitório e pelo professor na sala de aula, responsáveis pelas crianças. Os meninos parecem não perceber a presença do fotógrafo, o que confere às imagens um valor de documento objetivo, como pretendida representação fiel de uma realidade cotidiana captada pelas lentes do fotógrafo.

A utilização da fotografia (que sugere um efeito de ilustração de um acontecimento real bem mais importante que outras formas de imagem, como a pintura ou a gravura, por exemplo) vinha reforçar o discurso de bom funcionamento das instituições na nova era de modernização da Marinha, servindo de maneira eficaz à propaganda da Armada.

Figura 4: Escola de aprendizes marinheiros do Rio de Janeiro. Sala de aula.

Fonte: Dias, 1910.

Em que medida tais imagens eram instantâneas ou encenadas? Será que os alunos eram mesmo todos capazes de escrever naquele contexto? E o que dizer sobre a qualidade das instalações da Marinha? Se havia dúvidas quanto a isso, a Marinha mostrava que existiam provas de que estava no bom caminho nas condições de trabalho e tratamento de seu pessoal.

Alguns anos antes, o capitão-tenente Luiz Philippe de Saldanha da Gama tinha sido encarregado de estudar as escolas da Marinha nos Estados Unidos e de compará-las com as do seu país. Os resultados de suas pesquisas são publicados num relatório de 1877[16] que detalhava, ainda, as modalidades de recrutamento (voluntariado em tempos de paz, alistamento forçado em período de guerra interior ou exterior). Ele constatava uma alta taxa de deserção, analisava as medidas assumidas pelo governo estadunidense para diminuir seu impacto (atribuição de bonificações) e deplorava o que ele chamava ser "heterogeneidade" do pessoal da Marinha desse país da América do Norte, que podiam até "ignorar o próprio idioma do país".

A implantação da escola de aprendizes (*school for training of boys*) foi, portanto, uma forma de superar os obstáculos e dificuldades. A primeira escola do gênero é criada nos Estados Unidos em 1873, uma experimentação que, segundo o autor, obteve "excelentes resultados na Inglaterra, França e até mesmo entre nós". Seu regulamento no ano de 1875 estipulava que os candidatos – que deviam ser dotados de um físico robusto, ter entre 16 e 17 anos e saber ler e escrever – deviam ser inscritos por seus pais ou tutores. Eles se comprometiam a servir o Estado até os 21 anos, idade a partir da qual podiam continuar na Marinha de guerra, recebendo uma "gratificação extraordinária", ou seguir na Marinha mercante. A partir de suas observações, ele conclui:

> Ali [nos Estados Unidos], o aprendiz, quando se alista, é já um jovem com tal ou qual instrução primária; e, sua educação feita, fica ele livre de seu destino, senhor de seu futuro. No Brasil, recebe-se o aprendiz ainda menino, e o Estado, depois de educá-lo, paga-se imediatamente, obrigando-o a servir por um certo número de anos. Qualquer dos dois

---

[16] Gama, Luiz Philippe de Saldanha da (capitaine-lieutenant), "Relatório apresentado sobre a Escola Naval de Anapólis, Academia Militar de West-Point, Escola de Torpedos de New-Port e Instituição dos Aprendizes Marinheiros dos Estados Unidos", Rio de Janeiro, Tipografia Nacional, 1877.

sistemas está perfeitamente de acordo com as condições peculiares de cada um dos países: o nosso sistema aplicado nos Estados Unidos repugnaria a todo americano; o sistema americano introduzido entre nós falharia completamente, e o governo não faria mais do que impor-se uma despesa inútil.

Comparando os regulamentos das escolas de aprendizes do Brasil em 1885 e 1907, pode-se constatar que, se os critérios de admissão permanecem os mesmos, a gratificação por alistamento desaparece em 1907. O tempo de serviço também não muda, limitando-se a três anos, durante os quais o aprendiz não podia se desligar da escola (salvo por incapacidade física ou mental). De acordo com os dois regulamentos, o aprendiz deveria ser transferido para o Corpo de Marinheiros nacionais aos 18 anos. Todavia, podia ser transferido antes dessa idade por causa de indisciplina, em razão de sua boa composição física e formação já adquirida ou, ao contrário, por inaptidão para os estudos.[17] A mudança mais importante entre os dois regulamentos dizia respeito aos conteúdos estudados e à profissionalização. Para o ensino elementar, a leitura e a aritmética eram os conteúdos privilegiados, mas, em 1907, a doutrina cristã desaparece e o ensino de língua portuguesa e de aritmética se complexifica, sendo mais bem distribuído nos três anos da formação. Em 1907, criam-se as oficinas para a profissionalização dos aprendizes em outras atividades, como carpintaria, serraria, quilharia, e é dada mais importância às atividades físicas, como a ginástica, a natação e até mesmo o futebol. No que diz respeito às punições, não há grandes mudanças, já que nos dois regulamentos estão previstas as "punições exemplares", incluindo-se os castigos corporais.

Ensino e recrutamento nas escolas de aprendizes a marinheiro

Documentos conservados no Arquivo Nacional do Rio de Janeiro podem revelar um pouco do cotidiano e das práticas de ensino nas escolas de aprendizes no final do século XIX, como o que consta em documentos sobre a inscrição

---

[17] Para além do quadro fixado nos regulamentos, havia muitos casos de transferência antes da idade de 18 anos, como no caso do marujo João Cândido. A Marinha podia também utilizar essas transferências como forma de preencher seus efetivos.

de menores nas escolas de aprendizes da Bahia nos anos 1860.[18] Como se pode concluir a partir da leitura dessas fontes, grande parte dos aprendizes que entravam nessa escola da Marinha entre 1859 e 1866 tinha pelo menos noções de escrita e de aritmética. O quadro abaixo apresenta uma síntese dos dados:

Quadro 9: Os alunos da Companhia de Aprendizes da Bahia (década de 1860)

Data de entrada na Marinha	Nome	Observações	Estatuto
01/12/1865	Antônio de Pinho	Lê *Bom homem Ricardo*, escreve "bastardo" e conhece a tabela de adição.	
02/02/1866	Ciro Pedrosa	Faz o catecismo, tabela de multiplicação, escreve cursiva. No dia 14 de fevereiro fez exame de história do Brasil. Em março, gramática. Passou nos exames e foi aprovado.	
07/02/1859	Horacio Augusto de Matos	Lê *Bom homem Ricardo*, sabe a tabela de adição e escreve "bastardo". Em setembro de 1862 passou a escrever signos. Em 1863 fez o catecismo.	Maior
10/04/1863	Ermelno Patricio da Silva Reis Gomes	Conhece o abecedário. Começou *Bom homem Ricardo* em 10 de fevereiro de 1866.	
01/02/1859	Leopoldo Alves de Matos	Faz o catecismo, a gramática, a tabela de multiplicação. Começou a escrever signos no dia 10 de fevereiro de 1861. Em 7 de julho de 1862 passou à história do Brasil e à ortografia. Fez os exames e foi aprovado em geometria.	
02/10/65	Lauro José Cardoso	Faz história do Brasil, escreve em letra cursiva. Passou os exames e foi aprovado.	
07/02/1859	Manuel Luiz de Couto	Faz catecismo, gramática portuguesa, escreve "fino", passou os exames para o curso de geometria em 1860.	Maior

---

[18] AN, Série Marinha, Fundo AP, Livro de Matriculados Menores da 2ª. Cia de Aprendizes do Arsenal de Marinha da Bahia tendo principiado a funcionar o ensino primário em 8 de setembro de 1860, Cia. De Artífices- matrícula de menores, 1860, VIII M-92.

Data de entrada na Marinha	Nome	Observações	**Estatuto**
08/02/1866	Américo Brasilio da Silva	Faz catecismo, conhece a tabela de adição e escreve "bastardo".	
02/10/1865	Feliciano José da Silva	Lê *Bom homem Ricardo* e escreve o abecedário.	
18/02/1866	José Francisco de ... Costa	Faz catecismo, aprovado em ortografia no 18 de agosto de 1866 e escreve "bastardinho" na mesma data.	

Fonte: A partir de: AN, Série Marinha, Fundo AP, Livro de Matriculados Menores da 2ª Cia de Aprendizes do Arsenal de Marinha da Bahia tendo principiado a funcionar o ensino primário em 8 de setembro de 1860, Cia. De Artífices – matrícula de menores, 1860, VIIIM 92.

Os aprendizes entravam nas escolas em idades diferentes. Alguns eram identificados como maiores nas fontes. Escrever bastardo ou bastardinho significava traçar letras cursivas primárias, arredondadas e inclinadas, portanto, uma escrita antes do domínio da caligrafia. Escrever "fino" já correspondia a um trabalho mais elaborado. O *Bom Homem Ricardo*, obra de Benjamin Franklin, era um manual didático de leitura bastante usado nessa época no Brasil. Esse livro, composto de máximas sobre como se enriquecer e não perder tempo com ociosidades, devia auxiliar os jovens a ter uma "boa" formação moral, propondo o caminho do trabalho em oposição ao da vagabundagem.[19]

Outro exemplo era a escola primária de Paranaguá, situada no Estado do Paraná. No dia 23 de dezembro de 1886, o chefe da divisão João Mendes Salgado (general adjunto da Armada) envia ao ministro da Marinha uma correspondência com os resultados dos alunos da sua escola, considerados satisfatórios:

> Inclusa envio a V. Excia. a cópia da ata dos exames, cujo resultado foi muito favorável aos créditos deste estabelecimento se considerar-se que há poucos meses, quando principiou a lecionar o atual professor, alguns aprendizes eram analfabetos. Foram examinadores os srs. Dr. José Justino de Macedo (ilegível) e o professor público Honório Dé-

---

[19] Em português, a obra foi publicada como: FRANKLIN, Benjamin, A ciência do bom homem Ricardo, ou meios de fazer fortuna, Tipografia de Sociedade Propagadora dos Conhecimentos Uteis, 1825, 15 p.). Ver, sobre o uso desse manual na educação primária no Brasil até o início da República: ALMEIDA, 1989, p. 363.

cio da Costa Lobo. Aproveito a oportunidade para comunicar que as férias regulamentares começaram a 15 de dezembro como ordenou o Quartel General de Marinha em ordem do dia n. 66 de 17 de setembro do corrente ano. A maior parte dos aprendizes não tendo família e os poucos cujos pais residem aqui, recolhendo-se sempre ao quartel nas horas de refeições e empregando as horas de licença em vagar pelas ruas, no intuito de não ficarem durante um longo prazo entregues à ociosidade, determinou este comando que os exerciam de aparelho e manobra, de remar e bordejar em escolares tenham lugar nos dias da tabela e mais diariamente com exercício de esgrima de bragueta das 9h às 10 e de infantaria das 2 às 3h.[20]

Além da instrução dos alunos, as escolas deviam ocupá-los, já que muitos não tinham família por perto e poderiam passar seu tempo "a vagar pelas ruas", o que tinha que ser evitado a todo preço. A carta deixa a entender também que a organização das escolas não era muito estruturada, uma vez que o instrutor havia assumido recentemente suas funções e tinha se deparado com aprendizes analfabetos. Uma leitura dos resultados desses aprendizes nos fornece outras pistas sobre eles e seus níveis de instrução:

Quadro 10: Resultados da Escola de Aprendizes Marinheiros de Paranaguá (Paraná) em 1886

Nomes	Leitura de manuscrito impresso	Caligrafia	Aritmética	Gramática portuguesa	Geografia do Brasil
Antônio Paranagua	Bom	Bom	Bom	Médio	Bom
Benedicto Ivahy	Bom	Bom	Ruim	Médio	Médio
João Cardoso	Médio	Bom	Bom	Médio	Ruim
Manoel Barreiro	Ruim	Bom	Ruim	Médio	Ruim
Belisario Peniche	Médio	Bom	Ruim	Médio	Ruim

[20] AN, Série Marinha, Escola de Aprendizes 1886-1888, III M702.

Francisco Antônio Garcia	Bom	Ruim	Bom	Médio	Ruim
Marcelindo Araguary	Ruim	Ruim	Bom	Não	Ruim
Manoel Guimarães	Bom	Bom	Bom	Não	Não
Francisco Capivary	Bom	Bom	Ruim	Não	Não
Henrique Guaracema	Bom	Bom	Ruim	Não	Não
Agostinho Piasseguerra	Bom	Bom	Ruim	Não	Não
Benedicto Curityba	Bom	Bom	Ruim	Não	Não
Marcel Haqui ?	Bom	Bom	Ruim	Não	Não
Felicio Ronaldo	Ruim	Ruim	Ruim	Não	Não
Raymundo ?	Ruim	Ruim	Ruim	Não	Não
Saturnino M?	Ruim	Ruim	Ruim	Não	Não
Venâncio Guimarães	-	-	-	Não	Não
José Sidney	Aprovado	-	-	Não	Não
Justino Guiomarães	Aprovado	-	-	Não	Não
Francisco Julião	Aprovado	-	-	Não	Não
José Pereira da Silva	Aprovado	-	-	Não	Não
Cypriano Chapin	Aprovado	-	-	Não	Não
Marcilio Maximo de Oliveira	Aprovado	-	-	Não	Não
Oliverio dos Santos	Aprovado	-	-	Não	Não
Manoel da Rosa	Aprovado	-	-	Não	Não

Fonte: Criado a partir de: AN, Série Marinha, Escola de Aprendizes, 1888, III M702.

Alguns sobrenomes e a localização geográfica sugerem a presença de muitos alunos de origem indígena, provavelmente Guaranis ou Tupis (do tronco tupi-guarani).²¹ Diversos são os registros sobre a presença de alistamento de indígenas na Marinha brasileira, sobretudo durante o século XIX. Mesmo se os indígenas não foram, no Brasil, submetidos ao mesmo sistema escravagista que os africanos, também sofreram diversas formas de violência em seu contato com a dita "civilização"²², sendo exterminados por doenças, guerras, disputas, pelo trabalho forçado e diferentes formas de "aculturação". A expansão de novas fronteiras agrícolas, com os latifúndios de café e a estimulação de colônias europeias, provocou o desaparecimento de várias etnias e grupos.²³

No final do século XIX e no início do XX, muitas vezes, as forças Armadas ou milícias eram usadas para perseguir grupos indígenas que tentavam resistir e se proteger indo mais para o interior ou sertões, como foi o caso do Estado do Paraná, buscando "defender" os interesses dos colonos recentemente chegados da Europa. Outras vezes, o Exército – e, em menor escala, a Marinha – podiam exercer um papel de tentativa de "proteção" das populações indígenas, criando colônias, como nos modelos das missões católicas da época colonial. Nessas colônias, muitos morriam em decorrência do enfraquecimento de suas culturas, de doenças contagiosas, da promiscuidade das condições de vida, dos abusos de bebidas alcóolicas. Além disso, crianças eram arrancadas de seus pais para serem educadas nas escolas constituídas nessas áreas.²⁴ As tentativas de alistamento à força de homens indígenas na Marinha são numerosas em todo o século XIX, como indicam as atas do Senado do Brasil no período imperial. Muitas vezes, essas experiências eram soldadas com a morte dos incorporados às Forças Armadas.²⁵ Nota-se que uma mudança de perspectiva se opera a partir de 1910, com a criação do SPI (Serviço de Proteção aos Índios) e a missão do Marechal Rondon.²⁶ O SPI pode ser visto como um primeiro esforço de preservação e

---

²¹ ROCHA, 2003.
²² Ver, entre outros: RIBEIRO, 1996.
²³ Não se pode esquecer que no extrativismo da borracha no Norte do país será usado em grande número o trabalho forçado dos índios (RIBEIRO, 1996).
²⁴ RIBEIRO, 1996, p. 90-95.
²⁵ O senador Hollanda Cavalcanti conta que "20 índios" teriam sido capturados no Estado do Maranhão e incorporados à Marinha, ainda crianças, mas todos teriam falecido. Nas palavras do senador: "Vieram esses 20 índios, moços e vigorosos; foram muito bem tratados; mesmo ao princípio não exigia deles serviço algum, brincavam e viviam alegres; mas depois aconteceu com estes índios o mesmo que se conta dos suíços que vão servir fora do seu país, e são acometidos de uma moléstia a que se chama – saudade da pátria, – tornam-se hipocondríacos, entristecem, vão definhando até que morrem. Foi o que se deu com esses índios; ao princípio, riam, brincavam, pareciam estar satisfeitos, depois tornaram-se tristonhos, encolheram-se num canto, e foram morrendo. Quando saí da administração restavam apenas dois, que eu queria mandar para a sua terra; não sei o que depois aconteceu. UM SR. SENADOR: – Morreram". Anais do Senado, Império, 1850, livro 2.
²⁶ O SPI é criado pelo decreto 8072 de 20 de julho de 1910, e inaugurado em 7 de setembro do mesmo ano (ROCHA, 2003: 75; DIACON, 2006).

respeito das culturas e dos povos indígenas, na concepção positivista da época, mas também como um meio de transformar os indígenas em trabalhadores na construção do povo brasileiro.

No início do século XX no Brasil, o recrutamento de soldados ou crianças indígenas pode ser compreendido num processo qualificado por Darcy Ribeiro como "transfiguração étnica". Os Guaranis no contexto poderiam ser vistos como "integrados à civilização", já que:

> Ilhados em meio a população nacional; à cuja vida econômica se haviam incorporado como reserva de mão-de-obra ou como produtores especializados de certos artigos para o comércio. Estavam confinados em parcelas do antigo território ou despojados de suas terras, perambulando de um lugar a outro [...]. Compreendiam 29 tribos – 12,6% do total – e, entre todas, eram as que enfrentavam mais precárias condições de vida, maior dependência e miséria. [...] Muitos nessa etapa haviam perdido a língua original e, nesse caso, aparentemente nada os distinguia da população rural com que conviviam. Igualmente mestiçados, vestindo os mesmos trajes, talvez apenas um pouco mais maltrapilhos, comendo os mesmos alimentos, poderiam passar despercebidos se eles próprios não estivessem certos de que constituíam um povo e não guardassem uma espécie de lealdade a essa identidade étnica e se não fossem vistos pelos seus vizinhos como 'índios'.[27]

De toda forma, novos estudos são necessários para melhor se compreender a incorporação e a presença de indígenas na Marinha brasileira ou mesmo de crianças indígenas em suas escolas, nesse contexto positivista.

Retomando os dados do Quadro 10, constata-se que todos os alunos de terceiro ano foram aprovados. Quanto aos estudantes de primeiro e segundo ano, eles tinham um bom nível em caligrafia, em leitura de impressos e manuscritos. Os conhecimentos em aritmética eram menos sólidos, enquanto a aprendizagem da gramática, ensinada em primeiro ano, era considerada "regular" e da geografia era claramente insuficiente. Pode-se, nessa medida, concluir que a maioria dos alunos

---
[27] RIBEIRO, 1996: 262.

da escola de aprendizes de Paranaguá deixavam a escola com pelo menos noções rudimentares nas matérias fundamentais, segundo a classificação da época.

É interessante lembrar que a instrução primária e a alfabetização de homens jovens de origem modesta também são, na Europa a partir da segunda metade do século XIX, uma preocupação das Forças Armadas. Preocupava-se com o desenvolvimento dos conhecimentos fundamentais (ler, escrever, contar), mas também com a difusão da geografia, da história, das ciências naturais, da religião e dos deveres do cidadão, assim como com a ginástica e a higiene corporal, uma novidade no século XIX e início do XX.[28]

Não pude encontrar manuais didáticos da Marinha do Brasil nos primeiros anos do século XX, mas pude consultar um livro da escola do Ceará de 1922, que se insere nesse mesmo contexto. O manual dava vários conselhos de conduta aos aprendizes. O primeiro deles dizia respeito à limpeza: "Sejam limpos, pois a falta de higiene é repugnante e atrai doenças". O segundo abordava o comportamento: "evitem o álcool e o jogo: o álcool arruína a saúde e o jogo corrompe o caráter". Esses conselhos eram precedidos de comentários sobre os deveres do marinheiro (no mar e em terra) e seguidos de um resumo das lições. Compreendiam-se noções elementares sobre o aparelho dos navios, a "arte de ser marinheiro" (inclusive sobre a confecção de nós), a navegação e a sinalização. A segunda parte do manual estava reservada ao estudo da aritmética, da língua portuguesa (léxico, fonética, análise gramatical e lógica de textos), das grandes datas da história do Brasil (Descobrimento, Independência e Proclamação da República, apresentada como o despertar da nação e dos cidadãos brasileiros, pela primeira vez unificados em uma só "raça") e a educação moral e cívica.[29] No entanto, mais do que o domínio dos conteúdos, esperava-se do marujo que ele se comportasse bem. Disciplina, higiene e obediência pesavam mais do que a formação intelectual, como diz a introdução sintética do manual: "O tipo ideal de um marinheiro é o de um homem vivo, asseado, correto, desembaraçado, sempre pronto a cumprir com satisfação as ordens".

---

[28] Ver: BECCHI, 1998; LORIGA, 1996.
[29] Escola de Aprendizes do Ceará, Manual do aprendiz marinheiro, Typ. GADELHA, 1922.

O aprendiz de marinheiro: entre a instituição e o indivíduo

A escola de aprendizes do Ceará é uma boa fonte para se compreender os valores internos dessas instituições no início do século XX. Fundada pelo imperador Dom Pedro II (Decreto nº 3.347) em 26 de novembro de 1864, a escola do Ceará adquire identidade e memória em meados do século XIX e no século XX. Em 2000, a história da escola é retraçada por Dolores Aquino, uma historiadora não universitária especializada em história militar do Ceará, com ajuda dos alunos aprendizes. Segundo o levantamento feito por esse trabalho, a escola era deficiente em sua criação, contando com apenas um professor para 300 aprendizes. A partir de 1871, a escola recebe a contribuição de dois padres católicos que ocupam funções de ensino. Mas a formação na escola só melhora nos anos de 1910, quando são enviados professores formados pelo Estado.

Segundo Dolores Aquino, a disciplina tinha grande importância na escola. Uma parte dos alunos eram enviados pela polícia. A ordem era mantida, segundo ela, através de "castigos severos". Assim, em 1893, o ministro da Marinha recomenda ao diretor da escola não aceitar mais aprendizes enviados pela polícia, "prontos a seguir o caminho dos vícios e do crime".[30]

Figura 5: Escola de aprendizes marinheiros de Manaus (entre 1906 e 1910)

Fonte: DPHDM, Divisão de Documentos Especiais, Fundo: imagens, Série : Escola de Aprendizes : Manaus, 1906-1910.

---

[30] AQUINO, 2000, p. 30.

Em 1889 a escola recebe o paquete Paquerer, navio de dimensões um pouco maiores, para "adestrar os aprendizes" com a vela e prepará-los para a vida no mar, bem como auxiliar nos exercícios musculares. Também em 1889, é formada a primeira orquestra de música da escola. Os prédios da escola evoluem. Em sua criação, se situavam na rua da Praia, numa casa alugada a Joaquim da Cunha Freire, barão de Ibiapaba. Em torno de 1866, ela é transferida para um belo edifício próximo ao porto, onde hoje se situa a administração do Estado do Ceará.

Figura 6: Escola de aprendizes marinheiros do Espírito Santo (entre 1906-1910)

Fonte: DPHDM, Divisão de Documentos Especiais, Fundo: imagens, Série: Escola de Aprendizes: Espírito Santo, 1906-1910.

Nos anos seguintes, são feitas diversas reformas nesse prédio elegante, decorado com portas e janelas em formato de arcos, com o intuito de melhorar as condições de moradia e de higiene dos aprendizes. Em outubro de 1908, a escola é transferida para um prédio de uma antiga manufatura do Boulevard Jacarecangá, seu atual local. A Marinha teria gastado 29 contos de réis pela compra do imóvel e 112 contos de réis pela reforma.

Figura 7: Escola de aprendizes do Ceará (1917)

Fonte: DPHDM, Divisão de Documentos Especiais, Fundo: imagens, Série: Escola de Aprendizes: Escola do Ceará, 1917.

Numa série de fotografias sobre as escolas de aprendizes conservadas nos arquivos da Marinha, há uma representação da escola do Ceará, em uma cena em que vemos um aprendiz raspando o cabelo de outro aluno. A imagem é um emblema da limpeza, da organização e da disciplina almejadas nos discursos institucionais e colocadas em evidência, com dois corpos de jovens meninos negros. Tal seria o tipo idealizado de marinheiro, limpo, asseado, longe das brigas, das festas e das desordens, dos "vagabundos" enviados pela polícia.

Mas quem eram essas crianças inscritas como aprendizes marinheiros? Diversos estudos sobre a infância abandonada assinalam a importante mortalidade dos órfãos no período.[31] Entre os sobreviventes, muitos podiam seguir o caminho das forças armadas, como instituição alternativa ao abandono e à errância. No Brasil, contudo, a infância abandonada não era o principal reforço das escolas militares. De fato, as escolas de aprendizes, construídas após a independência, somente na metade dos casos encontravam-se nas cidades onde existiam as chamadas "casas dos expostos", como eram chamados os orfanatos e os lugares de recolhimento das crianças abandonadas na época.

Além de órfãos e abandonados, as duas principais formas de recrutamento das escolas de aprendizes marinheiros eram o envio de crianças pelos pais ou tutores e a inscrição pela polícia de jovens que tivessem cometido delitos. Assim, a escola da Bahia contava, em 1863, com 139 alunos, dos quais 102 eram considerados voluntários, 35 tinham sido enviados pela polícia e 2 vinham da casa de expostos. No momento de criação das escolas de aprendizes, todos os meninos recebiam gratuitamente um enxoval e seus pais e tutores recebiam um prêmio no valor de cem mil réis, o que representava, na época, 20% do preço de um escravizado adulto ou o custo total de duas crianças escravizadas, ou seja, um valor significativo. No entanto, como bem demonstra Renato Pinto Venâncio, os pais e tutores não procuravam as escolas somente por razões financeiras: "o envio da criança à Marinha podia significar uma atitude de preocupação e desvelo familiar, pois a referida instituição consistia em uma das pouquíssimas alternativas de aprendizado profissional destinada à infância pobre".[32]

Com efeito, para diversas famílias pobres, e para algumas mães solteiras sobretudo, as escolas da Marinha podiam significar uma possibilidade de relativa

---

[31] BECCHI, Julia, 1998; Venâncio, Renato Pinto. Os aprendizes da guerra. PRIORE, Mary del (org.). *História das crianças no Brasil*. São Paulo: Contexto, 2006.
[32] VENÂNCIO, 2006, p. 199.

ascensão social ou de vida digna para seus filhos. Desse modo, "não seria exagero afirmar que, no século XIX, a referida instituição foi uma das raras opções de ascensão social para os filhos de forros ou negros livres".[33] Nessas escolas, os menores podiam ser alfabetizados (pelo menos, em teoria), o que era uma mudança significativa num país onde somente 16% das crianças de 6 a 16 anos eram escolarizadas em 1872, ainda que essa porcentagem tenha tendência a aumentar nos anos que seguem à queda do Império. Os alunos dispunham de alguns dias livres (como o domingo ou as quintas-feiras), o que possibilitava manter contato com as famílias que morassem na mesma cidade.

João Cândido, um aprendiz marinheiro

O acesso à escola de aprendizes de Porto Alegre é o caminho tomado pelo marinheiro João Cândido, o líder mais importante da revolta dos marinheiros de 1910. João Cândido Felisberto nasceu em 1880[34], filho de pai liberto e de mãe escravizada, na fazenda de Coxilha Bonita, perto de Rio Pardo no Rio Grande do Sul.[35] Ele nasceu numa época em que a escravidão ainda perdurava, mas estava com os dias contados, após a lei do "ventre livre" de 1871 – que declarava livres os filhos de escravizadas a partir de seus 21 anos –, a proibição do tráfico entre as províncias em 1881, o crescimento do movimento abolicionista, o número crescente de alforrias e fugas e a abolição da escravidão em algumas províncias, como no Rio Grande do Sul em 1884.

De acordo com o historiador Álvaro Pereira do Nascimento, os pais de João Cândido eram escravizados de Gaspar Simões Pires e Florinda Cândida de Lima, que possuíam vastos hectares de terra, gado, cavalos e 21 escravos. Em 1863, Gaspar Pires falece e sua herança é dividida: sua filha herda Ignácia, mãe de João Cândido, avaliada em 750$000 no inventário, enquanto o pai do marujo, João Cândido Felisberto, continua na casa da viúva, Florinda Cândida de Lima. Ele é liberto em 1876, conforme o desejo expresso no testamento de

---

[33] Idem, p. 200.
[34] Duas datas de nascimento são citadas: 24 de junho, data reconhecida pelo próprio marujo, e 15 de janeiro, data que consta na certidão de batismo estudado por Nascimento (2011). Na época, as datas exatas de nascimento nem sempre eram conhecidas. É provável que João Cândido tenha escolhido citar a data do 24 de junho como data de nascimento uma vez que se trata do dia do santo do seu nome, São João.
[35] Sobre a vida de João Cândido, ver sobretudo: NASCIMENTO, 2011, 2020.

sua proprietária. Ele já era provavelmente um homem idoso, já que seu valor expresso no testamento não era muito alto. Além disso, ele era conhecido como João Felisberto "Velho". O pai de João Cândido continua trabalhando na propriedade como tropeiro. Ele se casa com Ignácia no dia 28 de junho de 1879. Ela, que tinha a profissão de parteira, também não devia ser muito jovem na época do casamento. Segundo os testemunhos citados por Nascimento, eles tinham pelo menos uma outra filha, Caetana, que tinha 17 anos quando João Cândido nasceu e era escravizada. Os pais de João Cândido mudam de nome no casamento: o pai passa a se chamar João Felisberto Pires, e a mãe, Ignácia Cândido Pires, os nomes "Pires" e "Cândido" vinham de seus antigos senhores. Ignácia Cândido é liberta em fevereiro de 1881, quando João Cândido, nascido "ventre livre", tinha um pouco mais de um ano.

Depois da abolição, a família deixa o campo para se instalar em Rio Pardo e posteriormente em Porto Alegre. Alguns testemunhos indicam que se mantinham sob a proteção de Alexandrino de Alencar, futuro ministro da Marinha, também oriundo de Rio Pardo. João Cândido teria entrado na Marinha através da influência de Alexandrino.

Antes de entrar na Marinha, no entanto, João Cândido teria tido uma rápida passagem pelo Exército, em 1893, "por razões de força maior", como ele explica em seu testemunho publicado na *Gazeta de Notícias* no dia 31 de dezembro de 1912. Ele participa, assim, da repressão à Revolta da Armada, sob o comando de Pinheiro Machado, que representava as forças legalistas do Rio Grande do Sul. No fim da revolta, João Cândido retorna a Porto Alegre, junto a seus pais, antes de ser enviado, em agosto de 1894, para outro batalhão do Exército. Somente em seguida, ele é transferido à escola de aprendizes do Rio Grande do Sul em dezembro de 1894 ou janeiro de 1895, com 15 anos.

João Cândido frequenta a escola por 11 meses, antes de ser incorporado à Marinha como grumete na capital federal, sem dúvida para completar as perdas de contingentes devido à Revolta da Armada. De fato, como vemos no Quadro 5, a Marinha contava apenas com 1708 homens em 1895, para um total desejado de 4000. Inversamente, a escola de aprendizes do Rio Grande do Sul contava com 92 alunos para um efetivo total desejado de 100, uma taxa muito boa e rara para a época.[36] Talvez por essa razão, João Cândido tenha sido transferido para o Rio de Janeiro em dezembro de 1895 para completar a 16ª companhia da Marinha no quartel da ilha de Villegaignon, tornando-se o grumete de número 85. Aos 15 anos, João Cândido se torna membro do Corpo de Marinheiros Nacionais, apesar de o regulamento da época autorizar somente a inscrição de homens acima de 18 anos. Da escola de aprendizes do Rio Grande do Sul aos navios da Marinha no Rio de Janeiro, ele aprendeu a ler, a bordar e a dominar as técnicas de navegação e de guerra. Mesmo se lidera, alguns anos mais tarde, a maior rebelião de marujos da história do Brasil, João Cândido nunca pretendeu deixar a Marinha. Seu desejo era transformá-la, melhorá-la.

Ele fala pouco de suas lembranças da escola e da infância, mas testemunha sobre a importância da Marinha na sua formação pessoal em seu depoimento ao Museu da Imagem e do Som (MIS) do Rio em 1968: "Entrei na Marinha com 14 anos e entrei bisonho. [...] Toda a luz que me iluminou, que me ilumina, graças a Deus, que é pouca, foi adquirida, posso dizer, na Marinha". Sobre a sua infância, ele acrescenta: "Já moço, a rapaziada congregava muitos moços, eles sempre tinham uma certa confiança em mim. Eu, mesmo em criança, já era um líder até dos velhos".

O caso de Miníbio Pereira da Silva, marinheiro indiciado pelo tribunal militar de 1912 por ter participado da revolta de 1910, também confirma o papel das escolas de aprendizes. Entre as peças anexas ao processo, encontra-se uma carta de sua mãe que evoca a escola de aprendizes ao mesmo tempo como uma oportunidade de promoção social e um antro de maus elementos, revelando, assim, toda a ambivalência de funções que tinham esses estabelecimentos:

> Querido Miníbio, é com meu coração bem triste [...] que lanço a mão a pena para que te encontre melhor, filho. [...] Esses teus amigos traidores. Tu não recordas, Miníbio, o quanto sofreste nessa escola por causa dos maiores ... foste embora e andaste na Europa, foste tão feliz [...] foste limpo na tua caderneta. Como é que viraste o pensamento e seguiste o caminho que teus amigos seguiram? Oh,

---

[36] RMM, 1895, p. 24.

filho, não vês (que) se tu fizeres isto ... (é) minha desgraça, deseja deixar-me desgraçada? [...] Meu caro filho, lancei a pena somente para (te) pedir que me obedeça [...] tu sempre ouviste meus conselhos, quero que desta vez obedeça-me sim. Desejo muito uma alegria perante Deus se tu deixares esses homens ... ver tua desgraça ... como mísero. Abandona essas criaturas que [...] não pensam, não têm o que perder. Para eles tanto ficar desmoralizado como não é a mesma coisa. Como te estimo, nao te desejo a desgraça, o desprezo ... Quando te procurarem, não dê ouvidos, faça de conta (que) não (os) conhece, (que) são desconhecidos. [...] Esqueça, não lembre-se nem procure falar com esses traidores, me obedeça ...[37]

Os conselhos dessa mãe a seu filho podem nos conduzir a pensar que houvesse os "bons indivíduos" e os "maus elementos". Mas deve-se evitar esse tipo de leitura e propor-se, sobretudo, a existência de passarelas entre as diferentes condições, refutando estereótipos comuns a um olhar externo sobre os marujos que levam a pensar que os rebeldes de 1910 seriam também "elementos perigosos".

A figura da infância delinquente existia, portanto, nas grandes cidades brasileiras. Um estudo mostra que, entre 1900 e 1916, o coeficiente das prisões para 10 000 habitantes era de 307,32 maiores e 275,14 menores. Entre estes últimos, entre 1904 e 1906, 40% tinham sido presos por "desordem", 20% presos por "vadiagem", 17% presos por estado de embriaguez, 16% presos por "roubo" e o restante por outros crimes, entre os quais o homicídio.[38] O Código Penal de 1890 definia a responsabilidade dos menores segundo diferentes categorias de idade:

> Os que têm até 9 anos completos, que são sempre irresponsáveis; os que têm de nove a 14, que podem obrar ou não, com discernimento; os que têm mais de 14 e menos de 17, cujo discernimento é sempre presumido; e os de idade superior a 17 e inferior a 21 anos, para os quais a penalidade é sempre atenuada.

---

[37] Trata-se de uma carta manuscrita de difícil leitura, com alguns erros de ortografia e de gramática que foram suprimidos aqui para maior clareza e compreensão da mensagem. AN, Supremo Tribunal Militar, Processo "João Cândido e outros", Série Judiciária, Subsérie: Processo Crime; 1913, BW 2847, V. 1, f. 18.
[38] SANTOS, Marco Antônio Cabral dos. "Crianças e criminalidade no início do século". In: PRIORE, 2006.

A criação dessas diferentes categoriais de menores deixava uma parte importante para a jurisprudência. Como punição, a maior parte dos menores eram enviados aos estabelecimentos disciplinares industriais, que correspondiam a um certo ideal de correção pelo trabalho. Essas instituições eram, no entanto, insuficientes em número, o que conota a existência de um abismo entre a suposta intenção correcional e os meios públicos que lhes eram dedicados. Além disso, a dita criminalidade infantil não era repertoriada nos delitos de "vadiagem" descritos nos artigos 399 e 400 do Código Penal. As crianças errantes vagavam, com frequência, em diferentes mundos: entre a vagabundagem e o trabalho, os biscates e as brigas, o universo do crime e o mundo da "boa conduta". Muitas vezes, eram catalogados como "suspeitos" somente por não terem endereço ou ocupação fixos (ou por serem malvestidos, negros e pobres), o que possibilitava que fossem catalogados como "vadios" e enviados às escolas de aprendizes ou às instituições correcionais. O relatório do ministro da Marinha de 1891 atesta essa ligação entre crianças abandonadas, o delito de vadiagem e as escolas de aprendizes:

> Nenhuma das escolas existentes tem completo o número de aprendizes que lhes é assinado, e é isto devido à repugnância dos pais e tutores em destinarem à tão rude e aventurosa profissão as crianças cujo porvir lhes está confiado, e bem assim à desídia de certas autoridades, que bem podiam e deviam auxiliar o alistamento, e ainda à supressão do prêmio dantes concedido. [...] Entretanto centenas de crianças desemparadas, que nas mencionadas escolas encontrariam, além de abrigo, o pão do corpo e do espírito, tornando-se cidadãos úteis a si e à Pátria, vagueiam ociosas pelas ruas e praças das cidades e povoados, em todos os Estados, adquirindo todas as espécies de vícios e, destarte, fazendo-se os criminosos do futuro, quando não morrem ao peso de todas as misérias!

Porém, as escolas se institucionalizam progressivamente no início do século XX e passam a ser cada vez mais procuradas pelas famílias populares como alternativa para uma profissão digna. Um documento dos anos de 1920 mostra que havia uma verdadeira concorrência no ingresso das escolas. O documento também revela que, em situação de concorrência, o preconceito racial podia ser um elemento de eliminação dos concorrentes. Assim, no dia 7 de fevereiro de 1923, alguns pais e responsáveis de menores lutam para conseguir inscrever seus filhos na escola de aprendizes da Bahia. Como as vagas eram limitadas a 47, os pais dos meninos recusados reclamam junto às autoridades da Marinha. O jornal *A Tarde*, citado por Álvaro Pereira do Nascimento, revela:[39]

> Pessoas que debalde procuraram colocar menores ali, vieram à Tarde queixar-se de que apesar de satisfazerem a todas as condições exigidas pelas leis, os pequenos estavam sendo recusados pelo simples fato de serem pretos. Fomos então à Escola de Aprendizes, onde procuramos ouvir seu comandante, o capitão-de-corveta Freire de Carvalho, que nos deu as seguintes informações: _ [...] Abertas as inscrições, logo os candidatos em grande número começaram a se apresentar. Munidos de certidão de idade, atestado de consentimento dos pais e de conduta fornecidos pelos subdelegados dos distritos de residência dos mesmos, eram eles submetidos a exame médico, sendo estritamente observadas a boa saúde dos rapazes, bem como sua robustez física, condições essenciais para a admissão dos mesmos; quanto à instrução, bastava que eles soubessem ler, escrever e contar. Muitos rapazes de magnífica robustez e boa aparência eram recusados pelo fato de serem analfabetos [...] outros também o eram somente por não possuírem dentes ou os terem muito estragados, pois os dentes bons também são uma das exigências do regulamento. Quanto ao fato de estarem sendo excluídos os pretos, as queixas não procedem. Demais, havendo maior número de candidatos do que vagas, o comando da Escola tem o direito de escolher e, assim sendo, entre rapazes brancos e outros tantos pretos, é natural que sejam preferidos os primeiros. (Grifo nosso).

Essa passagem da imprensa nos indica que as vagas nas escolas de aprendizes da Bahia eram bem mais disputadas nos anos de 1920 do que nas décadas anteriores. Além disso, nos critérios seletivos, com avaliação de atestado de boa conduta, nível de instrução ou qualidade dos dentes, o preconceito racial

---
[39] NASCIMENTO, 2007, p. 301-302.

é naturalizado nas palavras do capitão ("é natural que brancos sejam preferidos"). No entanto, como o artigo nos deixa claro também, essa seleção "natural" pelo racismo não é aceita sem indignação e reação de diversos pais de alunos negros.

A modernização do pessoal e do material da Marinha foi um projeto pensado por uma elite branca no poder, dentro da visão que tinham da construção da República. Tratava-se de concretizar uma modernização conservadora, na qual o progresso era associado ao controle e à disciplina das classes populares – negros, mulatos e originários do Norte, nordeste e regiões distantes, desde a infância se possível – segundo as normas das nações mais "avançadas" e "civilizadas". Esse projeto não era, contudo, algo terminado e sem contradições. Uma modernização que é inacabada e portadora de preconceitos de raça e classe. Porém, um contexto modernizador que será também vivido e apropriado pelos marujos, que ressignificam os sentidos da República e utilizam as condições existentes para organizar a revolta de 1910.

Para entender essa revolta, é preciso compreender o perfil sociológico e o cotidiano dos marujos. Quem eram eles? Como viviam e quais eram as suas próprias experiências da Marinha? Esse será o tema do capítulo seguinte.

SER MARINHEIRO NO BRASIL PÓS-ABOLICIONISTA: PERFIL COLETIVO E NASCIMENTO DE UM SENTIMENTO COMUM

O olhar dos outros

No prefácio da primeira edição do clássico *Casa Grande e Senzala*, em 1933, Gilberto Freyre observa, ao falar de sua chegada aos Estados Unidos e de sua preocupação com o problema brasileiro da "miscigenação":

> Vi uma vez, depois de mais de três anos maciços de ausência do Brasil, um bando de marinheiros nacionais – mulatos e cafuzos – descendo não me lembro se do São Paulo ou do Minas pela neve mole de Brooklyn. Deram-me a impressão de caricaturas de homens. E veio-me à lembrança a frase de um livro de viajante americano que acabara de ler sobre o Brasil: "the fearfully mongrel aspect of most of the population". A miscigenação resultava naquilo. Faltou-me quem me dissesse então, como em 1929 Roquette-Pinto aos arianistas do Congresso Brasileiro de Eugenia, que não eram simplesmente mulatos ou cafuzos os indivíduos que eu julgava representarem o Brasil, mas cafuzos e mulatos doentes.[1]

Esse encontro inesperado com os marinheiros nacionais em Nova Iorque no início dos anos de 1930 teria despertado no sociólogo o desejo de compreender a população brasileira naquilo que ela tinha de mais particular, segundo seu olhar: sua composição mestiça, mas também seu aspecto "fraco" e "miserável". Gilberto Freyre talvez nunca tivesse tido esse estranhamento se não

---
[1] Freyre, 2004, p. 31.

tivesse morado por muito tempo nos Estados Unidos. Esse olhar ao mesmo tempo de "dentro" e de "fora" foi determinante para a construção do seu trabalho e do paradigma de "democracia racial". Um olhar de brasileiro pertencente a uma elite letrada e com posições sociais no Nordeste do Brasil, ainda que "subalterno" no exterior. A ideia de "democracia racial" surgia nos anos de 1930 como um projeto original, mas trazia em si uma forma de resposta conciliatória com o racismo e sem possibilidade de ruptura nas estruturas sociais e raciais, como sabemos a partir das numerosas críticas posteriores.[2]

Quem seriam esses marinheiros considerados por Gilberto Freyre "caricaturas de homens", "mestiços" e "doentes"? O sociólogo não foi o único que observou o pessoal da Marinha que representava o Brasil no exterior. Após a revolta de 1910, diferentes atores testemunharam sobre a recepção e a memória do acontecimento. Já em 1911, um livro editado em Paris e assinado de forma anônima por "um oficial da armada", posteriormente identificado como o oficial José Eduardo de Macedo Soares, mencionava uma primeira estatística das tripulações. Em suas palavras, os marujos seriam "50% negros, 30% mulatos, 10% caboclos, 10% brancos ou quase brancos".[3] Esses números, frequentemente retomados em diversas análises, parecem ser apenas fruto de suas observações pessoais, pois não há indícios de que existissem estudos quantificativos e estatísticos sobre a questão na época.

Assim como ele, o historiador e político britânico James Bryce, presente no Rio no momento da revolta, observa que a tripulação era "quase totalmente negra".[4] O embaixador francês no Rio de Janeiro, Monsieur Lacombe, envia o seguinte telegrama ao ministro francês assim que a revolta é deflagrada: "Negros amotinados passaram a noite fora da baía. A tripulação reclama satisfação e anistia antes de se render".[5] Aos seus olhos, os rebeldes eram vistos como negros antes mesmo de serem identificados como marinheiros. É importante notar que, para esses observadores estrangeiros, uma revolta de negros evocava a memória das revoltas de escravizados do século XIX, sem esquecer a conotação de preconceito racial presente nesses testemunhos.

---

[2] Ver, entre outros: Pallares-Burke, 2005; Capanema; Fléchet, 2009; Nascimento, 2016; Guimarães, 2021; Fernandes, 1978; Munanga, 1999.
[3] Um oficial da Marinha [José Eduardo de Macedo Soares], p. 85, note 1. Foi o historiador Álvaro P. do Nascimento que identificou o oficial anônimo como o tenente e jornalista José Eduardo de Macedo Soares (Cf.: Nascimento, 2007, p. 286).
[4] BRYCE, 1916, p. 395-396.
[5] Archives diplomatiques de La Courneuve, Correspondance politique et commerciale, politique intérieure - Immigration Brésil, v. 6, juin-décembre 1910. 24/11/10.

A origem africana dos marujos brasileiros será um elemento evidenciado por outro político francês, o senador Georges Clemenceau, figura importante dos radicais de esquerda na terceira República francesa, em viagem ao Rio de Janeiro em 1910. De forma semelhante ao observado pela historiadora Célia Maria Marinho de Azevedo, em *Onda Negra, Medo Branco*[6] sobre as elites brancas brasileiras, Georges Clemenceau, em sua obra *Notes de voyage sur l'Amérique du Sud*, expressa livremente sua associação entre violência e "sangue negro":

> É bastante difícil precisar os resultados gerais dessa mistura. O Negro tem a reputação de ser preguiçoso, infantil e bom, quando ele não entra em crises de fúria [...]. Possivelmente o sangue africano seja responsável nas demonstrações de emoção ou de violências imprevistas nas quais se deixam levar, frequentemente, os populares. Não ouso avançar muito essa reflexão. No entanto, a meu ver, a revolta das tripulações do *Saint-Paul* e do *Minas Geraës*, bem como das tropas da Marinha nos quartéis na Ilha das Cobras (Sic), <u>deve-se principalmente à impulsividade do sangue africano.</u>[7] (grifo meu)

Figura 1: *Caricatura dos marinheiros*

Fonte: O Malho, n. 430, 10/12/1910, p. 65

---

[6] AZEVEDO, 1987.
[7] CLEMENCEAU, 1911, p. 216.

A caricatura da imprensa da época reproduz essa lógica de medo da "inversão da ordem racial", como na seguinte imagem seguinte, publicada no número do 10 de dezembro de 1910 da revista ilustrada carioca *O Malho*:

Na imagem, o humor reside na inversão de posições: nela, é um oficial branco que faz continência a um "almirante negro".[8] A diferença entre os tamanhos dos dois personagens acentua essa troca de papéis, como diz a legenda, "disciplina invertida". O cigarro, bem como as mãos no bolso, visa reforçar uma conduta subversiva do marujo. Este não é um caso isolado. Como sabemos, a caricatura faz parte de um imaginário social, no caso, de naturalização da dominação de uma elite necessariamente branca. Acompanhando os dizeres de Roberto Moura, nesse exemplo de inversão da ordem "se mostra a concepção das elites quanto ao negro: eterno subordinado, inferior [...], cuja humilhação parece fazer parte da própria afirmação da identidade do branco".[9]

O historiador Zachary Ross Morgan estabeleceu, a partir dos arquivos do Tribunal Militar entre 1860 e 1894, uma estatística de cor dos marinheiros. Segundo seu estudo, eles seriam 83% negros ou pardos (classificados como mulatos, mestiços, cafuzos, caboclos etc.), enquanto somente 14,5% foram identificados como brancos. Seu trabalho nos revela também que as promoções na carreira beneficiavam mais os brancos.[10] Mas esses dados são de um período bem anterior à revolta e quando a escravidão ainda estava em voga. Álvaro Pereira do Nascimento constrói outra estatística de cor a partir do livro de matrículas da 13ª Companhia do Corpo de Marinheiros Nacionais em 1910. De acordo com as fontes, para 72 matriculados, 21 homens eram pardos (40,38%), 15 eram negros (28,85%), 13 eram brancos (25%), 2 eram considerados caboclos (3,85%) e 1 era mulato (1,92%), enquanto 20 sujeitos não apresentavam menção de cor (27,77%).[11]

Sujeitos fichados: o serviço de identificação da Marinha

Existe, contudo, uma documentação mais precisa sobre o final da primeira década do século XX. Trata-se dos registros do Gabinete de Identificação da

---

[8] O termo surge na imprensa através de João do Rio, na ocasião da publicação das memórias de João Cândido, em 1912/1913. O "almirante negro" se torna uma expressão comum para designar João Cândido, na memória e história da revolta dos marinheiros.
[9] MOURA, 1983, p. 143.
[10] MORGAN, 2014.
[11] NASCIMENTO, 2007, p. 288.

Armada (GIA).[12] O GIA foi criado em 21 de janeiro de 1908 com o intuito de identificar soldados, marinheiros, oficiais e civis assimilados, através da criação de fichas biométricas.

A memória oral da Marinha nos indica que o GIA teria sido criado como uma resposta à explosão e ao naufrágio do encouraçado *Aquidabã* em 1906, quando várias vítimas ficaram sem identificação. A explosão ocorreu no dia 21 de janeiro daquele ano, ou seja, exatamente dois anos antes do decreto de criação do GIA, causando a morte de 112 pessoas. Essa relação não é, no entanto, uma certeza, sobretudo quando sabemos que as identificações do GIA tinham como objetivo principal o controle dos desertores e o estabelecimento de conexões com os serviços da polícia. Segundo o aviso 853 do 25 de fevereiro de 1908 em anexo ao relatório do ministro do mesmo ano, esse serviço tinha como missão:

> Proceder a identificação de todos os indivíduos que se destinarem ao serviço da Marinha de guerra e fornecer, mediante pedido das autoridades competentes, por intermédio dessa Inspetoria, a individual datiloscópica e as demais informações necessárias dos desertores da Armada, a fim de serem requisitadas as capturas dos mesmos, devendo constar a identificação da filiação morfológica e exame descritivo, notas cromáticas, traços característicos, marcas e sinais particulares, cicatrizes e tatuagens na vida ordinária e anomalias congênitas, acidentais ou adquiridas, e ainda as impressões das linhas papilares das extremidades digitais [...] Ao oficial encarregado do gabinete, incumbe [...] a manutenção de estreitas relações com o Gabinete de Identificação e Estatística do Distrito Federal e com as repartições congêneres do interior.

A criação desse serviço correspondia ao espírito de vigilância policial da época. A obsessão pela identificação será reforçada pelas inovações tecnológicas nos diferentes países do mundo. Na França, a título de comparação, um sistema

---

[12] Esses documentos encontram-se conservados na atual Diretoria do Patrimônio Histórico e Documentação da Marinha (DPHDM). Foi o funcionário José Antônio Araújo Alves que me apresentou essa preciosa documentação. Registro aqui meus agradecimentos a ele. Álvaro Pereira do Nascimento cita a existência dessa documentação em seu livro (NASCIMENTO, 2007, p. 288) e o historiador Henrique Samet analisa uma parte dela em seu estudo do Batalhão Naval em 1910-1912 (SAMET, 2011). Outros trabalhos sobre períodos mais recentes têm sido feitos, como a dissertação de mestrado de Moacir Silva do Nascimento (2019) que discute a presença de negros no oficialato da Marinha nos anos 1908-1917.

de identificação passa a ser utilizado pela polícia nos anos de 1880 e 1890, com a criação de verdadeiras bases de dados e uso de novas técnicas como a antropometria e o retrato falado. Por extensão, as fichas serão utilizadas para excluir a população considerada "perigosa" no ponto de vista das autoridades, prostitutas, alcoólatras, "vagabundos", anarquistas, militantes sindicalistas, populações nômades, estrangeiros e indivíduos que "ameaçavam a ordem pública".[13]

A Marinha brasileira tinha necessidade de conter as deserções, controlar as insubordinações, mas também estabelecer relações com a polícia para recuperar desertores e manter-se informada sobre o passado de seus praças – elementos que podiam ser considerados tanto para as punições quanto para as promoções. Outro documento registrava a carreira dos militares, as cadernetas-registro ou cadernetas subsidiárias. Nesses documentos, eram registrados o percurso do militar, a data de entrada, formações, viagens, promoções, punições. No entanto, essa caderneta não continha nenhum elemento de identificação dos praças da Marinha além de nome e sobrenome.

Com o tempo, o GIA cumprirá a função de fornecimento de documentos para os militares na ativa ou reformados, funcionará como uma fonte de consulta para as promoções, para as pensões e aposentadorias, ou até mesmo para a confecção de documento de identidade na vida civil. As fichas tinham longa vida na Armada. Algumas delas, criadas em 1908, foram modificadas em 1918, 1920, 1921, ou até bem mais tarde, nos anos 1940. Cada ficha continha uma série de informações, como: nome, idade, origem, filiação, nível de instrução, profissão, altura, marcas corporais específicas, eventuais tatuagens, cor da pele, dos olhos, tipo de cabelo, descrição sobre o bigode ou barba, impressões digitais, dados antropométricos (como medida do crânio) e um breve histórico que podia contar, conforme o caso, com informações transmitidas pela polícia. As fichas eram classificadas em livros e numeradas, os identificadores preenchiam em média 20 fichas por dia.

Todavia, as identificações feitas durante um ano estavam longe de cobrir todos os efetivos de praças. Em 1908, segundo o Relatório do Ministro da

---

[13] ABOUT, 2004; COURTINE; VIGARELLO, 2006; NOIRIEL, 2007.

Marinha, foram identificados 36 oficiais, 26 suboficiais, 625 marinheiros, 95 soldados navais, 415 voluntários e 88 indivíduos de outras categorias, totalizando 1285 identificações. No ano seguinte, o Relatório do Ministro da Marinha felicita o trabalho do GIA, dizendo:

> Os serviços prestados por este gabinete têm satisfeito amplamente, de modo a tornar patente a sua necessidade, preenchendo os fins para que foi criado e, evitando assim, a praça de indivíduos de maus precedentes, expulsos de outras corporações ou procedentes da vida civil; mas constantes das fichas dactiloscópicas da polícia.

Apesar de não serem identificados todos os membros dos diferentes corpos da Armada, havia também, com frequência, duplas identificações. Por exemplo, um sujeito podia ser identificado em 1908 e novamente em 1909 ou 1910, apresentando duas ou mais fichas com o mesmo nome. O trabalho de identificação não era muito rigoroso. As fichas também são desiguais no volume de informações fornecidas, algumas são bastante completas, outras bem sucintas, como vemos nas seguintes imagens (figuras 2 e 3):

Figura 2: Exemplo de uma ficha detalhada

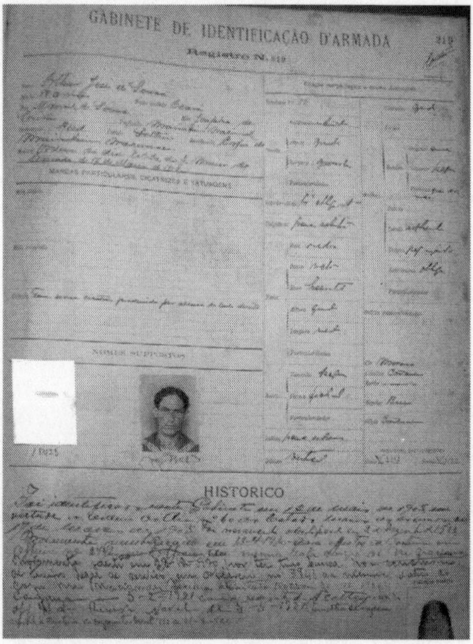

Fonte: DPHDM, GIA, MN, L1, 1908, registro 219.

Figura 3: Exemplo de uma ficha ordinária com poucas informações

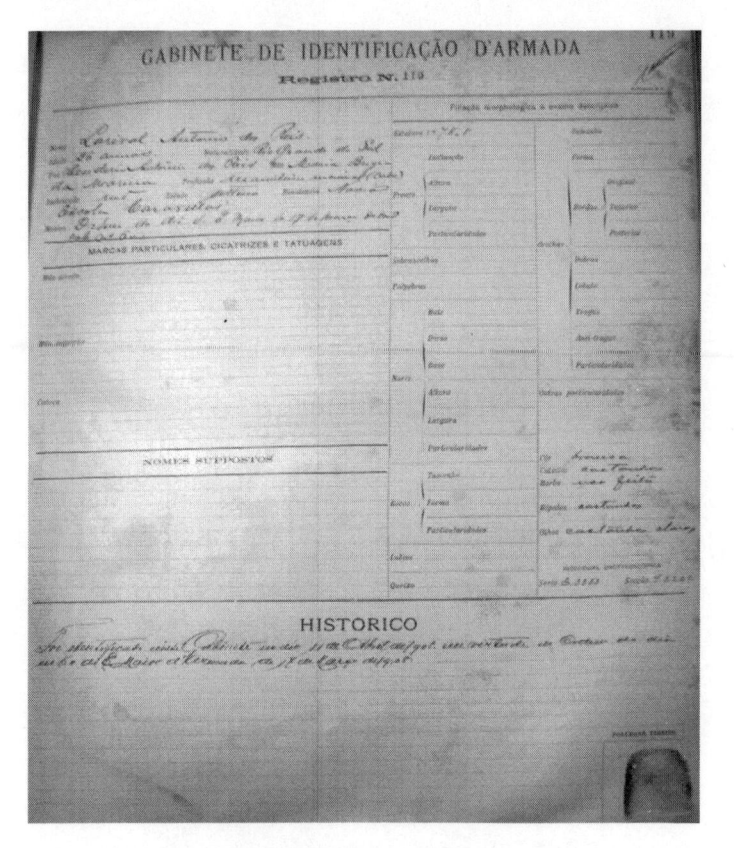

Fonte: DPHDM, GIA, MN, L1, 1908, registro 119.

Analisando o primeiro livro do Corpo de Marinheiros Nacionais e do Batalhão Naval, com registros de 1908, escolhi levantar 250 identificações de marinheiros e 100 fichas de soldados navais, o que corresponde a 7,63% e 18,34% dos efetivos do ano (que eram de 3 274 para os marinheiros nacionais e de 545 para os soldados navais), e aproximadamente um terço e a metade dos contingentes identificados naquele ano, respectivamente, nos dois corpos. Essas identificações foram feitas entre março e maio de 1908, de forma aleatória.[14]

---

[14] Escolhi trabalhar com a amostra acima referida para evitar duplas identificações. No entanto, em outros momentos, analiso outras fichas de datas posteriores para entender algumas trajetórias relevantes e perfis diferentes, como veremos ao longo do capítulo.

A cor e a raça dos marinheiros e soldados navais

Através dos dados do GIA, podemos levantar uma nova estatística com os dados informados sobre a cor dos marinheiros, ainda que seja importante ressaltar que esses registros são feitos de acordo com o olhar dos agentes identificadores e são informações que carregam subjetividades e representações relacionais de um tempo. Não são dados objetivos, mas merecem, de toda forma, que sejam interpretados e ressaltados num estudo da população de marinheiros que fez a maior revolta de marujos da história do Brasil. Vejamos os dados do quadro 1:

Quadro 1: Cor indicada dos membros do Corpo de Marinheiros Nacionais (1908)

Cor	Número de identificações	Porcentagem
Parda	141	56,4%
Branca	50	20%
Preta	29	11,6%
Morena	26	10,4%
Branco corado	3	1,2%
Parda Clara	1	0,40%
Total	250	100%

Fonte: DPHDM, GIA, MN, L1, 1908.

Quadro 2: Cor indicada dos membros do Batalhão Naval (1908)

Cor	Número de indentificações	Porcentagem
Parda	45	45%
Preta	32	32%
Branca	19	19%
Morena	3	3%
Moreno corado	1	1%
Branco corado	1	1%
Total	100	100%

Fonte: DPHDM, GIA, BN, L1, 1908.

Em primeiro lugar, o que se observa é o importante número de sujeitos identificados como de cor parda, majoritários nas duas corporações. O Batalhão Naval apresenta igualmente um importante número de praças classificados como de "cor preta" (32%), contra somente 11,6% no meio dos marinheiros nacionais. As categorias preto e pardo mencionadas nos registros remetem a representações sociais de uma dada época, não necessariamente a um pertencimento étnico e racial propriamente dito. Dessa forma, como sabemos, a palavra pardo não significa necessariamente um grau de mestiçagem, mas funciona como um termo frequentemente usado para "relativizar" os laços com o cativeiro. Como bem demonstrou Hebe Mattos, os registros e as fontes oficiais do período um pouco anterior ou posterior à abolição da escravidão tendem a não indicar a cor ou a classificar como "pardos" os libertos e livres descendentes de escravizados. Assim, o termo pardo designava, sobretudo, mulheres e homens negros, mas que não eram mais escravizados.[15]

Não se pode afirmar que a mesma lógica se operava na Marinha dos anos 1900, mas pode-se supor que as categorias utilizadas eram influenciadas por outros fatores, para além dos dados objetivos. Cada identificador do GIA fazia suas próprias apreciações. Algumas vezes, um mesmo praça podia ser identificado duas vezes e com duas categorias de "cor" diferentes, como no caso da ficha 106 do Livro 1 de Marinheiros Nacionais, onde se lê "branco", com acréscimo posterior "aliás, moreno".

Algumas fichas criadas em 1908 foram modificadas posteriormente e, em certos casos, fotografias de identidade foram acrescentadas, provavelmente tiradas nas décadas de 1920, 1930 ou 1940. Este é o caso da ficha 87 do Livro 1 de MN (Figura 4). O marujo José de Aquino Freitas, nascido em 13 de janeiro de 1890, foi identificado como de cor parda. A ficha foi alterada posteriormente, como vemos, mas não foram feitas mudanças nesse quesito. Não se tem indícios sobre a autoidentificação como prática nesse período. Em todo caso, os identificadores preferiram indicar sua cor como parda, e não preta.

---

[15] MATTOS, 2013.

Figura 4: Ficha 87 – Cor preta ou parda?

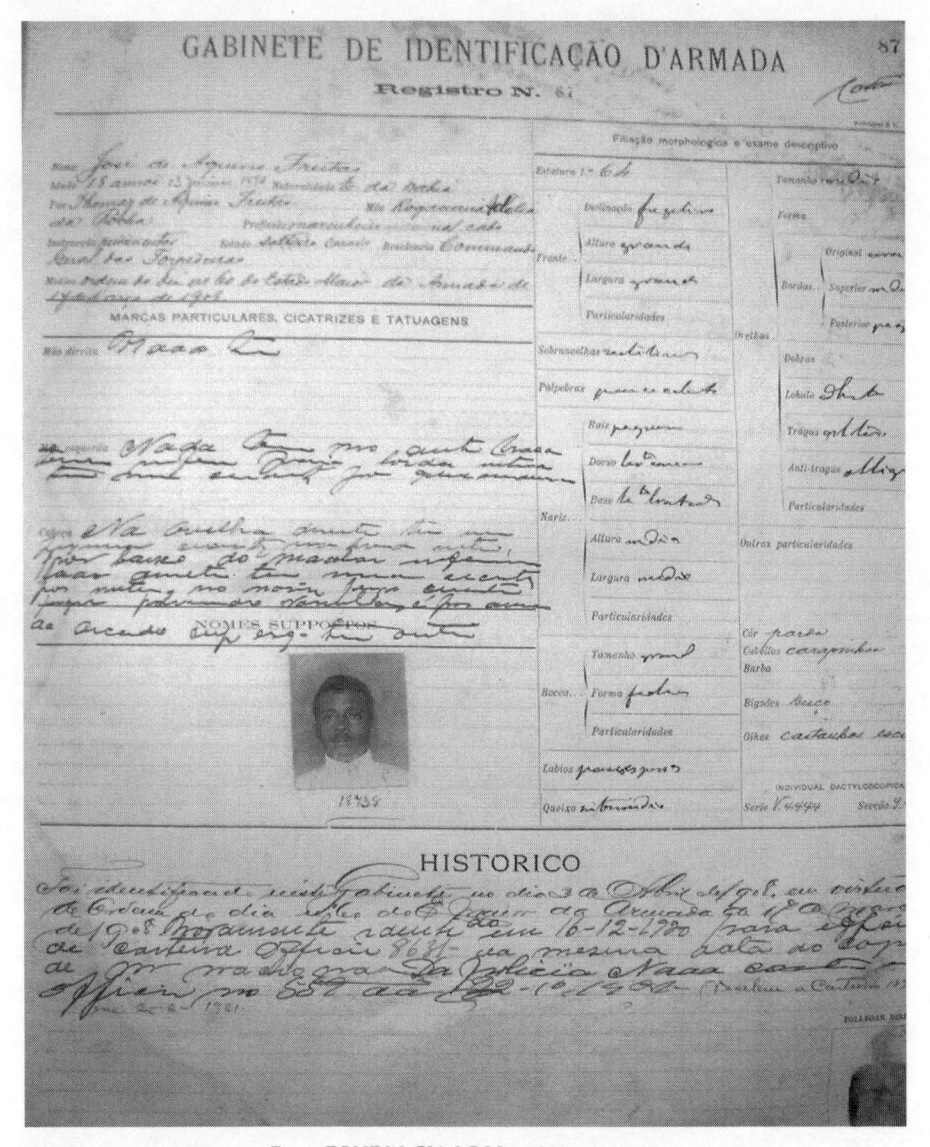

Fonte: DPHDM, GIA, MN, L1, 1908, registro 87.

Sujeitos conotados: as definições dos dicionários

Segundo o *Diccionario encyclopedico ou Novo Diccionario da Lingua Portugueza*, editado em 1874 em Lisboa, o termo *preto* se refere tanto à cor "de coisa queimada, negra" quanto ao "homem negro, negra, africano negro".[16] Editado alguns anos mais tarde no Rio de Janeiro, o *Diccionario da Lingua Portugueza* define o mesmo termo: "Homem, ou mulher de raça negra, de cor preta, negro, negra".[17] Quanto ao termo *pardo*, ele dizia respeito, de acordo com o *Diccionario encyclopedico* de 1878, a uma "cor como a do leopardo, escura como a dos mulatos".[18] E, no *Novo Dicionário da Língua Portuguesa* publicado em Lisboa em 1899, seria "que tem cor intermédia a preto e branco; quase escuro; o mesmo que mulato; pássaro das cercanias do Porto".[19]

No Brasil, outro animal era mencionado para justificar a etimologia da palavra pardo: "de cor entre branco e preto, como a do pardal. Homem pardo, mulato".[20] Já o termo mulato era definido como: "filho ou filha de pais, um branco e outro preto"[21] e "filho ou filha de preto e branca, ou vice-versa, ou de mulato e branca até certo grau. Pardo."[22] O moreno remetia da mesma forma a sentidos similares no dicionário brasileiro: "De cor parda, escura, trigueiro, barreiros".[23] Na edição portuguesa, a palavra era utilizada para definir a pessoa "de cor escura, como a dos moiros".[24]

Todas as definições dos dicionários de língua portuguesa da época revelam que as cores humanas preta, parda ou até mesmo morena eram categorias associadas a objetos (coisa queimada), elementos da natureza (barro), animais (pardal, pássaro do Porto, leopardo, mula) ou povos estrangeiros (mouros).

Retomando as estatísticas das classificações de cor, o levantamento acima revela que 68% dos marinheiros nacionais e 77% dos soldados do Batalhão Naval[25] foram identificados como de cor preta ou parda em 1908. Esses números confirmam a maioria de negros e pardos citados pelo "oficial anônimo" Macedo Soares anteriormente, ainda que, pelo menos no que diz respeito aos Marinheiros

---

[16] LACERDA, 1874.
[17] SILVa, 1891.
[18] LACERDA, 1874, p. 731
[19] FIGUEIREDO, 1899.
[20] SILVA, 1891, p. 480.
[21] LACERDA, 1874, v. 2, p. 644.
[22] SILVA, 1891, p. 384
[23] SILVA, 1891, p. 375.
[24] LACERDA, 1874, v. 2, p. 636.
[25] Com relação ao Batalhão Naval, Henrique Samet estuda as fichas de identificação de 74 soldados que foram presos após a revolta de dezembro de 1910: 21 eram citados como de cor branca, 11 como de cor preta, 37 como "mestiços", 3 como pardos e 1 como moreno. Ele conclui que, de acordo com essas classificações, 52 fuzileiros eram não-brancos, ou seja, 70% (SAMET, 2011, p. 39). O autor constata também a inconstância nas classificações. Muitas fichas eram rasuradas, com categorias modificadas em diferentes momentos de identificação.

Nacionais, sejam um pouco inferiores aos 80% mencionados nas impressões do livro de 1911. Os livros do GIA revelam também uma presença superior de sujeitos identificados como brancos nos corpos de marinheiros ou soldados navais: aproximadamente 20% nos dois corpos, enquanto o relato de Macedo Soares indica 10%. Já as classificações de cor preta são significativamente inferiores à opinião do Oficial da Armada: 11,5% em vez de 50%. As categorias usadas também diferem: Macedo Soares utiliza o termo mulato, enquanto os agentes do GIA optam pela categoria "de cor parda", seguindo o modelo dos censos da época. Não se pode esquecer, contudo, que essas fichas eram produzidas segundo um olhar exterior, que não era uniforme, nem fixo, nem livre de subjetividades ou preconceitos.

Classes trabalhadoras, classes perigosas: os soldados navais[26]

Um breve explicativo faz-se necessário para entendermos quem eram os soldados navais no contexto. Esse batalhão era formado por fuzileiros cuja principal função era defender os navios e estarem aptos a desembarcar para o combate em caso de guerra, enquanto os marinheiros se encarregavam, sobretudo, do bom funcionamento dos vasos de guerra, da navegação e do trabalho de limpeza essencialmente. Porém, os relatórios dos ministros da Marinha indicam também que os soldados navais tinham a função de vigiar, controlar os marujos, servindo como uma forma de polícia a bordo, pelo menos na expectativa dos oficiais. No olhar dos oficiais, essa missão não era devidamente assumida, até mesmo porque soldados e marujos eram, ambos, vistos como parte das categoriais sociais perigosas, como podemos compreender a partir da seguinte passagem do RMM de 1891:

> O argumento em todos os tempos aduzido em favor daquele batalhão é que a bordo serve ele para conter os marinheiros em seus excessos. [...] Além de que eu não vejo que a educação moral desses soldados seja melhor que a dos marinheiros, com os quais eles a bordo vivem

---

[26] Faço referência aqui à obra clássica de Louis Chevalier, que aborda a construção do olhar das elites, da burguesia e dos intelectuais para as classes populares urbanas na França no século XIX. Esse olhar frequentemente aproxima a classe trabalhadora – às vezes composta por sujeitos de origem étnica diferente dos franceses tradicionais – como responsável pela violência e criminalidade (CHEVALIER, 1958).

em comum. De sorte que aqueles, longe de serem para estes um elemento de ordem e moralidade, podem, ao contrário, tornar-se seus cúmplices na prática de qualquer ato condenável; não sendo até de admirar que se os faça conter e vigiar pelos mesmos exatamente sobre quem lhes incumbe exercer este mister.

Em termos numéricos, os dois corpos se diferenciavam também: o contingente de Marinheiros Nacionais era quatro vezes superior ao de Soldados Navais. O quadro abaixo sintetiza os efetivos reais e desejados para compor o Corpo de Fuzileiros Navais.

Quadro 3: Efetivos reais e desejados para o Batalhão Naval entre 1888 e 1911

Ano	Efetivos reais	Total desejado
1888	358	600
1891	273	1000
1893	------	------
1895- Corpo de Infantaria da Marinha	212	400
1897	377	400
1899	346	450
1901	603	450 (mas o ministro propõe que seja aumentado para 850 homens)
1903	465	500 (pede-se que sejam 607)
1905	533	607
1907	407	607
1909	607	607 (mas o ministro propõe que sejam 900)
1911	158	Não informado

Fonte: RMM, compilação de dados feita pela autora, entre 1888 e 1912.

Os diferentes ministros atestam em diversos relatos ter uma imagem bastante negativa desse contingente de homens, o que explicaria o subefetivo constante. Segundo o relatório do ministro J. Pinto da Cruz de 1901, a profissão de soldado naval não interessava aos jovens da sociedade brasileira da época já que havia certa:

> relutância que se nota geralmente no povo brasileiro para o serviço militar, sem os atrativos do voluntariado com prêmio, torna difícil a tarefa de adquirir pessoal apto e com a robustez física indispensável ao soldado... [...]. Daí a dificuldade da escolha de gente para o desempenho dos serviços a cargo deste corpo, muito principalmente quando, pelo seu reduzido efetivo, é impossível dispensar um certo preparo na sua educação, por demais falha, <u>devido ao meio donde são retirados.</u> (grifo meu)

Para além da cor: outros índices de identificação de marujos e soldados navais

Em 1908, as identificações feitas pelo GIA nos revelam que os marinheiros e soldados eram não somente majoritariamente não brancos, mas também quase exclusivamente solteiros (97,5% do total numa amostra com 100 marinheiros e 100 soldados navais). Em alguns casos, quando as fichas eram alteradas posteriormente, como vimos, o estado civil podia ser mudado.

Contrariamente aos resultados homogêneos sobre o estado civil, a mesma amostra nos indica uma maior divisão quanto ao nível de instrução das duas populações em 1908. 49% dos marujos eram considerados de instrução "nula", enquanto 51% tinham, segundo os registros, uma instrução rudimentar. No que diz respeito aos soldados navais, apenas 34% tinham instrução rudimentar, enquanto 66% tinham instrução "nula". Esses números confirmam o papel das escolas de aprendizes na formação dos marujos, ainda que o nível dessas escolas deixasse a desejar.

No que diz respeito à idade dos marinheiros, eles tinham entre 14 anos (3%) e 38 anos (1%) em 1908. A maior parte – 74% do total – tinha entre 17 e 22 anos; e 67% dos praças tinham menos de 20 anos. Quanto aos soldados navais, eles tinham entre 15 (1%) e 48 anos (também 1%), mas a maior parte – 80% – tinham entre 18 e 25 anos, e 24% tinham menos de 20 anos. Os marinheiros nacionais eram, de maneira geral, mais jovens do que os soldados navais, um dado que, mais uma vez, reforça o fato de que teriam passado pelas escolas de aprendizes. A maioria dos dois contingentes tinha nascido entre 1884 e 1891, sendo que maior parte dos marinheiros tinha nascido depois da abolição de 1888.

É importante também interrogar as origens familiais e geográficas dos praças. O estudo da filiação sugere que muitos praças podiam ser descendentes diretos de antigos escravizados ou libertos. Assim, para 31% dos marinheiros, um dos pais ou o pai e a mãe não têm sobrenome indicado ou utilizam um nome como sobrenome, o que poderia ser um índice do passado como escravizado. A quase totalidade de praças nessa situação são indicados como de cor parda ou preta. Há também muitos casos de órfãos.

Alguns sobrenomes e nomes se repetem, indicando importante referência da cultura cristã nas nomeações. Em 33% das fichas, os nomes maternos apresentam a palavra "Conceição" ou "da Conceição". Outros sobrenomes comuns são: "de Jesus" (9% das mães de marinheiros), "Santos" ou "dos Santos" (9% dos marinheiros, 7% dos pais e 4% das mães). Todavia, o sobrenome mais comum é "Silva" ou "da Silva", encontrado em 14% das fichas de praças.

Quanto ao quesito origens geográficas, as fichas do GIA também nos revelam informações preciosas para a compreensão do perfil coletivo dos marujos de 1908, como no quadro abaixo:

Quadro 4: Origem geográfica dos marinheiros identificados em 1908

Origem – Estado	Número de marinheiros	Porcentagem
Pernambuco	55	22%
Paraíba	28	11,2%
Capital Federal (Rio de Janeiro)	27	10,8%
Alagoas	22	8,8%
Bahia	15	6,0%
Ceará	15	6,0%
Sergipe	15	6,0%
Rio Grande do Sul	13	5,2%
Estado do Rio	11	4,4%
Minas Gerais	11	4,4%
São Paulo	11	4,4%

Maranhão	06	2,4%
Sem identificação	05	2,0%
Rio Grande do Norte	03	1,2%
Espírito Santo	02	0,8%
Pará	02	0,8%
Paraná	02	0,8%
Piauí	02	0,8%
Santa Catarina	02	0,8%
Amazonas	01	0,4%
Mato Grosso	01	0,4%
Portugal	01	0,4%
Total	250	100%

Fonte: DPHDM, GIA, MN, L1

A maior parte dos marinheiros (65,6 %) vinham das regiões do Norte ou Nordeste do Brasil (22 % exclusivamente de Pernambuco), contra 16,4 % dos Estados do Centro-Sul e 10% da Capital Federal (Rio de Janeiro). A grande maioria (93,2 %) provinha de um dos Estados onde havia uma escola de aprendizes em 1907 (Amazonas, Pará, Maranhão, Ceará, Rio Grande do Norte, Paraíba, Piauí, Pernambuco, Alagoas, Sergipe, Bahia, Mato Grosso, Espírito Santo, Rio de Janeiro, São Paulo, Paraná, Santa Catarina, Rio Grande do Sul), mesmo se muitos podiam já residir no Rio no momento de seu alistamento na Marinha, como talvez seja o caso dos marinheiros provenientes de Minas Gerais, onde não havia escola de aprendizes. A concentração de populações de uma mesma origem geográfica com certeza contribuía para o estabelecimento de redes de solidariedade, de proteção e de trocas comuns, em uma cidade que conhecia um intenso fluxo migratório como o Rio de Janeiro no início do século XX.

Quadro 5: Origem geográfica dos soldados navais identificados em 1908

Origem – Estado	Número de soldados navais	Porcentagem
Estado do Rio	25	25%
Capital Federal (Rio de Janeiro)	23	23%

Pernambuco	9	9%
Minas Gerais	09	9%
São Paulo	06	6%
Paraíba	05	5%
Sergipe	04	4%
Sem identificação	03	3%
Portugal	02	2%
Espírito Santo	02	2%
Ceará	02	2%
Bahia	02	2%
Alagoas	02	2%
Santa Catarina	01	1%
Rio Grande do Sul	01	1%
Rio Grande do Norte	01	1%
Mato Grosso	01	1%
Goiás	01	1%
Bélgica	01	1%
Total	100	100%

Fonte: DPHDM, GIA, BN, L1.

É interessante observar que, no que diz respeito aos praças do Batalhão Naval, 48% eram originários da cidade ou do Estado do Rio de Janeiro.[27] Como vimos, eles não vinham de centros de recrutamento como as escolas de aprendizes espalhadas pelo país, mas eram recrutados diretamente no Distrito Federal, onde viviam e de onde eram provenientes, em grande parte.

Quanto aos estrangeiros inscritos na Marinha, podiam já se encontrar na cidade no momento do recrutamento ou terem sido incorporados no exterior, servindo à Marinha por um certo tempo como forma de pagar a viagem de migração ao Brasil. Encontrei dois tipos de documentos sobre os estrangeiros na Marinha. Ainda que fosse necessário ser brasileiro para servir na Armada, de acordo com o Decreto nº 637 de 21 de agosto de 1890, a Marinha aceitava

---

[27] H. Samet chega a um resultado muito próximo no seu estudo sobre o mesmo corpo: 26,5% eram naturais do Estado do Rio de Janeiro e 19,6% do distrito federal (cidade do Rio). SAMET, 2011, p. 37.

a mão de obra imigrante em troca do pagamento da viagem ao Brasil. Em sua viagem ao Rio de Janeiro para ser incorporado à Marinha do Brasil em 1910, o *scout* Bahia contava em sua tripulação com 60 pessoas provenientes de Lisboa e que desejavam se instalar no Brasil.[28]

A incorporação de menores estrangeiros nas escolas de aprendizes era também frequente. Contudo, por vezes, suas famílias imigrantes que se encontravam no Brasil reagiam e utilizavam a nacionalidade estrangeira como pretexto para que seus filhos pudessem sair dessas escolas, o que se tornava uma questão da competência do Ministério das Relações Internacionais. Este é o caso do menor Martin Ofner, ex-aluno da escola de aprendizes de Paranaguá e cujos pais eram naturais do Império Austro-Húngaro. Segundo uma correspondência, seu pai reclamava junto às autoridades consulares de seu país de origem dizendo que o filho, de 16 anos, havia se inscrito na escola somente tendo a autorização materna. O resultado da reclamação é parcialmente atendido, ele obtém que o filho, no final do contrato de três anos com a escola, pudesse ser liberado do serviço na Marinha, sob o pretexto de que iria retornar ao país de origem, através de uma ação apresentada pelo consulado do Império em Curitiba. Mas Martin Ofner é finalmente detido na casa dos pais e considerado como desertor, sendo reenviado à escola de Paranaguá.[29]

Em outra situação, o italiano Giuseppe Giaca pede a mediação do seu consulado para tentar encontrar seu filho, Francesco Giaca, de 16 anos e brasileiro nascido em São Paulo, que tinha fugido de casa. Segundo ele, o menor podia ter se alistado como aprendiz marinheiro.[30]

Ser marinheiro, soldado ou ter outra profissão

Com relação às profissões, observa-se uma diferença entre a realidade do Corpo de Marinheiros Nacionais e do Batalhão Naval, como vemos nos quadros abaixo:

---

[28] DPHDM, Correspondência, "Relatório do Capitão de Fragata Carlos Pereira Lima", 02/07/1910.
[29] Arquivo do Ministério das Relações Exteriores, Itamaraty, Ministério da Marinha, Correspondência enviada, Carta de 7 de janeiro de 1913, 1912-1914 (jan-jun), 304/4/4, f. 43.
[30] *Idem*, carta de 21 de janeiro de 1913, 1912-1914 (jan-jun), 304/4/4, f. 82.

Quadro 6: Batalhão Naval – profissões

Profissão	Número	Porcentagem
Soldado do Batalhão Naval	52	52%
Nenhuma	25	25%
Outras profissões	20	20%
Não informado	03	3%
Total	100	100%

Fonte: DPHDM, GIA, BN, L1, 1908.

Entre os 52 % que eram identificados como soldado do Batalhão Naval, 6% tinham ficha na polícia. Quanto aos marinheiros nacionais, uma maioria bem mais visível eram identificados como marinheiros de profissão, como se vê no quadro abaixo:

Quadro 7: Marinheiros Nacionais – Profissões

Profissão	Número	Porcentagem
Marinheiro National	221	88,4%
Outras	19	7,6%
Incompreensível	02	0,8%
Nenhuma	03	1,2%
Não informado	05	2%
Total	250	100%

Fonte: DPHD, GIA, MN, L1, 1908.

Essa porcentagem elevada indica que a profissionalização do corpo de marinheiros estava em curso em 1908, já que a função de marinheiro exigia, progressivamente, mais conhecimentos específicos para os navios modernos. Provavelmente, essa profissionalização reforça também, para marujos, um sentimento de pertencimento comum, talvez corporativo, e solidariedades.

Dentro do critério "outras profissões" citados nas fichas, observou-se o seguinte (quadros 8 e 9, em números absolutos):

Quadro 8: Batalhão Naval – outras profissões

Profissões	Número de indivíduos	Porcentagem
Artesãos ou trabalhadores manuais: costureiro, aprendiz de pintor, pintor, vendedor de carvão, chapeleiro, agricultor, pedreiro, encadernador, agricultor, sapateiro, carregador, etc.	11	55%
Trabalhadores domésticos: guarda de casa, mordomo, cozinheiro	3	15%
Empregados do comércio e setor público: comerciante, caixa	2	10%
Marítimos: marinheiro da Marinha mercante	2	10%
Trabalhadores de rua: carregador, entregador de pão	2	10%
Total	20	100

Fonte: DPHDM, GIA, BN, L1, 1908.

Quadro 9: Corpo de Marinheiros Nacionais – Outras profissões

Profissão	Número de indivíduos
Pedreiro	4
Auxiliar de pedreiro	3
Baleiro	3
Carregador	2
Auxiliar de campo	1
Ouvidor	1
Barbeiro	1
Carpinteiro	1
Operário de metalurgia	1
Funcionário	1

Chapeleiro	1
Total	19

Fonte: DPHDM, GIA, MN, L1, 1908.

Essa lista compõe um belo mosaico das profissões das classes populares na época, na maior parte artesãos. Carlos Eugênio Líbano Soares, em sua análise das profissões dos capoeiras naturais do Estado da Bahia presos no Rio de Janeiro no fim do Império, demonstra que as ocupações de artesãos exigiam certa qualificação. Por exemplo, ser carpinteiro exigia mais qualificação do que ser entregador de café. Isso indica que havia maior intimidade dessas pessoas com o mercado de trabalho local. Além disso, ele constata também que, entre os baianos capoeiristas, a maior parte (35,5%) eram artesãos, contra 19% de trabalhadores marítimos, 14,8% de trabalhadores ambulantes, 11,5% de domésticos e 0,8% de empregados do comércio (18,1% dos capoeiras baianos não tinham ocupação especificada).[31] Essas profissões são similares às ocupações dos marujos e fuzileiros navais declarados como exercendo outras funções. No entanto, provavelmente a maioria não tinha um emprego estável, já que se encontravam na Marinha de guerra.

Trajetórias: do registro criminal às promoções

Em alguns casos, as fichas do GIA apresentam extratos de antecedentes criminais dos sujeitos identificados. Este é o caso, por exemplo, de um marinheiro nacional de 19 anos, cor preta, natural do Estado do Rio de Janeiro, sem instrução, profissão ou domicílio fixo segundo sua ficha. Ele foi detido duas vezes pela polícia, em 5 de setembro de 1907 por "vadiagem" e em 26 de outubro por embriaguez. Nesta segunda ocasião, ele fornece às autoridades um nome incompleto: Manuel da Silva, no lugar de Manuel Francisco da Silva. Uma estratégia comum dos sujeitos detidos pela polícia era fornecer nomes falsos ou incompletos. As identificações do GIA são criadas no intuito de combater as falsas identificações, por isso a importância dada ao registro dos traços físicos, marcas corporais e dados de identificação. No caso de Manuel da Silva, não sabemos

---

[31] SOARES, 1995, 2004.

quando foi alistado na Marinha, mas podemos supor que seu engajamento deve ter relação com a segunda prisão, já que ele não apresentava profissão nem endereço fixo. As autoridades policiais e as autoridades da Marinha podem ter colaborado para incorporá-lo na Armada. Vejamos outros casos.

Numa amostra de 250 identificações registradas no livro 1 de Marinheiros Nacionais de 1908, outros cinco marujos tinham antecedentes com a polícia mencionados em suas fichas.[32] Álvaro Ribeiro, nascido em Minas Gerais, tinha 16 anos em fevereiro de 1908, quando foi identificado pelo GIA pela primeira vez. Ele é descrito como de cor preta e cabelos carapinhos, de instrução rudimentar, solteiro, sem profissão e sem domicílio fixo. Pelo seu histórico, vemos que ele foi detido por vadiagem em 28 de janeiro de 1908, sendo liberado dois dias depois. Nascido no mesmo Estado brasileiro, Olympio da Paixão era de cor parda e cabelos carapinhos, tinha instrução nula e 18 anos. Morava na rua da Misericórdia e declarava ser auxiliar de pedreiro. No entanto, ele é detido em 17 de janeiro de 1908 por "vadiagem", sendo liberado dois dias depois. O artigo 399 ("vadiagem") era mencionado no histórico de outro jovem praça. Nascido em Alagoas e com 20 anos, Rufino Paulo dos Santos era de cor parda e cabelos carapinhos, sem instrução e residente na rua Cunha Barbosa, 51 (bairro Novo Livramento). Ele foi preso no dia 21 de fevereiro de 1909. O Código Penal de 1890 definia, em seu artigo "Dos vadios e capoeiras":

> Art. 399. Deixar de exercitar profissão, ofício, ou qualquer mister em que ganhe a vida, não possuindo meios de subsistência e domicílio certo em que habite; prover a subsistência por meio de ocupação proibida por lei, ou manifestamente ofensiva da moral e dos bons costumes: Pena - de prisão celular por quinze a trinta dias. § 1º Pela mesma sentença que condenar o infrator como vadio, ou vagabundo, será ele obrigado a assinar termo de tomar ocupação dentro de 15 dias, contados do cumprimento da pena.

A "vadiagem" é majoritária como delito nos históricos dos praças registrados nas fichas do Gabinete de Identificação da Armada, mas não era a única infração.

---

[32] Os seis casos analisados aqui foram retirados do Livro 1 de Marinheiros Nacionais do GIA, 1908.

Jacinto Pereira da Silva era de cor branca e cabelos castanhos. Natural do Rio de Janeiro (capital federal), ele tinha 19 anos, vivia na rua São Leopoldo, número 14 e era auxiliar de pedreiro. Ele foi detido pela polícia em razão do artigo 399 no dia 7 de junho de 1907 e, na ocasião, forneceu às autoridades um falso nome (João Pereira Cândido). Liberado no dia 2 de setembro do mesmo ano, foi novamente detido em novembro, enquadrado no artigo 198 (insegurança, "entrar em casa alheia"), depois liberto no dia 6 de novembro de 1907. Alfredo Paulino Alves tinha 16 anos e também era natural do Rio de Janeiro. Era de cor parda e com cabelos carapinhos, com educação rudimentar e indicava ser baleiro como profissão e morar na Rua Costa. Alguns dias mais tarde, foi novamente detido, em 11 de novembro de 1907 pelos artigos 361 e 396 (título XIII). Vale a pena aqui retomar tais textos da lei, que revelam bastante do espírito de "ordem" da recente República que se manifestava por um controle das classes populares, vistas com desconfiança e desprezo:

> Art. 361. Fabricar gazuas, chaves, instrumentos e aparelhos próprios para roubar, tê-los, ou trazê-los consigo, de dia ou de noite: Pena - de prisão celular por seis meses a três anos.

> Art. 396. Embriagar-se por hábito, ou apresentar-se em público em estado de embriaguez manifesta: Pena – de prisão celular por quinze a trinta dias.

Essas seis trajetórias dos marujos fichados pela polícia (que representam apenas 2,4% das fichas da amostra estudada) possibilitam pensar em algumas generalizações. A "vadiagem", delito que possibilitava deter e punir "suspeitos", não podia ser justificada pela falta de endereço ou profissão, já que muitos dos sujeitos infratores nesses artigos indicavam um endereço ou profissão. Elas revelam claramente as relações entre as autoridades da polícia e da Marinha, já que as ocorrências aconteciam poucas semanas antes da identificação pelo GIA. Podemos imaginar que alguns dos alistamentos na Marinha eram feitos justamente depois da passagem na polícia e nomeadamente em razão do artigo 399, por "vadiagem".

Na mesma amostra, temos três outros casos de exclusão por participação na revolta de 1910, ou seja, por aplicação do Decreto n° 8 400 promulgado após a sublevação, que autorizava a exclusão dos indivíduos que ameaçassem a disciplina a bordo (um importante índice de participação na sublevação). Esses sujeitos tinham entre 17 e 22 anos em 1908, eram classificados como Marinheiros Nacionais de profissão e registrados como de cor branca (2) e parda (1).

Os antecedentes criminais são mais numerosos nas fichas dos membros do Batalhão Naval, onde representam 14% do recorte estudado. O quadro abaixo resume essas trajetórias:

Quadro 10: Dados de identificação e antecedentes criminais dos fuzileiros navais

N de identificação	Nome	idade	Origem geográfica	Instrução	Profissão	Endereço	Cor	Antecedentes criminais
2	Thomaz Pereira	19	Portugal	Rudimentar	Não informada	Sem domicílio	branca	Com o nome João Pereira, foi detido em 11 de fevereiro de 1908 por vadiagem, sendo liberado em 12 do mesmo mês (e provavelmente enviado à Marinha para reforçar o BN)
7	Ivo Rodrigues Cardoso	30	Rio de Janeiro	Sim	Vendedor de carvão	Não informado	branca	Expulso das fileiras da polícia pois julgado incorrigível.
9	Leopoldo de Oliveira	19	Não informado	Rudimentar	Não informado	Rua du Catete, 203	branca	Preso por vadiagem em 26 de setembro de 1907.
11	Júlio Ribeiro Gonçalves	21	Rio de Janeiro	Rudimentar	Não informado	Rue Margarida de Andrade, 12	branca	Com o nome de José Garcia de Almeida, preso por roubo (artigo 330).
17	Manuel Geruzio Correia da Silva	19	Pernambuco	Nula	Soldado do BN	Quartel	parda	Preso (artigo 399, vadiagem), solto em 16/12/1907.

N de identificação	Nome	idade	Origem geográfica	Instrução	Profissão	Endereço	Cor	Antecedentes criminais
24	José Bezerra da Silva	21	Pernambuco	Nula	Não informado	Sem domicílio	parda	Artigo 399, vadiagem, em 22/02/1908.
34	Alexandre Martins de Oliveira	20	Não informado	Nula	Soldado do BN	Quartel	preta	Preso em 08/03/1904. Razão desconhecida.
36	Moisés de Freitas	23	Minas Gerais	Nula	Não informado	Rua da Cachoeira, 12 (Meyer)	preta	Com o nome Irineu do Carmo, foi detido em 25/07/1906 Artigo 198 (intrusão). Foi liberado em agosto do mesmo ano.
38	Alfredo Nicolau da Silva	20	São Paulo	Rudimentar	Não Informado	Sem domicílio	preta	Com o nome Alfredo Pereira da Motta, foi identificado para tornar-se soldado da força policial.
41	José Severino (?) da Cruz	20	Estado do Rio	Rudimentar	Não informado	E. São José da Cruz (?)	preta	Com o nome João da Silva, foi preso em 19/10/1907 (Artigo 399 – Vadiagem). Esse indivíduo [foi excluído] por ter tomado parte na revolta do Batalhão Naval e foi anistiado em 31 de dezembro de 1912.
43	Pedro da Costa	41 (?)	Estado do Rio	Nula	Não informado	Sem domicílio	Parda	Vadiagem e detenção em 14/07/1907 (artigo 399).

N de identificação	Nome	idade	Origem geográfica	Instrução	Profissão	Endereço	Cor	Antecedentes criminais
45	Sebastião Xavier da Costa	30	Rio de Janeiro	Não informada	Engraxador	Rua do Livramento	parda	Com o nome Sebastião Coelho da Rocha, foi preso em 06/10/1901 por Capoeiragem, e em 20.01.03 por desordem (artigo 402) e em 05/02/1908, por vadiagem (artigo 399).
65	Virgílio Teixeira	18	Estado do Rio	Nula	Soldado do BN	Quartel	preta	Excluído em 27/02/1913 para "o bem da disciplina".
76	Francisco Ferreira Lima	24	Rio Grande do Norte	Não informado	Não informado	Sem domicílio	parda	Excluído do Batalhão Naval por ter participado da sua revolta.

Fonte: DPHDM, GIA, BN, L1, 1908

O artigo 399 era também a principal contravenção indicada nas fichas dos fuzileiros navais. Em todos os casos, a detenção era recente e datava de poucas semanas ou meses antes da identificação pelo GIA, o que indica que os soldados podiam ter sido enviados pela polícia para servir na Marinha. Duas décadas antes, no seu relatório de 1888, o ministro exprime sobre a disciplina no Batalhão Naval e sobre as trocas entre autoridades policiais e navais para preencher as vagas de trabalho na Marinha:

> Muito limitados são os delitos cometidos pelos praças, pelo que também os castigos corporais tendem a desaparecer. A maioria dos delitos consiste em deserções e um e outro proveniente de embriaguez. Este vício, a que infelizmente se entregam alguns praças, poderia ser eliminado totalmente, se indivíduos de reconhecido mau comportamento, enviados por autoridades para assentarem praça, tivessem outro destino.

O que significava o delito de capoeiragem indicado em algumas das fichas estudadas de marujos e soldados navais? A capoeira não era uma contravenção prevista durante o Império como ela se torna no Código Penal da República. Mas muitos homens eram presos por "capoeiragem" associada à "vadiagem" já no século XIX.[33] Introduzida no Brasil pelos escravizados africanos originários da região do Congo e de Angola, a capoeira brasileira se modifica através de práticas locais e se torna uma forma de luta também praticada por libertos e livres. Na virada do século XIX para o XX, a "capoeira" podia ser praticada também por brancos, imigrantes, e estabelecia regras de proteção entre indivíduos, territórios, mas também solidariedades entre homens de classes populares. Era uma estratégia de resistência cultural, além de ser vista como arma de proteção de grupos de pequeno banditismo (chamados "maltas"). Algumas vezes, as próprias autoridades policiais ou políticas podiam utilizar os capoeiras para fazer pressão eleitoral ou defender suas propriedades, como estudos demonstram.

O contato entre capoeiras e marujos se dava com frequência nos portos, nos bairros populares, mas também no interior da corporação, com o recrutamento como marinheiro e soldado feito através da ação policial ou dos setores populares dos grandes centros urbanos. Assim, um capoeira podia tanto ser um marinheiro quanto se relacionar, às vezes de forma conflituosa, com os marujos. Adriana Albert Dias relata rixas frequentes entre capoeiras e marinheiros, bem como o uso do "fiel da navalha" (uma corda típica dos marinheiros com a qual prendiam a navalha ou canivete na cintura) pelos capoeiras.[34] Em dezembro de 1914, em Salvador, uma dessas disputas, que causou a morte de dois marujos e ferimentos graves a dois capoeiras, virou manchete de jornal durante muitos dias. A briga teria começado com uma disputa amorosa envolvendo uma prostituta. As autoridades policiais enxergavam os capoeiras como potencialmente criminosos e, nesse sentido, o dispositivo penal e as fichas biométricas serviam para controlar a população. O alistamento na Marinha seria, assim, uma forma de achar uma "ocupação" útil para esses "vadios", "capoeiristas" e criminosos em potencial, alimentando o olhar preconceituoso contra negros e brancos pobres que serviam como praças na Marinha nacional.

---

[33] Sobre o tema da capoeira nesse contexto, ver: SOARES, 1995; 2004.
[34] DIAS, 2005.

Tornar-se sargento ou tenente na Marinha de guerra

Algumas vezes, os marujos e soldados subalternos podiam ser promovidos na Marinha, sobretudo se eram disciplinados, se tinham boas relações com os superiores e se sabiam ler e escrever. Nesse sentido, os alunos das escolas de aprendizes eram preferidos pelos oficiais. Um grumete podia rapidamente se tornar marinheiro de segunda ou primeira classe, alguns chegavam a cabo e outros, mais raros, a mestres, sargentos ou tenentes. Segundo Álvaro Pereira do Nascimento, o fato de ser branco favorecia as promoções.[35]

Estudando 250 fichas do GIA, encontrei quatro casos de marinheiros que viraram tenentes: dois deles identificados como de cor branca, um como moreno e outro como pardo. Também identifiquei 11 casos de marujos que se tornaram sargentos, suboficiais ou oficiais inferiores, entre os quais um era identificado como de cor preta, dois como pardos e três como brancos.[36] Esses tenentes que vinham do Corpo de Marinheiros Nacionais tinham, na maior parte dos casos, uma educação rudimentar e eram marinheiros de profissão, dois elementos que indicam passagem pela escola de aprendizes. Além disso, eram todos originários do Nordeste do país, vivendo no Rio de Janeiro provavelmente longe de suas relações familiares e com necessidade de criar novos laços, talvez a partir da experiência de marinheiro.

As fichas do GIA contêm um nível desigual de informações. Porém, é possível estabelecer algumas conclusões e generalizações a partir dos elementos estudados sobre 1908. Para ter esperança de promoção na Marinha, um praça subalterno devia ter algum nível de instrução e ser marinheiro de profissão. Além disso, não ter antecedentes criminais e as chances eram maiores para os indivíduos de pele mais clara. Nesse sentido, os únicos sujeitos sem instrução que tiveram promoções na Marinha, chegando a suboficiais, eram de cor branca (registros 46, 91 e 195) no corpus estudado. Para os negros e pardos, ser promovido era mais difícil e era preciso ter algum nível de instrução. Ainda que não houvesse

---

[35] Nascimento afirma ter encontrado somente um caso de marinheiro recrutado à força que teria ultrapassado o grau de sargento na Armada imperial. Trata-se do tenente-capitão Antônio Joaquim, que se tornou sargento e se inscreveu na escola da Marinha, reservada aos oficiais. Três fatores contribuíram para a sua promoção: saber ler e escrever, o contexto da Guerra do Paraguai e sua cor branca (Nascimento, 2008, p. 111).
[36] Fichas 5, 23, 24, 31, 46, 84, 91, 96, 155, 195 e 216 MN, L1, 1908. Essas informações figuram no histórico das fichas ou nas notas acrescentadas no início de cada registro indicando a existência de uma nova identificação do sujeito no livro de suboficiais ou oficiais inferiores.

proibição aos negros para chegar aos postos de oficiais (tenente) ou oficiais inferiores (suboficiais, conforme a terminologia da época), pode-se perceber um evidente favorecimento de brancos, tendo em vista sua presença minoritária no total e sua representação superior nas promoções. No recorte estudado, temos 20% de sujeitos identificados como brancos no Corpo de Marinheiros Nacionais, mas eles são 50% dos marujos que foram promovidos a tenente e 36,36% a suboficiais.

O corpo como linguagem: marcas e tatuagens, o nascimento de uma autoidentificação de marinheiro?

Os arquivos do Gabinete de Identificação da Marinha nos reservam ainda outras surpresas. Em sua preocupação em registrar o máximo de informações e dados sobre os corpos dos sujeitos para que fossem identificados em caso de necessidade (promoções, punições, baixa, transferência, morte, aposentadoria ...), os agentes desse serviço anotavam preciosas informações sobre tatuagens e signos corporais em um quadro reservado às "marcas particulares, cicatrizes e tatuagens". Na maior parte dos casos, esse quadro ficava vazio, mas em vários registros podemos ler "cicatriz provocada por ferimento", "traços de varíola" e, algumas vezes, a descrição das tatuagens, certas vezes com desenhos.

No primeiro livro de marinheiros nacionais, em 13 casos (5,2% das 250 fichas), há a descrição de tatuagens, contra 11 dos soldados navais (11% do total de 100 fichas analisadas). No total de 24 pessoas que tinham uma tatuagem, entre fuzileiros e marinheiros, 20 possuíam mais de uma tatuagem, 10 já tinham algum antecedente de passagem pelos serviços policiais ou prisão militar. A amostra estudada também revela que 13 pessoas com tatuagem eram de cor parda, 9 eram de cor branca e 2 eram identificados como de cor morena.

Em alguns casos, os identificadores registram "tatuagem ilegível", mas, de maneira geral, os desenhos podiam ser divididos em quatro grupos: iniciais ou nomes de pessoas; símbolos típicos do universo naval (como âncoras); símbolos exteriores ao universo da Marinha significando amor ou amizade (corações atravessados por uma flecha, apertos de mãos); outros símbolos com significados próprios ou religiosos (estrelas, os "cinco pontos", ramos, animais, cruzes). Em alguns casos, havia mais de um símbolo combinado, como, por exemplo, iniciais e corações atravessados por flechas.

A ficha abaixo (Figura 5) é particularmente interessante. Trata-se do marinheiro José da Silva Azevedo, de 18 anos em 1908, nascido na capital federal e de educação rudimentar. Era considerado "branco bronzeado" e tinha um pequeno buço. Contava uma profusão de símbolos tatuados, alguns reproduzidos em desenho pelo identificador do GIA: na mão e no braço direito, tinha um coração atravessado por uma flecha, duas cruzes diferentes, uma âncora, uma estrela, os cinco pontos, o nome de mulher Adélia e outros símbolos mais difíceis de ser identificados. Na mão e no braço direito, havia escrito o nome feminino Maria A.S.A., uma ramagem, as iniciais J.S.A. (talvez José da Silva Azevedo), pequenos pontos. Esse marujo tinha tatuado em seu corpo a maior parte das tatuagens que encontramos nos marinheiros e soldados navais.

Figura 5: Modelo de ficha do GIA com descrição das tatuagens

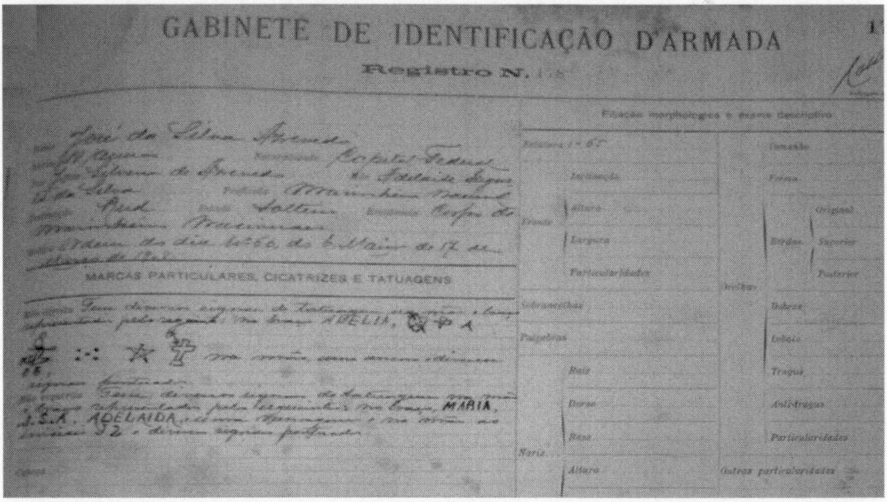
GABINETE DE IDENTIFICAÇÃO D'ARMADA

Registro N.

MARCAS PARTICULARES, CICATRIZES E TATUAGENS

ADELIA

MARIA

J.S.A. ADELAIDA

Fonte: L1, MN, 1908, registro 178.

O marujo de cor branca Jacinto Pereira Cândido da Silva era natural da capital federal, auxiliar de pedreiro e tinha 19 anos. No braço direito, ele também apresentava iniciais tatuadas: J.P.C. e uma flecha "contornando essas letras". Nos antecedentes, lia-se que tinha sido detido por vagabundagem em junho de 1907, com o nome de Jacinto Pereira Cândido (sem o último sobrenome, da Silva), o que correspondia às iniciais tatuadas.[37] Outro marinheiro, João de Oliveira (de 25 anos, solteiro, sem instrução e de cor parda) carregava, no braço, seu próprio nome tatuado "João", ao lado de várias outras iniciais.

As iniciais podiam também ser de outras pessoas, como no caso do marujo José Ferreira, de 17 anos, solteiro, nascido na Paraíba, de cor parda e sem instrução, que trazia simplesmente as iniciais A.M.C. no braço. Algumas vezes, as iniciais eram contornadas por um coração, o que significava claramente uma declaração de amor, como no caso do marinheiro nacional Laurentino da Silva, de 26 anos, solteiro e preso numa cela do presídio militar da Ilha das Cobras. Ele era pardo, sem instrução, e no seu braço direito estavam tatuadas as iniciais E.V.N., enquanto no braço esquerdo havia desenhado um coração atravessado por uma flecha dentro do qual se liam as letras J.C.F. Ele tinha ainda uma tatuagem de uma estrela, abaixo da qual estava escrita a letra E. Em outros casos, os homens identificados pelo GIA optavam por tatuagens com nomes inteiros, como no caso do marinheiro Arlindo Cruz, pardo, de 22 anos, natural do Rio de Janeiro, de educação rudimentar e cuja ficha indicava ser "condenado". Possuía diversos desenhos tatuados, entre os quais um ramo, mas também os nomes Joana, Luiz de Castro, Maria, Arlindo, um coração atravessado por uma flecha, uma espada, uma caveira, a palavra Julho (um nome próprio, o mês de julho?) e, na mão, uma corneta.

Apesar do exemplo de Arlindo Cruz, que possuía nomes tatuados de pessoas dos dois sexos, nos outros casos estudados, os nomes próprios eram femininos, algumas vezes vários nomes de mulheres, como no caso do registro 11 do Corpo de Marinheiros Nacionais: o pardo José Juaquim da Cruz, de 21 anos, solteiro, nascido no Estado da Paraíba e sem instrução, possuía um ramo tatuado no braço, bem como três ou quatro nomes femininos – Ousidia M. A., Conceição M. C., Elizia M.G., R.M.C. Jorgina.

Os signos podiam, assim, representar fidelidade, saudade, amor-próprio, identidade, conquistas amorosas, crenças. Podiam também ter uma razão estética,

---

[37] Todos os exemplos estudados aqui tratam de fichas extraídas do Livro 1 a 3, de MN e do BN, do ano de 1908.

sensual, mostrar virilidade, masculinidade, na medida em que são marcas que falam não somente para a própria pessoa que as carrega, mas são exibidas e vistas pelos outros.

O jovem marujo de 16 anos Alfredo Paulino Alves, de instrução rudimentar e pardo segundo o registro, tinha no braço direito a tatuagem de um número, provavelmente uma data: 1905. No outro braço, o mesmo marinheiro carregava um coração tatuado, dentro do qual estavam marcados os "cinco pontos". Por um lado, parece-nos difícil interpretar o significado da data, 1905, sem mais elementos sobre o marinheiro, por outro lado, os cinco pequenos pontos podem ser lidos como um símbolo coletivo, já que constam em pelo menos sete registros do repertório estudado.[38]

No que se refere aos desenhos diferentes, temos a representação de animais, como no caso do fuzileiro naval Manoel Martins da Silva, de 23 anos, nascido no Estado do Rio de Janeiro, de cor branca e solteiro, que apresentava a tatuagem de um gato, bem como duas outras com iniciais e uma terceira com a representação de uma estrela. Também é o caso do marujo Antônio Elísio da Silva, de 18 anos, nascido no Piauí, de cor parda, que tinha diversas tatuagens: uma cruz, um peixe e iniciais. Esse marujo é promovido a suboficial, como indica uma correção feita em sua ficha. A correção também nos permite pensar que ele era solteiro em 1908, mas casado posteriormente.

Quanto aos outros signos, um soldado naval, João de Araújo Costa, de 23 anos, proveniente de Minas Gerais, de cor branca, solteiro e de educação rudimentar, apresenta diversas tatuagens: uma cruz, um coração atravessado por uma espada com as iniciais J.A.C. (João de Araújo Costa) ao lado das iniciais J.B.N., os cinco pontos (ou cinco chagas, como eram também identificados) e um ramo com um novo signo, um caju. Um marinheiro apresenta tatuado um símbolo próprio do meio naval, uma âncora. Trata-se do pardo Manoel José de Santana, de 23 anos, natural de Pernambuco, solteiro, sem profissão e de instrução rudimentar, possuindo, ainda, uma estrela tatuada no outro braço. Mesmo se é

---

[38] Dois outros marinheiros apresentam números tatuados: a ficha 532 (MN, L3, 1908), que apresenta o número 143 no braço direito. Esse marujo se chamava João Paulo Cavalcante, contava 17 anos e vinha de Pernambuco. Ele tinha instrução rudimentar e era pardo. O segundo caso trata-se do marujo Joaquim Cândido de Oliveira, que tinha a cifra 14088 marcada no braço esquerdo (ficha 534, MN, L3, 1908). Alguns dados coincidem: ele era também de cor parda, tinha 17 anos e oriundo de Pernambuco. Seu nível de instrução é indicado como "nulo".

muito difícil interpretar essa linguagem das tatuagens, que admitem sempre uma conotação pessoal, alguns outros testemunhos da época, no Brasil ou em outros países, podem nos ajudar a compreender essa escrita marcada na pele.

A escrita das tatuagens

João do Rio escreve sobre os tatuadores e os tatuados do início do século XX. Segundo ele, havia uma tipologia de sujeitos tatuados no Rio, dividida em três grupos:[39] 1) Os negros, que tatuavam cruzes, fetiches e armas de Xangô e Oxum, entidades do candomblé, e a coroa imperial, mesmo sem saber bem explicar o seu significado; 2) Os "turcos de fundo religioso", inclusive os muçulmanos, os maronitas e os judeus, "repletos de superstições, medos e crenças", que possuíam tatuagens com ícones primitivos, iniciais, corações, as cinco chagas azuis; 3) As pessoas "da rua", quer dizer, as prostitutas, os operários, os marinheiros, os soldados, os criminosos, os rufiões, os camelôs, os vagabundos, que tatuavam "de tudo e qualquer coisa". Esses desenhos podiam indicar referências "religiosas, de amor, de vingança, de desprezo, de profissão, de beleza, de raça ou nomes e tatuagens obscenas". Porém, mais do que signos marcados nas peles dos indivíduos, as tatuagens podiam também representar o pertencimento às classes populares ou "perigosas" no olhar das elites e autoridades no controle.

João do Rio observa que, enquanto os imigrantes portugueses, ingenuamente, se faziam tatuar nas ruas do Rio (em geral, o símbolo de seus vilarejos e seus nomes), os criminosos faziam de tudo para dissimular suas marcas distintivas, signos de marginalidade facilmente decodificados pelos serviços de antropometria da polícia. Mas a tatuagem tinha se tornado uma indústria, com "chefes, subchefes e outros praticantes". Eles eram formados, na maior parte dos casos, em prisões e quartéis, "em momentos de vagabundagem".[40] O chefe dos tatuadores era chamado Madruga; ele tinha diversas passagens pela prisão por desordem urbana, várias amantes e era também poeta satírico e compositor de modinhas. Seu corpo apresentava uma bela síntese dos principais emblemas

---
[39] Ver: RIO, [1908] 2005.
[40] *Idem*, p. 105.

tatuados: o busto de Jesus Cristo no peito, uma cobra na perna, bem como o signo de Salomão, as "cinco chagas", uma sereia e, no braço direito, suas conquistas pessoais (ele podia também apagar alguns desenhos, em caso de desentendimento amoroso). É em companhia de Madruga que João do Rio percorre, durante três meses, "os meios mais primitivos" para observar o fenômeno das tatuagens no Rio.

As mulheres também, sobretudo as prostitutas, marcavam com as tatuagens o amor, a dor ou o ódio. Na sola dos pés, tatuavam o nome do "maldito". Quando elas envelheciam, por vezes pediam para apagar as marcas, pois desejavam chegar "do outro lado" limpas. Nos braços, eram tatuados os nomes dos amantes, desenhos sensuais e corações, enquanto no peito eram marcadas "coisas importantes", de "saudade, crença ou religião".

Havia um verdadeiro deslocamento semântico no sentido nas tatuagens da população do Rio de Janeiro. Como constata João do Rio, marcas que tinham um significado religioso são exibidas por "bandidos ordinários" e por cidadãos de todas as crenças. Este é o caso dos "cinco pontos" ou "cinco chagas", geralmente tatuados em azul nos dedos da mão, que evocam, ainda segundo João do Rio, as "cinco franjas" do taleth (o xale usado pelos judeus no momento de suas orações), mas eram também exibidas por outras pessoas. Alguns "rufiões das ruas do Rio" apresentavam na mão direita, entre o polegar e o indicador, as "cinco chagas", como forma de intimidar os inimigos e adversários nas batalhas corporais, na hora de dar os golpes. Outros marujos tatuavam o signo de Salomão, outra referência de origem religiosa e judaica, conhecida também como a estrela de Davi, reapropriada por eles, e que estava relacionada à ideia de "proteção".

Da mesma forma, algumas tatuagens podiam indicar relações com as religiões afro-brasileiras, sobretudo o candomblé, como as armas de Xangô (geralmente representadas por um machado de duas lâminas). Em *As religiões no Rio*, João do Rio escreve sobre a imigração dos maronitas – cristãos oriundos do Império Otomano e que no Brasil eram frequentemente designados como "turcos" –; dos judeus – que, segundo ele, não eram somente ricos comerciantes, mas também pessoas modestas; dos rufiões e das prostitutas que vinham da Áustria, Rússia, dos portos de Marseille ou da Argentina. Em outro capítulo, o jornalista descreve as religiões afro-brasileiras praticadas no Rio, dividindo-as em três categorias: os alufás ou malês – muçulmanos originários das etnias haussa e iorubá; os orixás ou candomblés – que vinham das etnias gegê e iorubá; e os cabindas, congos ou angolas – criadores da macumba. Enquanto os alufás eram letrados e estudavam o Alcorão, os praticantes das outras religiões transmitiam suas crenças pela tradição oral, ainda que, no que diz respeito aos orixás, eles conservassem a sua própria língua, o *egbá*.[41]

João do Rio, acompanhado pelo negro Antônio, conhecedor das religiões afro-brasileiras e de seus lugares no Rio, visita as ruas do centro da cidade onde viviam muitos baianos e também africanos livres praticantes do candomblé.[42] Ele registra a existência de fenômenos de sincretismo ou da "dupla cultura", dizendo numa perspectiva mais contemporânea, sem, no entanto, os nomear como tais, como a equivalência de santos católicos com orixás. Mas as religiões de matriz africanas e sobretudo as práticas de "feitiço" eram vistas com ceticismo ou desconfiança por João do Rio. Diversas vezes ele sugere que os líderes espirituais estavam interessados, antes de tudo, por dinheiro. No livro, as práticas religiosas são descritas em detalhe para um público leigo no assunto, assim como o próprio jornalista, que não disfarça sua surpresa com os rituais de sacrifício de animais e de transe. Essas práticas eram trazidas pelos migrantes e imigrantes, contribuindo à formação de diversas composições da cultura brasileira, particularmente no Rio, como as tatuagens nos corpos dos marujos nos dizem.

Todavia, é preciso esclarecer que as fichas de identificação têm também seus limites. Frequentemente, os escritos e desenhos nos documentos são pouco legíveis e os próprios identificadores dão impressão de pouco conhecer o mundo dos marujos e soldados. Tinham dificuldade em reproduzir os emblemas e, em seus registros, escrevem diversas vezes que não puderam decifrar as marcas corporais. Além disso, indicavam as tatuagens presentes nas partes visíveis do corpo, rosto, braços e mãos. Não podemos, portanto, saber o que os marujos e fuzileiros tinham em suas costas, ventre, peito, pernas, por exemplo. De acordo com o testemunho de João do Rio, alguns marinheiros tinham tatuagens religiosas

---

[41] Segundo João Carlos Rodrigues, os cinco textos de João do Rio sobre as religiões afro-brasileiras constituem um estudo pioneiro sobre o tema, já que os outros trabalhos sobre esses cultos, como os de Nina Rodrigues, ainda não eram conhecidos na época (RODRIGUES, 1996, p. 50-51).

[42] João do Rio fala de mil africanos introduzidos pelo tráfico negreiro e que moravam no Rio (RIO, 2006, p. 20). Seria preciso ver com cautela este número, tendo em vista a extinção do tráfico negreiro em 1850 e o fato de que o texto de João do Rio data de 1904. Os africanos seriam, portanto, já idosos e provavelmente portanto pouco numerosos na época. No entanto, podemos considerar o fato que deixaram muitos descendentes.

no peito e nas costas, como forma de resistir aos castigos corporais. Este é o caso de um marujo chamado Joaquim que "tem um Senhor crucificado no peito e uma cruz negra nas costas. Mandou fazer esse símbolo por esperteza. Quando sofre castigos, os guardiões sentem-se apavorados e sem coragem de sová-lo."[43]

Não encontrei no meu corpus símbolos que faziam referência ao período imperial, como coroas, mesmo se João do Rio menciona a difusão desses símbolos, tanto em seu texto sobre os tatuadores quanto em *As religiões no Rio*, no qual ele diz que todos os feiticeiros do candomblé tinham fotos do Imperador em suas casas.[44] Talvez essa ausência possa ser explicada pela idade dos marujos, quase todos nascidos nos últimos anos do Império, formando uma nova geração para a qual as figuras outrora populares de Dom Pedro II e da Princesa Isabel passavam a ser referências distantes.

Símbolos similares às tatuagens dos homens do mar brasileiros podiam ser encontrados nos países europeus e na América do Norte. As tatuagens eram marcas corporais frequentes no meio das classes populares, como revela o estudo do professor Lacassagne, médico que fez uma pesquisa, entre 1880 e 1910, sobre as tatuagens de prostitutas, marinheiros, soldados e prisioneiros franceses.[45] Também na Europa as tatuagens eram signos de identificação considerados pelos serviços antropométricos, bem como estigmas, no olhar das elites, das classes perigosas. Porém, para os sujeitos tatuados, podiam ser um último recurso de escrita de si, um elemento biográfico. Especialmente para aqueles que não dominavam a escrita, a tatuagem representava de alguma forma "a única narrativa possível", sendo assim uma "forma arcaica, um grau zero da autobiografia".[46] A originalidade do estudo de Lacassagne se deve ao fato de que esse médico se interessou, além das questões caras à polícia, pelos dados biográficos dos tatuados. Assim, seu estudo analisa mais de 2000 tatuagens, de 550 indivíduos. Numa população de 378 homens condenados à prisão no meio militar, "somente 100 tinham feito suas tatuagens antes de entrar no serviço, e 278 depois da incorporação". Sobre estes últimos, ele constata ainda que: "Não

---

[43] RIO, 2005 [1908], p. 109.
[44] Ver: RIO, 2005, p. 109; Rio, 2006, p. 31. Além disso, Amaro, o personagem principal do *Bom Crioulo*, também tinha a fotografia do Imperador em seu quarto. Ver: CAMINHA, 2002, p. 49.
[45] ARTIERES, 2004.
[46] ARTIERES, 2004, p. 8.

se deve, a partir desses números, acusar de forma absoluta a vida militar. Essa influência é fraca no meio militar que não tem, desse ponto de vista, a mesma importância do meio náutico. A verdadeira influência é a da prisão. Para passar o tempo, tatua-se e se faz tatuar".

No que diz respeito aos desenhos tatuados, o médico os divide em sete categorias: 1) Emblemas patrióticos e religiosos (diabos, o Espírito Santo, crucifixos, túmulos, tatuagens da maçonaria, bustos da República...); Emblemas profissionais (martelos, compassos, para os pedreiros; machado, para os carpinteiros; cabeça de boi, para os açougueiros; a inscrição "Marinha", âncoras, marujos, barcos, para os marinheiros; 3) Inscrições (de sentenças, de fórmulas, de provérbios, de datas de nascimento, de sorteio, de número de circunscrição, a data da tatuagem, a data de uma condenação. Algumas frases comuns eram: "Filho da desgraça", "falta de sorte", "lembrança da África", "morte às mulheres infiéis"; "pense em mim"; "vingança"; "honra às armas"; 5) Emblema-metáforas (corações atravessados por uma flecha, espadas na zona mamária à esquerda; a flor *pensée*, a mais representada das flores; leões, serpentes, tigres e cães); 6) Emblemas de amor e eróticos (bustos de mulheres, mulheres nuas, representação de órgãos sexuais, mulheres belas); 7) Emblemas da cultura popular ou históricos (sereias, Apolo, Cupido, os mosqueteiros, o retrato de d'Artagnan, Jean Bart, um personagem popular no meio dos marujos, Napoleão, Napoleão III, Joana d'Arc, Marie Stuart, Garibaldi, etc.).

Segundo o médico Lacassagne, muitos tatuados ignoravam o significado das tatuagens que tinham pelo corpo. A repetição dos emblemas nos leva a pensar, no entanto, que as tatuagens compunham uma verdadeira linguagem. Ao lado dos símbolos indicando um pertencimento religioso, amoroso, cultural, expressão de violência, de ódio ou de sensualidade, numerosos são os desenhos que revelam uma identidade profissional, em particular de militar ou de marinheiro.

A frequência das mesmas representações inscritas nos corpos de marujos e soldados navais brasileiros e de outras partes do mundo nos convida a pensar sobre as trocas internacionais e transatlânticas que podiam ocorrer entre diferentes universos, inclusive na construção de uma identificação profissional na própria Marinha. Assim, conforme as palavras de João do Rio: "A sereia dá lábia, a cobra atração, o peixe significa ligeireza n'água, a âncora e as estrela o homem do mar, as armas da República ou da Monarquia a sua compreensão política. Pelo número de coroas da Monarquia que eu vi, quase todo esse pessoal é monarquista".[47]

João Cândido, chamado de Almirante Negro, foi promovido a marinheiro de primeira classe, antes de ser dispensado da Marinha por conclusão de tempo de serviço após ser absolvido no julgamento em dezembro de 1912. Depois da revolta, em dezembro de 1910, ele ficou preso na prisão da Ilha das Cobras com outros rebeldes, escapando como um dos dois únicos sobreviventes. Entre janeiro e abril de 1911, continua recluso na Ilha das Cobras, antes de ser transferido para o hospital dos alienados. Na prisão, segundo o carcereiro, o sargento Antônio Guerra, ele "passava o dia bordando". Em seu testemunho ao historiador José Murilo de Carvalho, Antônio Guerra se surpreende, pois "nunca tinha visto homem bordar". João Cândido promete ao carcereiro, de quem se torna amigo, presenteá-lo com uma toalha que bordava com o navio Minas Gerais. No fim das contas, por um motivo desconhecido, são as duas toalhas reproduzidas abaixo que são guardadas por Antônio Guerra, ex-sargento conhecido posteriormente por sua ação para o desenvolvimento do teatro em São João Del Rey (figuras 6 e 7). Elas foram doadas ao Museu de Arte Regional de São João Del Rey e "descobertas" pelo historiador José Murilo de Carvalho em 1985.[48] Em 2021, foram expostas na Bienal de São Paulo e vistas pela primeira vez pelo grande público.

Essas toalhas são belos exemplos da simbologia dos marinheiros na época. A primeira (Figura 6), intitulada "O Adeus do Marujo", representa uma âncora enfeitada com ramos e atravessada por um aperto de mãos. As mangas dos braços nos permitem pensar que se trata, de fato, de um oficial e um marinheiro que se confraternizam. Pode-se ler as palavras "Ordem" e "Liberdade", bem como as iniciais J.C.F. (João Cândido Felisberto) e F. D. Martins (Francisco Dias Martins, um dos companheiros de João Cândido durante a revolta, o líder rebelde do navio Bahia), ao lado da data do 22 de novembro de 1910, marco inicial do levante dos

---
[47] RIO, 2005 [1908], p. 109.
[48] CARVALHO, 1998.

marujos. A segunda toalha (Figura 7) representa duas pombas que carregam no bico uma bandeirola com a palavra "amor". Abaixo, um coração ensanguentado é atravessado por uma espada. Ao lado, flores, borboletas e um beija-flor.

Sem ter a intenção de esgotar os significados dos bordados na vida pessoal de João Cândido, podemos constatar que os desenhos retomam uma iconografia bem conhecida dos marujos: âncoras, corações atravessados, ramos, apertos de mãos, pássaros, flores, iniciais, datas significativas e palavras, símbolos compartilhados pelos marinheiros, brasileiros ou estrangeiros, inscritos nas peles através das tatuagens. As descrições e os desenhos de tatuagens indicadas nas fichas do GIA apresentam exatamente os mesmos elementos bordados por João Cândido.

Figura 6: Toalha bordada por João Cândido – "O Adeus do Marujo"

Fonte: Revista de História da Biblioteca Nacional, ano 1, n. 9, abril de 2006, p. 28.

Segundo o professor Lacassagne, os apertos de mãos significavam amizade, lealdade, fidelidade. O mesmo signo podia representar amor homossexual quando outros elementos eram acrescentados (uma flor, por exemplo), como encontrado nos corpos de diversos "pederastas" da época, segundo as palavras do médico professor francês.[49]

Figura 7: Toalha "Amor", bordada por João Cândido

Fonte: Revista de História da Biblioteca Nacional, ano 1, n. 9, abril de 2006, p. 28.

O corpo fala quando há limites para a voz. Certamente o que existia por trás dos pontos de João Cândido era o sofrimento dos traumas vividos depois da revolta, bem como o fato de ter sido afastado da Marinha. Era sua maneira, melancólica, de dizer adeus aos companheiros da vida de marujo.[50] Mas, também, de afirmar o seu orgulho de ter participado da revolta (com a data) e suas relações de amizade e fidelidade. As iniciais J.C.F., o Almirante Negro como se dizia na imprensa, estão do lado da manga de uniforme de oficial, enquanto F.D. Martins está escrito ao lado da manga de marinheiro inferior.

O estudo da revolta dos marujos de 1910 pode nos ajudar a compreender esse sentimento de pertencimento misturado a um desejo de mudar seu destino, duas décadas e uma geração após a abolição da escravidão. Negros, pardos,

---

[49] ARTIERES, 2004, p. 38
[50] São numerosas as provas desse amor de João Cândido pela vida do mar: entre outros, seu testemunho recolhido por Edmar Morel (2009) e na entrevista ao MIS (1999); suas tentativas de se inscrever na Marinha mercante depois de ter sido excluído da Marinha de Guerra; seu simbólico "Adeus" ao navio Minas Gerais nos anos 1950, quando ele seria desmontado, entre outros (ver sexto e sétimo capítulo).

nordestinos, homens de origem popular, esses marujos e soldados ganhavam consciência de sua condição e buscavam alternativas às fugas e aos atos de indisciplina cotidianos. Usando referências adquiridas nas viagens e nas trocas no interior da Marinha, bem como sua experiência cotidiana no Rio de Janeiro, se davam conta de que o regime disciplinar da Armada brasileira era anormalmente severo. No meio de outros pertencimentos, referências e hábitos, surgia também um sentimento de identidade comum, como marinheiros nacionais. Além disso, reclamavam "liberdade", como vemos na toalha de João Cândido e em outros exemplos (capítulos 5, 6 e 7). Na Marinha republicana, reclamar "liberdade" era uma forma de exigir a concretização da promessa da abolição da escravidão, como veremos em outros capítulos.

Para além desse perfil coletivo, é preciso compreender como viviam os marinheiros no cotidiano. As fontes são abundantes. Quais experiências de trabalho, lazer, saúde, amor, virilidade e punições existiam na Marinha de Guerra? Esse será o tema do capítulo seguinte.

CORPOS NO TRABALHO: VIDA COTIDIANA, MASCULINIDADE, PODER E PUNIÇÃO NO CORPO DE MARINHEIROS NACIONAIS

A vida de marujo nos navios de guerra no início do século XX

Em 1911, o tenente Macedo Soares, que assinara o seu livro *Política versus Marinha* como "um oficial anônimo", faz uma observação não isenta de julgamentos morais com relação aos hábitos cotidianos dos marinheiros:

> Profundamente alheios a qualquer noção de conforto, os nossos marinheiros se vestem mal, não sabem comer, não sabem dormir. Imprevidentemente preguiçosos, eles trazem da raça a incapacidade de progredir. O dia do soldo é desanimador a bordo dos navios de guerra. Pagas as dívidas de jogo, todos os vinténs desaparecem nos breus: fumo, queijo de Minas, sardinhas, espelhos, almanaques... As guarnições são tristes. Os divertimentos raramente solicitados são os sambas e mais frequentemente pelos grumetes os jogos como dominó e víspora. Em um ou outro navio grande, com auxílio e incentivo dos oficiais, há uma cena de teatro. [...] A violência sanguinária é admirada; o macho impõe-se pela força e uma vasta intriga urdida nas cobertas redunda em perseguições, em ultrajes, em covardias incomparáveis, que não raro chegam por denúncia ao conhecimento dos oficiais. Analfabetos, sem os freios da religião, sombrios e sentimentais, a massa dos marinheiros oferece a mais propícia cultura do vício e do crime.

No entanto, uma compreensão da vida cotidiana e das condições de trabalho desses marinheiros não pode se limitar aos escritos dos oficiais, que muitas vezes revelam preconceito social e racial. Como os marinheiros vivem a chegada dos modernos equipamentos do projeto de renovação naval na primeira década do século XX, com a chegada do cruzador Bahia e dos potentes encouraçados Minas Gerais e São Paulo? Esses equipamentos inauguram mudanças no ritmo de trabalho e de vida a bordo. A análise da documentação nos indica, por um lado, a permanência de relações escravistas e, por outro, a existência de diferentes formas de resistência dos marujos.

A chegada dos encouraçados inaugura um fato novo: mais do que nunca, numerosos homens viviam e trabalhavam juntos numa mesma embarcação. Em outubro de 1910, a tripulação do encouraçado São Paulo, o segundo navio mais potente da frota brasileira, totaliza 514 homens, entre os quais 55 oficiais do Estado Maior da Armada, 16 membros do Estado Menor, 4 empregados de bordo e 439 indivíduos que pertenciam aos corpos de marinheiros subalternos.[1]

A vida a bordo de um navio como o São Paulo se organizava de forma ritmada. Num diário chamado "Livro de Quartos", os oficiais de serviço registravam os acontecimentos mais relevantes a bordo do navio, em viagem ou estacionado em algum lugar. O dia era dividido em quatro períodos, denominados os quartos. Através desses registros de oficiais, geralmente um tenente designado como responsável do serviço durante quatro horas seguidas, pode-se deduzir que a tripulação fazia três refeições cotidianas: a primeira era às 6h30, a segunda, às 10h e a terceira, entre 14h e 15h15.[2] De manhã, em torno das 8h, era erguida a bandeira e em seguida começava o trabalho. A tripulação podia também ter horários alternados, uma parte do pessoal trabalhava de dia e outra ficava encarregada da vigia durante a noite. Mas o navio devia funcionar e ser abastecido todos os dias. Além de anotar sobre as condições meteorológicas (tempo bom, tempo instável) e sobre a situação do navio (no cais ou não), o oficial de quarto dava conta de outros acontecimentos, como a chegada ou a saída de marinheiros e oficiais, a visita de pessoas exteriores, a entrega dos alimentos, se a limpeza havia sido feita, se a tripulação tinha permanecido silenciosa à noite, se houve algum ensaio de banda etc.

---

[1] DPHDM, Livro do encouraçado *São Paulo*, capítulo II, 1910, f. 2, 3.
[2] Analisei a seguinte documentação: DPHDM, "Livro de Quartos" do *scout* Bahia, entre abril de 1910 e maio de 1911, 597/006/234.

Os oficiais mencionavam também os nomes dos prisioneiros, doentes, mortos, desaparecidos e desertores. Assim, segundo o "Livro de Quartos" do cruzador Bahia, no dia 8 de abril de 1910, às 21h40, um policial e um cabo acompanharam a bordo o marujo segunda classe Pedro Bispo de Oliveira, provavelmente um desertor encontrado e detido por ordem do comandante. Ele ficou preso a bordo do Bahia durante várias semanas. Alguns dias mais tarde, em 11 de abril, registrava-se a ausência dos marinheiros nacionais Cyriano Pereira e João Raul dos Santos. No início de abril de 1910, o cruzador Bahia se encontrava ancorado no porto de Newcastle, na Inglaterra.

Geralmente, entre 18h e 21h, os marinheiros tinham tempo livre. Eles podiam conversar, tocar violão, ficar juntos.[3] Às 21h, era dado o toque de recolher, para 8h de sono, num navio onde o silêncio reinava, com exceção do barulho de uma das caldeiras que ficava acesa para produzir energia.

A falta de braços

O Bahia deixa o porto de Newcastle em direção ao Rio de Janeiro no dia 16 de abril de 1910 e, apesar da "boa vontade e aos esforços do imediato, comissário, chefe de máquinas, oficiais e todo o pessoal, que foi verdadeiramente incansável", o capitão de fragata Altino Flávio de Miranda Correa reclamava de outro problema, a falta de efetivos: "Não tendo contratado em Newcastle senão 21 foguistas, por não ser conveniente admitir ingleses, à vista da conduta que tiveram os contratados para o Minas Gerais, fiz a travessia apenas com 74, tendo sido obrigado a mandar para as carvoeiras quase toda a guarnição reduzida que possuímos".[4]

O Bahia chega a Lisboa em 20 de abril. O comandante tenta resolver o problema da penúria de mão de obra fazendo um apelo ao cônsul brasileiro local. Porém, ainda segundo o mesmo capitão de fragata:

> Os foguistas que o Cônsul Geral em Lisboa mandou para bordo a meu pedido, exigiram 12 0000 por mês alegando ser essa a tabela

---

[3] NASCIMENTO, 2008, p. 137-148.
[4] DPHDM, Correspondência, Capitão de fragata Altino Flávio de Miranda Correa, "Relatório da viagem do cruzador *Bahia*", Rio de Janeiro, 25/06/1910, f. 2, 3.

do Brasil e apesar de lhes ter feito que essa era a tabela dos navios mercantes não se quiseram sujeitar aos vencimentos da Marinha de guerra e acabei não contratando nenhum. Fui por isso obrigado a receber 60 indivíduos que pediam para vir para o Brasil sujeitando-se a todos os trabalhos somente pela passagem, pois poderiam fazer o serviço de carvoeiros ficando a guarnição do navio livre desse serviço para atender a limpeza e conservação do navio.[5]

A remuneração prevista para o pessoal subalterno da Marinha de Guerra era de aproximadamente 20.000 *réis*, ou seja, 100.000 *réis* a menos que o salário da Marinha Mercante. O *scout* Bahia deixa o porto de Lisboa no dia 23 de abril e chega a São Vicente no dia 28 do mesmo mês. No dia primeiro de maio, sai de São Vicente com intenção de seguir direto até o Rio de Janeiro, mas faltam água e carvão e o *scout* vê-se obrigado a fazer uma parada em Recife e Vitória para se abastecer. Assim, chega finalmente ao Rio no dia 20 de maio de 1910. As condições de trabalho e de viagem não foram do agrado do pessoal recrutado em Lisboa, como descreve ainda o capitão do navio na mesma documentação citada acima:

> Depois de se acharem fora de Portugal, esses indivíduos não procederam como haviam prometido e, de humildes que eram, tornaram-se exigentes e procuravam continuamente esquivar-se do serviço, fugindo das carvoeiras, de modo que era preciso andar sempre uma máquina a procurá-los especialmente nos quartos à noite. Nos portos do Recife, Vitória e desta capital, insistiram em desembarcar logo que o navio fundeava e ao chegar à terra iam queixar-se que tinham sido despedidos de bordo e atirados ao cais sem recurso algum, desvirtuando os fatos e faltando à verdade com o maior desplante desta vida.

Além dos soldos irrisórios, a tripulação devia encarar outros problemas vitais, como a falta d'água. Dessa forma, sobre o período entre abril e maio de 1910, durante a viagem do *scout* Bahia de Newcastle ao Rio de Janeiro, o capitão de fragata escreve, ainda, que "os vaporizadores que nunca deram a quantidade de

---

[5] *Idem, ibidem.*

água necessária para as caldeiras e todos os mistérios de bordo, de sorte que tive que mandar fiscalizar rigorosamente a distribuição da água do navio, negando mesmo água para o banho dos foguistas, não obstante as reclamações, aliás justas, várias vezes recebidas".

Condições precárias também marcam a viagem do encouraçado Minas Gerais de Newcastle ao Rio de Janeiro, entre 4 de fevereiro e 17 de abril de 1910. O subefetivo, a falta de carvão, bem como as reclamações e a insatisfação do pessoal de bordo são constantes. No dia 4 de março, o Minas abarca em Hampton Road, no sul da Virgínia, nos Estados Unidos. Segundo o relatório do comandante do navio, o capitão de mar e guerra João Batista das Neves, o abastecimento em carvão foi bastante lento devido à "péssima qualidade" dos americanos encarregados desse serviço:

> Apesar da grande atividade da administração do Arsenal, fazendo vir para bordo os batelões de carvão no dia seguinte, somente três dias depois foi possível dar começo ao recebimento devido à dificuldade em obter gente de terra para tal fim, não podendo o pessoal de bordo deficiente e extenuado ser empregado neste trabalho. <u>Muito moroso foi feito este serviço, porque a gente nele empregada era toda de cor preta, com a indolência e outras características da raça.</u>"[6] (grifo meu)

É interessante observar que a tripulação do Minas Gerais não é criticada da mesma forma pelo mesmo comandante. Em certas passagens do mesmo documento, o capitão Batista das Neves elogia seu pessoal, do pessoal inferior à tripulação, que "tiveram bom comportamento a bordo e deixaram boa impressão nos portos de passagem". No entanto, as condições de trabalho não deviam ser extraordinárias, já que:

> Em Hampton Road, os foguistas contratados na Inglaterra fizeram greve, recusando-se a trabalhar nas caldeiras. Mandei reuni-los e declarei-lhes que não cedia absolutamente às suas imposições [...]. Destes foguistas, 17 preferiram desembarcar assinando uma declara-

---

[6] DPHDM, Correspondência, Capitão de Mar e Guerra João Batista das Neves, "Relatório da viagem do encouraçado *Minas Gerais*", 02/05/1910, 2388/ 6AV 664.

ção, pela qual reconheciam ter perdido o direito a todas as vantagens que lhes oferecia o contrato. Para substituí-los foram contratados outros foguistas, que se apresentaram a bordo duas horas antes da partida do navio.

A resistência dos foguistas ingleses explica por que, durante a viagem do Bahia em abril, evitou-se contratar trabalhadores do país. A posição dos foguistas britânicos revela também que as condições de trabalho na Marinha de guerra brasileira eram praticamente insuportáveis.

Enquanto a tripulação trabalhava ou descansava em Hampton Roads, alguns oficiais visitavam a escola do Exército norte-americano em Old Point, arsenal da Marinha e base de construção naval em New Port-News. Em seguida, tiveram licença para visitar a capital e outras cidades dos Estados Unidos. Em 17 de março, o Minas Gerais deixa os Estados Unidos servindo de escolta ao navio norte-americano North Caroline, que transportava o corpo do embaixador Joaquim Nabuco ao Brasil. Entre 22 e 27 de março, o Minas Gerais acosta em Barbade, onde 15 foguistas desertam. O fim da viagem se desenha e, segundo o relatório do capitão Batista das Neves, a tripulação é obrigada a fazer mais exercícios de combate e a praticar a "ginástica sueca", novidade recente nos vasos de guerra da Armada: "Os exercícios da ginástica sueca eram feitos pela manhã, em seguida ao banho da guarnição, e duravam um quarto de hora e à tarde, ao pôr do sol, durante uma hora. Neste segundo tempo era o exercício acompanhado de música, como se faz na Marinha inglesa, cujas instruções foram observadas inteiramente a bordo deste navio".

Mas esses exercícios de ginástica não eram recebidos sem resistência pelos marujos. Segundo o mesmo relatório, a ginástica sueca aplicada a bordo do encouraçado brasileiro era sinônimo de obrigação, ou até mesmo de vergonha (ou submissão) para os marinheiros:

> A direção do exercício da ginástica sueca foi confiada ao oficial encarregado do destacamento, Sr. Capitão-Tenente Amphilóquio Reis. Este brilhante oficial, cujo gosto e dedicação pela Marinha são inexcedíveis, teve a habilidade de vencer a resistência proveniente

do natural acanhamento dos nossos marinheiros que muitas vezes deixam de fazer com desembaraço uma simples continência pelo receio do ridículo.

O Minas chega à Ilha Grande no dia 8 de abril. Durante a estadia, o navio é repintado e limpo e recebe o reforço de 200 homens. Uma ida em grande pompa ao Rio de Janeiro se prepara. O encouraçado recebe o almirante da Marinha, Alexandrino de Alencar, assim como o novo presidente da República, o Marechal Hermes da Fonseca, os senadores Pinheiro Machado e Victorino Monteiro. O Minas chega ao Rio de Janeiro em 17 de abril de 1910, acontecimento festejado por uma parte da população da cidade que vai até o porto para celebrar a chegada do "gigante do mar", como vimos no primeiro capítulo.

Comer e beber na Marinha de guerra: as tabelas dos oficiais para o rancho dos marujos

No romance naturalista do final do século XIX do ex-oficial Aldolfo Caminha, *Bom Crioulo*, uma passagem faz referência às condições de vida e alimentação na Armada. Segundo o texto, o protagonista, o ex-escravizado Amaro que tinha se tornado marinheiro, não podia reclamar da comida a bordo, que seria bem melhor do que nas fazendas:

> A disciplina militar, como todos os seus excessos, não se comparava ao penoso trabalho da fazenda, ao regímen terrível do tronco e do chicote. Havia muita diferença... Ali ao menos, na fortaleza, ele tinha sua maca, seu travesseiro, sua roupa limpa, e comia bem, a fartar, como qualquer pessoa, hoje boa carne cozida, amanhã suculenta feijoada, e, às sextas-feiras, um bacalhauzinho com pimenta e 'sangue de Cristo'.[7]

Uma análise da documentação oficial nos permite pensar em diferentes nuances sobre o regime alimentar da Marinha na virada do século XIX e no início do século XX. Os costumes alimentares se transformam igualmente com a modernização da Marinha. Em 1890, uma nova tabela alimentar para o pessoal

---

[7] CAMINHA [1895], 2002.

da Armada é estabelecida. Previam-se três refeições por dia: o almoço, o jantar e a ceia, mas o comandante do navio podia resolver servir um café suplementar em caso de excesso de trabalho ou frio.

As quantidades previstas de alguns ingredientes não mudavam se o navio se encontrava no porto ou em alto-mar – como o arroz, a batata, a farinha de mandioca, o feijão, o sal e a manteiga. Porém, para outros produtos, essas mesmas quantidades podiam ser aumentadas nos períodos de deslocamento – como o bacalhau, o açúcar e o café. Novos alimentos eram introduzidos nas viagens – como biscoitos, cebola, os chamados *pickles*, os legumes secos. A carne fresca era substituída pela carne em conserva ou pela carne seca, legumes e frutas frescas por legumes secos. Mas uma nota dizia que o comandante, quando possível, devia fornecer mais legumes e carnes frescos nas escalas e nas partidas dos portos, para "consolo da guarnição nos primeiros dias de viagem".[8] Da mesma forma, o comandante podia aumentar 20% da ração cotidiana durante as estações frias, com exceção das bebidas alcoólicas.

A principal preocupação desse regime era a boa nutrição da tripulação e a prevenção de doenças conhecidas, como o escorbuto, patologia provocada pela deficiência de vitamina C e recorrente nas viagens marítimas, cujas causas somente foram descobertas no início do século XIX.[9] Por essa razão, são servidos sucos de furta e, na falta deles, ácido cítrico.

Esse regime é criticado alguns anos mais tarde. Seguindo o exemplo das Marinhas dos ditos "países mais avançados", como a França, a Inglaterra, a Alemanha, a Áustria ou os Estados Unidos, no ponto de vista dos oficiais, uma comissão é organizada em fevereiro de 1903 para propor mudanças na alimentação da Marinha brasileira. O almoço deveria, a partir de então, ser servido às 8h, o jantar às 12h e a ceia às 17h30 durante o inverno e às 18h nas outras

---

[8] *RMM*, 1891, anexos, p. 12.
[9] O escorbuto foi durante muito tempo conhecido como a peste dos mares. Essa avitaminose C deve-se a uma carência de alimentos frescos, sobretudo de frutas e legumes. Os primeiros sinais do escorbuto aparecem, para o marinheiro, a partir do segundo mês de mar sem escalas de abastecimento. A doença se caracteriza inicialmente por astenia e perda de peso, seguidas de congestão das gengivas que sangram, levando à perda dos dentes. Como se dizia na época, "o mundo dos marujos foi durante muito tempo um mundo banguela" (J. Meyer). Aparecem, em seguida, as lesões cutâneas dolorosas e o enfraquecimento do tecido muscular, sobretudo dos membros inferiores. A pele escurece e chega a um estado de necrose. Enfim, os sintomas gerais (dificuldade respiratória e hemorragia do nariz e da boca) levam ao falecimento. Durante muito tempo se desconheciam as causas do escorbuto. A ingestão de frutas frescas era conhecida no combate à doença, o que explica seu consumo voraz nas escalas, mas somente com Nelson, o limão passa a ser reconhecido como realmente antiescorbútico (VERGE-FRANCESCHI, 2002, p. 1314-1315).

estações. Além disso, a partir de agora, o almoço deveria ser composto de pão, manteiga e café, enquanto a carne e os legumes deveriam ser servidos no jantar e na ceia. Essas mudanças favoreceriam um maior intervalo entre as refeições e visavam à constituição de uma tripulação "melhor alimentada ao longo do dia".

Mas essa mudança se explica também por outros fatores. Primeiramente, o tempo de abastecimento dos navios e de preparação dos alimentos. A comissão expunha no seu relatório, publicado nos anexos do Relatório do Ministro da Marinha de 1903, que a carne seca nunca chegava antes das 7h30 e que o serviço não podia, assim, começar antes das 8h. Além disso, garantir um maior intervalo entre o jantar e a ceia permitia a retomada de uma antiga prática: os banhos de mar, como vemos na seguinte passagem do mesmo documento:

> Poderá ser restabelecido, antes da última refeição, o antigo costume dos banhos salgados de natação, praxe da Marinha de outros tempos, que sempre influiu beneficamente na saúde das guarnições e que presentemente está em completo olvido. Os banhos salgados de natação antes da ceia, são aconselhados pelos higienistas navais e postos em prática nos respectivos navios de guerra, especialmente nas estações calmosas. Estas abluções são um preservativo valioso contra as enfermidades infectuosas, elas tonificam o organismo, regularizam as funções cutâneas e restringem o campo da evolução microbiana.

No Rio de Janeiro, o hábito de ir à praia e dos banhos de mar começa a aparecer no contexto a partir das recomendações médicas e de uma "nova moda" presente nos textos e fotos veiculados pela imprensa. É o início de uma nova preocupação com o corpo. Os reclames e a publicidade da época publicam cada vez mais chamadas sobre os "milagres dos diferentes tônicos e remédios" e os médicos defendem a importância de banhos de água salgada e do ar da montanha nos tratamentos. Os relatórios dos ministros da Marinha seguem com frequência as sugestões do pensamento higienista, o que justifica que às vezes a modernização pudesse retomar práticas do passado.

Com relação aos outros elementos do "rancho do pessoal", a comissão sugere o aumento da quantidade de pão, lamentando ao mesmo tempo que o pão branco tenha substituído o pão escuro, como diziam na mesma fonte:

"Avultado número de notáveis higienistas tem protestado contra estas exigências do paladar que vão sendo nocivas à nutrição da humanidade, muitos acreditam que a decadência física da raça francesa é devida principalmente ao abuso da alimentação pelo pão de trigo branco ou sem farelo e pelo abuso do absinto".

Os costumes alimentares de outras nações, povos ou "raças nacionais", segundo a expressão da época, eram frequentemente evocados nos textos dos oficiais, mas as realidades nacionais e locais não eram, contudo, ignoradas. O café era, assim, considerado um alimento indispensável, utilizado "em quase todas as Marinhas do mundo" e particularmente apreciado no Brasil. Nos termos do relatório da comissão: "[O café] constitui uma bebida imprescindível aos nossos marinheiros, desperta-lhes a energia orgânica entorpecida pela elevada temperatura do clima intertropical, satisfaz-lhes o paladar e está nos hábitos da quase unanimidade da população brasileira".

Não se pode esquecer que o café era o primeiro produto de exportação do Brasil na época. Uma boa quantidade do produto se fazia, portanto, interessante do ponto de vista das tradições da população brasileira, mas também no que diz respeito aos interesses comerciais. Outro alimento nacional indispensável na Marinha era o açúcar. A ração de açúcar devia ser 180 g para cada marinheiro por dia. O terceiro produto brasileiro na tabela da alimentação da Marinha era a carne bovina. Todavia, um consumo excessivo de carne passa a ser questionado. Segundo as crenças da época, o consumo exclusivo de carne era acusado de provocar escorbuto. Além disso, era aconselhado, seguindo o exemplo da Marinha alemã, alternar entre carne de boi, carneiro e porco. A comissão propunha uma ração de 700 g de carne por dia para cada marinheiro.

Quanto ao feijão e à farinha de mandioca, a comissão constata que, ainda que fosse indicado alterná-los com outros gêneros de farinha ou com lentilha, ervilha e favas, por exemplo, era impossível substituir esses alimentos, indispensáveis no gosto e no hábito dos marujos:

> Esta farinha não é utilizada nas outras Marinhas, é alimentação indígena nossa; no entanto, apesar de sua fraqueza alimentar, é impossível privar as nossas guarnições do seu uso, tal é a força do hábito. O marinheiro não pode dispensá-la, ele a utiliza quer como pirão, quer

misturada com o feijão cozido ou com a carne ensopada. E já que não é possível impedir o uso da farinha de mandioca nas rações de bordo, a comissão propõe que seja alternada com a farinha de milho, a qual é muito mais substancial. (grifo meu)

O rancho proposto dependia, portanto, de três diferentes fatores: as observações higienistas inspiradas da experiência dos países vistos como "avançados", a facilidade de acesso a um produto no Brasil, e os hábitos e A resistência dos marujos brasileiros. De acordo com esse espírito, alguns ingredientes, como o café, podiam tanto serem utilizados em grandes quantidades quanto serem substituídos por outros produtos locais. O mate, apreciado nas "Repúblicas espanholas e no sul do Brasil", podia, em algumas circunstâncias, representar uma alternativa ao café como bebida aromatizada.

As bebidas aromatizadas deviam ser preferidas às alcoólicas. A comissão propõe rever a quantidade de vinho, até mesmo porque o vinho experimentado a bordo era de péssima qualidade: "tudo se tem fornecido para bordo, menos vinho puro de uva. São beberagens azedas, misturas mais extravagantes de drogas, muitas vezes tóxicas, perturbadoras das funções gastrointestinais, adicionadas de álcool impuro".

O vinho não deveria, no entanto, ser substituído por cachaça. Ainda que a cachaça fosse um produto nacional, ela era malvista pela comissão, que acusava o vinho de má qualidade servido a bordo de ter alto teor de aguardente. A alternativa deveria ser o café, a exemplo da Marinha dos Estados Unidos, que já tinha substituído o vinho pelo café.

Quanto ao rancho em alto-mar, a comissão observa que a carne seca deveria ser substituída pelo charque produzido no sul do Brasil, da mesma forma que o bacalhau salgado, servido todas as sextas-feiras, poderia ser substituído por peixe fresco ou sardinhas enlatadas, como na Marinha francesa. Porém, no que diz respeito à carne em conserva, o grupo de oficiais registra a resistência dos marujos: "A comissão reconhece que seria muito difícil privar as nossas guarnições da carne seca em viagem, à qual estão habituadas desde a infância; porém, pode-se adotar um meio termo: as carnes conservadas serão distribuídas em dias alternados com a carne seca". Um fato similar acontecia com os chamados *pickles* ou "conservas inglesas", que deveriam ser retirados das rações a bordo uma vez que "as nossas guarnições recusam geralmente as conservas inglesas [...]. quase toda a ração é desprezada e atirada ao mar".

Porém, apesar da existência desses regimes, não se pode assegurar que os ranchos servidos correspondiam à qualidade e à quantidade previstas. Sabe-se que tais tabelas podiam ser modificadas segundo a apreciação do comandante ou do cirurgião a bordo. Além disso, a existência e permanência de doenças provocadas pela má nutrição, como o beribéri – doença causada pela carência de vitamina B1 – nos leva a pensar que a alimentação dos marujos podia ser bastante deficiente.

Corpos em sofrimento: a saúde dos marujos nacionais

Além da alimentação, os diferentes ministros da Marinha revelam uma preocupação particular com as doenças frequentes dos marujos, como a tuberculose e o beribéri. O Relatório do Ministro Custódio de Mello de 1892 registra 22 casos de febre amarela e 346 casos de beribéri ou de tuberculose no mesmo ano.

O beribéri, causado pelo déficit em vitamina B1 (tiamina), era comum nas Marinhas do mundo. O nome da doença se deriva da palavra "cansado" (*biri* em srilanquês) e seus principais sintomas são as dificuldades motoras do sistema motor ou sensitivo, podendo causar a paralisia muscular (beribéri seco) ou insuficiência cardíaca e perda da sensibilidade do tato (beribéri úmido).[10] Vários casos são conhecidos nas Marinhas mundiais, sobretudo nos países asiáticos, com maior ocorrência na população acostumada a comer arroz branco, enquanto nos meios onde se comia o arroz integral os casos eram menos frequentes. O beribéri também se caracteriza por ocorrer com mais frequência em populações presas em instituições, como presídios, asilos, hospitais, exércitos e vasos de guerra, onde a alimentação podia ser mais deficiente, mas também em pessoas alcoólatras. No Brasil, a doença foi considerada endêmica em Minas Gerais, São Paulo e Bahia no fim do século XIX e presente também nas populações escravizadas.[11]

No final do século XIX e no início do XX, não se conheciam ainda as causas da doença, mesmo se já se conheciam os efeitos benéficos de um regime

---

[10] CAPANEMA, 2012.
[11] CARVALHO; JACOBINA, 2001.

alimentar equilibrado. As verdadeiras causas da doença somente começarão a serem entendidas a partir de 1907, após a publicação de um estudo em um hospício em Kuala Lumpur que coloca em evidência a relação entre a alimentação e a doença, mas somente em 1933 é descoberta a existência da vitamina B1. Assim, no relatório da comissão encarregada de rever a alimentação em 1903, era aconselhado o consumo de uma maior quantidade de legumes e rejeitava-se uma alimentação tendo como base exclusiva o arroz, mas as condições de higiene e de instalação ainda eram apontadas como as principais razões das doenças. Em 1897, o número de pacientes com beribéri chega a 586, para uma taxa de mortalidade de 22%. O ministro Manoel José Alves Barbosa escreve no RMM do mesmo ano:

> A tal ponto tem o beribéri se apoderado da saúde do pessoal da nossa Marinha, que reputo de caráter urgentíssimo e dignas da maior solicitude por parte do governo as providências tendentes a atenuar aquele mal. As estatísticas mostram que, além da influência de outros agentes mórbidos, a propagação dessa caprichosa enfermidade, mais facilmente, se faz nos navios cujas disposições internas dão lugar a uma aeração incompleta e onde a luz solar não pode livremente propagar-se. [...] Cumpre recorrer a medidas de precaução, tais como: mudança periódica do pessoal, escrupuloso asseio, boa nutrição e um regime apropriado de exercícios físicos e convenientes distrações.

Alguns anos antes, um aviso publicado em 22 de fevereiro de 1890 autorizava a instalação de uma enfermaria no hospital de Copacabana destinada exclusivamente ao tratamento do beribéri. As condições desse hospital eram, contudo, criticadas, como escreve o Relatório do Ministro da Marinha de 1898, pois era longe dos "banhos de mar" e do sol, situado em um morro e em um ambiente quente e úmido, reunindo, segundo o texto e sem estabelecer relação com a alimentação, as "condições propícias para o desenvolvimento do beribéri". Os números de óbitos no hospital de Copacabana não são irrisórios: em 1896, foram 101 falecimentos (26,98% dos pacientes), em 1897, 133 pessoas morreram (22,6% dos pacientes) e, em 1898, contavam-se 103 óbitos (20% dos pacientes). Entre 1890 e 1898, 468 pessoas faleceram no hospital em razão do beribéri, ou seja, 54 óbitos em média por ano, segundo a mesma fonte.

No entanto, as condições de higiene criticáveis e as más instalações não eram uma exclusividade dos hospitais e das enfermarias. Os navios de guerra também eram acusados de favorecer o contágio e o desenvolvimento de certas doenças, bem como os lugares frequentados pelos marujos em terra firme. Assim, no Relatório de 1901 (RMM), o ministro J. Pinto da Luz afirma:

> O progresso rápido da arte de guerra tem obrigado a sacrificar as condições de higiene nas modernas construções, de modo a tirar o maior proveito em benefício de suas condições de combate [...] Além da luz e do ar, que em não poucos navios estão longe de ser fornecidos em quantidade, há ainda a insalubridade, devida à umidade, ao calor e à aglomeração de pessoal. Diversas têm sido as moléstias de que são vitimados os nossos marinheiros, sobressaindo dentre elas a tuberculose e o beribéri, produzindo a primeira mais estragos que a segunda. Entre essas medidas houve a de proibir as praças de pernoitarem em terra, pela razão de escolherem, de preferência, para dormirem, os lugares reputados como os mais insalubres desta Capital.

Alguns anos mais tarde, em seu relatório de 1905, o ministro Júlio César de Noronha muda de discurso com relação ao hospital de Copacabana. De precária, malsituada e mal-equipada, a enfermaria passa a ser vista como correta, "correspondendo aos objetivos de sua criação". As taxas de mortalidade, segundo o documento, são de 1% (cinco pessoas falecem de beribéri, entre as quais três já tinham chegado ao hospital em estado grave). Um ano mais tarde, essa enfermaria perde seu estatuto de "hospital para paciente de beribéri" e torna-se uma sucursal do Hospital Central para onde são transferidos os excedentes de pacientes da Marinha.[12]

As doenças dos marujos em 1909

Em 1909, um ano antes da chegada dos modernos navios de guerra e da revolta dos marujos, um quadro anexo ao relatório do ministro Alexandrino Faria de Alencar apresenta um balanço de todas as hospitalizações do Corpo de Marinheiros Nacionais para aquele ano:

---

[12] RMM, 1907, p. 56.

Quadro 1: Lista das principais patologias tratadas em 1909
(por ordem decrescente)

Patologia	Total de pacientes (ordem decrescente)
Feridas	1537
Reumatismo	1181
Bronquite	1024
Machucados	809
Cânceres venéreos	779
Sarna	763
Blenorragia	666
Ausência de transpiração	627
Gripe	434
Fístulas	427
Adenites inguinais	394
Anginas	317
Mal-estar gastro-febril	308
Eczemas	277
Gânglios	251
Nevralgia facial	206
Lombalgia	185
Úlcera	180
Beribéri	152
Erisipela	145
Orquiepididimite	144
Erupção sifílica	143
Paludismo	140
Otite	122
Anemia	108
Traumatismo	94
Sífilis	89
Linfatismo	83
Orquite	83
Hepatite	63
Icterícia	60
Otorreia	42
Conjuntivites	39
Laringite	37
Pneumonia	33
Escrófula	33

Patologia	Total de pacientes (ordem decrescente)
Fraturas	26
Estiramento	26
Varicela	20
Epilepsia	18
Retite	15
Condilomas	12
Bronquites asmáticas	11
Furúnculo	10
Fluxo intestinal	9
Balanite	7
Hemorroidas	6
Hérnia	3
Ozena	2
Tuberculose	2
Luxação	2
Arteriosclerose	1
Varicocele	0
Total de patologias registradas	12 145

Fonte: Adaptado do RMM, 1908, A-298-300.

A primeira conclusão após a leitura dos dados do quadro acima é que havia um significativo número de patologias tratadas em um dos hospitais da Marinha em 1909: um total de 12 145 ocorrências e 54 doenças diferentes. Os números são ainda mais representativos quando comparados aos efetivos da Marinha e à média de idade dos corpos da Armada. Lembremos que o Corpo de Marinheiros Nacionais era composto de 4 097 homens em 1909 e que a maior parte deles tinha entre 17 e 22 anos (74%, como indicado no terceiro capítulo).

É interessante notar que uma grande parte das doenças dos marinheiros brasileiros em 1909 eram frequentes nas épocas anteriores. Patologias como paludismo, reumatismos, doenças pulmonares (como a bronquite), sarna, sífilis e blenorragia eram comuns também na Marinha francesa e em outras, a título de comparação, do Antigo Regime. As causas dessas doenças eram com frequência a falta de higiene, de água potável, deficiências alimentares, a umidade dos vasos de guerra e os contatos estabelecidos nas escalas, que contribuíam para as doenças venéreas e infecciosas, bem como para a disseminação de patologias entre diferentes continentes.[13]

Se os casos de beribéri parecem ser menos expressivos que durante a década de 1890, ainda eram presentes: registram-se 152 pacientes e uma morte no Corpo de Marinheiros Nacionais.[14] A desnutrição também pode ser sentida nos 108 casos de anemia. Entre as doenças infecciosas conhecidas na época, havia 140 casos de paludismo[15], e somente dois casos de tuberculose são registrados, mas devemos relativizar esses números, pois alguns diagnósticos podiam não ser precisos e alguns casos serem indicados como outras doenças, como os casos de escrófulas (33 pacientes), infecção de gânglios linfáticos superficiais, em particular no pescoço, que são associados à tuberculose (pelo menos 251 casos). Outras doenças infecciosas, como bronquites, gripes, anginas, alguns casos de gastroenterite, gânglios, otites, pneumonias, conjuntivites, etc., são responsáveis por aproximadamente 3 000 registros de pacientes nesse hospital da Marinha. A totalidade de casos de doenças infecciosas chega a 5 726, ou seja, 47,15% do total.

Além disso, dois outros dados merecem nossa atenção, apesar do silêncio dos relatórios dos ministros da Marinha: o grande número de ferimentos e os diferentes casos de doenças venéreas. Podem-se contabilizar 2 653 casos de ferimentos, machucados, feridas, contusões, luxações e traumatismos, o que corresponde a 21,84% – quase ¼ – das hospitalizações. Essas ocorrências podiam estar relacionadas aos acidentes de trabalho, a brigas, agressões e castigos corporais. Quanto às doenças sexualmente transmissíveis, entre as quais cânceres venéreos, há alguns casos de sarna, blenorragias, adenites inguinais, sífilis, orquite, entre outras, alcançando um total de 1 711 ou 29,88% das patologias registradas no ano. Esse número importante chama nossa atenção para outro elemento da vida cotidiana dos marujos: a sexualidade.

---

[13] ROMIEUX, 1996.
[14] Em 1908, o relatório do ministro Alexandrino Faria de Alencar registra que as doenças mais comuns na enfermaria de Copacabana eram o beribéri – causa de 43% das entradas – e a tuberculose, que representava 8,3% das hospitalizações nesse ano (RMM, 1908, p. 91).
[15] Sobre a febre amarela, uma campanha de erradicação dessa doença através do combate contra os nichos de reprodução dos mosquitos hospedeiros nas grandes cidades é liderada pelo médico sanitarista Osvaldo Cruz a partir de 1903. Ela desaparece do Rio por um período, mas novas epidemias retornam no final dos anos 1920 (BENCHIMOL, 1994). É preciso dizer também que, por trás do termo "mal-estar gastro-febril" podiam também estar escondidos casos de febre amarela. Esse termo era usado como eufemismo para esconder casos da doença e evitar denegrir a imagem de uma região ou cidade onde a doença estava presente. Cf: *Revista Medicina Tropical*, n. 29, 1999.

Sodomia, prostituição e poder: a vida sexual dos marujos e homens do mar

No imaginário coletivo há diversas alusões ao homossexualismo no meio marujo. Em 1885, o ex-oficial da Marinha e escritor Adolfo Caminha publica um romance naturalista sobre as relações amorosas entre dois marinheiros. O livro é intitulado *Bom Crioulo,* o codinome do protagonista, o marujo de segunda classe Amaro, escravizado em fuga que se alista na Marinha em busca de liberdade.

O romance apresenta diversos elementos frequentes no imaginário marítimo da época, e muitas vezes realidades: o alistamento de negros escravizados em busca de liberdade, os castigos corporais, as brigas entre marujos, as relações interraciais, a violência da hierarquia, as relações de proteção entre marujos e a presença de relações homossexuais, ocasionais ou não, chamadas de "pederastia" na linguagem da época.[16] Amaro, o "Bom Crioulo", marujo de 30 anos, se apaixona por um grumete, Aleixo, belo jovem, loiro de olhos azuis, "muito querido por todos e de quem diziam-se 'cousas'"[17] e torna-se seu protetor. Essa relação muda o caráter de Amaro: de "bom crioulo" ele se transforma em brigão, agressivo, se intrometendo em disputas para defender Aleixo e se ausentando do serviço para ficar com seu amante. Amaro aluga um quarto numa pensão para passar tempo com seu amante no Rio, mas Aleixo está raramente de folga e é transferido para outro navio de guerra, um encouraçado mais moderno, e é, portanto, separado do grumete. Amaro, apaixonado, não é correspondido por Aleixo, que somente lhe manifesta gratidão pela proteção. Amaro passa a beber e se torna insolente; ele é enviado a um hospital-prisão. Aleixo fica sozinho no Rio e se torna amante da proprietária da pensão, a senhora Carolina, uma portuguesa e ex-prostituta. Amaro, ao descobrir a relação, é tomado por um ataque de ciúmes. Ele foge da prisão e mata Aleixo com golpes de canivete na presença indiferente da multidão no centro do Rio.

Esse romance naturalista incomodou tanto o meio militar quanto a crítica literária da época. Somente mais tarde, depois dos anos de 1940, será reconhecido

---

[16] Os termos utilizados no meio militar na época eram "pederastia", "libido" ou "sodomia" (BEATTIE, 2005).
[17] CAMINHA, 2002, p. 17.

como uma obra de referência do naturalismo brasileiro, uma das primeiras obras literárias do país que trata abertamente das relações homossexuais.[18] O próprio Adolfo Caminha, escritor cearense, era considerado uma figura polêmica na época. Após obter seu diploma da Escola Naval em 1886 aos 19 anos, ele viaja como guarda-marinha durante quase um ano a bordo do *scout* Almirante Barroso. Durante a viagem, ele escreve um diário no qual relata suas impressões dos portos e escalas visitados, sobretudo das cidades de Nova Orleans e Nova Iorque. Seu diário é publicado como folhetim no jornal *Diário de Fortaleza* em 1890 e dá origem ao livro *No País dos Ianques*, publicado em 1894. A narrativa era de verdadeira fascinação pelos Estados Unidos e pela "raça" norte-americana, de acordo com suas palavras. Adolfo Caminha era abertamente republicano e se posicionava contra os castigos corporais na Marinha. Mas sua relação amorosa com a mulher de um oficial do Exército acaba afastando-o da Armada. Ele morre em 1897, vítima de tuberculose, antes mesmo de completar 30 anos.[19]

O argumento sobre as relações de proteção e de homossexualismo na Marinha também estava presente em outros estudos da época. Gilberto Freyre, em seu livro sobre as contradições da República oligárquica brasileira, *Ordem e progresso*, escreve sobre os marujos e fuzileiros navais brasileiros, a partir de testemunhos. Seu trabalho é repleto de generalizações, de analogias e de interpretações livres:

> O francês Padre Burnichon assistiria a desfiles militares nas ruas do Rio de Janeiro; e notaria o garbo dos fuzileiros navais e dos marinheiros: um garbo talvez superior ao dos soldados do Exército. [...] Talvez fosse na disciplina e devido ao fato de nela ter se prolongado o uso da chibata disciplinar, de extraordinário valor simbólico, e não apenas efetivo, para rapazes mal saídos do regímen de trabalho escravo; ou das tradições africanas de justiça ou de governo tribal. O certo era que esses rapazes se apresentavam sob melhor aspecto militar – esteticamente militar – que os soldados; e entre eles os próprios oficiais inferiores – em geral homens de cor – caprichavam em cuidadosamente iniciar os rapazes, à maneira de irmãos mais

---

[18] RODRIGUES, 2008.
[19] AZEVEDO, 1999.

velhos em relação com os mais moços, nas tradições de garbo, de elegância, de disciplina do marinheiro nacional. [...] Entre estes e os oficiais inferiores, sabe-se ter havido, como, aliás, noutras Marinhas e noutros Exércitos da época, algum homossexualismo: de alguns oficiais inferiores se sabe que, sob a denominação de "cônegos", desfrutavam de especial prestígio entre alguns dos jovens marujos por qualidades socráticas ou platônicas que faziam deles, irmãos mais velhos, indivíduos ouvidos com particular respeito pelos iniciandos. Há quem pense terem sido esses "cônegos" valioso ponto de apoio à revolta de João Cândido contra os oficiais superiores [...] É possível que nesse movimento os "cônegos" tenham-se comportado como protetores dos noviços dos quais alguns talvez se considerassem, por possível sublimação de sentimentos homossexuais acentuados pela solidariedade da cor e da origem social, protetores e substitutos de pais, de tios ou de irmãos mais velhos.[20]

O *Código Penal da Armada* de 1891 faz alusão às relações homossexuais em seu título V sobre os "crimes contra a honestidade e os bons costumes" (ver artigo 148). Sobre os crimes de libido e suas devidas punições, era prevista uma pena de um a quatro anos de prisão com trabalho em casos de agressão sexual ou em caso de ato sexual "contra a natureza", quer dizer, relações entre pessoas do mesmo sexo. Além disso, as vítimas mais jovens, menores de 16 anos e pessoas que foram privadas acidentalmente de sua razão – o que significava dizer vítimas de agressão ou alcoolizados – eram particularmente protegidas, enquanto os acusados deviam ser punidos mais severamente. Os casos de relações sexuais não consentidas ou "contrárias à natureza" podiam ser considerados como "crimes com violência".[21] Visava-se, assim, dar uma resposta a práticas existentes na Marinha, mas que deviam, segundo a lógica de pensamento das autoridades da época, ser punidas.

O historiador especialista do exército brasileiro, Peter Beattie, estudou os processos do Tribunal Superior Militar contendo acusações de sodomia

---

[20] FREYRE, 2000, p. 140.
[21] BRASIL, *Código Penal da Armada dos Estados Unidos do Brasil*, 1891, título V.

entre 1861 e 1908.²² Seu estudo revela que a pena máxima do Código Penal do Exército e da Marinha em 1891 era raramente aplicada. A pena prevista era bastante severa (quatro anos de prisão com trabalho forçado), mas os acusados ficavam frequentemente menos de dois anos presos e podiam ser liberados por falta de provas. Os processos não eram muito numerosos em razão da vergonha e do medo que podiam sentir as vítimas. Os crimes envolviam, com frequência, marinheiros de idade e de graus diferentes e as relações de proteção eram demonstradas. Este é o caso, por exemplo, do sargento Gabriel Coutinho do Brasil, acusado em 1884 de ser amante do soldado José Teotônio de Oliveira. O acusado é liberado por falta de provas, mas seu caso ilustra as relações entre um militar mais maduro e superior na hierarquia e um soldado ordinário mais jovem. Outro exemplo é o de Honório Hermeto Carneiro Leão, que tinha 20 anos, e José Moreira da Cunha, de 15 anos, surpreendidos no hospital da Marinha praticando "atos imorais". No processo, Honório é reconhecido como ativo, enquanto José, passivo. Ambos são condenados a seis meses de prisão.

No meio militar, por trás da vontade de punir "crimes" de "sodomia" ou até mesmo a "masturbação", considerados como "contrários à natureza" na mentalidade higienista da época, havia também a intenção de "regenerar a imagem" dessas instituições, a Marinha e o Exército. Nesse contexto, era preciso reforçar a ideia de homem viril e a pederastia era usada para acusar os inimigos. Entretanto, a figura do militar, do soldado, do guerreiro, colabora para construir, apesar da perseguição das autoridades marciais, a possibilidade da existência de um imaginário do "pederasta viril", que se opõe à visão consagrada do homossexual afeminado.²³

Havia também ocorrências de violência sexual contra mulheres, como no caso do soldado naval José de Oliveira que, em 1905, utiliza um falso documento para capturar um colega desertor e, assim, poder abusar sexualmente de sua esposa enquanto o colega estava detido na prisão.²⁴ Outro caso, ocorrido no mesmo ano, é o do marujo Raimundo Rodrigues da Silva, que é preso por ter

---
²² BEATTIE, 2005.
²³ REVENIN, 2005. As histórias de amor entre homens também estão presentes na literatura sobre outras Marinhas do mundo.
²⁴ NASCIMENTO, 2002, p. 330.

"desonrado" a menor Regina Rita da Silva. O estuprador é obrigado a se casar com a vítima pelas autoridades policiais, que pedem, assim, a autorização da Marinha.[25] Contudo, o estudo dos processos criminais não pode nos conduzir a uma ideia de violência desmedida do meio subalterno da Marinha. Temos de estar atentos para o fato que os arquivos judiciais são fontes importantes, mas não registram muitas dimensões da sociedade. Muitas histórias de amor, de cotidiano, de relações de amizades, casamentos, nascimentos, não aparecem nem nas fontes da Marinha nem nos documentos judiciais. Não se pode concluir que a sexualidade dos marujos e fuzileiros se resumiam a essas situações presentes nos arquivos, narrativas e testemunhos judiciais.

Vários outros testemunhos sobre a vida sexual dos marujos relatam a importância da presença dos prostíbulos nas escalas das viagens, nos bairros populares. Se as relações com mulheres não eram punidas pela Marinha de guerra, havia uma preocupação com a transmissão das doenças venéreas, muito comuns no contexto, como vemos no Quadro 1. Assim, os oficiais viam com olhos suspeitos a frequentação de casas de prostituição pelos marinheiros, mesmo se, como vários relatos demonstram, eles próprios estabeleciam relações com mulheres nas escalas, com mulheres dos bordéis dos portos, em bairros mais nobres ou namoravam nativas, como relata o próprio Adolfo Caminha em seu jornal.

O corpo do militar, o corpo masculino: maturidade, hierarquia e posição social "através do bigode"

A sexualidade dos marinheiros e dos soldados revela também outro elemento importante constitutivo do militar: a masculinidade. Uma masculinidade construída, vivida, concretizada pelas ações e marcada nos corpos. A Marinha brasileira do início do século XX reunia muitos homens jovens e solteiros, que viviam na instituição um momento de passagem entre a vida de criança ou adolescente e a vida de homem adulto. Solteiros nos tempos de marujo, muitos se casarão e constituirão uma família depois de deixarem a

---

[25] NASCIMENTO, 2002, p. 330-331.

Marinha. Este é o caso do marujo João Cândido, que se casa três vezes e tem 11 filhos, bem como Adalberto Ferreira Ribas, que, depois da revolta de 1910, se muda para Santa Catarina e depois para o Nordeste, onde constitui família e filhos, como veremos nos capítulos seguintes.

Mas tornar-se ou ser um homem na Marinha era algo que se concretizava através de alguns rituais ou hábitos reproduzidos e compartilhados. O jogo, o álcool, o tabaco, as brigas, a frequentação de prostíbulos ou até mesmo as insurreições e a insubmissão podiam ser gestos de manifestação ou de reafirmação de uma virilidade masculina. A historiadora Arlette Farge, nesse sentido, nos propõe interpretar também a linguagem dos corpos: "Habituados como estamos a tratar as multidões populares como um excesso infeliz, não sabemos mais construir a história social de todos esses indivíduos reunidos, cujos corpos são o principal suporte e muitas vezes produzem linguagem".[26] Assim, outros signos físicos, como o bigode e a barba, devem ser compreendidos como marcas de masculinidade. No contexto estudado, ter uma barba ou um bigode significa, por um lado, a chegada à idade adulta e, por outro lado, ser reconhecido e confirmado em sua condição de homem.[27]

Além disso, o bigode podia ter um significado particular na instituição militar e ser um signo distintivo reservado. A título de exemplo, é interessante conhecer a experiência das Forças Armadas na França. No Exército francês do século XVII, o uso do bigode somente era permitido aos oficiais e aos regimentos de mais alto escalão. Já no século XIX, essa tendência é invertida e o bigode se banaliza no meio dos soldados subalternos, enquanto os oficiais mais importantes o abandonam. Assim, se o bigode era considerado um atributo dos militares por excelência, seu uso é desaconselhado no meio dos oficiais mais próximos do poder no Primeiro Império (período de Napoleão Bonaparte), mas também um pouco mais tarde. Em 1832, o bigode é, enfim, autorizado a todos os militares, exceto para os oficiais não combatentes, como os oficiais de saúde e os empregados pelas administrações, até 1868, o que estabelecia uma verdadeira linha de demarcação corporal entre os "verdadeiros" e "falsos" militares. Os pelos

---
[26] FARGE, 2007, p. 119.
[27] Ver também: SOHN, 2009.

do buço são, portanto, um signo de masculinidade e de prestígio reservado aos militares; uma forma simbólica de compensação pelos seus serviços. Nesse contexto, o uso do bigode servia também para distinguir o mundo militar do mundo "burguês". Progressivamente, o uso do bigode será difundido também no mundo civil, como uma moda, respeitando os seguintes valores: afirmação da masculinidade, identificação com a idade adulta e reforço da identidade militar. De tal forma que, no início do século XX, o bigode se torna o signo de reconhecimento dos soldados da Primeira Guerra Mundial, que são chamados na França de "poilus" (peludos), sendo quase uma unanimidade no meio dos soldados e civis alistados.

A "moda" do bigode é de tal forma difundida no início do século XX na Europa que surge como elemento de reivindicação popular. Os garçons de cafés de Paris de 1907 formulavam as seguintes demandas: jornada de trabalho de oito horas, pagamentos fixos e não somente com base nas gorjetas, um dia de folga semanal, a possibilidade de se organizarem em sindicatos e a autorização para portarem um bigode![28]. Poder seguir uma estética que seduzia as mulheres da época era também uma forma de reivindicação por igualdade entre homens e liberdade de escolha.

Na Marinha do Brasil, em 1908, de acordo com os dados do GIA, uma parte significativa dos marujos possuía um bigode, como vemos no quadro abaixo:

Quadro 2: Dados de identificação dos marujos quanto ao uso do bigode

Tipo de bigode	Número de marinheiros	Porcentagem
Buço	112	44,80%
Imberbe	78	31,20%
Castanhos	20	8,00%
Sem informação	15	6,00%

---

[28] COLLOGHAN, Mathieu. La moustache pour tous ! *Le Monde Diplomatique*, agosto 2022, p. 14-15.

Pretos	9	3,60%
Pequeno (Pretos, castanhos ou ruivos)	7	2,80%
Sem bigode ou buço raspado	6	2,40%
Loiros	3	1,20%
Total	250	100,00%

Fonte: DPHDM, GIA, MN, L1, 1908.

A partir dessas informações, constatamos que a maior parte das pessoas identificadas tinham alguma forma de bigode, seja um buço (112 ou 44,8% dos indivíduos), seja um bigode mais visível e identificado por sua cor – castanho, preto ou loiro (32 marujos no total, ou 12,8%) – seja um bigode pequeno (7 sujeitos ou 2,8%). Por outro lado, em 15 casos não se faz menção alguma à existência de um bigode (6%), enquanto 6 marinheiros tinham o buço raspado (2,4%) e 78 eram identificados como "imberbes" (31,2%). Dessa forma, o uso de um bigode, ainda que de forma discreta (um buço, por exemplo), podia ter uma relação com a maturidade masculina. Entre os imberbes, quase todos, ou seja, 77 indivíduos ou 98,71%, tinham menos de 19 anos, enquanto entre os marujos que apresentavam um bigode bem visível e identificado pela cor, a maior parte, 29 homens num total de 32 (ou seja, 90,6%), tinham mais de 20 anos.

Ser bigodudo no Brasil dos anos de 1910

Essa relação entre a idade dos marujos e o uso do bigode parece ser uma realidade tanto na Marinha de guerra quanto na Marinha mercante. Numa fotografia publicada em um jornal da associação de marinheiros civis, *O Echo do Mar*, no dia 4 de dezembro de 1909, isso é evidenciado. O marinheiro mais jovem, à esquerda, não possui bigode, enquanto os dois mais velhos, à direita da imagem, apresentam bigodes bem visíveis. Não são casos isolados:

Figura 1: Fotografia de marinheiros civis – O Echo do Mar

Fonte: O Echo do Mar, ano I, número 21, 4/12/1909, p. 3

Todavia, um estudo iconográfico das fotografias e das imagens produzidas durante e após a revolta de 1910 nos indica outras hipóteses de análise. Numerosos marujos possuíam um bigode, mas não todos. A relação entre o uso do bigode e a idade do marujo é nítida, mas talvez este não seja o único elemento explicativo, como podemos ver na fotografia abaixo tirada em novembro de 1910 e publicada nos diferentes órgãos da imprensa brasileira:

Figura 2: Rebeldes no São Paulo (novembro de 1910)

Fonte: Correio da manhã, 28/11/1910, p. 1.

Essa fotografia representa marinheiros que estavam no comando do encouraçado São Paulo durante a rebelião. Dois marujos apresentam um bigode bem visível, entre os quais se pode identificar o cabo André Avelino, o terceiro da esquerda à direita na foto. Mas muitos são imberbes, como o caso do segunda classe Manoel Gregório do Nascimento, o quinto da esquerda para a direita. Os marujos sem bigode pronunciado podem ser mais jovens, como o primeiro homem à esquerda e os três primeiros à direita na fotografia, mesmo se não podemos afirmar com certeza. No entanto, sabemos que o marujo João Cândido, que contava 30 anos na época do levante, apresentava nitidamente um bigode, como se vê na foto abaixo:

Figura 3: Busto do marinheiro João Cândido em 1910

Fonte: Careta, 03/12/1910, p. 9.

Ora, é interessante observar que esse elemento deu origem a diferentes confusões. Diversas vezes, o cabo André Avelino que aparece na fotografia anterior (Figura 2) é identificado como sendo o líder João Cândido. A presença do bigode é o principal índice que leva a essas falsas identificações em estudos, exposições e publicações sobre a revolta.[29]

Zeelândia Cândido, a sexta filha do marujo João Cândido, conta que os oficiais da Marinha pediam a seu pai para tirar o bigode. Porém, ele preferia guardá-lo, uma vez que seu uso não era considerado "uma falta disciplinar".[30] Assim, para João Cândido e provavelmente outros, usar um bigode podia significar uma forma de afirmação pessoal diante de uma instituição de tendência totalizante.

É preciso fazer uma última observação com relação ao uso do bigode no meio militar e no universo masculino da época. Durante a década de 1910, a maior parte dos homens maduros, respeitáveis, notáveis e que pertenciam a uma classe social mais elevada usavam um bigode.[31] Este é o caso, por exemplo, do capitão Batista das Neves e do capitão e deputado José Carlos de Carvalho, como se vê nas fotografias de seus bustos publicadas na imprensa brasileira em 1910:

Figura 4: Comandante Batista das Neves

Figura 5: Capitão e deputado José Carlos de Carvalho

Fonte: O Malho, 03/12/1910, p.26

---

[29] Na capa do livro *João Cândido, o almirante negro* (MIS, 1999), a fotografia da edição coloca em evidência o cabo André Avelino como se fosse João Cândido, como bem observou o historiador Marco Morel. Essa confusão é reproduzida em museus e exposições.
[30] Entrevista de Zeelândia Candido com Silvia Capanema, em São João do Meriti, no dia 24/07/2002. Ver também sétimo capítulo.
[31] Freyre (2000) confirma nossas observações. Basta também olhar uma galeria de fotografias ou arquivos de imprensa que mostram políticos ou homens importantes da época para se confirmar essa "moda dos bigodes" nos meios de poder da época.

Fonte: O Malho, 03/12/1910, p. 29.

Contudo, entre as camadas populares e particularmente no meio dos marinheiros nacionais, o bigode aparece como um signo raro, sobretudo nas representações. Pode-se verificar essa ausência do bigode (ou o desenho de um bigode menos visível) em diversas caricaturas da revolta de 1910, apesar de o rosto de seu líder encontrar-se estampado em toda a imprensa na época. A caricatura abaixo é um exemplo dessas representações comuns. Enquanto o jornalista, que pertencia à sociedade respeitável, é representado com um bigode, o marinheiro, em oposição a ele, possui um buço raspado:

Figura 6: Uma publicidade com os marinheiros da revolta de 1910

Fonte: O Malho, 03/12/1910, p. 45.

Essa ilustração foi feita para uma propaganda dos relógios *Royal* ("sempre os primeiros"). Nesse exemplo de uso da revolta com finalidade publicitária, o marujo, representado sem bigode e com traços físicos grosseiros, se dirige a um jornalista branco, com um bigode claramente representado. Assim, o bigode podia ser não somente um signo de virilidade e masculinidade, mas também de distinção social e de hierarquia. Esse exemplo não é de forma alguma um caso isolado.

Não se pode esquecer que os bigodes eram também usados por outros grupos como um signo distintivo. Assim, no meio dos capoeiras do início do século XX, apresentar um bigode pequeno e costeletas era uma escolha frequente.[32] Mas essa visão hierarquizada e do bigode como símbolo de prestígio social era um elemento constante tanto do meio militar quanto na sociedade da época. Durante a Primeira República, uma figura comum na imprensa era o personagem do Zé Povo. Essa representação era com frequência caricaturada e simbolizava, para certos jornalistas, cronistas e ilustradores, a opinião do "brasileiro médio", dos excluídos da vida política e as classes populares mais desfavorecidas. Além de representá-los frequentemente com os pés descalços e com roupas rasgadas, os ilustradores os desenhavam imberbes.[33]

Esses corpos masculinos vistos e representados com desprezo e destituídos de singularidade eram, muitas vezes, alvos da violência física e dos castigos corporais nas instituições. Nesses momentos de confrontação, haverá, entretanto, espaço para formas da expressão de resistências, sobretudo quando mudanças no sistema de valores são sentidas, como veremos a seguir.

Corpos rebeldes: crimes e castigos na Marinha de guerra

No dia 21 de novembro de 1910, toda a tripulação do Minas Gerais, navio que se encontrava ancorado na baía da Guanabara, é reunida a bordo para assistir ao ritual do castigo do marinheiro Marcelino Rodrigues Menezes, que recebe entre 200 e 350 golpes de chibata conforme as ordens do comandante Batista das Neves.[34] O marujo desmaia durante o suplício e é admitido na enfermaria da Armada. O castigo, como sabemos, foi a gota d'água para a revolta do 22 de novembro do mesmo ano. Segundo o testemunho do deputado José Carlos de Carvalho, as costas do marujo após o castigo pareciam "uma tainha lanhada para ser salgada".[35]

Marcelino foi punido por ter agredido com um golpe de canivete o cabo de serviço Waldemar Rodrigues de Souza, que o tinha denunciado ao comandante

---

[32] DIAS, 2005, p. 278.
[33] Ver: SILVA, 1990.
[34] Há uma divergência nas fontes quanto ao número exato de chibatadas recebidas por Marcelino Rodrigues. Segundo o testemunho de João Cândido (MIS, 1999), o ex-marujo concorda com seu entrevistador, o historiador Hélio Silva, e afirma que Marcelino Rodrigues teria recebido 250 chibatadas, como escreve também o jornalista Edmar Morel (MOREL, 2009). No entanto, no *Correio da Manhã* do dia 26 de novembro de 1910, fala-se de um marujo castigado com 350 chibatadas. Marcelino Rodrigues atesta ter recebido 200 golpes de chibata numa entrevista publicada 42 anos mais tarde (*O Globo*, 04/10/1952).
[35] MOREL, 2009, p. 82.

do navio por ter entrado com uma garrafa de bebida alcoólica a bordo. No "Livro de Castigos" do Minas Gerais, é mencionado que o marujo tinha sido preso em flagrante delito por possuir uma garrafa de cachaça no navio.[36]

Sobre o instrumento utilizado para o castigo dos marinheiros, João Cândido explica em seu testemunho ao MIS em 1969, publicado em 1999: "Quando não eram as varas de marmelo, era uma corda intitulada corda de barca, e sempre os carrascos colocavam agulhas e pregos, preguinhos pequenos, na ponta cobertos...". João Cândido acrescenta, no mesmo testemunho, que no seu tempo os marujos eram chibatados pelas mínimas faltas.

Sobre o instrumento de punição, outro relato descreve que: "Na Marinha portuguesa, como depois na brasileira, para os marinheiros, o açoite era dado pela chibata, vocábulo de origem árabe e que designava a vara de junco ou cipó de que serviam os peões para fustigar cavalos".[37] Nesse sentido, a chibata seria diferente do instrumento também utilizado para a punição dos escravizados, o chicote, sobre o qual a mesma fonte explicava: "O mais usado, o chicote com diversos rabos, era no Brasil, como o 'bacalhau' (correia de couro umedecido), apenas aplicado aos escravos que, amarrados ao pelouro, só nas costas recebiam os golpes". Todavia, a descrição de João Cândido indica que se fazia uso de dois tipos de instrumentos, um em forma de bastão, o chicote, e outro flexível com várias pontas, a chibata, também chamada na Marinha inglesa de "gato de nove rabos" (*cat o'nine tails*).

Na Marinha do fim do século XIX e início do XX, existiam dois "tribunais" de punição: o Tribunal Militar e outro designado pelo historiador Álvaro Pereira do Nascimento como "Tribunal do Convés".[38] O Tribunal Militar, de existência oficial, se compunha de três instâncias: um Conselho de Disciplina (encarregado de reunir as provas e testemunhas), o Conselho de Guerra (onde os réus eram interrogados e julgados) e o Supremo Tribunal Militar (última instância). As faltas disciplinares do cotidiano podiam ser punidas pelo dito "tribunal do convés", que era "presidido" pelo próprio comandante do navio. Assim, os casos

---

[36] NASCIMENTO, 2002, p. 20.
[37] GREENNHALGH, 1998, p. 69.
[38] A título comparativo, a legislação marítima na França usa a expressão "Justice des Vaisseaux" (Justiça dos Vasos de Guerra). Ver: NASCIMENTO, 2006, p. 296-297; BERBOUCHE, 1995, p. 39-54.

de mau comportamento, de falta de atenção no trabalho de brigas e disputas, de embriaguez, o jogo, entre outros, eram geralmente punidos com castigos corporais ou prisão. A pena era, assim, cumprida *in loco*, a bordo do navio, segundo o arbítrio do comandante. No entanto, os crimes como as agressões corporais, a insubordinação, os roubos, os assassinatos, a deserção, as sublevações, entre outros, podiam e deviam ser apresentados ao Conselho de Guerra ou Tribunal de Guerra, composto geralmente por oficiais exteriores à unidade naval onde o acusado servia. O Conselho de Guerra atribuía quase sempre penas de prisão. A terceira instância, o Supremo Tribunal Militar, era formada por oficiais de alta patente que se encarregavam, quando era o caso, de confirmar ou anular a pena do Conselho de Guerra.

O uso da chibata era regulamentado pelos códigos disciplinares interiores. Durante o período imperial, as regras de conduta da Marinha eram regidas pelo Regimento Provisional, que datava de 1841. Nessa publicação havia os Artigos de Guerra, um conjunto de 80 artigos que tratavam da punição das contravenções ou faltas disciplinares cometidas por todos os militares a bordo, de grumete ao comandante. Previa-se um leque de penas que iam da prisão, algumas vezes reforçada como "prisão com ferros", aos trabalhos forçados ou até, em casos extremos, à pena de morte. Os castigos corporais estavam previstos no artigo 80 e não deviam ser aplicados aos alunos das escolas de aprendizes nem aos oficiais-marinheiros ou oficiais em geral:

> Art. 80: Todos os mais delitos, como embriaguez, jogos excessivos, e outros semelhantes, de que os precedentes artigos não façam particular menção, ficarão ao prudente arbítrio do superior para impor aos delinquentes o castigo que lhes for proporcionado; o uso da golilha, prisão no porão, e perdimento da ração de vinho, é o que se deve aplicar a oficiais marinheiros, inferiores e artífices; assim como à marinhagem e soldados, que podem ser corrigidos por meio de pancadas de espada, e chibata, não excedendo ao número de 25 por dia; isto é, em culpas que não exijam Conselho de Guerra.[39] (grifo meu)

---

[39] A golilha tratava-se de um anel de ferro com o qual se prendia o "condenado" pelo pescoço ao muro. BRASIL, *Artigos de Guerra*, Lisboa, Galhardo e Irmãos, 1841.

A aplicação desse artigo dispensava, portanto, a formação do Conselho de Guerra. No Conselho de Guerra, o acusado tinha direito a uma defesa oral ou escrita e, quando possível, a um advogado. No entanto, a formação desse conselho levava tempo e supunha a ausência do marinheiro ou membro da tripulação durante certo prazo, já que os trâmites necessários para se formar um Conselho de Guerra e em seguida o Supremo Tribunal Militar podiam durar dois anos.[40] Tendo em vista a falta de pessoal, o subefetivo constante e a dificuldade dos recrutamentos, os oficiais preferiam em muitos casos que as penas fossem executadas a bordo, quando se tratava de faltas que não eram consideradas crimes graves.

Contudo, anos antes, a Carta Constitucional do 25 de março de 1824 já proibia o uso da chibata e de qualquer outro castigo físico. Em seu artigo 19, ficava expresso que: "Desde já ficam abolidos os açoites, a tortura, a marca de ferro quente e todas as mais penas cruéis".[41] Porém, a Marinha de Guerra parecia ser um mundo à parte, com uma legislação própria que autorizava certas exceções à regra constitucional.

Na Armada, os castigos corporais foram abolidos na legislação na Proclamação da República, em 1889. No segundo dia da República, o terceiro decreto do governo provisório revocava os castigos físicos na Marinha e reduzia o tempo de serviço obrigatório a nove anos para todos os recrutados. Contudo, cinco meses mais tarde, em 12 de abril de 1890, o mesmo governo provisório que tinha proclamado a República se viu obrigado a anunciar um novo decreto para encontrar "uma solução à questão disciplinar na Marinha", na concepção das autoridades. Em consequência, através do Decreto nº 328, a Companhia Correcional é criada para substituir os Artigos de Guerra e retoma-se oficialmente a prática dos castigos corporais e da chibata, que, na prática, visivelmente, também não tinham sido abolidos.

Segundo essa companhia, os castigos que podiam ser impostos aos marujos condenados por faltas graves eram de quatro tipos e podiam ser complementares. Em primeiro lugar, havia as penas de privação de liberdade ou de

---
[40] NASCIMENTO, 2001, p. 58.
[41] GREENNHALGH, 1998, p. 72.

certos prazeres, como direito a folgas, à ração de vinho ou a participar dos jogos a bordo, por exemplo. Uma segunda categoria de punições dizia respeito ao futuro na Marinha e aos meios de sobrevivência (o marujo podia sofrer uma redução do seu soldo, ser rebaixado, privado de uma promoção ou ter um aumento do seu tempo de serviço). Em seguida, a Companhia Correcional previa também sanções que visavam excluir ou isolar o militar (o indivíduo punido podia ser isolado dos outros, ser obrigado a portar uma letra bordada em seu uniforme indicando sua exclusão pela Correcional, ser seguido em permanência por uma sentinela, ter de fazer os serviços mais pesados, etc.). Enfim, um quarto tipo de punição era bem conhecido dos oficiais do tribunal do convés: segundo o artigo 8 do Decreto nº 328, as faltas leves seriam punidas de prisão, ferros ou solitária a pão e água durante três ou seis dias, enquanto as faltas graves seriam punidas por golpes de chibata, que deviam se limitar, segundo o texto, a 25 por dia.[42]

A Companhia Correcional foi criada com o intuito de combater a existência de um pessoal "incorrigível e irrecuperável"[43], na visão das autoridades da época. Assim, o que os marinheiros mais temiam com a criação da Correcional era a possibilidade de acúmulo de penas. É importante observar que a criação da Correcional responde ao mesmo espírito de vigilância e controle da época que levou à criação do GIA (Gabinete de Identificação da Armada), em 1908, como vimos.

Se a deserção é de longe a contravenção mais recorrente julgada pelo Supremo Tribunal Militar entre os anos 1896 e 1910[44] (70,95% dos casos), uma falta exclusiva dos militares subalternos (marinheiros, soldados, grumetes, maquinistas, enfermeiros, carpinteiros, músicos) – em alguns casos, alguns sujeitos são julgados por uma 3ª ou 4ª deserção. 65,6% dos marinheiros julgados eram acusados de deserção, enquanto este era o caso de 91,35% dos fuzileiros navais e 84,9% dos grumetes que compareciam ao Tribunal. No mesmo período, essa proporção é bem inferior para os cabos e maquinistas julgados, representando 37,5% e 45,45% dos julgados desses corpos, respectivamente.

---

[42] Ver: NASCIMENTO, 2001, p. 118-120.
[43] CAMINHA, 1989, p. 152.
[44] AN, Supremo Tribunal Militar, Inventário, 1896-1910.

Depois da deserção, as lesões corporais provocadas são o segundo grupo de crimes julgados pelo Supremo Tribunal (8,58% dos casos), seguidas, praticamente, com o mesmo índice, por casos de insubordinação (8,25%). Relativamente pouco frequente, o homicídio, juntamente com o abandono de posto, é o quarto crime com mais julgamentos no Supremo Tribunal Militar (2,31% dos casos). No período estudado, os roubos também não eram muito numerosos e representavam somente 1,32% dos crimes julgados.

No âmbito dos oficiais, somente um tenente foi julgado por deserção, enquanto dois suboficiais, dois sargentos, se apresentam no Tribunal por insubordinação. Outros oficiais aparecem julgados pelo Supremo Tribunal por insubordinação, ferimento provocado e lesões corporais, falsificação administrativa, não cumprimento do dever militar, irregularidade de conduta e peculato. O único capitão-de-mar-e-guerra que se apresenta no Supremo Tribunal Militar no período estudado é acusado de ato libidinoso, um crime também cometido por três marujos e um guarda e que, como vimos, relacionava-se com os delitos classificados como "pederastia".

As sentenças do Supremo Tribunal Militar eram, na maior parte dos casos, penas de prisão com trabalho. As outras penas previstas eram pena de morte (geralmente reservadas para os casos de guerra ou de confronto com um inimigo), a prisão simples, a degradação militar, a destituição, a demissão, a privação do comando, a reforma. O tempo passado na prisão não era deduzido do tempo de serviço obrigatório dos praças. Dessa forma, por exemplo, se um marinheiro oriundo de uma escola de aprendizes tinha a obrigação de servir 15 anos na Marinha, desertava depois de 5 anos de trabalho e era condenado a 3 anos de prisão, no final da sua pena, ainda lhe restavam 10 anos para servir na Marinha. A falta de disciplina e os outros crimes, como a deserção, não eram, portanto, um bom negócio para aqueles que queriam se libertar da instituição militar já que, não somente os crimes e as contravenções eram punidos, mas as próprias penas podiam aumentar seu tempo de serviço obrigatório. Punir um desertor com uma licença ou baixa seria, na lógica da Armada, não uma pena, mas uma recompensa.

Corpos punidos, corpos torturados: o pragmatismo e o sentido da chibata na Marinha

No entanto, crimes ou contravenções susceptíveis de serem julgados pelo Supremo Tribunal Militar podiam, quando cometidos por um militar subalterno (geralmente um grumete, marinheiro ou soldado naval), serem julgados pelo chamado "tribunal do convés", segundo a decisão do comandante, com uma sentença que geralmente era prisão solitária a pão e água, algumas vezes com ferro no pescoço, ou os castigos corporais.

As faltas julgadas pelo tribunal do convés nem sempre eram registradas nos livros, e raramente uma pena de castigo corporal era indicada. No lugar dos golpes de chibata, indicavam-se outras punições, como prisão solitária a pão e água, obrigação de carregar um colar de ferro, como nos indica o testemunho abaixo do oficial da Armada e político Raja Gabaglia:

> Comandantes de merecimento não se envergonham de anotar nos livros de castigo sinais convencionais a fim de – impunemente – iludir a lei; por exemplo – onde se lê quatro horas de golilha ou seis horas de barra aplica-se um certo número de chibatadas. [...] Presenciei o castigo de um foguista com oitocentas chibatadas, de uma só vez; – Sei que aprendiz de marinheiro tem sido castigado com 125 bolos, de uma feita; é banal a aplicação de três penas a um mesmo delito: a) rebaixamento de praça; b) inclusão na Companhia Correcional; c) chibatadas.[45]

O silêncio das fontes oficiais indica que havia um mal-estar sobre a imagem remetida pelos castigos corporais no contexto, embora existissem com frequência na prática, deviam ser silenciados, tanto no meio militar quanto no civil. Alguns casos são, no entanto, conhecidos. Algumas vezes, eles são mencionados pelo Supremo Tribunal Militar. O Quadro 5 abaixo resume alguns desses casos de castigos físicos, chibatadas, aplicados pelo Tribunal do Convés.

Dois elementos merecem ser evidenciados. Inicialmente, é preciso

---

[45] Fundação Casa de Rui Barbosa, Arquivo Histórico, Correspondências recebidas, CR636/1, 7 dez., 1910; citado por: NASCIMENTO, 2006, p. 296-297.

reconhecer a importância da autoridade do comandante, que decidia se a falta devia ser apresentada ao Conselho de Guerra ou punida a bordo. No caso das punições no convés, o comandante decidia também suas condições, número de chibatadas e a possibilidade de proteger o corpo com uma camisa, por exemplo. Em seguida, é preciso lembrar que as penas aplicadas a bordo pelo tribunal do convés eram frequentemente muito mais elevadas que as 25 chibatadas previstas pela legislação militar, nos Artigos de Guerra e pela Companhia Correcional.

Quadro 3: Marinheiros punidos com castigos corporais pelo Tribunal do convés[46]

Nome	Data do castigo	Razão da punição	Golpes de chibata	Observações
Cipriano Ferreira	1870	Em junho: ausência sem autorização	"100"	Tinha sido escravizado e incorporado na Armada em 1868, durante o conflito do Paraguai
		Foi o primeiro suspeito num incêndio do quartel	300	
		Outubro: tentativa de deserção	100	
	Entre 1872 e 1876	Indisciplina	225	
Luís de Sousa Neves	1873	Disputa corporal com a sentinela	500	O comandante que decidiu o castigo foi julgado pelo Conselho de Guerra por causa do grande número de chibatadas
Crispiano Bernardino	"1875"	Falta de respeito com um colega	100	"Era pardo e oriundo da Companhia de Aprendizes. Por seu quarto e quinto castigos, o marujo tinha sido transferido para um outro navio, onde o comandante aplicava talvez o limite de 25 chibatas por dia."

---

[46] Para os casos de Laurentino Manoel da Silva, Cipriano Ferreira, Crispiano Bernadino e Afonso Rodrigues de Oliveira, ver: NASCIMENTO, 2008, cap. 1; Sobre José Lima, ver: NASCIMENTO, 2006, p. 167-299. Sobre Marcelino Rodrigues Menezes, ver: MOREL, 1986, p. 57 e a entrevista do marujo ao jornal *O Globo*, 04/10/1952.

	1876	Insolência com o oficial de quarto	75	
	1878	"Idem / embriaguez"	75	
	1879	Falta de respeito com um colega	50 (em dois dias)	
		Na ocasião de um castigo corporal público, usa linguagem insubordinada diante da tripulação	50 (em dois dias, 25 por dia)	
José Lima	1893	Agressão corporal contra um colega de prisão na Ilha das Cobras. O colega agredido foi hospitalizado durante 45 dias no hospital da Marinha, sendo vítima de diversos ferimentos, fraturas e contusões.	125	O marinheiro José Lima foi em seguida punido também pelo Conselho de Guerra a 6 anos de prisão com trabalho forçado.
Afonso Rodrigues de Oliveira	Antes de 1893	Agressão verbal contra um oficial de quarto	100 (25 por dia)	Esse marinheiro comete um homicídio em 1893.
		Dormiu durante o trabalho	25	
Marcelino Rodrigues	1910	Fere um colega cabo com um golpe de canivete	Mais de 200	Trata-se do castigo que desencadeou a revolta de 1910

Segundo Álvaro Pereira do Nascimento[47], o julgamento do tribunal do convés e a pena de castigos corporais eram com frequência preferidos pelos comandantes, pois evitavam julgamentos longos e penas de privação de liberdade cuja consequência era a ausência do marujo a bordo por vários meses, ou até mesmo anos.

O ritual dos castigos corporais se compunha de quatro etapas: 1) Toda a guarnição era reunida no navio em uniforme, inclusive os marinheiros

---

[47] NASCIMENTO, 2006.

ordinários e os oficiais; 2) O marujo punido devia atravessar todo o convés do navio, passando através da tripulação, com pés acorrentados; 3) O comandante lia o artigo do código disciplinar relativo à falta cometida pelo marinheiro; 4) Os golpes de chibata começavam, enquanto algum militar designado para essa função os contava oralmente. Se um golpe não era forte o bastante, o comandante podia considerá-lo como inválido. Tudo era executado ao som de tambores, que tinham a função tanto de encobrir os gritos do supliciado quanto de marcar o ritmo das chibatadas. Alguns marinheiros e oficiais que tinham dificuldade de suportar o espetáculo do suplício viravam o rosto e o olhar. O torturado pelos golpes gemia, gritava, suplicava, mas as chibatadas só paravam com a autorização do comandante ou intervenção do cirurgião a bordo.

No entanto, alguns autores de linha conservadora defendem o argumento da utilidade pragmática dos castigos corporais, como o vice-almirante e historiador naval Hélio Leôncio Martins. Para esse autor, esse tipo de castigo era, por vezes, a pena mais leve aplicada a bordo, sendo aceito tanto pelos oficiais quanto pelos marujos. Segundo ele:

> Na solidão dos oceanos, longe de qualquer recurso ou possibilidade de intervenção terrestre, manter aquelas feras dentro da disciplina, sem a qual não só o êxito das campanhas como a própria sobrevivência do navio, quando acossado pelos elementos, perigava, só era conseguido com tratamento impiedoso, traduzindo-se na virulência dos códigos que regiam as punições na época. A chibata era o castigo mais suave, reservado para as faltas leves.[48]

Mas devemos ver com precaução e espírito crítico essa suposta preferência pelas penas de castigos corporais no lugar das penas de privação de liberdade, como bem definiu Michel Foucault sobre a criação da prisão na sociedade racional e moderna.[49] Nas marinhas mundiais, a tendência era substituir as penas de castigos corporais e de uso da chibata por penas de prisão ou outras. De certa forma, no Brasil também, já no fim do século XIX, as punições corporais

---
[48] MARTINS, 1988, p. 87.
[49] Ver o clássico: FOUCAULT, 1999.

eram vistas como desumanas e degradantes, até mesmo por parte dos oficiais. Em 1873, o comandante imediato José Cândido Guillobel, que tinha assumido provisoriamente o comando do navio Bahia, é julgado pelo Conselho de Guerra por ter punido o marujo Laurentino Manuel da Silva com 500 chibatadas. Esse marinheiro tinha brigado com um colega e, em seguida, agredido o soldado naval Luís de Sousa Neves, que servia de sentinela no navio na ocasião da disputa. Sua pena podia ter sido enquadrada pelo artigo 56 dos Artigos de Guerra, que previam prisão com trabalho para todos que agredissem um soldado ou guarda a bordo, mas o comandante do navio preferiu aplicar o artigo 80 (o dos castigos corporais), evitando, dessa forma, a formação do Conselho de Guerra.

Depois do duríssimo castigo, o marujo foi transferido para o encouraçado Brasil. Se as 500 chibatadas podiam parecer legítimas aos olhos do comandante do Bahia, tal castigo não parecia ser normal para o almirante Delfim Carlos de Carvalho, que se encontrava no encouraçado Brasil quando Laurentino embarcou. Impressionado com o castigo, esse almirante entrou em contato com o responsável do Conselho de Guerra pedindo explicações ao comandante Guillobel.

Um Conselho de Guerra é constituído em seguida, e o processo parece ser algo raro, o único encontrado pelo historiador Álvaro do Nascimento que julga um oficial da Marinha por ter ultrapassado o limite dos golpes aceitos nos casos de castigos corporais.[50] Em sua defesa, o comandante imediato José Cândido Guillobel alegou ter procedido como outros oficiais e que ele tinha se preocupado com a integridade física do marujo punido, permitindo-o de se proteger com duas camisas sob o corpo para diminuir a dor e que a pena não era exagerada, na medida em que Laurentino da Silva já se encontrava apto para o serviço um dia depois do castigo. O número de chibatadas recebidas por Laurentino teria sido definido, segundo o testemunho de Guillobel, por sua capacidade a resistir aos castigos, como alega: "vendo porém o pouco efeito que no delinquente fazia o castigo, fui forçado a fazê-lo continuar até chegar ao número de quinhentas pancadas de chibata".[51] O efeito ao qual se refere Guillobel era o

---

[50] Processo no. 695: José Cândido Guillobel, 1873, cx. 13.170 (AN, Conselhos de Guerra da Marinha) (NASCIMENTO, 2001, p. 31-66).
[51] Idem, p. 43.

de função exemplar dos castigos corporais, já que correspondiam a um ritual público no qual a expressão da dor era importante como advertência para os outros marujos. O oficial é absolvido pelo Conselho de Guerra, mas o Tribunal Superior reforma a sua sentença em uma "advertência", o que não impede que Guillobel se torne Ministro do Tribunal Superior Militar em 1894 e chefe de Estado Maior da Armada em 1896.

Os castigos corporais numa perspectiva internacional

Outro oficial da Marinha se posicionava, na mesma época, radicalmente contra as punições corporais. O já citado Adolfo Caminha, escritor naturalista e autor de *Bom Crioulo*, em seu livro *No país dos ianques*, datado de 1890, escrevia que a chibata era no passado e na sua época ainda "o terror das guarnições da armada". De acordo com o texto, o oficial teria sido testemunha de diversas demonstrações de punições corporais, todas consideradas terríveis por ele e frequentemente aplicadas em decorrência do abuso de autoridade dos oficiais:

> Despir-se a meio corpo um pobre homem, um servidor da pátria, pés e mãos algemados, muita vez depois de três dias de solitária a pão e água, e descarregar-se-lhe sobre a espinha, sobre as espáduas, sobre o peito, sobre o ventre, na cara mesmo, em todo o corpo cinquenta, cem, duzentas chibatadas, em presença de todos os seus companheiros, me parece indigno duma geração que se preza, de uma sociedade de homens civilizados, de cidadãos, de cavalheiros que ostentam triunfalmente galões dourados na farda – na farda, que significa a nobreza, a coragem, o patriotismo e a honra duma nação.[52]

Mas essa visão não era hegemônica no meio dos oficiais da Armada. Caminha parecia ser, uma vez mais, uma exceção. O comandante Macedo Soares, em seu *Política versus Marinha*, obra de 1911, defende claramente que a chibata era não somente inevitável como também "a melhor medida" para garantir a disciplina a bordo:

---

[52] CAMINHA, 1890, C. III.

A primeira impressão que produz uma guarnição brasileira é a decadência e incapacidade física. Os negros são raquíticos, mal encarados com todos os signos deprimentes das mais atrasadas nações africanas. As outras raças submetem-se à influência do meio criado pelos negros sempre em maioria. [...] Só um elemento pode construir a força moral no meio mais atrasado e rudimentar que é possível: o temor do castigo. A quase todos os oficiais repugna o regime da chibata; raro comandante não terá experimentado dispensá-lo no seu navio. Não há um único brioso e disciplinador que não tivesse recorrido a esse recurso extremo: Jaceguay, Custódio, Saldanha, Bacellar, Noronha e o próprio ministro Marques de Leão. [...] Enquanto a guarnição for o esgoto da sociedade, a disciplina, a ordem e a segurança têm os seus direitos e a chibata o seu lugar.

Os argumentos sobre a origem social dos marujos (o esgoto da sociedade) são reforçados pelos atributos de preconceito racial (negros, pertencendo a uma raça inferior e retardada). Há, portanto, um duplo preconceito, racial e social, por trás da legitimação de tais práticas no Brasil no fim do século XIX, mas também do início do século XX. Os castigos corporais, segundo esta última fonte, por mais temidos que fossem, eram praticados de forma sistemática e naturalizada, até pelos oficiais de maior prestígio.

Esse debate sobre os castigos físicos no contexto ultrapassa a realidade dos quartéis e embarcações da Marinha brasileira. No nível internacional, o diplomata francês em posto no Brasil, que assina Monsieur Lacombe, escreve em uma carta que os marujos "são insensíveis à maior parte das penas disciplinares, encantados quando um malfeito lhes garante a ociosidade de uma detenção, eles somente temem o castigo corporal, a chibata, instrumento utilizado com generosa frequência para puni-los".[53]

A Marinha brasileira se encontrava, no entanto, em atraso sobre a questão com relação às Armadas internacionais. A partir de um levantamento na escala internacional, tudo indica que os castigos corporais foram abolidos na Marinha da Espanha em 1823, em 1860 na França, em 1862 nos Estados Unidos, em 1872

---

[53] Carta de Petrópolis. In: AMAE, La Courneuve, Correspondance politique et commerciale, politique Intérieure – Immigration, v. 6, 28/11/1910.

na Alemanha, em 1881 na Inglaterra e em 1904 na Rússia.[54] Segundo o historiador naval Hélio Leôncio Martins, a chibata era uma herança dos navios a vela, onde a vida era dura e a mão de obra era, nos seus dizeres, "a ralé da sociedade".[55] Na Marinha inglesa do século XVIII, os golpes de chibata eram a punição aplicada a bordo em caso de insolência, de desobediência e de pequenos roubos, enquanto outras contravenções como dormir durante o trabalho, roubar a bordo ou atacar o comandante podiam receber outras punições: ser amarrado no mastro do navio durante um dia e uma noite, morrer de fome, ter uma mão amputada.

Na França, a deserção era também uma falta recorrente. As punições eram severas, mas podiam variar de acordo com o arbítrio das autoridades, havendo uma evolução para formas mais leves de penas, uma forma de "humanização" das penas, tanto no meio militar quanto no civil, no fim do Antigo Regime. No século XVIII, era comum os desertores serem condenados às galeras perpétuas, mas a anistia ou a clemência real podiam mudar o destino das populações com relativa regularidade.[56] As galés não eram a única punição cruel típica dos "tribunais de bordo" da Marinha francesa. Fazia-se também uso dos golpes de corda, dos ferros – frequentemente utilizados para prender os condenados numa prisão do porão do navio –; da "bouline" e o temoroso castigo do subsolo (chamado "cale").[57] "Correr a *bouline*" consistia em fazer correr o condenado através do convés, sem camisa e com as mãos atadas, enquanto outros marujos o batiam com golpes de corda.[58] O suplício do porão consistia em amarrar o culpado a uma corda e jogá-lo ao mar, uma ou diversas vezes. O condenado, ao tocar o porão do navio, era puxado pela corda do outro lado, devendo atravessar o casco embaixo do navio. Esse suplício podia ser repetido duas ou três vezes e o condenado, com frequência, morria afogado.[59] Todos esses castigos eram tidos como atos exemplares diante

---

[54] Martins, 1988, p. 87. Para obter essas datas, Martins cita um ofício da Armada espanhola e um outro do Ministério da defesa alemão enviados aos adidos navais brasileiros nesses países no ano de 1986, bem como a consulta da bibliografia. Para os Estados Unidos, ver: LOVETE LELAND, P. Lt. Com. US NAVY, *Naval Customs...*, *op. cit.*; No que diz respeito à França: « Le châtiment corporel dans la Marine », *Revue Maritime*, 2ème semestre, 1925; Sobre a Inglaterra, ver também o romance: MONSERRAT, Nicholas, *The Master Marine*, William Morrow and Company, New York, 1979.

[55] MARTINS, 1988, p. 84-85.

[56] BERBOUCHE, 1995, p. 41.

[57] « Le châtiment corporel dans la Marine », *Revue Maritime*, 2ème semestre, 1925, p. 610-615.

[58] « BOULINE, courir la ». In : VERGE-FRANCESCHI, 2002, p. 233.

[59] Ver: « CALE, le supplice de la ». In: Verge-Franceschi, 2002, p. 277. Um relato dessa forma de punição (de um marujo que tinha brigado e machucado um companheiro na cabeça) descreve a morte de um marujo após uma segunda travessia abaixo do navio em um castigo de "grande cale": FERRAUD, 1990.

da guarnição e destinavam-se a "corrigir" e a "disciplinar" os culpados de forma rápida, a bordo dos navios que frequentemente se encontravam em viagem.

A partir de 1784, um novo código penal é elaborado pelo marechal de Castries. Uma nova legislação criava a "caixa dos homens do mar" para a pensão e aposentadoria dos militares, que se acrescentava às pensões por invalidade física recém-criadas. No que concerne à disciplina, o novo código penal composto por 30 artigos previa, sobretudo, a prisão e a redução dos soldos. Já as galés eram reservadas para os desertores e limitadas a três anos (em tempos de paz) e somente um castigo corporal continuava sendo admitido, o castigo do "subsolo" ou porão (a "cale"), sendo admitida somente uma travessia do condenado abaixo do casco navio e somente em caso de deserção durante as viagens. Essa legislação, adotada em 1786, é atualizada no mesmo ano por uma rubrica sobre as punições do "tribunal do convés", que autorizavam a substituição das penas de prisão, do uso de ferros ou de privação de ração de vinho por outras penas, como aumento do tempo de serviço ou os castigos corporais. Assim, "no lugar dos 'ferros', tratava-se de 6, 10, 15 ou 20 golpes de corda (sic) conforme a exigência do caso e a gravidade da falta, administrados pelo superior hierárquico imediato do culpado".[60]

Essas novas flagelações eram imitadas da Marinha britânica, que utilizava o tenebroso "gato de nove rabos" (*cat o'nine tails*), mas esses castigos eram mal recebidos pelos marujos franceses e foram suspensos em 10 de agosto de 1789, com a Revolução. Assim, na lógica do Antigo Regime, a detenção seria vista como prejudicial, pois, nos dizeres do Maréchal Berbuche, aceitava indivíduos que não "prestavam nenhum serviço ao rei" e, quando privados de seus salários, "deixavam suas famílias na miséria". Berbouche defendia, no contexto, que os castigos corporais fizessem, portanto, parte das penas "mais humanas" e que o código do Maréchal de Castres teria ficado inacabado pois teria sido bastante modificado após a revolução.[61]

Essas punições corporais eram, assim, uma realidade nas Marinhas europeias e dos países do Norte no século XVIII e até o início do século XIX. Quando se procuram na bibliografia disponível condições similares às vividas

---
[60] BERBOUCHE, 1995, p. 47.
[61] BERBOUCHE, 1995, p. 47-49.

pelos marujos brasileiros que se rebelaram em 1910, encontram-se com frequência textos sobre o Antigo Regime. A existência dos castigos corporais será, dessa forma, evidenciada na revolta de Spithead, na Marinha britânica, em 1797, ou na famosa revolta do Bounty, em abril de 1789. Nesses países ocidentais, essa prática punitiva tenderá a desaparecer até a primeira metade do século XIX. Na Marinha francesa, no contexto da revolução de 1848, a chamada "primavera dos povos"[62], um decreto do 12 de março do mesmo ano proíbe os castigos corporais. Mesmo se podemos interrogar se a lei era posta em prática de forma literal em todos os países, é importante constatar que a supressão das punições físicas é pensada na Europa muitas décadas antes do Brasil. De acordo com esse decreto:

> Considerando que os castigos corporais degradam o homem, que é responsabilidade da República de apagar da legislação tudo que fere à dignidade humana; que se trata de um bom exemplo a ser dado para o mundo; que a supressão das penas corporais reforça na Marinha o sentimento de honra [...]. Decreta: As penas da bouline, do subsolo e das cordas são abolidas; até uma revisão completa do código penal marítimo, elas serão substituídas pela detenção em prisão, de quatro dias a um mês.[63]

Os termos desse decreto se aproximam do pensamento iluminista sobre a mudança na natureza das punições. Michel Foucault, em seu conhecido estudo, já demonstrou como, a partir da segunda metade do século XVIII, diferentes atores começaram a denunciar a brutalidade dos castigos corporais, ao mesmo tempo em que os sistemas punitivos se racionalizam: trata-se de uma mudança de perspectiva, das penas corporais para as penas de privação de liberdade (prisão) ou, dito de outra forma, dos "castigos corporais" para os "castigos espirituais". Os sistemas disciplinares, como escolas, exércitos, hospitais e outros, dotam-se progressivamente de seus próprios códigos de punição cujos objetivos serão a uniformização, a ordem, o controle e a consolidação do poder. Essas outras formas de punição não buscam criar penas mais "leves" ou "humanas", mas estabelecer

---

[62] Marx considera que, em seu início, tratava-se de uma revolução de caráter social, recuperada pela burguesia em seguida. Ver: MARX, 2012.
[63] Arnoulin, Stéphane, *Études sur les supplices militaires à travers les siècles*, Paris, Charles Carrington, Libraire-Éditeur, 1907, p. 221-222. Citado por: BERBOUCHE, 1995, p. 53. Tradução da autora.

outra dominação dos corpos: corpos dóceis e úteis, submissos. Os ajustamentos dessa economia punitiva serão reproduzidos nas Armadas de diferentes países com graus diferentes também, ainda que devemos estar atentos para não fazer uma leitura em sentido único e progressivo da história.

Achilles Mbembe demonstra como, dentro de lógicas racistas, imperialistas e colonialistas do poder, as instituições impõem uma forma de destruição e aniquilamento da humanidade dos sujeitos considerados inferiores, criando uma espécie de ação que ele nomeia de "necropolítica".[64] Os castigos corporais da Marinha podem ser lidos, em certa medida, nessa perspectiva. Devem ser considerados no contexto do sistema escravista brasileiro. Em 1886, dois anos antes da abolição definitiva da escravidão, uma lei é aprovada para proibir esse tipo de punição de escravizados acusados de crimes nos tribunais judiciários. Ainda que a execução concreta dessa lei seja pouco conhecida, sabemos que o chicote, a chibata e os ferros eram instrumentos usados com frequência na punição dos escravos. Durante os anos que precedem a abolição da escravidão, os castigos físicos eram aceitos depois da formação de um júri criminal e eram preferidos às outras penas, como a pena de morte, na medida em que o escravizado era visto como um bem de seus senhores.[65]

Mas essa prática punitiva não será esquecida pelas primeiras gerações de filhos e netos de antigos escravizados. Esses descendentes usarão com frequência a categoria "cativo" para se referir à condição de escravizado. Evocam os entraves à mobilidade e os castigos corporais como dois dos principais elementos que marcavam a dificuldade da condição de escravizados. Como os trabalhos de Hebe Mattos e Ana Lugão Rios mostraram, a liberdade com o fim da escravidão significava, antes de tudo, o "direito a dispor de seus próprios corpos". Os castigos corporais na Marinha, mesmo se uma prática interna, eram, na virada do século, vistos como inaceitáveis e um ataque à dignidade humana.

Realidade interna da Marinha brasileira e das Armadas do mundo, a questão dos castigos corporais não pode ser entendida sem se considerar a mudança de perspectiva sobre as punições nos países que serviam de modelo à

---

[64] MBEMBE, 2018.
[65] CHALHOUB, 2001.

República brasileira. Essa mudança de perspectiva se produz no pensamento de alguns oficiais, de forma gradual, ainda que não progressiva, já que encontramos testemunhos favoráveis ou contra essa prática nos séculos XIX, XX ou até XXI (para o contexto). Mas essa mudança de perspectiva é ainda mais forte na visão dos marinheiros, que denunciam a incoerência da legislação e as práticas a bordo. No caso brasileiro, a chibata evocava as práticas punitivas da escravidão. Seu prolongamento na Marinha de guerra depois do fim definitivo da escravidão e da supressão desses mesmos castigos nas Armadas mundiais demonstra a permanência de estruturas escravocratas, de exclusão e racistas no pós-abolição. Contra essa realidade é que se organiza a maior revolta da Marinha brasileira e um dos levantes populares mais significativos da história do Brasil.

MARINHEIROS EM AÇÃO: AS REVOLTAS DE NOVEMBRO E DEZEMBRO DE 1910

As primeiras horas da sublevação

Na noite do 22 de novembro de 1910, o novo presidente Marechal Hermes da Fonseca, que havia tomado posse há apenas uma semana, escuta, a partir de uma recepção dada no Clube da Tijuca, tiros de canhão que fazem tremer a cidade do Rio de Janeiro. Tratava-se de uma sublevação, nos dizeres da época, dos Marinheiros Nacionais. Mas quais eram suas causas? Apresentavam os rebeldes reivindicações de mudanças na esfera política ou do poder? O testemunho do poeta modernista Oswald de Andrade, que voltava para casa de madrugada depois de uma noite boêmia, revela as impressões da população do Rio no exato momento:

> Reconheci o Minas Gerais que abria a marcha. Seguiam-no o São Paulo e mais outro. E todos ostentavam [...] uma pequenina bandeira triangular vermelha. Eu estava diante da revolução. Seria toda revolução uma aurora? [...] Um estilhaço de granada bateu perto, num poste da Light. Os peixeiros deixaram cair seus cestos de mercadorias e vieram açoitar-se, correndo, atrás de uma das estátuas do Comércio e da Indústria que monumentalizavam os jardins da Glória. Eu também corri para aquele lado a fim de me esconder. Espiando por detrás da estátua, vi que o bombardeio continuava, acordando a cidade.[1]

O presidente Hermes da Fonseca retorna imediatamente ao palácio do Catete, sede do poder federal, onde encontra o ministro da Marinha, o Almirante

---

[1] ANDRADE, Osvald. *Um homem sem profissão*. Rio de Janeiro: Civilização Brasileira, 1976. p. 51

Joaquim Batista Marques de Leão. As autoridades recebem um telegrama dos marujos explicando suas motivações:

> Não queremos a volta da chibata. Isso pedimos ao Presidente da República, ao Ministro da Marinha. Queremos resposta já e já. Caso não tenhamos, bombardearemos cidade e navios que não se revoltarem. Guarnições do Minas, São Paulo e Bahia.[2]

Esse telegrama, transmitido pelo Morro da Babilônia às duas horas da manhã, não menciona o quarto navio que também adere, em seguida, à revolta, o encouraçado Deodoro.[3] Os quatro navios se deslocavam erguendo a bandeira vermelha entre as ilhas do Viana e Moranguê, ao lado de Niterói, passando pelas ilhas Fiscal, das Cobras e Villegagnon, movimentando-se entre a baía de Guanabara e o alto-mar, o que provocava um espetáculo impressionante visto no litoral e nas praias do Rio de Janeiro.

No dia seguinte, as notícias surgiam na imprensa. A segunda edição do *Correio da Manhã* do 23 de novembro anunciava que a cidade estava em estado de pânico geral. Nos dias seguintes, o medo de um bombardeio provoca o deslocamento da população da zona sul para os subúrbios e as cidades próximas, como revela uma caricatura assinada por Leônidas e publicada em *O Malho*. Outras fontes, como a correspondência do ministro Plenipotenciário da Espanha, indicam que todos os trens saíam do Rio de Janeiro lotados naqueles dias de novembro, e que foram até mesmo acrescentados outros vagões.[4]

A revolta estava inicialmente prevista para o dia 15 de novembro, data de aniversário da República e dia da posse de Hermes da Fonseca, mas foi adiada em razão do mau tempo. Porém, após o castigo de mais de 200 chibatadas do marujo Marcelino Rodrigues a bordo do Minas Gerais no dia 21 de novembro, os praças decidem organizar o levante para a noite do 22, logo após o toque de corneta das 22h. O testemunho de João Cândido a Edmar Morel sintetiza as razões dessa escolha:

---

[2] MOREL, 2009, p. 81.
[3] A correspondência assinada pelo representante diplomático na Espanha no Brasil atesta que as tripulações de diversos navios aderiram ao movimento iniciado pelos marujos do Minas Gerais, "fazendo causa comum" com as tripulações do encouraçado São Paulo e do Bahia, e em seguida tomando o controle do encouraçado Deodoro. Arquivo Nacional de Madri, Ministério Relações Exteriores, Embaixadas, Brasil (1419), Política, nº 140, 26/11/1910.
[4] Idem.

Figura 1: A fuga dos cariocas na caricatura da época

O BOMBARDEAMENTO: EFFEITOS DE UM BOLETIM IMPRUDE[NTE]

INSTANTANEO A LAPIS DA FUGA DA POPULAÇÃO PARA OS SUBURBIOS DA CIDADE—Só quem presenciou o panico da [popu]lação do Rio, causado pelo boato do bombardeamento da cidade pelos revoltosos, imagina o que houve de terror. [Leu-se] num boletim que o governo ia atacar a esquadra e em consequencia viria o bombardeamento. As estações das estra[das de] ferro ficaram cheias de fugitivos, que disputavam os trens. Carroças e pesados caminhões foram utilizados. Tudo servi[a. Sa-]ria gente com colchões, camas, trouxas e utensilios domesticos. Automoveis de gente rica disparavam para a Tijuca, carregados de malas, cães, gatos, papagaios, etc., etc.

Fonte: *O Malho*, 3/12/1910, p. 34.

Pensamos dia 15 de novembro. Aconteceu que caiu forte temporal sobre a parada militar e o desfile naval. A marujada ficou cansada e muitos rapazes tiveram permissão para ir à terra. Ficou combinado, então, que a revolta seria entre 24 e 25. Mas o castigo de 250 chibatadas no Marcelino Rodrigues precipitou tudo. O Comitê Geral resolveu, por unanimidade, deflagrar o movimento no dia 22. O sinal seria a chamada da corneta das 22 horas. [...] Naquela noite o clarim não pediria silêncio e sim combate. Cada um assumiu o seu posto e os oficiais de há muito já estavam presos em seus camarotes. Não houve afobação. Cada canhão ficou guarnecido por cinco marujos, com ordem de atirar para matar contra todo aquele que tentasse impedir o levante.[5]

Poucos dias antes, diversos fatores de tensão na Marinha foram sentidos na viagem dos navios Bahia, Tamoio e Timbiras ao Chile para a comemoração do centenário da independência do país, entre 16 e 19 de novembro. O mal-estar e a indisciplina a bordo são tais que a frota é chamada de "divisão da morte". Uma visão que é repercutida pelo capitão Alberto Durão Coelho, imediato no scout Bahia, nas colunas do *Jornal do Commércio* no retorno da viagem. Segundo ele, durante a expedição foram registradas 911 faltas disciplinares para uma tripulação de 288 marujos. Vários homens são punidos com chibatadas, alguns desertam. Uma carta, assinada Mão Negra, é enviada ao comandante: "Venho por meio destas linhas pedir não maltratar a guarnição deste navio, que tanto se esforça para trazê-lo limpo. Aqui ninguém é salteador, nem ladrão. Desejamos Paz e Amor. Ninguém é escravo de oficiais e chega de chibata. Cuidado!"[6].

O autor dessas linhas foi identificado como sendo o marinheiro Francisco Dias Martins, que foi o comandante rebelde a bordo do Bahia durante a revolta. Ele era reconhecido por ter boa educação e escrita e por ser presidente de uma associação literária. Mas essas mensagens podem ter outra autoria. Como veremos nos capítulos seguintes com mais detalhes, os filhos do marinheiro Adalberto Ferreira Ribas contam que o seu pai poderia ter sido o autor, ou um dos autores, dessas diferentes comunicações dos marujos.

Mas, além dessa experiência de viagem ao Chile, o projeto de revolta teve outras influências e era elaborado há mais tempo. Referências de experiências estrangeiras, como a revolta do encouraçado Potenkim de 1905 e a revolta

---

[5] MOREL, 2009, p. 86.
[6] *Idem.*

Kronstadt no mar Báltico em 1906[7], podem ter contribuído para a organização dos marinheiros. No Brasil, uma revolta cuja principal reivindicação era a supressão dos castigos corporais já tinha acontecido a bordo do navio Benjamin Constant em 1904. Em 1910, os marujos discutiam há meses sobre a organização da sublevação, em comitês no Rio e no exterior.

Mas, mesmo se a revolta tinha sido programada, sua eclosão pega de surpresa os oficiais e as autoridades militares e políticas brasileiras. Na noite do 22 de novembro, o comandante do encouraçado Minas Gerais, o capitão de fragata João Batista das Neves, tinha sido convidado para um jantar a bordo do *scout* francês Duguay-Trouin, na presença do Ministro Plenipotenciário (equivalente a Embaixador) francês no Rio, identificado como Monsieur Lacombe. Ao voltar do jantar, pouco depois das 22h, ele observa uma alteração no clima habitual a bordo e permanece no convés do navio. Alguns minutos mais tarde, os combates começam.

O representante francês no Brasil, como verdadeira "testemunha ocular dos acontecimentos", escreve uma longa carta ao Ministro das Relações Exteriores do seu país para relatar os fatos, como era de praxe na função. Os correspondentes internacionais tinham a função de relatar os acontecimentos que podiam perturbar a ordem pública nos países onde estavam em função, a partir de fontes adquiridas por vezes de forma alternativa, através de relações pessoais e privilegiadas, e do ponto de vista da representação dos interesses do país de origem. Ao lado de compromissos formais e oficiais, das trocas de ministros e governos, das questões comerciais e que envolvessem cidadãos ou súditos de seus países, de elementos que revelam a concorrência internacional, tinham grande interesse pelas revoltas e mobilizações políticas ou populares. A carta é datada do 28 de novembro de 1910:

> O movimento que eclode na noite do 22 de novembro foi totalmente inesperado; mas as causas que o provocaram eram conhecidas e, por diversas vezes, os marujos já tinham manifestado suas queixas e

---

[7] Segundo Álvaro Pereira do Nascimento, essa revolta numa pequena ilha russa – por melhores salários, menos horas de trabalho e por uma disciplina menos severa – teria chamado a atenção dos marinheiros e oficiais na ocasião de uma viagem do navio escola Benjamin Constant ao exterior na mesma época (NASCIMENTO, 2020).

reclamações contra a insuficiência dos efetivos a bordo dos grandes encouraçados, o excesso de trabalho em consequência disso, e o rigor dos castigos disciplinares diariamente aplicados. [...] No 22 de novembro, o comandante do Duguay-Trouin recebia para jantar a bordo precisamente dois almirantes brasileiros, o capitão de corveta Batista das Neves, o capitão Salats e eu mesmo. Em torno das 10 horas, os brasileiros se retiraram: menos de quinze minutos depois, tiros eclodiram a bordo do Minas Gerais. Os clamores e barulhos da luta eram claramente perceptíveis. Em seguida, o outro encouraçado, o São Paulo, foi tomado pelos revoltosos e o mesmo tumulto foi ouvido a bordo. Uma hora mais tarde, o Minas começava suas evoluções na baía. Ele passou muito perto do Duguay-Trouin: um negro grande, de pé sobre a passarela, estava no comando e nos interpelou. Tiros de fogo eram lançados em todas as direções. Pela manhã, o Minas Gerais e o São Paulo atiravam contra a cidade, e quase todos os navios da frota brasileira haviam erguido a bandeira vermelha. A maior parte dos pequenos navios se sentiam ameaçados e foram rapidamente abandonados por suas tripulações: os dois grandes encouraçados, o *scout* Bahia e o velho encouraçado Deodoro continuaram insurgidos. Três oficiais que se encontravam a bordo do Minas Geraes, dentre os quais o comandante Batista das Neves, e dois a bordo do St Paul, foram assassinados no início da rebelião.[8]

Provavelmente, o "negro grande" dos dizeres do embaixador francês tratava-se de João Cândido Felisberto. O próprio João Cândido escreve, em suas memórias na *Gazeta de Notícias* do dia 7 de janeiro de 1913, que ele foi pessoalmente a bordo do navio francês Duguay-Trouin e português Adamastor, vasos estrangeiros presentes na baía naquele momento, para prevenir seus comandantes de um bombardeio iminente. Um pouco mais adiante na mesma carta citada acima, o ministro plenipotenciário Lacombe evoca os tiros de canhão de alerta e a reação da população da cidade:

> O governo, contra os encouraçados que submetiam a cidade à ameaça de sua enorme artilharia, montava, ao longo do cais na baía, uma

---

[8] Carta de M. Lacombe, MAE, Archives diplomatiques de La Courneuve, Correspondance politique et commerciale, politique Intérieure – Immigration, v. 6, 28/11/1910. Tradução da autora.

bateria de pequenos canhões de campanha. Algumas companhias de voluntários se alinhavam atrás das barreiras do cais e atraíam fotógrafos, a longa avenida à beira mar, geralmente tão deserta, oferecia um espetáculo de viva animação. Os revoltados logo divulgaram as condições para deporem as armas: reclamavam uma anistia completa, a abolição dos castigos corporais, o aumento dos efetivos das tripulações e designavam um comandante escolhido por eles para o Minas Gerais. Eles ameaçavam a cidade de bombardeamento se não obtivessem rápida satisfação. Por duas vezes, tivemos medo de que essa ameaça fosse executada. Em torno das duas horas, as torpedeiras, que não participavam da insurreição e se retiraram para o fundo da baía, lançaram alguns tiros de fogo, – e por volta das 4 e meia, em torno de vinte projéteis de pequeno calibre foram lançados contra a cidade. Um deles matou duas crianças, os outros não causaram nenhuma perda.

Desde o início, a revolta dos marinheiros já era um espetáculo. As revistas e os jornais da época publicavam diversas fotografias do agrupamento de pessoas e curiosos no cais, como a foto a seguir de *O Malho*, "Espectadores da revolta". A legenda da imagem comenta de forma irônica a presença de muitos homens que observavam a cena: "E dizem que a curiosidade é uma *virtude* só do sexo feminino".

Figura 2: Multidão de "curiosos" no cais Pharoux

Fonte: O Malho, 3/12/1910.

A bordo dos navios rebeldes

O quarto de 18h à meia-noite parecia tranquilo a bordo do Minas Gerais.[9] Na limpeza noturna do convés, o pessoal não mostrou nenhum sinal de intenção de revolta. Em torno das 22h, o comandante Batista das Neves retorna ao navio. O tenente de quarto, Álvaro Alberto da Mota e Silva, é ferido com um golpe de sabre no peito que teria sido proferido pelo marinheiro Ernesto Roberto dos Santos.[10] Seus gritos atraem outros oficiais e a guarnição ao convés. Enquanto o comandante Batista das Neves dizia, sobre o segundo-tenente ferido, "mataram meu filho", os marujos gritavam "viva a liberdade", "abaixo à chibata" e "abaixo à ginástica". A revolta acabava de começar no Minas Gerais.

O comandante Batista das Neves tenta retomar o controle do navio com ajuda de outros oficiais a bordo e de alguns marinheiros que não tinham aderido à revolta, como o marujo Eugênio Alves de Assis Bulhões. Ele ordena a formação da guarnição, mas somente alguns homens lhe obedecem, os outros resistem gritando "não forma, não forma". Pouco depois, uma batalha é travada a bordo. O comandante Batista das Neves pede que uma embarcação transporte o corpo do tenente ferido, mas ele insiste em permanecer no navio a bordo para resistir contra os marujos rebeldes. O tenente Milcíades Portela parte, assim, com seu colega Álvaro Alberto da Mota e Silva e busca socorro no São Paulo, que ainda não tinha se rebelado.

O tenente José Claudio da Silva Junior é ferido por um golpe de sabre e é instalado num assento, com ajuda do marinheiro Bulhões e do grumete Joviano de Oliveira, conforme as ordens do comandante. Um dos rebeldes atira no grupo, matando o oficial e o marujo. O sargento Francisco Monteiro de Albuquerque também é morto com golpes de espada. O comandante Batista das Neves, que já tinha sido ferido com objetos lançados contra ele, como atesta sua autópsia[11], é morto por um tiro. Em seguida, o tenente Lahmayer também é atingido

---

[9] A reconstituição dos acontecimentos a bordo do Minas e dos outros navios durante a noite de tomada de poder pelos marujos é feita a partir de: MOREM, 2009, p. 73-113; MARTINS; 1988, p. 63-101, do processo do Tribunal Militar de 1912, da imprensa da época e dos testemunhos de João Cândido à *Gazeta de Notícias*, entre dezembro de 1912 e janeiro de 1913 e ao MIS em 1968, publicado em 1999.
[10] Segundo Hélio Leôncio Martins (1988, p. 32).
[11] A autópsia dos cadáveres do capitão Batista das Neves, morto de traumatismo craniano e hemorragia interna, e do tenente-capitão José Claudio da Silva Junior, morto por hemorragia interna, encontram-se em: MARTINS, 1988, p. 241-242, nota 2.

por uma bala. Seu corpo, e o de outros marinheiros, enviados numa lancha, é recuperado pelo vapor Carlos Gomes. O último oficial que tenta resistir à revolta dos marinheiros a bordo, o tenente Oscar de Castro e Silva, se lança n'água para escapar e é capturado pelo navio Benjamin Constant. O marinheiro Bulhões, fiel aos oficiais, indica que ficou escondido até o fim da rebelião.

O corpo do capitão Batista das Neves permanece no convés do Minas Gerais. O oficial não era apreciado a bordo e, conforme fontes citadas pelo vice-almirante Hélio Leôncio Martins e no processo "João Cândido e outros", aberto no final de 1911, o cadáver recebe um tiro na cabeça proferido pelo marujo Nércio do Nascimento. Um dos marinheiros, Aristides Pereira, chamado de "Chaminé", é visto urinando sobre o corpo. Outros marujos fazem exercícios de ginástica com o corpo do oficial morto, uma reação evidente ao desgosto que tinham pela obrigação da ginástica sueca introduzida pelo comandante, num ambiente em que já havia excesso de atividade física com o trabalho a bordo e falta de pessoal.

O primeira-classe João Cândido conta em suas memórias na *Gazeta de Notícias* de 7 de janeiro de 1913 que assumiu a liderança do Minas Gerais e da revolta após esses acontecimentos:

> Até aí não tinha eu tomado uma ação direta aos atos da revolta. Nesta ocasião já me achava em repouso. Fui então despertado pelo estampido da fuzilaria, tratando eu de ocultar-me dos colegas revoltosos. A princípio fui para a torre nº 2, que encontrei fechada, voltando então para o mastro. Aí tive como companheiros o marinheiro Manoel Pereira d'Araújo, o músico Raymundo Joaquim e o telegrafista João Leonardo dos Santos. [...] Passando pelo convés superior da meia-nau, fui por um grupo de marinheiros intimado a tomar o comando. A princípio recusei-me, mas, vendo que me podia causar sacrifício, aceitei a intimação, antes, porém, propondo as condições em que ia tomar a direção da revolução. Houve obstáculos, passou-se a votos, no final venci, sendo aclamado comandante em chefe da esquadra. É desse momento que data a minha influência direta nos atos da revolta.

No entanto, em seu testemunho de 1968 para o Museu da Imagem e do Som no Rio de Janeiro, João Cândido conta que ele teria sido designado como comandante da rebelião bem antes, já nos comitês que se reuniam no Rio e na Inglaterra. Sobre os militares mortos durante a tomada do poder pelos rebeldes, o marujo escreve em suas memórias também do 7 de janeiro de 1913:

> Logo que fui feito comandante da esquadra revoltosa, tratei de informar-me se existiam mortos e feridos a bordo. Então tive informações diretas que sim, que havia alguns, eram o nosso ex-comandante Batista Neves, depois de haver sustentado, com o heroísmo que a sua posição exigia, uma luta de mais de meia hora, também o capitão-tenente José Claudio e o grumete Joviniano Baptista de Oliveira. Eu da minha parte lamentei esse acontecimento, que iria pôr de luto a Marinha brasileira. Eram oficiais distintos, notadamente o comandante Batista Neves, cuja competência e valor toda a nossa armada pôde dar testemunho.

O oficial em serviço no *scout* Bahia, o primeiro-tenente Mário Alves de Souza, encontrava-se sozinho no comando do navio. Ele ordena a formação da guarnição depois de ouvir os tiros nos outros navios. Como os marujos recusam-se a obedecê-lo, ele atira no chefe da guarda e é, por sua vez, morto por outros marinheiros. Segundo João Cândido na mesma fonte citada acima, um radiograma enviado pelo comandante rebelde do Bahia às 2h15min do dia 23 de novembro, informavam-no dos fatos acontecidos a bordo desse navio e da morte de um oficial e de um marinheiro, Balduino Bahiano da Costa, provavelmente o chefe da guarda contra o qual o tenente Alves de Souza tinha atirado. O comandante rebelde desse navio era o marujo primeira-classe Francisco Dias Martins, reconhecido como um dos estrategistas da sublevação.

No encouraçado São Paulo, o cabo Gregório do Nascimento organiza uma comissão de marinheiros assim que fica sabendo do sucesso da revolta a bordo do Minas Gerais. Os marujos se apresentam ao primeiro-tenente Salustiano de Lemos Lessa avisando-o de que estavam em estado de rebelião para que fossem abolidos os castigos corporais. Deixavam claro que não tinham nenhuma hostilidade contra os oficiais e os convidavam a deixar o navio. Se a maioria dos oficiais, sem condições de resistir, decide abandonar o barco, o tenente Américo Sales de Carvalho encontra refúgio na torre número 5, esperando retomar, num momento ou outro, o controle do navio e dominar a rebelião. Porém, diante da impossibilidade de retomar o poder, segundo testemunhos, ele se suicida.[12] João Cândido fica sabendo da tomada de poder pelos rebeldes a bordo do São Paulo por um radiograma recebido às 3h17min do 23 de novembro.

Finalmente, um fato curioso ocorre a bordo do mais antigo dos encouraçados sublevados, o Deodoro. O primeiro-tenente Antônio Barbosa Moreira Martins estava em serviço nesse navio quando escuta os barulhos dos tiros de fogo e os gritos de "Viva a liberdade". Às duas horas madrugada, ele envia à terra o segundo-tenente maquinista Luiz Borges de Matos para comunicar às autoridades esses acontecimentos e preveni-los de que ele se encontrava sozinho a bordo e não podia confiar na guarnição. No entanto, a lancha que leva o tenente maquinista também conduz outro oficial, o primeiro-tenente do Corpo da Armada João Paiva de Novais. Esse oficial pertencia à guarnição do Bahia, mas, não sendo aceito em seu navio, pede para ser acolhido pelo Deodoro.

De volta ao navio, o tenente Paiva declara, em voz alta e usando termos "inapropriados", que a frota tinha se rebelado com o intuito de destituir o governo. Ele próprio assume o comando do navio, ergue a bandeira vermelha como os outros vasos rebeldes e saúda os navios com seu chapéu, respondendo aos gritos escutados. Mais tarde, os marujos sublevados a bordo decidem expulsar esse estranho comandante. No Conselho de Guerra formado para atestar a responsabilidade e a implicação do tenente Paiva de Novais nos acontecimentos, todos os testemunhos afirmam que ele estava bêbado e incoerente nas suas proposições. O seu advogado aproveita das contradições entre as testemunhas para inocentá-lo em primeira instância, no dia 30 de maio de 1911, e no Supremo Tribunal Militar, em 14 de novembro do mesmo ano.

Segundo Hélio Leôncio Martins, entre os 26 navios da frota, aderem à revolta os encouraçados Minas Gerais, São Paulo e Deodoro, o *scout* Bahia e as tripulações do cruzador República (que abandonam esse navio para embarcar uma parte no São Paulo e outra no Deodoro) e da torpedeira Timbira (que permanecem no navio, mas de forma passiva). Os outros vasos de guerra, com

---

[12] Edmar Morel afirma que o tenente Américo Sales de Carvalho é "abatido". Mas João Cândido e Hélio Leôncio Martins dizem que ele comete suicídio (MARTINS, 1988, p. 36; "Memórias de João Cândido...", *Gazeta de Notícias*, 07/01/1913).

exceção dos *destroyers*, erguem a bandeira vermelha, mas não participam de forma significativa da revolta. Assim, o número de marujos amotinados devia se situar entre 2000 e 2300, se contarmos a maioria das tripulações do Minas Gerais, São Paulo, Deodoro e Bahia, reforçadas pelos marujos dos outros navios que aderem ao movimento.

João Cândido também fala exclusivamente da participação dos quatro principais navios. Na noite do 22 ao 23 de novembro, o comandante rebelde João Cândido evoca somente os radiogramas do São Paulo e do Bahia confirmando sua adesão à sublevação. A confusão criada pelo oficial Paiva no Deodoro teria talvez atrasado a comunicação entre esse encouraçado e os outros. No que diz respeito ao plano de ataque dos navios, o marujo João Cândido acrescenta, também no capítulo de suas memórias publicado em 7 de janeiro de 1913:

> Às 4 horas, após uma votação entre os "oficiais" revoltosos, deliberamos suspender a âncora. O Minas sair à frente, seguido do São Paulo e Bahia. Ficaríamos ao largo aguardando oportunidade para rompermos fogo contra a cidade e as fortificações legais, no caso de não sermos atendidos em nossas reclamações. Devíamos agir com prudência. [...] Às 7 horas da manhã, o São Paulo atacaria as fortificações do cais Pharoux, do litoral até a Glória; o Deodoro, as de Santa Cruz e Gragoatá, o Minas Gerais atacaria as de São João, Laje e Imbuí. Tudo isso seria feito em regra, respeitando nós os hospitais e os navios estrangeiros, surtos no porto, não transgredindo assim as regras estabelecidas na pragmática naval, como também o último tratado internacional de Haia.

Os ataques, no entanto, não ocorreram. Os navios se contentaram com alguns tiros de canhão que visavam à Ilha das Cobras ou Niterói e os deslocamentos na baía da Guanabara. Tais deslocamentos consistiam de fato no elemento de intimidação mais importante dos grandes vasos de guerra armados com seus poderosos canhões, percorrendo o litoral da capital da República.

Observemos que a ausência de oficiais não impediu o deslocamento dos navios, nem a elaboração de um possível plano de ataque. Também não impediu a comunicação com as autoridades e entre embarcações. Os marujos mostravam, assim, como estavam bem organizados. Além disso, se os oficiais da Armada foram expulsos ou deixaram os navios, os oficiais maquinistas continuavam a bordo. Assim como os radiotelegrafistas, os maquinistas tinham um conhecimento técnico indispensável para o funcionamento dos navios e das comunicações. Alguns oficiais maquinistas podem ter sido forçados a trabalhar para os marujos rebeldes, porém outros, como o maquinista Matias Bitencourt Carvalho no Minas Gerais, eram simpáticos à causa dos marinheiros. No São Paulo, são detidos a bordo os tenentes Juvenal de Lima Coelho, Sylvio Fabrici, Abellard Santa Rosa Araújo e Rodrigo Ramos.[13]

Os oficiais considerados "não combatentes" podiam ter uma relação menos conflituosa com os marujos, mais distantes das relações hierárquicas e de poder a bordo. Os maquinistas, algumas vezes estrangeiros e em contato mais direto com os marinheiros foguistas, assumiram sem dúvida uma posição mais neutra durante a revolta.[14] Um maquinista não identificado diz na edição do *Correio da Manhã* do dia 29 de novembro de 1910 que tinham sido ameaçados pelos marinheiros de fuzilamento caso não fizessem funcionar as máquinas. Trabalhavam dia e noite, mas eram bem tratados pelos marujos, que lhes davam boa alimentação. Segundo a mesma fonte, os marujos no comando eram capazes de fazer entradas e saídas da baía que os oficiais não seriam capazes de executar. Quanto aos suboficiais, as fontes nos indicam um envolvimento menos implícito durante a revolta de novembro. Com exceção dos sargentos José Ferreira Braga e Antônio dos Santos, do encouraçado Minas Gerais, que aderem à revolta junto com os marinheiros, submetendo-se, portanto, a outra hierarquia cujo comando era assumido por João Cândido, um marinheiro primeira-classe, não há indícios de participação de outros suboficiais ao lado dos marujos. O sargento Francisco Monteiro de Albuquerque, do Minas, permanece fiel aos oficiais, e o mestre Gustavo Ferreira, do mesmo navio, é enviado algemado à terra durante o movimento. Novas hierarquias e ordens são organizadas pelos próprios marujos

---

[13] Segundo dados de: MOREL, 2009, p. 86.
[14] Hélio Leôncio Martins afirma sobre os oficiais maquinistas: "Este tratamento de segunda classe, afastado de muitas das regalias honoríficas do oficialato, traduziram-se, naturalmente, ao eclodir a rebelião, na neutralidade em que se colocaram. Eram técnicos que faziam funcionar as máquinas. Faziam-no quando os oficiais-combatentes dirigiam o navio." Cf.: MARTINS, 1988, p. 69. Importante ressaltar que esse oficial combatente era filho de um oficial maquinista que trabalhava a bordo do Minas Gerais em 1910 (entrevista do Vice-almirante à autora, ver sétimo capítulo).

rebeldes, como indica João Cândido em suas memórias publicadas pouco mais de um ano depois (ainda no capítulo do 07/01/1913), citando os responsáveis nos navios Minas Gerais, São Paulo e Bahia. Como se vê, estavam presentes vários cabos:

> Para que não falhassem os nossos ideais, ficou constituída uma "oficialidade" dos revoltosos. Era assim composta: "almirante" em chefe, João Cândido; assistente, marinheiro de segunda classe João Baptista Marques Pimentel; secretário, Antônio Ferreira de Andrade; "comandante" do Minas, cabo José Francisco das Chagas; imediato, Vitalino José Ferreira; oficial da navegação, José Luiz da França; oficial encarregado da artilharia, cabo Teodoro; auxiliares, João José da Mota, Ernesto Roberto dos Santos, cabo João da Silva Medeiros, Alexandre Manuel Marinho; encarregados dos sinais, os marinheiros de segunda classe, José Ferreira de Mello, José Eduardo Ribeiro; telegrafistas da estação-rádio, segundo-sargento José Ferreira Braga, cabo João José de Moraes e marinheiro de segunda classe Antônio Bittencourt; chefe de máquinas, o marinheiro foguista Miranda e encarregado da eletricidade e protetores, segundo-sargento Antônio dos Santos. No São Paulo – comandante, marinheiro de primeira-classe Manuel Gregório do Nascimento; imediato, cabo André Avelino; oficial da navegação, cabo Cavalcanti; encarregado da artilharia, marinheiro de primeira-classe, Ferreira do Nascimento; encarregado das torres, cabo João Pereira da Silva, para aí destacado do Minas. No Bahia – comandante, Francisco Dias Martins; imediato, Carlos José de Freitas; oficial da navegação, Manuel José da Silva; oficiais de artilharia, Henrique Gomes e Adalberto Ribas; chefes, Rozendo das Neves, Alonso Barbosa, Doria Grey, auxiliares.

Essa organização de um grupo de oficiais rebeldes indica, uma vez mais, a relação forte que existia entre os marujos e a forma de organização militar. Os marinheiros rebeldes não somente conheciam os procedimentos da Armada de guerra (preparar um plano de ataque, organizar uma frota naval), como também estavam familiarizados com a ordem militar. Um estudo mais aprofundado do papel e perfil dessas lideranças é feito no capítulo seguinte. Por ora, voltemos aos acontecimentos de novembro e dezembro de 1910.

Na virada do 22 ao 23 de novembro, os navios mandaram ao Rio lanchas com os corpos dos oficiais e dos marinheiros mortos, enquanto outros barcos transportavam os oficiais expulsos dos navios. Uma pequena embarcação parte no dia 23 pela manhã levando consigo o manifesto que continha as reivindicações dos marujos. O texto é considerado uma das fontes mais importantes da revolta. Durante o trajeto, a lancha cruza o barco que trazia o deputado José Carlos de Carvalho, representante do governo enviado para negociar com os marinheiros.

As reações da esfera política

No dia 23 de novembro, o motim torna-se um assunto de debate no meio político. O senador Quintino Bocayuva, líder da maioria e do governo, introduz as discussões sobre o tema:

> Sr. Presidente, o Senado, como a nação inteira, acha-se neste momento sob a impressão da mais das dolorosas surpresas (muito bem) e o dever dessa corporação [...] é asseverar perante a opinião pública nacional e perante a opinião universal que neste lamentável incidente da insubordinação dos marinheiros de alguns navios de guerra surtos no porto desta Capital não está envolvido nenhum pensamento político. Não há felizmente entre nós nenhum partido que queira aceitar a co-responsabilidade de semelhante atentado (apoiados gerais. Muito bem). Posta de parte, portanto, a hipótese de que exista neste movimento de indisciplina e insubordinação qualquer elemento político, que seria nefando e antipatriótico, penso que o dever do corpo legislativo da República é asseverar ao Governo a sua completa e incondicional adesão na defesa dos interesses supremos da Nação e da honra do nosso próprio nome perante o mundo civilizado.[15]

As rivalidades da campanha presidencial de 1909-1910 ainda eram recentes, e os "militaristas" que apoiavam o Marechal Hermes da Fonseca podiam,

---
[15] BRASIL, *Anais do Senado Federal*, 1910, Livro V, 23/11/1910, p. 124.

num primeiro momento, pensar que a revolta era fomentada por seus adversários. É importante aqui lembrar que as eleições presidenciais de março de 1910 são marcadas pela disputa entre o candidato "civilista", o senador Rui Barbosa, apoiado pelas elites de São Paulo e Bahia, e os "militaristas" que sustentavam a candidatura de Hermes da Fonseca, com apoio das elites de Minas e do Rio Grande do Sul. Hermes da Fonseca obtém maioria no congresso, mas as disputas prevalecem durante os primeiros tempos do seu governo.

O senador baiano Rui Barbosa, figura política conhecida por seus discursos eloquentes e sua defesa de valores humanistas, tem uma importante participação no debate e na defesa dos marujos. Na mesma sessão parlamentar do dia 23 de novembro, Rui Barbosa faz sua primeira intervenção sobre a questão, expressando tanto seu desejo de defesa da "legalidade" e da "ordem" quanto seu apoio às reivindicações dos marujos:

> A Esquadra e o Exército são para nós duas coisas respeitáveis dentro da lei [...] É preciso, porém, não esquecer a verdade e a justiça que jazem no fundo íntimo dessas reclamações; é preciso não desconhecer nas reclamações dessa massa que se levanta um princípio de direito de humanidade, um grande princípio de humanidade [...] Navios constituídos para 900 homens de tripulação, não podem ser guarnecidos, mantidos, asseados e conservados por 300 marinheiros.

A revolta também será debatida na câmara dos deputados. O deputado Torquato Moreira, membro da maioria, argumenta em favor da necessidade de o governo reagir com prudência, na medida em que a revolta colocava em risco os interesses brasileiros, e, mais precisamente, com relação aos investidores estrangeiros:

> Desgraçadamente, Sr. Presidente, a maruja brasileira, amotinada, obedecendo a interesses inconfessáveis, sem a cultura necessária para compreender a gravidade desses acontecimentos e da atitude que acaba de assumir, põe em grave risco a tranquilidade pública, a ordem, o sossego e, por que não dizê-lo – os próprios créditos da nossa nação.[16]

---

[16] BRASIL, Anais da câmara dos deputados, 1910, vol. VIII, 23/11/1910, p. 438.

As discussões estavam apenas começando, mas o governo já tinha adotado algumas medidas. O senador do Rio Grande do Sul, Pinheiro Machado, verdadeiro mentor da eleição de Hermes da Fonseca e considerado um caudilho da Primeira República, nomeia, com o acordo do Presidente da República, o deputado José Carlos de Carvalho como representante do governo nas negociações. O deputado, também do Rio Grande do Sul, era egresso da escola naval e tinha participado de algumas ações da Guerra do Paraguai. Depois do conflito, ele foi promovido a primeiro-tenente, antes de ser réu num Conselho de Guerra por "ter faltado com respeito a um superior". Ele é absolvido pelo Supremo Tribunal Militar, mas pede demissão da Marinha após esse ocorrido. Apoia o ministro da Marinha Custódio de Melo em sua pressão pela destituição do Presidente Deodoro da Fonseca em 1891 e é, em seguida, promovido a capitão-tenente. Dois anos mais tarde, na Revolta da Armada, ele permanece fiel ao governo de Floriano Peixoto e recebe, como recompensa, uma promoção ao grau de capitão de mar e guerra honorário.[17] José Carlos de Carvalho era, portanto, um perfeito emissário do governo nas negociações. Ele era apreciado pelos marujos por ter proposto um projeto de aumento dos soldos, como citado no próprio manifesto dos marinheiros.

No dia 23 pela manhã, José Carlos de Carvalho vai a bordo dos navios para tentar buscar um caminho rápido para um acordo de capitulação.[18] No arsenal da Marinha, ele vê os corpos dos oficiais e dos marinheiros mortos e encontra, não sem dificuldade, uma lancha que aceita transportá-lo aos navios, improvisando uma bandeira branca com um dos lençóis utilizados para cobrir os corpos dos marujos mortos no conflito. Porém, antes de chegar a seu destino, ele cruza um barco que levava o manifesto dos marinheiros endereçado ao Presidente da República, sendo, logo, a primeira autoridade a ter acesso ao documento. Logo em seguida, o deputado José Carlos de Carvalho é recebido pelos marujos rebeldes a bordo do São Paulo, sendo feitas todas as devidas continências militares. O comandante rebelde Manoel Gregório do Nascimento lhe explica

---

[17] MARTINS, 1988, p. 106-107.
[18] Sobre a visita de José Carlos de Carvalho a bordo dos navios no dia 23 de novembro, ver: BRASIL, *Anais da câmara dos deputados*, 1910, vol. VIII, 23/11/1910, p. 453; "Memorias de João Cândido...", *Gazeta de Notícias*, 08/01/1913.

as causas da revolta e pede para que negocie no congresso anistia para todos os marinheiros. A bordo do São Paulo, os marujos mostram ao deputado que as bebidas alcóolicas se encontravam trancadas num armário. O deputado segue então para o Minas Gerais, onde é recebido com todas as saudações militares por João Cândido, que se apresenta como sendo o comandante geral da revolta. Ele escuta as mesmas queixas (maus tratamentos, comida ruim, excesso de trabalho e os castigos corporais) e lhe propõe visitar o navio para checar que tudo se encontrava na mais absoluta ordem. João Cândido tinha colocado sentinelas para vigiar o cofre do navio. Pedem ao deputado para acompanhar o marujo Marcelino Rodrigues Menezes, que havia recebido mais de 200 chibatas no 21 de novembro, como vimos.

Ao retornar da visita, José Carlos de Carvalho vai inicialmente ao Palácio do Catete, onde se encontravam reunidos o presidente e alguns ministros. Em seguida, ele volta à Câmara dos Deputados e pede a palavra. Em sua intervenção, insiste sobre o estado grave do marinheiro castigado com mais de 200 chibatadas e sobre os pedidos dos marinheiros. Relata em sessão parlamentar a sua ida a bordo do São Paulo:

> Logo que fui reconhecido, a sua guarnição formou, permitindo a minha entrada. Uma vez a bordo e recebido com todas as honras, perguntei quem se responsabilizava por aqueles atos. Responderam-me "todos", e um deles acrescentou: "navios poderosos como estes não podem ser tratados, nem conservados, por meia dúzia de marinheiros que estão a bordo; o trabalho é redobrado, a alimentação é péssima e mal feita e os castigos aumentam desbragadamente. Estamos em um verdadeiro momento de desespero: sem comida, muito trabalho e as nossas carnes rasgadas pelos castigos corporais, que chegam à crueldade. Não nos incomodamos com o aumento de nossos vencimentos, porque um marinheiro nacional nunca trocou por dinheiro o cumprimento de seu dever e os seus serviços à Pátria.[19]

Em seguida, sobre o Minas Gerais, acrescenta na mesma ocasião:

---
[19] BRASIL, *Anais da câmara dos deputados, op. cit.*, 23/11/1910, p. 454-455.

Aí encontrei a sua guarnição muito exaltada e resolvida à resistência, caso não fossem atendidas as suas reclamações. E para que eu me certificasse da justiça da reclamação, pediram-me para passar mostra ao navio, a fim de ter a certeza de que tudo estava em ordem. "Nada queremos, disseram-me os marinheiros, senão que nos aliviem os castigos corporais que são bárbaros, que nos deem meios para trabalhar, compatíveis com as nossas forças. V. S. pode percorrer o navio [...]: ali estão guardados o cofre de bordo quatro praças, com as armas embaladas; para nós, aquilo é sagrado. Só queremos que o Sr. Presidente da República nos dê liberdade, abolindo os castigos bárbaros que sofremos, dando-nos alimentação regular e folga de serviço. [...]" (Depois de ver o estado das costas de Marcelino Rodrigues), perguntei-lhes ainda o que queriam, e me responderam: "o mesmo que pede a guarnição do S. Paulo, e no ofício que mandamos pelo nosso emissário ao Sr. Marechal Presidente da República, pedimos o perdão pela falta que praticamos levados pela alucinação a que chegamos pelos castigos bárbaros que recebemos, todos os dias, e a posição desesperada em que nos colocaram".

José Carlos de Carvalho termina essa reveladora intervenção dizendo: "A gente que está a bordo é capaz de tudo, quando os chefes e marinheiros são indivíduos alucinados pela desgraça em que caíram [...] Não sei o que aquela gente vai fazer; mas, pelo que pude depreender da exaltação dos ânimos e planos dos chefes, a situação é gravíssima".

Questionado pelo deputado Pedro Moacyr que pretendia saber se havia oficiais nos navios, José Carlos de Carvalho confirma que não se encontrava nenhum oficial a bordo. Em seguida, o deputado Alcindo Guanabara lhe pergunta como os navios se deslocavam, ao que ele responde: "Estão se movendo com precisão nas manobras, há maquinistas a bordo; os navios não estão abandonados, estão prontos para entrarem em ação, ao primeiro sinal que partir do navio chefe, Minas Gerais". As últimas questões, colocadas pelo deputado Torquato de Moreira, deixam subentender que um contra-ataque podia ser elaborado, mas que o capitão José Carlos de Carvalho preferia evitá-lo.

José Carlos de Carvalho cita livremente as demandas dos marujos.

No entanto, ele não apresenta aos deputados o manifesto dos marinheiros. A imprensa da época também não teve acesso ao seu conteúdo integral, o qual somente passa a ser conhecido pelo grande público depois de 1959, com a publicação do livro de Edmar Morel, como diz o jornalista:

> Alguns deputados pediram em vão para ler o memorial enviado pelos rebeldes ao Presidente da República, documento que, aliás, não foi publicado. Divulgo-o, agora, cedido pelo Vice-almirante César Augusto Machado da Fonseca, Diretor do Serviço de Documentação da Marinha, o meu ídolo, na juventude, no Ceará, no comando da Escola de Aprendizes-Marinheiros.[20]

No meu ponto de vista, o manifesto não foi lido na câmara dos deputados porque ele se encontrava nas mãos do presidente Hermes da Fonseca, já que José Carlos de Carvalho o encontra assim que volta da visita aos navios. Assim, é provável que esse "ofício" (segundo os termos dos marujos) tenha sido entregue pessoalmente ao presidente, como pediam os marujos. Possivelmente, as únicas pessoas que tiveram acesso ao seu conteúdo em novembro de 1910 tenham sido o deputado de Carvalho, o presidente da Fonseca e alguns ministros, entre os quais o Ministro da Marinha Marques de Leão, bem como, sem dúvida, o senador Pinheiro Machado. Todavia, depois da publicação desse precioso documento por Morel, ele se torna uma das fontes mais importantes para se compreenderem as reivindicações dos marujos, tanto no que diz respeito à mensagem quanto à linguagem, e até mesmo à caligrafia, à semântica e à escrita, como segue (ver também capítulo 6):

> Rio de Janeiro, 22 de Novembro de 1910,
> Ilmo. e Exmo. Sr. Presidente da República Brasileira.
> Cumpre-nos, comunicar a V. Exa. Como chefe da Nação Brasileira:
>
> Nós, Marinheiros, cidadãos brasileiros e republicanos, não podendo mais suportar a escravidão na Marinha Brasileira, a falta de proteção que a pátria nos dá, e até então não nos chegou; rompemos o negro véu, que nos cobria aos olhos do patriótico e enganado povo.

---

[20] MOREL, 2009, p. 96-97.

Achando-se todos os navios em nosso poder, tendo ao seu bordo prisioneiros todos os oficiais os quais têm sido os causadores da Marinha Brasileira não ser grandiosa, porque durante vinte anos de República ainda não foi bastante para tratar-nos como cidadãos fardados em defesa da pátria, mandamos esta honrada mensagem para que V. Exa. faça nós Marinheiros Brasileiros possuirmos os direitos sagrados que as Leis da República nos facultam, acabando com as desordens, e nos dando outros gozos que venham engradecer a Marinha Brasileira, bem assim como: retirar os oficiais incompetentes e indignos de servirem à Nação Brasileira, reformar o Código imoral e vergonhoso, que nos rege, a fim de que desapareça a Chibata, o bolo e outros castigos semelhantes; aumentar o nosso soldo pelos últimos planos do Ile. Senador José Carlos de Carvalho, educar os Marinheiros que não têm competência para vestirem a orgulhosa farda, mandar pôr em vigor a tabela de serviço diário, que a acompanha. Tem V. Exa. o prazo de doze (12) horas para mandar-nos a resposta satisfatória, sob pena de ver a pátria aniquilada. Bordo do Encouraçado "São Paulo", em 22 de Novembro de 1910.

Nota – Não poderá ser interrompida a ida e a volta do mensageiro.

Marinheiros.

Segundo Edmar Morel, a redação do manifesto seria atribuída a Francisco Dias Martins, o único marujo que tinha feito estudos secundários e que seria também o autor das cartas assinadas por "Mão Negra". Hélio Leôncio Martins atribui a autoria do texto a Ricardo de Freitas, radiotelegrafista do Bahia, enquanto os filhos de Adalberto Ferreira Ribas sustentam que seu pai teria redigido tal documento, ele que era também radiotelegrafista no mesmo navio.[21] Para além dessa polêmica de autoria, outra contradição merece ser apontada: o manifesto é assinado "a bordo do São Paulo", enquanto todos esses possíveis autores estavam de serviço no Bahia. Outras informações contidas na carta ao Presidente da República nos convidam a pensar que o manifesto teria sido escrito antes da tomada efetiva do poder. Como sublinha Edmar Morel, a qualidade do texto e

---

[21] Entrevista de Marcos Valério Ferreira Ribas e Adaléia Ribas Barbosa, *op. cit.*

sua caligrafia perfeita não correspondem ao estado de exaltação dos rebeldes no calor dos acontecimentos; era preciso ter calma e tranquilidade para prepará-lo. Além disso, o manifesto menciona que os oficiais estariam "presos" a bordo dos navios. Ora, sabemos que de fato os oficiais não foram detidos a bordo, mas talvez esse fosse o plano dos marujos antes dos combates. Eles também mencionam que "todos os navios" estavam em seu poder, mas sabemos que detinham quatro navios principais, reforçados pela tripulação de outros vasos de guerra.

Porém, as exigências presentes no documento confirmam a natureza da principal demanda: a supressão dos castigos corporais. Os marinheiros não mencionam a qualidade da alimentação como citado em outras fontes, mas exigem a revisão do soldo e do serviço (segundo a tabela proposta por José Carlos de Carvalho), a substituição dos oficiais considerados incompetentes, a educação e a formação de parte da corporação. Não encontrei essa tabela citada pelos marujos, mas ela devia propor a redução do tempo de engajamento e das horas de serviço, reivindicações que começam a existir no mundo operário da época, sobretudo nos países mais industrializados, mas que chegam, também, muito em razão das circulações transatlânticas, ao Brasil.

José Carlos de Carvalho volta aos navios no dia 24 de novembro à tarde para assegurar aos marujos rebeldes que o governo iria lhes conceder a anistia, evitando o bombardeio da cidade. No congresso e na opinião pública, o debate continua. O que fazer com os marinheiros? Anistia ou contra-ataque? Preservar os navios, a cidade, e escutar as reivindicações reconhecidas como justas dos marujos ou tentar salvar a honra das autoridades no poder e dos oficiais mortos? Era o dilema de "classe e raça" que estava por trás dos debates.

Uma saída para a crise: anistia ou contra-ataque?

A imprensa cobre com grande interesse os acontecimentos. Os jornais de oposição ao governo se mostram, como esperado, os mais entusiasmados na defesa dos marinheiros. A imprensa publica informações sobre os castigos corporais, o excesso de trabalho, o aumento do salário dos oficiais em detrimento dos marinheiros etc. Até mesmo os jornais favoráveis ao governo e mais conservadores reconhecem a causa da revolta como justa.

As lideranças da revolta se faziam cada dia mais presentes nas páginas da imprensa. Na segunda edição do *Correio da Manhã* do 24 de novembro, um artigo inteiro é dedicado a João Cândido. O texto é intitulado "O 'almirante' João Cândido". De simples marujos, eles se tornam figuras públicas, ou até mesmo heroicas, nos textos da imprensa local e internacional. Alguns jornalistas desenvolvem vários parágrafos sobre a figura de João Cândido, como Gilberto Amado em *O Paiz*, do 27 de novembro de 1910:

> João Cândido é um marinheiro formidável. Entre nós, ele é excepcional – um marinheiro que sabe navegar, conduzir um navio, fazer parnasianismos de manobras [...] fora a competência técnica, sua conduta tem qualquer coisa de extraordinária. [...] João Cândido não se embriaga com o triunfo, ele joga ao mar o depósito de bebidas aristocráticas que a riqueza a bordo acumulava para as festas cotidianas.

De fato, João Cândido, como comandante geral da revolta, havia promulgado "decretos" para a frota e instaurado regras de procedimento dos navios rebeldes, como escreve em suas memórias do dia 8 de janeiro de 1913, na *Gazeta de Notícias*:

> Ordem do dia nº 1 do comando em chefe, a bordo do dreadnought Minas Gerais, art. 1º: Determina o comandante em chefe que os navios que tiverem estrangeiros a bordo façam-nos desembarcar, apresentando-os às autoridades legais e também que postem sentinelas embaladas nos cofres e nas propriedades dos oficiais; art. 2º: fica estabelecida a censura na comunicação radiográfica com as estações do continente e com os navios que não tenham aderido à causa, sendo que para isso só podem radiografar com o navio almirante [...]; art. 3º: devem ter os comandantes os seus navios prontos às 5 horas da tarde, a fim de pernoitarem fora do porto; em virtude da escassez de carvão que reina a bordo dos navios, ordeno que a marcha seja moderada, não excedendo a seis milhas e sempre que entrarmos no porto tenham as suas máquinas prontas para, no caso de ser necessário.

Além da quantidade insuficiente de carvão em certos navios, a falta de água potável também surgia como um problema. No dia 24 de novembro, às 10h, João Cândido é informado de que faltava carvão no *scout* Bahia e água no encouraçado Deodoro. Ele ordena que as barcas de provisão de água e carvão sirvam os navios rebeldes, mas controla a qualidade da água. Edmar Morel conta que o comandante João Cândido pede ao mestre de uma dessas barcas, bem como a toda a tripulação, para provar a água que forneciam aos navios rebeldes a fim de se assegurar que ela não havia sido envenenada.

Enquanto esperavam por uma resposta a bordo dos navios, o governo, por sua vez, planificava um contra-ataque. Ainda que a causa dos marujos tivesse despertado simpatia de uma grande parte da imprensa, diversos periódicos e autoridades reconheciam também que os marinheiros haviam exagerado em sua ação, colocando em risco a cidade e causando a morte de oficiais – observe-se que lamentavam somente a morte dos seis oficiais, e não dos seis marinheiros falecidos nos conflitos. No governo, temia-se que a revolta – caso tivesse êxito – favorecesse o surgimento de outras sublevações e reivindicações sociais. Muitos oficiais também desejavam vingar a morte de seus colegas de farda.

Assim, havia um esboço de projeto de surpreender os navios rebeldes com uma falsa adesão dos *destroyers* que não tinham aderido à revolta. Outra possibilidade era surpreender os rebeldes e fazer naufragar os navios com os torpedos – já que as torpedeiras se mantiveram fiéis ao governo. Morel publica no seu livro uma ordem de contra-ataque assinada pelo ministro da Marinha Joaquim Marques Baptista de Leão e datada do 25 de novembro. O documento estava parcialmente preenchido e se tratava de uma espécie de carta branca do ministro aos comandantes dos navios fiéis ao governo para que tivessem autorização de atacar a tropa rebelde. Em seu relatório de 1911, o ministro conta que havia um plano de contra-ataque cuja essência se baseava no uso dos *destroyers* e na instalação de minas na baía, para surpreender os navios no retorno. Mas esse plano jamais será executado, pois o Presidente pedirá para suspender qualquer ação ofensiva contra os rebeldes.

O governo não dispunha de forças de combate para realizar seu objetivo. Acima de tudo, afundar os navios seria uma perda enorme para o patrimônio naval brasileiro. A execução de um contra-ataque também compreendia outros inconvenientes, como o risco de não colaboração dos outros marujos no combate contra os companheiros. Lembremos também que a destruição do Rio de Janeiro teria repercussões importantes para o poder, tendo em vista que a cidade havia recentemente passado por um processo de reformas urbanas no governo do presidente Rodrigues Alves.

As eventuais perdas humanas e materiais de um contra-ataque eram também uma preocupação dos responsáveis internacionais. Em Londres, o *Times* publica, no 24 de novembro, uma nota com detalhes da sublevação, acrescentando que o ministro britânico havia protestado junto ao governo brasileiro contra a hipótese de naufragar os navios rebeldes, já que se encontravam a bordo súditos ingleses. Essa opinião internacional contava também para o governo brasileiro, tendo em vista que o país precisava de seus credores internacionais e que diversas companhias estrangeiras trabalhavam no país nos serviços de transporte, de gás e eletricidade. Enfim, com respeito às relações internacionais, outro poderoso "advogado" dos rebeldes era o ministro das Relações Exteriores, o Barão do Rio Branco, que manifesta claramente junto ao comandante designado para organizar uma possível ação de contra-ataque, o capitão Felinto Perry, sua opinião contrária ao torpedeamento dos navios. Eles representavam o equilíbrio naval sul-americano.

O contra-ataque não parecia ser a melhor solução. A opinião pública estava em grande parte favorável aos marinheiros. A anistia se desenhava, portanto, como a melhor saída. Contudo, o governo pretendia prepará-la da forma mais interessante para ele próprio, ou seja, com o arrependimento dos marujos e a entrega das armas. Na manhã do 24 de novembro, o Presidente se reuniu com os ministros para elaborar uma deliberação final. Enquanto os Ministros da Guerra, o general Dantas Barreto, o ministro da justiça J. J. Seabra e o da Marinha, o almirante Marques de Leão, se pronunciavam a favor do contra-ataque, o senador Pinheiro Machado defendia que o melhor seria "tentar trazer os marinheiros de volta à razão".[22] João Cândido conta sobre a segunda visita do deputado José

---

[22] MARTINS, 1988, p. 112.

Carlos de Carvalho aos navios, também no capítulo de suas memórias do dia 8 de janeiro de 1913:

> Às 2 horas da tarde, chega a bordo do Minas o parlamentar, para dizer-nos que, depois de uma longa conferência e um grande debate, o governo resolvera conceder-nos a anistia. Tínhamos, porém, que depor as armas. Esta proposta não foi aceita pelos revoltosos, sendo as condições destes as seguintes: só deporiam as armas depois que tivessem a posse da anistia e continuariam nos mesmos navios, podendo, para isso, o governo retirar as munições.

O conteúdo dessa "longa conferência" entre o marujo e o deputado comandante da Marinha é em partes publicado no *Jornal do Commércio* no dia 25 de novembro de 1909. De acordo com esse órgão, o deputado teria falado aos marinheiros "com o coração" e os convidara a depor as armas, lembrando-lhes da existência de suas famílias e amigos em terra e o fato de que a opinião era favorável às suas reivindicações. Outro argumento, segundo ele, era o fato de que os marinheiros deviam agir como brasileiros e que "os brasileiros não são nunca selvagens"; era preciso preservar a população do Rio de seus ataques, pois era um povo calmo e que não tinha culpa da "falta de humanidade dos outros". Depois da conversa, os marujos enviaram ao Presidente o telegrama seguinte, provavelmente escrito com a contribuição do próprio José Carlos de Carvalho:

> Exmo. Sr. Marechal Hermes da Fonseca, Presidente da República – Arrependidos do ato que praticamos em nossa defesa, por amor da ordem, da justiça e da liberdade, depomos as armas, confiando que nos seja concedida anistia pelo Congresso Nacional, abolindo como manda a lei o castigo corporal, aumentando o ordenado e o pessoal, não importa, para que o serviço de bordo possa ser feito sem o nosso sacrifício. Ficamos a bordo obedientes às ordens de V. Ex. em quem muito confiamos – Os reclamantes.[23]

Com efeito, o projeto de anistia começava a ser preparado no Senado. Mas, para os políticos no poder, receber uma carta dos marujos pedindo desculpas era

---
[23] NASCIMENTO, 2009, p. 51-52.

fundamental. Do lado dos marinheiros, o conteúdo e a forma dessa mensagem pareciam bastante distante das outras, em particular do manifesto. Enquanto nas anteriores, eles apresentavam suas exigências e ameaças, nesta última, eles se diziam arrependidos. Passam de "marinheiros rebeldes" a "reclamantes" e se submetem ao governo.[24]

No entanto, a hora não era de total confiança. Segundo Morel, João Cândido é avisado dos planos dos oficiais na noite do 24 para o 25 de novembro através de uma nota radiografada: "Tenha cuidado com a noite. Os *destróieres* vão atacar!".[25] O informante era o radiotelegrafista do navio Timbira. Outras informações podiam também chegar até os rebeldes, pois, como descobre a polícia, eles tinham apoio em terra e especialmente no meio dos fuzileiros navais que permaneciam na Ilha das Cobras. Assim, para evitar qualquer contra-ataque, os navios passam a noite do 24 e do 25 fora da baía, temendo que, quando voltassem no dia seguinte, a baía estivesse minada. Os marujos ficam atentos a qualquer movimento estranho, como conta João Cândido em suas memórias. Eles lançam alguns tiros para intimidar e mostrar que dominavam os armamentos. Gregório do Nascimento, comandante rebelde do São Paulo, testemunha nas páginas do *Correio da Manhã* do dia 29 de novembro de 1910 que os marinheiros tinham um plano de defesa contra um possível contra-ataque. Eles sabiam que as forças fiéis ao governo eram inferiores em poder bélico: os *destroyers,* sabiam os marujos, tinham "apensas quatro cabeços" que não podiam danificar os navios e, caso atacassem, eles utilizariam o navio Deodoro como uma forma de escudo, na dianteira, sacrificando-o se necessário, para "abrir fogo" com o São Paulo e o Minas.

Estavam organizando os movimentos dos navios para preparar uma estratégia de defesa em caso de ataque do governo, quando recebem, às 16h do 25 de novembro, segundo as memórias de João Cândido do 8 de janeiro de 1913, um radiograma do Presidente da República comunicando a assinatura do decreto da anistia.

---

[24] Segundo Hélio Leôncio Martins (1988, p. 113), o termo reclamantes teria sido uma sugestão do deputado José Carlos de Carvalho, enquanto Álvaro Pereira do Nascimento vê nessa segunda mensagem uma mudança significativa da atitude dos marinheiros, correspondendo ao início da submissão ao governo (2009, p. 51-52).
[25] MOREL, 2009, p. 111.

Esses planos de proteção da frota rebelde respondiam igualmente a outros imperativos. De fato, no dia 25 de novembro, o governo divulga uma nota à imprensa para dizer que, se os rebeldes se recusassem a se renderem, ele provocaria o naufrágio dos navios. O objetivo desse comunicado era sondar a recepção de tal anúncio e intimidar os marujos. Porém, ele provocou um tal pânico na cidade que o chefe da polícia do Rio teve de escrever uma nota retificativa para tranquilizar a população.

Na sequência, dois outros radiogramas são escritos pelos rebeldes para responder à nota oficial que nega os contra-ataques. O primeiro é destinado "ao povo e ao Chefe da Nação" e o segundo, ao ministro da Marinha. As duas mensagens pediam o fim dos castigos corporais e a anistia para os rebeldes. No primeiro, os marinheiros evocavam também o excesso de trabalho e "a mais absoluta falta de consideração com que sempre foram tratados", afirmando que não tinham intenção de bombardear a cidade, exceto em caso de urgência ou de defesa. Eles se diziam mesmo arrependidos de terem causado problemas ao governo Hermes da Fonseca, acrescentando que a tripulação do São Paulo era particularmente favorável ao presidente que tinha viajado a bordo do navio em sua volta da Europa um mês antes. A segunda mensagem pedia a presença do Presidente a bordo dos navios e a assinatura de um decreto que abolisse oficialmente os castigos corporais, além da supressão do uso "de palavras agravantes" proferidas pelos oficiais contra os marujos, bem como a anistia aos rebeldes.[26]

A anistia votada pelos políticos e vivida pelos marujos

O texto da anistia é apresentado por Rui Barbosa ao Senado federal ainda no dia 24 de novembro. Segundo ele, o governo devia se submeter às "circunstâncias do momento" e acordar a anistia aos rebeldes:

> O que constitui a força das máquinas de guerra [...] não é a sua grandeza, não são os seus aparelhos de destruição – é a alma do homem

---

[26] De acordo com Martins, a primeira dessas proclamações não teria sido redigida pelos marinheiros, pois, segundo ele, "o estilo apurado do documento está muito acima de suas possibilidades [referindo-se a Francisco Dias Martins] literárias". Mas podemos discordar dessa hipótese. Uma análise mais atenta dessa escrita dos marinheiros será apresentada no capítulo seguinte. As comunicações são citadas em: MOREL, 2009, p. 101-103; MARTINS, 1988, p. 55-59; *O Paiz*, 26/11/1910.

que as ocupa [...] (Muito bem!) As almas desses marinheiros que povoam os nossos grandes dreadnoughts, hoje, em nossa baía, sejamos justos ainda para com esses infelizes no momento do seu crime, as almas desses homens têm revelado virtudes que honram a nossa gente e a nossa raça. Li hoje com admiração as declarações do nobre Deputado Sr. Jose Carlos de Carvalho; vi como esses homens lhe mostravam com orgulho os seus navios, dizendo: – Senhores, isto é uma revolta honesta!²⁷

Antes de concluir o mesmo discurso, o senador Rui Barbosa estabelece uma relação entre os castigos corporais e a escravidão, o maior mal do Brasil, para ele:

> [...] é um engano acreditar-se que o regime nacional e humano da abolição dos castigos corporais pode influir para reduzir as forças disciplinares do Exército e da Armada. Estou perfeitamente convencido do contrário. [...] Acostumado a não chibatar seus comandados, habitua-se a medir o que podem; habitua-se a não se exceder ao que lhe cumpre; habitua-se a poder ser chefe, sem ser escravo. (Muito bem) A escravidão começa por desmoralizar e aviltar o senhor, antes de desmoralizar e aviltar o escravo. Estou persuadido intimamente de que a grande parte, a maior parte, porventura, dos males sociais, pelos quais ainda hoje penarem-se no Brasil, se deve à influência moral da escravidão, há tantos anos entre nós já extinta. <u>Extinguimos a escravidão sobre a raça negra; mantemos, porém, a escravidão da raça branca no Exército e na Armada, entre os servidores da Pátria, cuja condição tão simpática é a todos brasileiros.</u> (grifo meu)

Por que Rui Barbosa fala de escravidão da "raça branca" com relação aos marujos e soldados navais, que eram em maioria negros e pardos? É importante colocar a sua intervenção no contexto da época. O termo "raça" era com frequência utilizado como sinônimo de nacionalidade, de povo ou nação (a "raça francesa", "a raça brasileira" etc.). Além disso, a referência à cor negra estava também ligada, naquelas décadas tão próximas da abolição, à condição de escravizado. O

---

²⁷ BRASIL, *Anais do Senado Federal*, op. Cit., 24/11/1910, p. 134.

senador, por mecanismos de nuances e invisibilidades próprios ao período, não pretendia enfatizar a cor dos marujos, mas marcar a oposição entre a situação de escravizado ou de cidadão, de homem livre, negros e brancos pobres. Porém, um olhar contemporâneo sobre essa passagem não pode deixar de observar que a expectativa de branqueamento da população brasileira estava profundamente marcada como uma fronteira, entre o cidadão, o homem respeitável, e o não cidadão, o escravizado. Uma forma a mais de racismo estrutural ou sistêmico das relações e projeções políticas no Brasil, por melhores que fossem as intenções de Rui Barbosa.

Dentro da lógica desse discurso, a anistia devia ser votada com urgência e sem condições por duas razões: os custos humanos e materiais de um potencial contra-ataque e a legitimidade das reivindicações dos marujos. Uma altercação entre o senador baiano de oposição e o caudilho Pinheiro Machado marca os espíritos na Assembleia.

Pinheiro Machado era também defensor da anistia imediata, considerada por ele a única forma de evitar uma crise maior para o governo Hermes da Fonseca. Entretanto, havia um desacordo com Rui Barbosa quanto ao momento de concedê-la. Para ele, a anistia somente deveria ser dada aos marinheiros após a redenção das armas. Segundo suas próprias palavras:

> Desde que [os marinheiros] se submetessem à autoridade dos poderes constituídos da República [...] perturbando a ordem interna – esta é a minha convicção – outros poderão amanhã levantar-se contra os poderes públicos; estarão prontos, ao primeiro movimento armado – embora proveniente de causas merecedoras de atenção, como as atuais. Para satisfazer a essas reclamações, é, a meu ver, condição primária – a submissão à autoridade dos seus superiores e o reconhecimento de subordinação aos poderes constituídos. [...] Por isso dizia eu ao ilustre Senador pela Bahia que não me oponho na essência à ideia apresentada por S. Ex., porque ela se acha de conformidade com o meu sentimento, mas sim tenho dúvidas sobre a sua oportunidade.[28]

---

[28] BRASIL, *Anais do Senado Federal, op. Cit.*, 24/11/1910, p. 139-140.

Rui Barbosa busca desconstruir os argumentos de seu colega no Parlamento, não mais enfatizando as reivindicações dos marinheiros nacionais, mas a impossibilidade de vencê-los sem perdas consideráveis para a cidade e o país. E, mais adiante, ele acrescenta, para justificar a anistia imediata:

> Convém, Sr. Presidente, neste ponto, não esquecer a distinção essencial que existe entre a anistia e o perdão. (Apoiados) O perdão, sim, pela sua natureza, pressupõe o arrependimento do criminoso, o abandono das armas, da luta. A anistia, pelo contrário, é um ato político pelo qual se faz esquecer o delito cometido contra a ordem, o atentado contra as leis e as instituições nacionais.[29]

No momento em que o debate esquentava no Senado, Pinheiro Machado faz uma nova intervenção. Ele anuncia que os rebeldes acabavam de comunicar ao Presidente da República que eles se submetiam à autoridade legal e pediam a anistia e que, nesse caso, ele não via mais nenhuma objeção ao projeto de anistia. O presidente do Senado, antes de passar à votação, acrescenta que também tinha recebido um telegrama dos marinheiros, mas que deveriam votar sem levar em conta seu conteúdo. Com toda evidência, o telegrama recebido era o citado acima, assinado pelos "reclamantes". O projeto de anistia, votado unanimemente, recebeu a seguinte redação: "Art. 1: é concedida anistia aos insurrectos de posse dos navios da Armada Nacional, se os mesmos dentro do prazo que lhes foi marcado pelo Governo se submeterem às autoridades constituídas. Art. 2 – Revogam-se as disposições em contrário".

O projeto devia ser debatido e votado no dia seguinte na Câmara dos deputados para, em seguida, ser assinado pelo Presidente. Por outro lado, no meio dos marujos, o acordo pela anistia não era uma unanimidade. Um dos comandantes rebeldes do Deodoro, o marinheiro José Alves de Silva, escreve um manifesto para expressar sua oposição à capitulação, publicado pelo *Correio da Manhã* do 29 de novembro de 1910 e lido ao comandante Pereira Leite antes que a bandeira branca fosse finalmente erguida nos navios. O marinheiro dizia não estar satisfeito com a posição adotada por João Cândido ("Sr. Chefe

---

[29] *Idem*, p. 149.

da Divisão dos Revolucionários"), que tinha aceitado a anistia decida em terra, sem a presença do Presidente da República e do ministro da Marinha a bordo e sem a assinatura de um decreto que garantisse o fim dos castigos corporais e o aumento do salário. Ele dizia:

> Por ouvirmos na Câmara deste encouraçado que disse o sr. José de Carvalho, que o muito digno Sr. Chefe da Divisão dos Revolucionários tinha aceitado a Anistia feita por terra e não com a presença do Sr. Presidente da República e nem pelo Sr. Ministro da Marinha; dizendo ao Comandante do Encouraçado Deodoro que de modo nenhum nem o Sr. Presidente e nem o Sr. Ministro podiam vir assinar os papéis a bordo do Navio Chefe, dizendo que o Sr. Presidente e o conjunto com o Congresso tinha somente assinado o Perdão da falta que cometemos, e não o aumento do nosso soldo e nem tão pouco a nossa Liberdade, que tinha sido discutida na Câmara, mas que o Presidente nem o Congresso tinham assinado o nosso intento.

Mais adiante na mesma declaração, José Alves dizia que "se fosse para ficarmos no que éramos não tínhamos acompanhado na revolta". Essa declaração citada na imprensa revela a democracia que existia na revolta, com adesão, mas também divergências, bem como a consciência das principais razões da luta: dignidade na profissão de marujo, sem os castigos, e aumento dos salários. Alguns marujos viam como frágeis as garantias das autoridades e do governo, sem a presença dos principais responsáveis. O próprio João Cândido dirá, anos mais tarde em seu depoimento ao MIS em 1968, que, ao aceitar a anistia, os marujos ficaram "nas mãos do governo", mas que se tratava da melhor decisão a ser tomada na época.

Na Câmara dos deputados, o debate é tão intenso quanto no Senado. Já que os parlamentares eram em maioria favoráveis à anistia, a discussão implicava outras dimensões, como a posição do Presidente da República na situação. A sessão tem início com a comissão de justiça da Câmara dos Deputados. Essa comissão julga correto o projeto de anistia, na medida em que, citando os dizeres do escritor italiano e figura do direito Castori, "a anistia não é decretada em benefício do delinquente, mas da sociedade", como publicado nas atas do dia 25 de novembro.³⁰ Na sequência, o deputado Irineu Machado faz um discurso oposto ao projeto de anistia que não é publicado nas atas, mas cuja essência é reconstituída em outra intervenção do deputado na mesma sessão: a anistia, tal qual feita, "em vez de um ato de clemência de vencedor, é imposição humilhante, feita pelos rebeldes em armas contra a autoridade". Esse discurso é precedido de uma intervenção do deputado Pedro Moacir, apoiador de Rui Barbosa, favorável aos marujos:

> Do alto deste tribunal, declaro que a Câmara dos Deputados, para ser fiel à Constituição, mantenedora da índole e dos sentimentos da nossa civilização, não pode cerrar ouvidos às justas, legítimas, procedentes, naturais e humanas <u>reclamações dos humildes concidadãos, submetidos à ferocíssima, à infamíssima condição de novos escravos brancos</u> (Muito bem). (grifo meu)

A comparação entre marinheiros e "escravos brancos" tem aqui o mesmo sentido do discurso de Rui Barbosa. Não se trata da "cor", mas da condição de "homens livres" e da empatia e da interpretação dos homens brancos que compunham a câmara, confrontados às práticas da escravidão reservadas exclusivamente aos homens – e mulheres – negros. Penso aqui nos argumentos de Abdias do Nascimento sobre o "genocídio do negro brasileiro", organizado no Brasil de forma física, mas também simbólica. Por mais que as intenções desse parlamentar fossem boas e ele defendesse os marujos, a invisibilidade da presença majoritária negra na revolta faz parte de um processo de eliminação dos negros e pardos na constituição do cidadão brasileiro, ainda que isso não seja sempre feito de forma "proposital".³¹

O deputado Thomaz Cavalcanti reage na mesma sessão: "Condeno por completo a chibata e os castigos corporais. Mas o que não posso aprovar é o processo de conceder a anistia a revoltosos que estão pedindo com as armas na mão, processo que vai desmoralizar por completo as instituições".

A tais afirmações Pedro Moacir responde que os rebeldes eram homens de honra e como prova: "não tiveram até agora, apesar de broncos, de incultos e

---

[30] BRASIL, *Anais da câmara dos deputados, op. cit.*, 25/11/1910, p. 489. As demais citações dessa sessão da câmara estão publicadas neste mesmo documento.
[31] NASCIMENTO, 1978.

de pretendidos selvagens, uma só frase de injúria ou de aspereza nos radiogramas trocados com as altas autoridades da República".

Passa-se ao voto nominal. Em terceira discussão, o projeto da anistia é aprovado por 115 votos contra 19. No mesmo dia, o presidente Hermes da Fonseca promulga o Decreto n° 2280 de 25 de novembro de 1910 – que é em seguida ratificado pelo ministro da Justiça – concedendo definitivamente a anistia aos marujos amotinados em troca da deposição das armas. Havia uma verdadeira ânsia para acabar rapidamente com essa história. Os marinheiros são anistiados, como pediam, somente três dias após o início do movimento.

O deputado José Carlos de Carvalho comunica a notícia ao Minas Gerais a partir da estação telegráfica do Palácio do Catete. A bordo dos navios, assim que se fica sabendo da assinatura definitiva do decreto, três radiogramas são enviados. Como resposta à "boa-nova", uma primeira mensagem é destinada ao deputado José Carlos de Carvalho:

> As guarnições dos navios reclamantes agradecem a V. Exa. pelo feliz resultado que por vós nos foi alcançado junto ao Congresso Nacional em nosso favor, fazendo que a nossa santa causa, que a V. Exa. estava confiada, fosse coroada de feliz êxito. Por este motivo temos a afirmar a V. Exa., uma vez satisfeitas as nossas reclamações, o ilustre Marechal Hermes da Fonseca e a Nação brasileira não encontrarão dentro dos limites da pátria homens mais patriotas e mais submissos às leis de nosso país. Viva o ínclito Marechal Hermes! Viva o Comandante José Carlos de Carvalho, perpétuo defensor da classe oprimida! Viva a nação brasileira! Viva o Congresso Nacional! – As guarnições do Minas Gerais, São Paulo, Bahia e Deodoro.[32]

Se o radiograma tinha um tom nacionalista, favorável à ordem e reconhecedor, uma segunda mensagem, com uma tonalidade totalmente diferente, também é enviada ao mesmo deputado: "Comandante José Carlos – Catete – Entraremos amanhã ao meio-dia. Agradecemos os seus bons ofícios em favor de nossa causa. Se houver qualquer falsidade, o senhor sofrerá as

---

[32] MARTINS, 1988, p. 123.

consequências. Estamos dispostos a vender caro as nossas vidas. Os revoltosos".[33] Aqui, assinam como "os revoltosos" e mostram que não pretendiam ser enganados, ameaçando o interlocutor do Parlamento brasileiro, em caso contrário.

Finalmente, uma terceira e última mensagem dos rebeldes era endereçada ao Presidente da República e também datada do 26 de novembro. Proveniente do Minas Gerais, o radiograma dizia:

> Confiando na vossa Justiça, esperamos com o coração transbordando de alegria, a vossa resolução, pois os culpados de nossa rebelião são os oficiais de Marinha, que nos fazem escravizados deles e não da bandeira que temos. Estaremos ao vosso lado, pois não se trata de política, e sim dos direitos dos miseráveis marinheiros.[34]

O radiograma retomava a essência da revolta, os maus tratamentos sofridos pelos marujos e executados pelos oficiais, como uma continuidade das relações de escravização. Os verdadeiros responsáveis, insistem os marujos, eram os oficiais. O tom de ameaça é abandonado, até mesmo porque, após a rendição das armas, só podiam confiar no governo e não tinham mais o controle da situação. Porém, podiam também comemorar vitória por terem conseguido a nomeação de novos comandantes dos navios, como reivindicavam. Entre os novos oficiais, alguns tinham sido reclamados pelos próprios marujos rebeldes, como o comandante João Pereira Leite para o Minas Gerais.[35]

Na noite do 25 ao 26 de novembro, os marujos conduziram os navios para fora da baía para protegê-los, mas também para preparar a "volta à ordem". Por um lado, queriam limpar os vasos de guerra e descarregar seus canhões (escuta-se barulho de tiro durante a noite). Por outro, queriam preparar uma entrada triunfal à baía da Guanabara no dia seguinte, antes de devolver os navios aos oficiais.

O 26 de novembro amanhece ensolarado. Às 7h30, o São Paulo faz sua entrada na baía, seguido, um pouco mais longe, pelo Bahia. O São Paulo vigiava as águas, expulsando as outras embarcações que se encontravam no caminho. Os dois navios navegavam tranquilamente, evitando parar e sendo observados,

---

[33] MARTINS, 1988, p. 131; MOREL, 2009, p. 214.
[34] MOREL, 2009, p. 133.
[35] A lista dos oficiais nomeados se encontra em: MARTINS, 1988, p. 137-138.

com interesse e admiração, por vários habitantes do Rio, debruçados no cais e nos morros da cidade. O Deodoro e o Minas eram esperados com ansiedade e entram na baía em torno das 13h, exibindo a bandeira vermelha. O ritual preparado pelos marujos continua: os quatro navios homenageiam os falecidos nos conflitos – seis oficiais e seis marinheiros, bem como duas crianças mortas por tiros de canhão lançados contra o Morro do Castelo na noite do 22, erguendo a bandeira brasileira como sinal de luto. João Cândido acrescenta posteriormente sobre a redenção, em suas memórias na *Gazeta de Notícias* do dia 8 de janeiro de 1913: "Dia 26, à 1 hora da madrugada, determinei que se procedesse à lavagem geral dos navios, assim como os que tivessem as torres de baterias carregadas, fazerem-se ao largo com cautela [...]. Determinei também que estivessem prontos para salvarem com 21 tiros quando chegasse a bordo a comissão".

Uma lancha do Ministério da Marinha leva o capitão Pereira Leite ao Minas Gerais. Ele é recebido por João Cândido e outros companheiros ainda na escada de acesso ao encouraçado. Jornalistas e fotógrafos já se encontravam a bordo dos navios, preparando diversas reportagens, entrevistas e fotografias. Uma foto registra o momento preciso da chegada de Pereira Leite ao Minas:

Figura 3: A recepção do novo comandante do Minas, escolhido pelos marujos, depois da revolta

Fonte: *Fon-Fon*, 3/12/1910

João Cândido também descreve em suas memórias, no dia 8 de janeiro, o momento captado pela fotografia: "Às 2 horas da tarde, entrou-se no porto, às 3 horas e 30 minutos apresentava-se a bordo o capitão de mar e guerra Pereira Leite. O novo comandante foi, em nome do governo, entender-se com os revoltosos; recebido a bordo por mim, a guarnição prestou-lhe as continências devidas".

O marinheiro que vemos prestar continência ao oficial no primeiro plano da imagem não é João Cândido, mas um suboficial, como se pode ver pelas insígnias do uniforme.[36] João Cândido se encontrava atrás do comandante, fora do quadro, no último degrau da escada. Se levarmos em conta seu posicionamento, ele deve ter sido o primeiro a receber o comandante. Mas, como havia um "retorno à ordem", o seu superior, um sargento, é quem "oficialmente" se encarrega de passar o comando do navio ao novo capitão.

A mudança de comando do navio é, porém, efetivada algumas horas mais tarde. Como ainda narra João Cândido no mesmo capítulo de suas memórias, Pereira Leite queria assumir o Minas Gerais somente quando os outros oficiais estivessem presentes nos navios. A revolta dos marinheiros de novembro de 1910 estava encerrada. O tema continua ocupando algumas páginas da imprensa por ainda alguns dias. Mas, pouco a pouco, os acontecimentos e os marinheiros desaparecem dos jornais, enquanto a bordo dos navios o clima ainda permanece tenso. Uma segunda revolta eclode no Batalhão Naval. Esse outro movimento terá um fim mais dramático para os marujos e soldados navais.

A Marinha depois da anistia: um retorno à ordem?

A volta ao cotidiano na Marinha não é nada fácil. Para os oficiais, era difícil esquecer os atos de "insubordinação", "insubmissão", as "humilhações" e a morte dos colegas durante a noite de tomada do poder.[37] Para os marinheiros, a

---

[36] Hélio Leôncio Martins afirma que o capitão Pereira Leite foi recebido por João Cândido e dois oficiais maquinistas (MARTINS, 1988, p. 136). Entretanto, na foto, vemos marujos do Corpo de Marinheiros Nacionais, dentre os quais um suboficial. Esse suboficial seria os sargentos Braga ou Antônio dos Santos, únicos nomes de suboficiais citados por João Cândido como membros da oficialidade rebelde no Minas Gerais. Cf.: "Memórias de João Cândido...", *Gazeta de Notícias*, 07/01/1913.

[37] Esses oficiais recebem também, na imprensa e no congresso, homenagens. Vários políticos assistem ao funeral e os nomes dos oficiais aparecem em vários discursos políticos e na imprensa citados como "heróis". A correspondência do representante do Reino da Espanha no Brasil, Cristobal Fernandez-Vallin, no entanto, indica que um mal estar estava presente no seio das elites brasileiras na época, depois do que foi revelado com a revolta, como escreve: "Tal ha sido el desconcierto que en todos los centros oficiales ha producido ese acontecimiento que ni el Presidente ni el Govierno se acordó de hacerse representar en el entierro del comandante del Minas Gerais y de los otros oficiales que murieron cumpliendo en

capitulação da forma como foi feita não era uma unanimidade e novas lideranças emergiam depois dos acontecimentos.

O governo também era criticado por uma parte da imprensa, enquanto outros periódicos continuavam elogiando os marinheiros e denunciando as violências cometidas pelos oficiais, o que feria o orgulho da hierarquia naval.[38] Os editorialistas e formadores de opinião eram bastante críticos com relação às autoridades navais e ao governo, como se vê nesta capa da revista ilustrada *O Malho*:

Figura 4: A anistia do medo ou o medo da anistia

Fonte: *O Malho*, 03/12/1910.

---

deber y además se asegura que dos marineros de los sublevados fueron enterados al mismo tiempo disfrutando por tanto de los pocos honores que se tributarán à sus víctimas." Archivo Nacional de España, Ministerio Exteriores, Brasil, 1419, N. 140, Política, 26/11/1910.

[38] Sobre os artigos favoráveis aos marujos, ver sobretudo: *Correio da Manhã*, 27/11/1910 e 28/11/1910 e o *Diário de Notícias* dos mesmos dias.

Nessa caricatura, políticos como Pinheiro Machado e Rui Barbosa são ridicularizados, pois teriam, segundo o texto que acompanha a imagem, votado a anistia por medo. Rui Barbosa é mostrado tendo cólicas de pânico na imagem.

Evidentemente que as autoridades da Marinha e do Estado não queriam ser vistas como fracas. Já no dia 27 de novembro, o Ministro da Marinha tinha ordenado o "desarmamento dos navios" por "medida de segurança", caso os marujos tentassem uma nova rebelião. Os marinheiros recebiam a ordem de retirar as culatras dos canhões, as armas portáteis e as munições, mas essa tarefa era executada, em muitos casos, com "má vontade".[39]

No dia seguinte, 28 de novembro, o governo edita o Decreto nº 8 400 que autoriza a Marinha a excluir ou licenciar qualquer militar que se mostrasse "refratário à disciplina", sem obrigação de formação de um Conselho de Disciplina como previsto pelo Decreto nº 7124 de 24 de setembro de 1908. Segundo o decreto anterior, a dispensa "por exclusão" só poderia ser aplicada depois da condenação do militar em um Conselho e, uma vez excluído da Marinha, era impedido de exercer qualquer outra função pública. Assim, o Decreto nº 8 400 tornava mais fácil as exclusões e dispensava a intervenção das cortes marciais, eliminando qualquer direito à defesa dos acusados e sem necessidade de verificação dos fatos e de constituição de provas.

Rui Barbosa retorna à tribuna para observar que esse decreto não respeitava a anistia concedida aos marujos no dia 25 de novembro: "Eis, senhores, o reverso do ato da anistia há dois dias adotado pelo Congresso e sancionado pelo chefe do Poder Executivo".[40] Mais uma vez, o debate entre esse parlamentar e seu homólogo Pinheiro Machado ocupa o Senado. Pinheiro Machado chega a defender que o Decreto nº 8 400 era fruto das demandas dos próprios marujos. Rui Barbosa, por sua vez, insiste sobre a ilegitimidade e o caráter arbitrário da medida, argumentando que tal lei deveria caber ao poder legislativo. Mais adiante, ele conta aos colegas senadores que tinha recebido a visita de um grupo de marinheiros no dia 28 de novembro que vieram lhe fazer prova de seu reconhecimento e afeição, entregando-lhe um buquê de flores. É interessante

---

[39] MARTINS, 1988, p. 142-151.
[40] BRASIL, *Anais do Senado Federal*, 1910, Livro V, 25/12/1910, p. 216.

lembrar aqui que Rui Barbosa cultivava camélias como um símbolo de sua adesão à luta abolicionista. As flores oferecidas pelos marujos podiam, assim, ter um importante valor simbólico no contexto.[41] Em sua fala, ele retoma a relação entre os castigos corporais e a escravidão:

> Não é em vão que o nosso homem do povo, que o nosso marinheiro, preto ou mestiço, que veste a nobre camisa azul de nossa Marinha, filho ou descendentes de antigos escravos, sabe que, para emancipá-los, uma revolução abalou a sociedade, caiu um regime e a propriedade servil, com toda a sua força, não pôde resistir; não é em vão que esse homem do povo, educado, pelas lições dos seus comandantes, em certos princípios de nobreza, sente cair sobre as carnes a chibata aviltante, sente magoar-lhe as mãos a indigna palmatória. Ainda há poucos dias uma senhora, filha de um almirante – ela própria o referiu depois a um amigo meu, médico eminente nesta terra – perguntava a um marinheiro, cujas mãos estavam enroladas com chumaços de pano, que tinha ele, que moléstia sofria nas mãos. – "Ah, minha senhora, se soubesse, essas mãos receberam 60 dúzias de bolos."[42]

Por fim, Rui Barbosa lê a indicação n° 6 de 1910, escrita por ele próprio, segundo a qual o Senado deveria elaborar um projeto de lei para abolir definitivamente os castigos corporais na Marinha e no Exército do Brasil, criando medidas coercitivas para aqueles que ferissem essa determinação. Contudo, esse projeto não é votado nos dias que se seguem e, mesmo se não temos indícios e elementos que atestem a existência de chibatadas na Marinha depois da revolta de novembro, esse castigo e outras punições corporais não são proibidos na Marinha de Guerra por nenhum decreto ou lei do período. As outras exigências dos marujos (melhores soldos, melhor formação, mudança na tabela de serviço, menor tempo de serviço e engajamento, etc.) também não serão tratadas em nenhum decreto do contexto. De fato, os marujos conseguiram a supressão dos castigos corporais da Marinha em 1910 através de sua importante mobilização e visibilidade que conseguiram dar para a questão, mas sem nenhuma oficialização

---

[41] SILVA, 2003; ALONSO, 2015.
[42] BRASIL, *Anais do Senado Federal*, op. Cit. 29/11/1910, p. 218-219.

legislativa, num parlamento, lembremos, constituído quase exclusivamente por homens brancos, membros da elite e das classes abastadas da Primeira República.

Por outro lado, os oficiais também são elogiados pelos senadores. Rui Barbosa, em seu discurso, afirma que eles não eram culpados pela situação e que não deveriam ter vergonha de seu estatuto, pois eram responsáveis pela boa formação técnica dos marinheiros, que foi testemunhada pelo mundo inteiro com os acontecimentos. No mesmo dia, o Senado vota uma moção, proposta por Rui Barbosa, reconhecendo o heroísmo dos oficiais mortos no combate na ocasião da revolta dos marujos. Tenta-se construir uma forma de conciliação entre marinheiros e oficiais, garantindo uma boa imagem do Congresso Nacional ao mesmo tempo.

Mas as perdas para a Armada são muito grandes. No mesmo discurso, Rui Barbosa revela que diversos oficiais pediam demissão da Marinha. No universo dos marujos subalternos, os casos de exclusão são numerosos. No dia 7 de dezembro, o chefe do Estado Maior da Armada definia, com os outros comandantes, um procedimento de desligamento progressivo dos "elementos indesejados", que deveriam ser excluídos da Marinha. No dia seguinte, oito marujos têm baixa no Minas Gerais, entre os quais João José do Nascimento, a quem se atribuía a responsabilidade pela morte do comandante Batista das Neves. No mesmo dia, outros seis marujos deixam o Bahia, como Francisco Dias Martins, que, no seu caso, pede demissão. Segundo o relatório do ministro da Marinha de 1911, no dia 31 de dezembro de 1910, 900 marinheiros tinham sido excluídos. Esse número chega a 1 216 durante os quatro primeiros meses de 1911. Ainda de acordo com esse ministro, no mesmo relatório: "a 1 078 desses excluídos, o governo forneceu passagem nos paquetes dos Loyd Brasileiro para regressarem a seus Estados". Contudo, é preciso desconfiar dessas "viagens de retorno", já que, como veremos mais adiante, muitas dessas "deportações" eram feitas com violência.

Os oficiais reclamavam da insubmissão dos praças. No meio dos marujos, rumores circulavam: não estavam contentes com o desfecho da revolta e falava-se de um novo levante. O ministro Baptista de Leão dá conta dessas tensões na introdução do seu relatório datado de 1911: Se, por um lado, os oficiais não se conformavam com a anistia, "por outro lado, as guarnições anistiadas não se sentiam tranquilas. Incitadas por exploradores que lhes incutiam a desconfiança e insubmissão, [...] suspeitando não só da lealdade do Governo como da de seus imediatos superiores, as tripulações viviam à espera de uma traição pelo violento rompimento do decreto de anistia ditado por motivos de ordem que escapava à sua compreensão".

A notícia da revolta se difundia rapidamente nas outras partes do Brasil, sobretudo graças à imprensa. Como atesta uma carta do marinheiro Nazário Damião a Francisco Dias Martins, escrita no dia 29 de novembro de 1910, em Manaus. No documento, ele pede informações sobre a revolta – "Dizem aqui os oficiais que foi para abolir os castigos corporais e aumento do soldo e diminuir o tempo de serviço" – e conta que os oficiais do Amazonas também tinham hábito de punir os praças com mais de 200 chibatadas ou golpes de espada. Por fim, ele interroga Dias Martins sobre a possibilidade de se mudar para o Rio, graças aos bons resultados da revolta na capital: "Dias Marins, você é capaz de arranjar para mim ir para o Rio de Janeiro?".[43]

Porém, no Rio, o clima de trabalho estava pesado e os marinheiros estavam desconfiados e divididos, como se pode concluir a partir da leitura dos diferentes testemunhos recolhidos pelo Conselho de Investigação e inclusos no Processo de 1912. No Minas Gerais, um grupo de praças se opõe a João Cândido e tentam criar uma força paralela. Os marinheiros desse grupo – no qual se encontravam André Avelino, Ernesto Roberto, Vitalino José Ferreira, Aristides Pereira (o *chaminé*), Vitório Nicássio de Oliveira, João José do Nascimento, entre outros – eram chamados de "faixas pretas" e usavam o lenço de marinheiro ao redor do corpo. Eles acusavam João Cândido de ser próximo dos oficiais, segundo as conclusões do estudo do vice-almirante Hélio Leôncio Martins.

Questionavam o fato de não terem obtido resposta concreta à maior parte de suas demandas, para além da anistia e da nomeação de alguns dos comandantes desejados. Nenhum decreto da Armada ou dos poderes legislativos lhes dava garantias das outras exigências. Essa divisão dos marujos teria começado

---

[43] Esta carta se encontra no Volume 1 do Processo de João Cândido: AN, Supremo Tribunal Militar, Processo "João Cândido e Outros", *op. cit.* Fiz correções na ortografia.

desde a capitulação. Como vimos, o marinheiro José Alves, descrito como um caboclo que teria em torno de 20 anos de idade, argumentava seu desacordo com a anistia dada "em terra", sem outras garantias. Ele questionava a ação de João Cândido e preferia que esperassem mais alguns dias, depois da discussão do aumento do soldo no congresso e voto no legislativo do fim dos castigos.[44]

O próprio João Cândido conta no capítulo de suas memórias publicado em 8 de janeiro de 1913 que corria o boato de uma nova revolta:

> Concedida esta e ocupando os seus postos os novos oficiais, vi que a ordem não se estabelecera a bordo. Nos trabalhos de desembarque das munições, notava-se qualquer desafeição entre os antigos oficiais que presidiam estes trabalhos, sendo que alguns deles chegaram a informar-me que teríamos uma contra-revolução e que para isso contavam com bons elementos. O que eu nunca tratei foi de saber por parte de quem viria dar-se este fato. [...] Disseram-me, então, que ao estarmos todos recolhidos ao quartel central seríamos todos cruelmente atacados e mortos sem meios de defesa. Esse e outros fatos prepararam no espírito dos marinheiros o novo levante.

Em síntese, as condições da anistia não pareciam satisfazer nem um nem outro lado da Armada brasileira. O artigo 8 400 e o desarmamento dos navios só teriam agravado a tensão, do lado dos praças. Se os marinheiros nacionais tinham ganhado visibilidade e reconhecimento, tinham perdido a união anterior e os rumores e boatos favoreciam as divisões. A nova sublevação temida se torna uma realidade, em 9 de dezembro do mesmo ano, com a rebelião do Batalhão Naval e do encouraçado Rio Grande do Sul, que acontece somente 13 dias após o decreto de anistia.

O motim de dezembro: um golpe montado?

Para a maior parte dos estudiosos da revolta dos marinheiros, a rebelião do Batalhão Naval de dezembro de 1910 está intrinsecamente ligada à revolta dos marujos do 22 de novembro. Arias Neto avança sobre uma hipótese levantada

---

[44] Benedito Paulo também retoma as palavras do Marinha, com mais informações, 1934, p. 43-44.

por Marcos Silva para quem, a partir da análise do jornal anarquista *La Battaglia*, a revolta do Batalhão Naval teria sido forjada pelos oficiais para terem um pretexto para massacrar os marujos.[45]

Esta é também a opinião do ex-marinheiro João Cândido, bem como de certos membros de sua família, como sua filha, e de outros ex-marinheiros que serviram na Marinha alguns anos depois e que se dedicam a "preservar a memória" desse acontecimento.[46] Essa perspectiva, na qual se inclui, de certa forma, Edmar Morel, considera que a revolta de dezembro teria sido fabricada ou fomentada pela Marinha.

Se não se pode afirmar com certeza a responsabilidade dos oficiais da Marinha ou dos membros do governo nesse segundo levante, também não se pode negligenciar o fato de que as autoridades da época utilizaram essa segunda revolta como pretexto para anular a anistia, perseguir e reprimir marujos e soldados navais rebeldes ou "indesejados", segundo os termos da época. A relação entre as duas revoltas, de novembro e dezembro de 1910, se explica por dois elementos principais: a não promulgação na legislação da época do fim dos castigos corporais – bem como de todas as outras reivindicações – e a adoção do Decreto n° 8 400. Um novo estudo feito precisamente sobre essa segunda revolta e que tem como fonte a investigação policial, as fichas do Gabinete de Identificação da Armada e as cadernetas-registros dos soldados navais questiona essa ideia da "revolta forjada". Segundo Henrique Samet, os fuzileiros foram influenciados ou manipulados pelos rumores, mas se rebelaram porque se sentiam oprimidos pelos oficiais e estavam insatisfeitos com os resultados finais da revolta dos marinheiros nacionais.[47]

Na noite do 9 de dezembro de 1910, os soldados do Batalhão Naval e a tripulação do *scout* Rio Grande do Sul se rebelam. César da Fonseca, primeiro-tenente desse navio, escreve sobre os acontecimentos no livro de quartos:

---

[45] ARIAS NETO, 2001, p. 262.
[46] Segundo os testemunhos de João Cândido ao Museu da Imagem e do Som no Rio de Janeiro (MIS, 1999) e as entrevistas feitas com Dona Zeelândia Cândido, Porfirio e Moacir C. Lopes, entre outros ex-marujos membros da UMNA (União de Mobilização Nacional pela Anistia) e do MODAC (Movimento Democrático pela Anistia e Cidadania), em julho de 2002.
[47] SAMET, 2011.

> Às onze horas aproximadamente, ao formar uma turma de marinheiros que devia desembarcar, em virtude de alguns deles ter o tempo de serviço completo e outros nocivos à disciplina, observou-se à ré, imediatamente, um ajuntamento da guarnição [...] Dirigi-me em seguida para o corredor dos camarotes, para armar-me de uma carabina, fazendo o mesmo os senhores comandante, imediato e oficiais e alguns inferiores. Neste momento o navio fez-se às escuras e ouvi logo, em seguida, gritos sedosos de – Não forma! – e tiros. [...] às onze horas e cinquenta e cinco minutos apresentaram-se os marinheiros Manoel Antônio e Belmiro Libânio, que queriam falar com o comandante, o que foi cedido. Declararam que a guarnição se tinha revoltado devido aos boatos constantes que o navio ia ser atacado por força de terra com a aquiescência dos oficiais, para o que já haviam sido retiradas todas as culatrinhas dos canhões e muitas outras notícias alarmantes, porém, que formaria a guarnição logo que o comandante ordenasse e que submeter-se-iam.[48]

O comandante conversa com a guarnição do navio e a tranquilidade volta a reinar a bordo. O navio Rio Grande do Sul participará até mesmo da repressão da sublevação do Batalhão Naval algumas horas depois. Um marinheiro não identificado e o capitão-tenente Francisco Xavier Carneiro da Cunha, atingido por um tiro de carabina e uma facada, são as únicas vítimas mortais dos conflitos. De fato, rumores circulavam. Alguns dias antes, a polícia do Rio deteve alguns marinheiros que se reuniam nos bairros populares do Rio "para organizar uma sublevação": no dia 2 de dezembro, oito marinheiros foram presos na rua do Lavradio; no dia 4, 22 prisões de marujos foram feitas numa casa do subúrbio Piedade.[49] Depois das detenções, a polícia alerta as autoridades da Marinha que um motim se preparava no Batalhão Naval e no encouraçado Rio Grande do Sul. Além disso, o comandante desse navio também desconfiava de algo, como indica o relatório do Ministro Baptista de Leão de 1911: "O meu então chefe de gabinete [...] teve comunicação do comandante de que esperava imediata revolta em sua guarnição".

---

[48] MOREL, 2009, p. 164-165.
[49] MARTINS, 1988, p. 155; MOREL, 2009, p. 163.

O capitão do Rio Grande do Sul é informado por um marujo foguista, em 8 de dezembro, da organização dessa outra revolta. Ele lhe comunica o nome dos líderes e a data escolhida. Segundo Edmar Morel, os oficiais teriam não somente fingido que tudo continuava normal a bordo a fim de surpreender os marinheiros e puni-los, como também teriam alimentado os rumores e boatos sobre um eventual "ataque do Exército".

Na Ilha das Cobras, em torno das 22h30, os soldados navais recebem ordem para avançar. O líder dessa sublevação era o sargento Jesuíno Leme Carvalho, de codinome "Piaba", oriundo do Estado do Rio Grande do Sul, contando 39 anos de idade, solteiro e alfabetizado.[50] É ele que dá ordem ao clarim Bernadino dos Santos Ferreira para chamar a guarnição a se reunir no pátio do quartel. Há tiros e uma grande confusão. Escutam-se gritos de "Viva a liberdade". Piaba dá novas funções aos soldados, ordena a liberação de todos os prisioneiros e toma posse da estação telegráfica com o intuito de se comunicar com as autoridades e com os marujos.[51] No entanto, os marinheiros que se rebelaram em novembro não apoiam os soldados navais. Isolada e representando um alvo fixo, a rebelião do Batalhão Naval é massacrada em pouco tempo. Barricadas são montadas entre a praça XV e o Monastério São Bento. O Exército e a Marinha atacam conjuntamente a Ilha das Cobras, provocando a destruição de prédios da Armada e alguns mortos e feridos. Apesar de terem erguido a bandeira branca, as autoridades continuam os ataques contra os rebeldes até o 10 de dezembro à tarde.

Fontes e estudos sobre a revolta do Batalhão Naval são bem menos numerosos do que sobre a revolta dos marinheiros. Uma narrativa dos fatos ocorridos na Ilha das Cobras foi feita pelo capitão-tenente reformado Antero José Marques, que ocupava na época o posto de sargento adjunto no Batalhão Naval.[52] Segundo ele, o comandante desse batalhão, o capitão Marques da Rocha, é avisado em 9 de dezembro por um agente da polícia de que as tropas do Batalhão iam se rebelar naquela noite. Como tudo parecia tranquilo na Ilha das

---

[50] SAMET, 2011.
[51] NASCIMENTO, 2008, p. 62-63.
[52] Este texto é publicado em: MARTINS, 1988, p. 155-159; MOREL, 2009, p. 153-155

Cobras, o comandante Marques da Rocha não acredita na informação e declara ter confiança em seus homens. Mas, às 22h30, escuta-se a chamada do clarim e a 1ª e 5ª companhias se rebelam, liberando todos os prisioneiros e se servindo das armas disponíveis. As forças do governo se preparam para atacar os fuzileiros. Às 6 horas do dia seguinte, os navios atacam com seus canhões voltados contra o batalhão. Os rebeldes respondem matando tanto civis quanto militares. Mas, a partir das 14h, os rebeldes não respondem mais aos tiros e erguem uma bandeira branca. Às 15h, a destruição é total. Às 15h45 precisamente, a batalha cessa. Procede-se ao socorro dos feridos e à prisão dos outros rebeldes, que tentam escapar das punições vestindo-se como civis e misturando-se aos pacientes do hospital da Ilha das Cobras. 45 sargentos e cabos são indiciados por terem participado da rebelião, segundo o ofício do Estado Maior da Armada do dia 16 de dezembro de 1910. Segundo as informações oficiais, a rebelião, que dura 17 horas, provoca a morte de um sargento e de 23 soldados. Há 18 feridos entre os militares (fiéis ou não ao governo). Na manhã do 11 de dezembro, as forças do governo ocupam a Ilha das Cobras definitivamente.

Como no *scout* Rio Grande do Sul, os boatos de um ataque do Exército chegaram aos navios que tinham participado da revolta de novembro. Segundo o ministro Baptista de Leão em seu relatório de 1911, uma lancha que deixa o Rio Grande do Sul na noite do 9 de dezembro transmite a "notícia" do ataque desse navio pelas forças do Exército. Esse anúncio provoca pânico e, ainda de acordo com o ministro, os marujos "que só se haviam submetido aparentemente e sempre conservaram armas ocultas" se rebelaram novamente.

A sentença do Supremo Tribunal Militar de 1912 revela que os marujos rebeldes de novembro de 1910 não participaram da rebelião do Batalhão Naval em dezembro. Todavia, os oficiais abandonam os navios, deixando, assim, os vasos de guerra sob responsabilidade das guarnições. Os praças assumem novamente o comando das embarcações e, numa série de telegramas, pedem para que sejam rearmados – já que estão desarmados desde o 27 de novembro – para reprimir os ataques do Batalhão Naval. Além disso, sem saber ao certo como agir, os marujos deslocam os navios para fora da baía.

No entanto, os marinheiros não compunham mais um grupo coeso e as decisões tomadas divergem, segundo os testemunhos. Alguns preferem desembarcar desde o início da nova revolta, outros permanecem nos navios, recusando deixá-los mesmo depois do fim da rebelião do Batalhão Naval. A tripulação é desembarcada entre os dias 10 e 13 de dezembro e reunida no quartel do Corpo de Marinheiros Nacionais, enquanto a polícia continua prendendo marujos que se encontravam na cidade.

Os boatos não se limitam aos navios. No processo aberto para descobrir as razões do motim, a maior parte das testemunhas – soldados, cabos, sargentos ou oficiais – afirmam não terem conhecimento dos motivos do levante. No entanto, vários homens afirmam ter escutado boatos segundo os quais as forças do Exército iam se unir às do Batalhão Naval para combater os marinheiros rebeldes de novembro e vingar a morte dos oficiais. Essa informação é destacada no testemunho do soldado naval Calixto da Silva Jardim, identificado como uma das lideranças da rebelião, que afirma ter sido contactado pelo tenente Ramadante do Campo y Amoedo que teria dito desejar voltar ao Minas Gerias para "decapitar os rebeldes de novembro". O sargento Piaba atesta a mesma coisa: teria sido chamado pelo tenente-capitão para atacar, com um reforço de 100 soldados do Exército, os marinheiros que mataram o comandante Batista das Neves. Piaba contou esse fato a seus colegas assim que soube da versão de Calixto. Dessa forma, os rebeldes de dezembro se diziam fiéis tanto aos colegas marinheiros quanto ao governo Hermes da Fonseca (gritos de apoio ao governo também são escutados na noite do 9 de dezembro). A sua sublevação teria, portanto, o objetivo de lutar contra os oficiais "traidores" e defender o batalhão de um ataque do Exército.[53]

No mesmo dia, o governo envia ao Congresso um projeto para declarar estado de sítio durante um mês no Rio de Janeiro e no Distrito Federal. O projeto é aprovado no Senado. O único voto contra é o de Rui Barbosa, que faz um discurso apontando o procedimento arbitrário do poder executivo. Na Câmara dos Deputados, o projeto é aprovado com igual facilidade. A promulgação do estado de sítio permite a prisão de diversos marinheiros, soldados e civis nos dias seguintes.

---

[53] NASCIMENTO, 2008, p. 64-66.

Ainda que a imprensa tenha dificuldade de ir à Ilha das Cobras, o *Diário de Notícias* relata que havia muitos homens feridos, mortos ou desertores no Batalhão Naval e descreve a situação catastrófica da ilha na noite do 13 de dezembro: "A ilha é um montão de ruínas, sepultando centenas de cadáveres. De 600 soldados que eram, restam 60 vencidos pelo desespero. Os outros morreram, fugiram ou entregaram-se ao Governo. Não se justifica, pois, o estado de sítio".

As forças que esperavam a repressão dos marujos alcançavam seu objetivo. As autoridades mostraram seu poder com a repressão e o massacre dos rebeldes do Batalhão Naval, conseguiram a declaração do estado de sítio para poder perseguir os marujos e soldados que tivessem participado dos movimentos e puseram na prisão os principais líderes da revolta de novembro e da rebelião de dezembro. Os oficiais podiam vingar a morte de seus colegas de corporação e as humilhações com o rompimento da hierarquia e a com publicidade dada às reivindicações da revolta. Para todos que esperavam uma ocasião de repressão, o caminho estava aberto para tais medidas.

A repressão: prisões e deportação

Organizada pelas autoridades políticas e da Marinha, a repressão responde a duas modalidades principais. Num primeiro momento, muitos marinheiros e fuzileiros são presos nos dias 20 ou 21 de dezembro, são fuzilados no Rio ou falecem nas prisões da Marinha e do Exército. O marinheiro Marcelino Rodrigues Menezes testemunha no dia 4 de outubro de 1952 sobre esses fuzilamentos nas páginas de *O Globo*: "Eu mesmo assisti ao assassinato do cabo Medeiros, fuzilado por ordem do Marechal Hermes. Depois, no Realengo, vi tombarem Canuto, Zacarias e Marinho, sob carga de fuzil". Num segundo momento, o paquete *Satélite* é preparado com a finalidade de deportar no Norte do Brasil vários marinheiros, soldados e outras pessoas consideradas prejudiciais à ordem no Rio. Vários desses homens, e algumas mulheres, são fuzilados ou morrem durante a viagem.

No dia 24 de dezembro de 1910, 18 praças da Marinha e do Batalhão Naval são transferidos para uma cela solitária na Ilha das Cobras sob as ordens do comandante da Ilha, o capitão Francisco José Marques da Rocha.[54] Essa prisão reunia no total 210 prisioneiros civis e militares, de acordo com as fontes oficiais. Todavia, de acordo com o testemunho do capitão-tenente Antero José Marques, o número de prisioneiros chegava a 600. As celas datavam do período colonial e, na solitária onde se encontravam os 18 praças detidos, não havia nem banheiro, nem entrada de ar e luz suficiente.

A alimentação era à base de pão e água. Segundo vários testemunhos, em resposta ao pedido de água dos prisioneiros, os guardas lançavam uma mistura de cal e água para "desinfetar" a cela. A falta de ar e o calor contribuíram para a morte de vários homens, algumas horas apenas depois da transferência. Ainda segundo o testemunho do capitão-tenente Antero José Marques, o comandante Marques da Rocha era o único que tinha a chave da cela. Como tinha ido passar a noite de Natal no Clube Naval, não podiam abrir a cela para saber o que acontecia em seu interior. Na abertura da solitária, foram encontrados 16 mortos dentre os 18 praças detidos. O médico do Exército, Ferreira Abreu, constatou "insolação" nos seus certificados de óbito. Os sobreviventes eram apenas dois: o marinheiro João Cândido e o soldado naval João Avelino Lira.

João Cândido conta esse episódio em diferentes momentos. Num primeiro relato, no capítulo de suas memórias publicadas no *Gazeta de Notícias* em 10 de janeiro de 1913, evoca um número superior de marinheiros detidos, todos tratados pelos guardas e autoridades da Marinha com grande crueldade:

> Em seguida, fui eu o primeiro mandado a entrar para a "jaula". Era como aquele senhor chamava as solitárias, para onde fomos completamente despidos. Eu, da minha parte, não atribuo a culpa só àquele comandante, porque, depois de haver ele mandado colocar oito homens em cada uma das solitárias, chegou, na sua ausência, acompanhado por um soldado, que acusava os mais salientes na revolta para serem ali internados mais 11 homens, sendo três para uma e oito para outra, elevando-se, assim, a um total de 29, 16 em um compartimento e 13 em outro. Eu estive no primeiro, juntamente no em que sucumbiram

---

[54] Segundo o testemunho do capitão-tenente Antero José Marques, que assiste aos acontecimentos, e de João Cândido relatados por Edmar Morel (2009, p. 191-195).

11 presos. O quadro repugnante e doloroso que ali se passou! [...] No dia 25, pela manhã, começaram a dar-se os primeiros casos da insolação. Alguns homens, já alucinados, outros envenenados pela água que vertia da calça e também pela urina que bebiam, apresentavam os primeiros sintomas de enfraquecimento mental. Eu sempre com o nariz em uma abertura que existia embaixo da porta, servindo de assoalho para os outros, respirando assim, um pouquinho de ar, porque o mundo é dos mais espertos. Depois, a minha vó sempre dizia: A quem Deus não mata, não morre. Estavam ali, em minha companhia, com o nariz no buraco, o marinheiro sentenciado Avelino de Campos e o foguista extranumerário Rodolpho dos Santos. Neste mesmo dia eu pedi à sentinela, que se achava além, separada de nós por duas portas de madeira e de uma grade, para avisar ao carcereiro que já havia alguns mortos. Vindo esse acompanhado de dois outros presos, arremessou por baixo das portas grande quantidade de ácido fênico, creolina e cal. Indagou depois se o João Cândido já tinha morrido, tendo resposta negativa. Então ele declarou que estávamos todos ali para morrer e que não conversássemos muito, senão ele mandava botar uma lata de querosene e atear fogo.

No testemunho concedido a Edmar Morel no fim dos anos de 1950, João Cândido indica claramente que eram 18 presos na sua cela e não fornece mais detalhes sobre seu comportamento na cela nem sobre o fato de buscar respirar pelo buraco da porta, provavelmente um elemento determinante para explicar a sua sobrevivência. Porém, ele insiste sobre o sofrimento de seus companheiros, num relato fortíssimo:

Foi horrível! Dos 18 camaradas no meu cubículo, só escaparam dois. Eu e o "Pau da Lira", que trabalha na estiva, no cais dos Mineiros, no Caju. O resto foi comido pela cal, jogada com água dentro do subterrâneo. Outros, de tão inchados, pareciam sapos. A prisão era pequena e as paredes estavam pichadas. A gente sentia um calor de rachar. O ar, abafado. A impressão é que estávamos sendo cozidos dentro de um caldeirão. Alguns, corroídos pela sede, bebiam a própria urina. Fazíamos as nossas necessidades num barril que, de tão cheio de detritos, rolou e inundou um canto da prisão. A pretexto de desinfetar o cubículo, jogaram água com bastante cal. Havia um declive e o líquido, no fundo da masmorra, evaporou, ficando a cal. A princípio ficamos quietos para não provocar poeira. Pensamos resistir os seis dias de solitária, com pão e água. Mas o calor, ao cair das 10 horas, era sufocante. Gritamos. As nossas súplicas foram abafadas pelo rufar dos tambores. Tentamos arrebentar a grade. O esforço foi gigantesco. Nuvens de cal se desprendiam do chão e invadiam os nossos pulmões, sufocando-nos. A escuridão, tremenda. A única luz era um candeeiro a querosene. Os gemidos foram diminuindo, até que caiu o silêncio dentro daquele inferno, onde o Governo Federal, em quem confiamos cegamente, jogou 18 brasileiros com seus direitos políticos garantidos pela Constituição e por uma lei votada pelo Congresso Nacional. Quando abriram a porta já tinha gente podre. O médico do Batalhão Naval, um homem muito querido, o Dr. Guilherme Ferreira, negou-se a fornecer os atestados de óbito como morte natural. Retiraram os cadáveres e lavaram a prisão com água limpa, e nós dois, os únicos sobreviventes, fomos metidos, novamente, na desgraçada prisão. Lá fiquei até ser internado como louco no hospício.[55]

Em seu último testemunho concedido ao Museu da Imagem e do Som do Rio de Janeiro, em 1968, João Cândido retoma as perseguições que ele pessoalmente sofria: "Todos os dias eles iam saber se João Cândido já havia morrido. Eles prometiam de só alimentar e dar água depois que João Cândido morresse. Então eu pedi aos outros que dissessem que eu já havia morrido. No dia que eles abriram encontraram aquele espetáculo. Na que eu estava, morreram 18 homens".

Mesmo se os relatos de João Cândido não são exatos quanto ao número de homens detidos nas celas da Ilha das Cobras, eles são fortes e determinantes para se compreender a violência no tratamento dos soldados e marujos. Esses fatos são revelados pela imprensa a partir do início de 1911, divulgados no Brasil e no exterior, como indica um artigo assinado por Gil Vidal no *Correio da Manhã* do dia 20 de fevereiro de 1910:

Morticínio horroroso. A descrição do horroroso morticínio das solitárias da Ilha das Cobras já ainda divulgada por toda a América, pela Europa, por todo

---

[55] MOREL, 2009, p. 195.

o mundo, enfim, até onde chegam os fios telegráficos. Não é só aqui que se conhece minuciosamente essa atrocidade sem nome e sem igual em toda a nossa história. É no estrangeiro, onde, neste momento, o Brasil, coberto de opróbrio, é apontado como um país sem cultura, sem civilização, sem direito, sem justiça, país de povo sem senso moral, onde friamente, a mando da autoridade pública, se matam criaturas humanas pela fome, pela sede e pela asfixia... Passaram-se como narrou o *Correio da Manhã*, até agora não desmentido. Não há como encobri-los. Estão confessados pelo próprio comandante da praça, que apenas se desculpa, alegando que não previu, nem poderia ter previsto, as funestas consequências de suas ordens.

As medidas de eliminação não se limitam a esse episódio. Concomitantemente, as autoridades policiais organizam a deportação para o Norte do país de soldados navais e marujos rebeldes, bem como de outros indivíduos indesejáveis e considerados perigosos para a "boa sociedade". O navio Satélite é preparado em 25 de dezembro de 1910 para enviar centenas de pessoas para trabalhar como mão de obra em Santo Antônio do Madeira ou nas linhas telegráficas em construção no contexto da Comissão Rondon na Região Norte.[56]

A viagem termina no Estado do Acre, onde mais da metade dos "viajantes" são requisitados para trabalhar na produção de borracha. Segundo o relatório do comandante Carlos Brandão Storry, o navio levava "105 ex-marinheiros, 292 vagabundos, 44 mulheres e 50 soldados do Exército".[57] Segundo Edmar Morel, uma parte da tripulação era composta por modestos trabalhadores, operários e funcionários simpatizantes da revolta dos marinheiros. Os prisioneiros são transportados no subsolo, como num navio negreiro, enquanto os oficiais ocupavam as cabines dessa embarcação comercial, construída para transportar mercadorias e utilizada, na ocasião, para conduzir mão de obra.

Essa expedição cumpria assim uma dupla função: "limpar" a cidade do Rio e deportar mão de obra barata para lugares em exploração e de difícil acesso. Os nomes completos dos passageiros eram indicados numa lista numerada na qual

---

[56] As linhas telegráficas deveriam ligar a cidade de Cuiabá, no Mato Grosso, Santo Antônio do Madeira, na entrada da floresta amazônica. As obras acontecem entre 1907 e 1915.
[57] DPHDM, Divisão de Documentos Especiais, Storry, Carlos Brandão, "Relatório da viagem extraordinária do paquete Satélite a Santo Antônio do Rio Madeira", 06/03/1911.

se escrevia também o destino final (em geral, Linha Telegráfica e Santo Antônio da Madeira, mas também Humaitá no caso de alguns condenados e Manaus para algumas mulheres). No que diz respeito aos marinheiros, três listas são estabelecidas: uma primeira com os nomes dos 68 marujos detidos no quartel de polícia do Rio de Janeiro, uma segunda com 31 marujos provenientes do quartel do Exército e uma terceira com sete nomes de outros marinheiros, referenciados como "marinheiros livres".

De fato, nas listas, contam-se 106 marinheiros no total, ou seja, somente um a mais do que o número anunciado no relatório do comandante. Havia também uma lista com nomes de mulheres e outros sujeitos, talvez presos comuns, talvez mendigos ou miseráveis das ruas da cidade, indicados como "vagabundos". Entre os prisioneiros comuns, algumas vezes a menção "perigoso" era acrescentada.

As listas não seguiam a ordem alfabética. Provavelmente, a tripulação como um todo teria sido escolhida entre os elementos considerados os mais "perigosos" do Corpo de Marinheiros Nacionais e do Batalhão Naval (não era feita distinção entre os dois corpos). O nome do marinheiro Vitalino José Ferreira, citado tanto como um dos comandantes do movimento quanto por ser "mau elemento", ou seja, duplamente "perigoso", figurava no topo da segunda lista. Nessas listas, alguns nomes encontravam-se marcados com uma ou duas cruzes, como vemos na Figura 5 abaixo.

Essas marcações não eram feitas por acaso. O comandante Carlos Brandão Storry relata que, durante a viagem que durou 69 dias, alguns prisioneiros são fuzilados. No dia 26 de dezembro, um dos foguistas adoece e é substituído pelo degredado José Pedro da Rocha, conhecido da tripulação. O marinheiro conta que, no subsolo, preparava-se um levante para o mesmo dia à meia-noite, que era comandando pelo marujo Hernani Pereira dos Santos, que recebia o apelido de "Sete". O comandante envia outros marinheiros, que tinham sido embarcados pelas autoridades policiais ao subsolo para confirmar esse relato. Eles confirmam que os marinheiros preparavam uma sublevação, que iam matar todos os oficiais e tomar o comando do navio, que o comandante da revolta era o "Sete" e que o imediato era Aristides Pereira da Silva, o "Chaminé", segundo as informações escritas no relatório do comandante Storry. No mesmo dia, às 23h, em Rio Doce, no Estado do Espírito Santo, o Sete é fuzilado. Outros marinheiros são algemados.

Figura 5: Lista de marinheiros deportados a bordo do Satélite

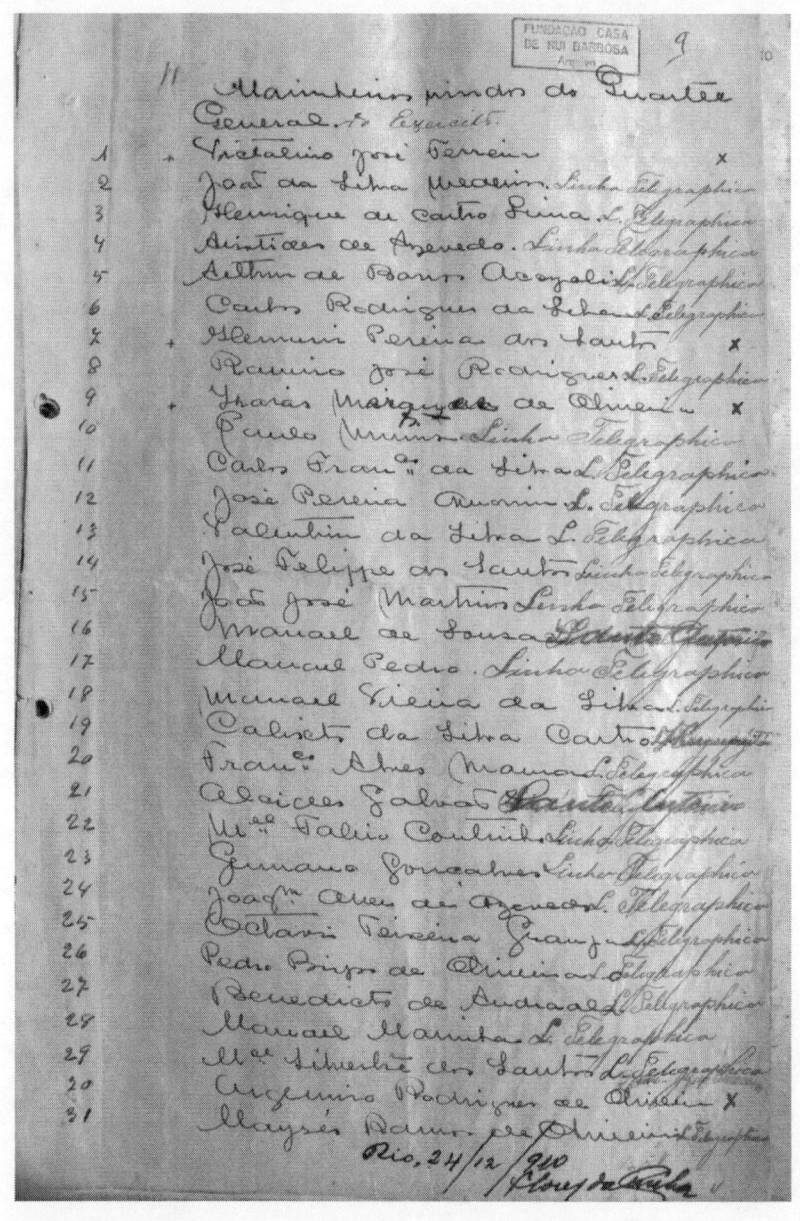

Fonte: DPHDM, Divisão de Documentos Especiais, Storry, Carlos Brandão, "Relatório da viagem extraordinária do paquete Satélite a Santo Antônio do Rio Madeira", 06/03/1911, f. 9.

No dia 31 de dezembro em Recife, o primeiro cozinheiro deserta, enquanto 28 novos marujos são embarcados para aumentar a segurança da tripulação, conforme diz o relatório. Poucos dias depois, na madrugada do 1º de janeiro de 1911, o comandante Storry ordena que o navio seja afastado da borda para poder fuzilar seis outros homens, entre os quais dois se lançam ao mar antes da execução. Trata-se do "Chaminé" e de outro marujo, mas os dois se afogam por terem os pés e as mãos atados. Segundo os termos do comandante Storry:

> Ao todo foram mortos nove dos bandidos que conduzimos. Esta medida extrema foi a única cabível nas condições em que nos achávamos e se não fosse a energia e a bravura do comandante Francisco de Melo e seus dois ajudantes, João da Silva Leal e Libânio da Cunha Matos, que por felicidade de todos nós foram escolhidos para esta espinhosa comissão, com toda a certeza estaríamos todos mortos e o Satélite, perdido.

O relatório indica, ainda, a morte de outro prisioneiro, Pedro Justino de Sousa. Apesar das notícias sobre o recrudescimento das doenças infecciosas na entrada do rio Madeira, em particular da malária, o governo insiste para que a viagem seja concluída.[58] No fim de janeiro, dois maquinistas decidem não continuar a viagem, bem como os foguistas. Em 3 de fevereiro, ainda segundo o relatório, 200 homens são confiados à comissão do capitão Rondon, conforme as instruções do governo. Os outros descem progressivamente nas estações às margens do rio, sendo recrutados pelos proprietários das plantações de borracha da região. Carlos Storry, à guisa de conclusão, escreve: "E assim, no mesmo dia, ficamos livres das garras de tão perversos bandidos".

As cruzes vermelhas diante dos nomes na lista indicam, portanto, os prisioneiros fuzilados. Entre eles: na primeira lista, Aristides Pereira da Silva, Ricardo Benedito, Nilo Ludgero Bruno, Manuel Elísio de Araújo. Na segunda, Vitalino José Ferreira, Hernani Pereira dos Santos, Isaías Marques de Oliveira, Argemiro Rodrigues de Oliveira. E na terceira, José Alexandrino dos Santos. Todos esses fuzilados não apresentam destino final, um forte indício de que esses

---

[58] SILVA, 2001a, p. 55-62.

destinos não estavam previstos de antemão, mas eram acertados com os patrões nas chegadas dos portos e conforme as intenções das autoridades.

Segundo Edmar Morel, o suposto levante dos prisioneiros foi de fato forjado pelos marujos livres enviados ao subsolo a mando do capitão Storry, permitindo, assim, que fossem exterminados alguns elementos não apreciados pelas autoridades policiais e navais. Trata-se de uma hipótese provável por três razões principais. Qual era o papel desses marinheiros livres no navio? Por que os nomes dos prisioneiros eram marcados com uma ou duas cruzes na lista? Por que os fuzilados eram, de fato, indivíduos considerados "perigosos" pela polícia ou pelas autoridades da Marinha? Esse é o caso de Vitalino José Ferreira, como vimos, mas também de outros. Aristides Pereira, o Chaminé, era considerado um dos membros dos "faixas pretas" e acusado de ter participado da morte do comandante Batista das Neves na noite do 22 de novembro a bordo do Minas Gerais – citado por ter urinado sobre o cadáver.

Poucas fontes são conhecidas sobre o episódio do navio Satélite e o destino dos exilados no Norte do Brasil. Morel cita uma carta de Booz Belfort de Oliveira, jornalista e membro da Comissão Rondon, endereçada ao senador Rui Barbosa em maio de 1911 para descrever a chegada dos degredados do navio Satélite. Segundo o documento, 200 homens foram destinados aos serviços da Comissão, enquanto 200 outros deviam trabalhar na construção dos caminhos de ferro de Madeira-Mamoré, a sete quilômetros de Santo Antônio. Os caminhos de ferro de Madeira-Mamoré eram explorados por uma companhia norte-americana, a qual se recusava a aceitar os homens enviados:

> Lá estavam hermeticamente guardados, numa clausura de 31 dias, sem verem a luz do sol, sob o regime de uma alimentação forçada num ambiente mefítico, como sardinhas em latas. [...] Os porões foram abertos e, à luz de um sol amazonense, os 400 desgraçados foram guindados como qualquer coisa, menos corpos humanos, e lançados no rio. Eram fisionomias esguedelhadas, mortas de fome, esqueléticas e nuas, como lêmures das antigas senzalas brasileiras. As roupas esfarrapadas deixavam ver todo o corpo. As mulheres, então, estavam reduzidas às camisas. Imediatamente uma porção

de seringueiros apresentou-se e foram escolhendo aos lotes os que mostravam restos de uma robustez passada.[59]

O estado terrível desses homens e a falta de dignidade, expressos na descrição de seus corpos, não mudarão muito nos próximos tempos. O trabalho na extração da borracha era conhecido por seu caráter extensivo. As mulheres caíam como "lobas famintas" na prostituição, quase sempre vindo a falecer.[60] Quanto aos homens que restavam para trabalhar na Comissão Rondon, "foram dizimados pela bala ou pela malária".[61] Alguns sobreviventes puderam retornar às suas cidades ou permanecer no Norte, mas, nesse caso, eram vítimas de estigmatização. A busca de seus traços é, ainda, um desafio para a pesquisa em história. Em um artigo, Nilza Menezes indica ter encontrado um possível deportado do Satélite num processo crime de 1916. No processo de um homem chamado Francisco Pereira, a deportação no navio Satélite é considerada como um elemento agravante para desqualificar o réu. O promotor descreve o acusado como tendo 23 anos em 1916 (portanto, em torno de 18 na viagem do Satélite) e morador de Presidente Marques, um vilarejo às bordas do rio Madeira, com os seguintes termos:

> Francisco Pereira (se é que este seja o seu verdadeiro nome) longe e muito longe de ser um cidadão útil por qualquer forma à sociedade, é um tipo menos pernicioso em qualquer meio, é indiscutivelmente um requintando desordeiro, um deslavado gatuno, um bandido enfim. Quando no governo da República, o Exmo. Sr. Marechal Hermes da Fonseca, a polícia do Estado do Rio de Janeiro, tendo de proceder a um saneamento na cidade, expurgando-a com a eliminação do seu seio de alguns dos mais terríveis elementos da desordem e do crime de toda natureza, fez uma rigorosa devassa na classe mais abjeta e dela retirou 444 almas danadas perdidas e perigosas, compostas de terríveis desordeiros, gatunos deslavados, marinheiros insubordinados e meretrizes nojentas, e fez embarcar todo esse pessoal indigno, no vapor Satélite deportando-o para os recantos do norte do país

---

[59] Carta de Belfort de Oliveira a Rui Barbosa, de Olinda, Pernambuco, em 30 de maio de 1911. Citada por: MOREL, 2009, p.182-189.
[60] SILVA, 2001a, p. 89-90.
[61] Idem, p. 188.

a ser despejados nos doentios e longínquos seringais do Território do Acre. Essa onda de miseráveis, como que corrompidos desde o primeiro vagido, causava tão inaudito terror que a polícia ordenou severamente não fosse permitido a nenhum pisar em terra durante a travessia do Rio ao extremo norte, o que foi cumprido. Esses celerados vieram escoltados por um grande contingente do exército com armas embaladas, sob o comando do Tenente Francisco Melo. Não obstante, o oficial da escolta durante a viagem viu-se na indelicada necessidade de mandar fuzilar alguns, pelo bem que restava com seu desaparecimento. Pois bem: Francisco Pereira foi um dos célebres 444 e que por desgraça desta zona, não foi ele também fuzilado, como outros seus companheiros de vida perdida.[62]

Francisco Pereira era o número 57 inscrito na primeira lista de degredados. Era, logo, um ex-marinheiro, que se declarava foguista, detido pela polícia do Rio de Janeiro e deportado para trabalhar nas Linhas Telegráficas.

O ministro Dantas Barreto estava ciente dessas deportações e estimava igualmente que se tratava do "melhor destino" para essa "gente perigosa" na ocasião. A imprensa do Norte do país, mesmo se o tema não era divulgado em grande escala, era a primeira a contribuir para a má reputação dos degredados do navio Satélite.[63]

A deportação na Amazônia era, de fato, uma medida aplicada pela República brasileira para limpar a capital, como uma resposta ao ideal de civilização da Belle Époque. Nesse sentido, a Amazônia e os Estados do Norte do país eram vistos como uma terra selvagem, distante, isolada, tomada por doenças tropicais, a ser colonizada e explorada, onde se autorizavam formas de trabalho compulsivo. Tratava-se de uma espécie de "Sibéria brasileira" para onde também haviam sido deportadas 461 pessoas depois da revolta da vacina no Rio de Janeiro em 1904. Também, uma boa parte desses tripulantes morreram durante a viagem ou nas novas condições de vida, pouquíssimos deixando traços para a historiografia.[64] O capítulo seguinte é dedicado aos traços deixados pelos

---
[62] MENEZES, 2001.
[63] Ver o *Jornal do Comércio*, 14/01/1911.
[64] SILVA, 2006.

marujos rebeldes, o sentido de suas palavras e ações, bem como as trajetórias de algumas lideranças da revolta dos marinheiros e a recepção do acontecimento através da imprensa.

NO PALCO DA REVOLTA: ENSAIO, ATORES, RECEPÇÃO

O prelúdio: a organização de uma revolta

O projeto de revolta dos marinheiros já existia há vários meses, talvez até mesmo anos. Os valores tinham mudado e expressões como "revolta", "sublevação" e "tentativa de revolta", bem como uma verbalização contra as formas de punição corporais e o abuso de autoridade de alguns comandantes, surgiam entre os praças da marinha brasileira.

Em dezembro de 1891, os marujos do cruzador Primeiro de Março se rebelam na baía da Guanabara no Rio. Três marinheiros inscritos na Companhia Correcional e que tinham cometido crimes graves como agressões, ferimentos e homicídio, tentam convencer seus camaradas de se sublevar e matar os oficiais. Segundo o oficial Pedro Maia, a principal reivindicação era a supressão dos castigos corporais. Outras fontes indicam que a principal razão da tentativa de rebelião era o rigor excessivo com o qual os marujos eram tratados pelos superiores e o pedido para que fossem substituídos.[1]

Em junho de 1893, o comandante da frota da Marinha do Rio Grande do Sul, o capitão de fragata Antônio Alves Câmara, é informado de que a guarnição da canhoneira Marajó, uma das três embarcações da frota, tinha se rebelado. Os amotinados tinham tomado posse das armas a bordo e apontado os canhões e armamentos dos navios contra a cidade de Porto Alegre. Exigiam a substituição dos comandantes. A rebelião dura seis dias. Os rebeldes fornecem cachaça a todos os marinheiros, autorizam o jogo, agridem os companheiros resistentes à

---

[1] Ver: NASCIMENTO, 2001, p. 125; ARIAS NETO, 2001, p. 181-182.

rebelião e navegam pelas águas da cidade à sua maneira, sem obrigação de prestar as continências devidas à hierarquia.² Como na revolta de 1910 no Rio de Janeiro, uma parte da população da cidade de Porto Alegre expressava simpatia pelos marujos. No dia 8 de junho, terceiro dia da revolta, o *Eco du Sul* publica uma nota:

> Vieram ontem ao escritório desta folha seis marinheiros da canhoneira Marajó pedir que declarássemos que o ato que praticaram a bordo desse vaso de guerra foi porque eram castigados barbaramente, o que é contrário às leis da Marinha [...]. A nenhum outro motivo, frisaram, deve-se atribuir o seu procedimento; e que, quanto à aclamação que fizeram do distinto Sr. Capitão-tenente José Joaquim Rodrigues Torres, para chefe da flotilha e comandante da Marajó tem sua explicação no fato de ser esse oficial, disciplinador, mas ao mesmo tempo garantidor dos direitos dos seus companheiros.

São várias as semelhanças entre esse movimento e o dos marinheiros de 1910. Em primeiro lugar, a crítica aos castigos bárbaros e o pedido para que o levante não fosse confundido com as questões de política nacional ou local da época. Em 1893, assim como em 1910, os marujos exigiam a substituição dos oficiais autoritários e utilizavam o mesmo método: a ameaça de bombardeio da cidade. Não se conhecem mais informações sobre o destino dos rebeldes e as punições, pois o processo foi arquivado sem conclusão do Conselho de Guerra.

Em 1904, em Gibraltar, no navio escola Benjamin Constant, uma rebelião é organizada contra o comandante. A principal reivindicação dos marujos é a supressão dos castigos corporais.³ Há indícios também de uma rebelião de parte da guarnição brasileira em 1908 contra o excesso de castigos e o racionamento de água e de comida. Tais levantes e movimentos de contestação indicam que as reivindicações de 1910 estavam vivas na Marinha republicana, o que conduz à revolta de 1910.

---

² Sobre essa revolta, ver: NASCIMENTO, 2001, p. 127-131.
³ MOREL, 2009, p. 71.

Os comitês rebeldes

João Cândido nos conta em suas memórias publicadas na *Gazeta de Notícias* no dia 03/01/1913 como a revolta de novembro de 1910 tinha sido, de fato, o produto de uma preparação mais elaborada, estudada durante meses:

> Em 15 de novembro desse ano o marechal tomava posse do governo. Por essa época tinha-se tornado impossível a vida a bordo. Só em um dia, por esse tempo, a bordo do Minas Gerais, foram chibatados nada menos que 42 marinheiros. Foi só então que se resolveu, entre os marinheiros que faziam parte da guarnição desse navio, tomar providência para fazer cessar esse estado de coisas. Não sendo, porém, aceitas pelas autoridades competentes as reclamações justas feitas em atitude moderada pelas praças, é que ficou assente tomar-se por meios violentos as providências que o caso exigia, convocando-se para isso sessões nesta capital, assistidas pelos marinheiros, contanto que guardassem muito segredo e escapassem a toda e qualquer vigilância das autoridades policiais.

O Almirante Negro cita, na mesma fonte, três sessões de preparação. Uma primeira, no dia 12 de setembro de 1910, na qual se decide que uma revolta seria organizada assim que as guarnições em viagem no Pacífico e as do encouraçado São Paulo que se encontravam na Europa retornassem à capital federal. Um manifesto circula junto às guarnições dos encouraçados, dos cruzadores e das divisões do Corpo de Marinheiros Nacionais. A segunda sessão acontece no dia 23 de outubro, em uma casa na Vila Rui Barbosa, onde residiam vários marinheiros "na sua quase totalidade músicos, os quais faziam parte direta do movimento". Eles observam que os oficiais do Minas Gerais desconfiavam de algo e passam a ter mais cuidado. A terceira sessão, no dia 25 de outubro, teve um caráter ainda mais decisivo: os chefes Vitalino José Ferreira, Pedro Lino dos Santos, José Eduardo de Oliveira, Cássio de Oliveira e Manuel da Silva Lopes se encontram com os comitês, bem como todas as guarnições dos navios que tinham conhecimento do manifesto. João Cândido escreve que os praças iam proclamar o estado de sítio no mar e uma República flutuante, a exemplo da revolta dos marinheiros ingleses de 1797, contra os maus tratamentos, a péssima alimentação e por melhores soldos.

É interessante observar que as principais reivindicações dos marinheiros ingleses de 1797 também tinham sido divulgadas através de numerosas petições. Os marujos ingleses mantêm a disciplina a bordo dos navios, criam uma estrutura de comando com uma Assembleia e representantes eleitos, transformando os navios em "Repúblicas flutuantes", segundo os termos da época. Uma parte do Parlamento inglês toma o partido dos marujos e a rebelião termina com um acordo entre as autoridades da Marinha e os marinheiros, que são anistiados. No entanto, como as promessas não se concretizavam, os praças se rebelam novamente. Essa segunda revolta, mais violenta, provoca mortes, ferimentos e a expulsão dos oficiais que estavam a bordo. Porém, os marujos são escutados em suas reivindicações. Uma nova revolta acontece, no entanto, nos navios baseados no Nore, um banco de areia do Tâmisa, perto da cidade de Sheerness. Essa terceira revolta é combatida pelas autoridades, com intervenção do Exército. Vários marujos são punidos e 29 são enforcados.[4]

Essa menção à revolta de 1797 no texto de João Cândido nos permite pensar em outra dimensão da revolta de 1910: as trocas internacionais. Em sua viagem à Inglaterra e a outros países, os marinheiros eram informados sobre outras insurreições, como a dos marujos ingleses, mas também talvez sobre a revolta do encouraçado Potemkin, na Rússia de 1905, causada pela má qualidade da alimentação e pelo abuso de poder dos oficiais.

A revolta de 1905 é bastante conhecida e divulgada sobretudo através do cinema, com o clássico de Serguei Eisentein, *O Encouraçado Potemkin*, de 1925. Ela é um acontecimento que faz parte do que se chama "a primeira revolução russa", no contexto dos primórdios da revolução russa de 1917. Em junho de 1905, os marujos do grande e moderno encouraçado Potemkin se rebelam na Ilha de Tendra, no mar negro. Confrontados à hierarquia estrita imposta pelos oficiais, sofrendo pela distância das famílias e do país de origem, os praças do Potemkin viviam um contexto de consequências da guerra contra o Japão, depressão econômica e erosão da autoridade política do czarismo. A péssima qualidade da comida foi o elemento desencadeador da insurreição, indignação que é reforçada

---

[4] Cf. CHALINE, 2005; VERDIER, 1976.

pelo fato de que os oficiais comiam separadamente. No dia 14 de junho, os marujos se recusam a comer a carne servida. Após intervenção do cirurgião de bordo atestando que a comida era de "qualidade", o comandante ordena a punição dos praças que se recusavam a comer. Os marinheiros tomam o poder do navio, matando oficiais, entre os quais o comandante, o imediato e o médico. Os oficiais sobreviventes são expulsos e um marinheiro é morto nos combates. A tripulação da torpedeira 267 se associa aos rebeldes. O encouraçado segue até Odessa, sede de uma greve geral e de revoltas esporádicas, exibindo a bandeira vermelha. A tripulação do Potemkin e do 267 se mistura às mobilizações locais, reprimidas pelas forças imperiais. Porém, na repressão, as forças navais fiéis ao governo se recusam a atirar contra os marujos rebeldes. Os rebeldes continuam o combate contra o governo czarista, mas são obrigados a se render às autoridades romenas. Alguns voltam à Rússia em 1905, onde são presos e julgados. A maior parte, no entanto, permanece no exterior. Depois da revolução de 1917, muitos antigos marujos rebeldes voltam à Rússia e todos os marinheiros presos são anistiados.[5]

Mesmo sem encontrar referências diretas dos marinheiros brasileiros à revolta de 1905, com certeza na Inglaterra, durante a construção dos grandes encouraçados, eles observavam a condição dos marinheiros e trabalhadores locais, e provavelmente eram informados ou tinham contato com as reivindicações do mundo operário da época. Como visto no quarto capítulo, os marujos engajados em Londres para prestar serviço no Minas Gerais durante a viagem de chegada do navio organizam um movimento de greve e são desembarcados. O ex-tenente Macedo Soares também escreve em seu livro que os líderes da revolta, "três ou quatro", tinham sido formados durante a longa estadia na Inglaterra. O ministro da Marinha Marques de Leão escreve sobre os marujos brasileiros no exterior em seu relatório de 1911 (RMM):

> Mandados à Europa para tripular as unidades em fabrico, lá sofreram as piores influências dos centros anarquizados pelas ideias subversivas de um liberalismo mal compreendido, e ao regressarem à pátria depois de haverem patenteado ao estrangeiro o valor de sua disciplina e

[5] HOUGH, 1960.

educação cívica, vieram construir-se em sociedades secretas prontas a ser exploradas pelas agitações do movimento.

João Cândido, em seu testemunho concedido ao Museu da Imagem e do Som no Rio de Janeiro em 1968, contando 88 anos de idade, ainda se lembra da experiência desses comitês na Inglaterra e no Brasil:

> Nós tínhamos um comitê de conspiração na Vila Rui Barbosa, na cara da polícia. Nós na vila, nós alugamos um teto lá, alugamos todo um andar e ali conspirávamos. Nós tínhamos outro comitê na rua São Jorge, que era onde eu morava. Tinha outros comitês na rua Jogo da Bola, lá no morro. Na Inglaterra, nós mantínhamos comitês nos próprios hotéis onde estávamos residindo, esperando a conclusão dos navios. Lá da Inglaterra nós despachávamos mensageiros para o Brasil, nós estávamos lá à vontade. Quase dois anos por conta do governo, nós mandávamos mensageiros sondar a situação nos comitês que estavam trabalhando aqui.

Esses lugares onde se encontravam os membros do dito "Comitê revolucionário" da revolta se localizavam no centro e nas regiões do Porto do Rio, em bairros como Saúde e Gamboa. O comitê da Vila Rui Barbosa encontrava-se na Rua dos Inválidos, número 71, no centro. Outras reuniões aconteciam na Rua do Livramento e em um bar da Rua do Jogo da Bola, no morro da Conceição.[6] Tais lugares correspondiam a bairros populares, lugares de moradia de alguns marinheiros, mas que eram também regiões visadas pela polícia e conhecidas como territórios de contestação e revoltas, como no caso da revolta da vacina de 1904. Esses bairros próximos do Porto eram também habitados por migrantes do Norte e do Nordeste do país, antigos escravizados e seus descendentes, conhecidos como berço do samba e de outras manifestações da cultura popular. Eram chamados de "Pequena África".[7] Não eram simplesmente bairros populares, mas verdadeiros lugares de encontros e de sociabilidade, de configuração de diferentes sentidos culturais ou políticos sobretudo para os afrodescendentes.

---

[6] MOREL, 2009, p. 74, note de l'organisateur n. 1.
[7] MOURA, 1983.

O marujo Marcelino Rodrigues também conta, em seu testemunho ao *Globo* do dia 04/10/1952, a organização e a preparação do levante. Segundo ele, que era membro da tripulação do Bahia, o acontecimento mais importante foi a viagem do navio ao Chile e à Argentina:

> Estávamos no Chile quando Dias Martins, falecido em dezembro de 1945, aventou a possibilidade de um levante contra os espancamentos e a péssima alimentação que nos fornecia a Marinha. A bordo do Bahia, sentados, planejamos tudo. Mais tarde, prosseguimos a confabular, no Bahia Blanca, na Argentina. Éramos uns dez, de início. Viajamos para o Rio e articulamo-nos com o pessoal do São Paulo e do Minas Gerais. Convencionamos a madrugada de 13 de novembro para o estouro.

Em outro nível de memória, os filhos de Adalberto Ferreira Ribas, marinheiro que era, segundo as memórias de João Cândido, um dos dois oficiais de artilharia do Bahia durante a revolta, nos contam que seu pai dizia que a experiência de uma viagem aos países vizinhos da América do Sul teria sido determinante para a indignação da marujada e o despertar do levante:

> Era o centenário da independência do Chile. Antes da revolta. Ele estava no Bahia, se não me engano. E no estreito de Magalhães, um dos marujos não quis fazer a manobra lá em cima porque o tempo estava terrível [...] E quando o navio chegou lá em Valparaíso, tinha outros navios de outras nações, estava tudo decorado lá. O marujo foi castigado. O castigo era chibatada e no convés com toda a tripulação perfilada. <u>E a cada chibatada a tripulação dos outros navios vaiava porque ainda existia o castigo corporal na Marinha brasileira e mais em nenhuma Marinha no mundo.</u>[8] (grifo meu)

Durante a viagem a mensagem assinada por "Mão Negra" é endereçada ao comandante do navio para alertá-lo sobre a indignação dos marujos contra os maus tratamentos e castigos. Não queriam, segundo os termos, ser tratados nem como "bandidos" nem como "escravos de oficiais". Trata-se da primeira mensagem

---

[8] Témoignage de Marcos Valério Ferreira Ribas, Entretien de Marcos Valério Ferreira Ribas e Adaléia Ribas Barbosa, *op. cit.*

do gênero no contexto da revolta de 1910 na qual as principais reivindicações já se encontravam anunciadas. A reprovação das punições corporais pelas guarnições dos outros países latino-americanos, como contam os descendentes de Adalberto Ferreira Ribas, reforça a certeza de que havia uma formação de consciência a partir das trocas internacionais.

As referências estrangeiras não eram, contudo, as únicas fontes da marujada. Os movimentos de trabalhadores nas grandes cidades do Brasil podiam também exercer um papel importante na construção da rebelião. Diferentes correntes do anarquismo, mas também do comunismo e especialmente uma variedade de formas associativas e corporativas, de centros ou sindicatos, proliferavam no Rio, em São Paulo, Minas, no Norte e Nordeste do país, cujas principais reivindicações eram, na época, a jornada de trabalho de oito horas, melhores salários e direito a uma organização associativa de seguridade mutualista e de resistência.[9]

No próprio meio marítimo, uma "Associação de Resistência dos Marinheiros e Remadores" é registrada no dia 31 de maio de 1905.[10] A terminologia "associação de resistência" era utilizada para marcar uma diferença com relação às "associações mutualistas" cujo principal objetivo era a assistência de seus membros. No entanto, com frequência, essa diferença somente existia em termos de linguagem, já que as "associações de resistência" cumpriam também fins mutualistas. É o caso dessa associação de marinheiros da Marinha mercante, que pretendiam, de acordo com seu registro de criação: fundar uma grande caixa de resistência a fim de apoiar os associados quando eram obrigados a abandonar o trabalho por razões de força maior; buscar solidariedade com outras associações de classe com as mesmas finalidades, no Brasil ou no exterior; obter a redução das horas de trabalho e o aumento dos salários; instruir os companheiros através da organização de uma biblioteca; recomendar aos membros a abstinência de bebidas alcoólicas; promover conferências e reuniões públicas e alimentar polêmicas na imprensa com o objetivo de fazer propaganda social. A associação cria um jornal, o *Echos do Mar*.

---

[9] Ver, entre outros: BATALHA, 2000.
[10] AN, Associação de resistência dos marinheiros e remadores, fundo 1º. Ofício de registro e título, estatutos de sociedade civil, 2255, V. 3, 11/02/1905 a 02/12/1905.

O estatuto da associação acrescentava que ela devia apoiar os trabalhadores marítimos em suas relações com os patrões independentemente de suas nacionalidades (o número de imigrantes no Brasil era bastante significativo na época). Dizia, ainda, que eles deviam buscar a filiação de todos os trabalhadores marítimos, com exceção dos diplomados, difundir as ideias contra a burguesia, classe que lhes era nociva, organizar e participar das greves quando votadas pela direção. A princípio, a associação estava aberta aos militares. Não sabemos se praças da Marinha aderiram à associação, mas podemos supor que muitos deles frequentavam os mesmos lugares e espaços que os associados. Eles se cruzavam nos portos, se encontravam na cidade e mesmo nos lugares de organização coletiva, já que a sede da "Associação de Resistência dos Marinheiros e Remadores" ficava na Rua da Saúde, número 169, ou seja, na região onde os praças mantinham suas reuniões e comitês.

O que querem os marinheiros nacionais?

Outros elementos ainda nos indicam mais semelhanças entre as finalidades dessa associação e as reivindicações dos marujos rebeldes de 1910. No que se refere às exigências explicitadas em seu manifesto, com exceção da reivindicação central de supressão dos castigos físicos, as outras demandas eram comuns ao mundo operário e marítimo civil (aumento dos soldos, "educação" dos marinheiros, uma nova tabela de serviço com redução do tempo de trabalho).

As demais mensagens dos marinheiros durante a rebelião falavam do excesso de trabalho e reclamavam a anistia. A qualidade da comida não aparece entre as queixas expressas por escrito durante a sublevação, mas está presente nos discursos dos parlamentares e na memória. Outra palavra com frequência citada nos discursos e nas expressões dos marujos era "liberdade". Essa palavra foi ouvida nos gritos na noite de tomada do poder ("Abaixo a chibata" e "Viva a liberdade"), ela aparece escrita nas bandeirolas e faixas dos rebeldes. A foto seguinte, de autoria de Augusto Malta e datada do 26 de dezembro de 1910, o primeiro dia após a anistia, foi publicada na revista *O Malho* no dia 3 de dezembro do mesmo ano. Trata-se de um clichê com a guarnição rebelde do Bahia. No centro, vê-se

Francisco Dias Martins, identificado no texto, carregando uma bandeirola com as palavras "Ordem e Liberdade". O marujo que se encontra mais à frente à sua direita carregando um binóculo era identificado como o "imediato" durante a rebelião. Deveria ser, conforme as "Memórias de João Cândido", o marinheiro Ricardo José de Freitas. Os marujos posavam tranquilamente para serem fotografados, esperando a chegada do novo comandante para baixar a bandeira vermelha, de acordo com a legenda da imagem.

Figura 1: Rebeldes a bordo do Bahia – Ordem e Liberdade

Fonte: O Malho, n. 430, p. 61, de 03/12/1910.

Essa apropriação do emblema republicano, que aparece também nas bandeirolas bordadas por João Cândido durante sua estadia no hospital dos alienados depois de janeiro de 1911 (Quarto capítulo), figurava como outra maneira de expressar a demanda por cidadania, dentro de sua concepção de "marinheiros, cidadãos brasileiros e republicanos", como se apresentam em seu manifesto. No mesmo texto, outros termos são usados para indicar o projeto de cidadania, como "povo" e "pátria". Nesse sentido, a ordem exprimia essa consciência dos valores republicanos brasileiros, oriundos da corrente positivista e importantes para a organização militar.

A ordem militar era algo familiar para os marujos, desde a escola de aprendizes para alguns. Na organização do movimento, eles reproduzem naturalmente essa ordem, escolhendo oficiais entre eles para ocupar os postos de comando, comunicar com as autoridades, como era a prática da Marinha, para deslocar os navios de acordo com os planos estabelecidos e respeitando as continências militares. Os navios estrangeiros são saudados e, no dia 26 de novembro, depois da anistia, João Cândido, comandante supremo, pede para que seja tocado o hino nacional e saudada a chegada da nova comissão de oficiais com 21 tiros, conforme seu texto publicado na *Gazeta de Notícias* do dia 8 de janeiro de 1913. Os marinheiros insurgidos não propunham, portanto, uma nova ordem, mas executavam, como diz o próprio vice-almirante Hélio Leôncio Martins, "o que eles costumavam fazer todos os dias".[11] Porém, eles o faziam à sua maneira, modificando os códigos.

Todavia, se a ideia de ordem exprime tanto a consciência que tinham da cidadania republicana – mesmo se havia atrasos em termos de direitos políticos – quanto o uso de referências militares, a noção de liberdade, em contrapartida, indica outra apreensão da dimensão de cidadão, uma exigência para que se concretizasse outra abolição. "Liberdade" remetia, no contexto, à oposição à condição de escravizado, uma palavra, aliás, utilizada em seus discursos. Dessa forma, os castigos corporais perdiam toda a legitimidade – assim como todos os outros maus tratamentos –, uma vez que os oficiais não tinham o direito de bater em homens livres, cidadãos, militares a serviço da pátria. Em uma das proclamações dos rebeldes escrita após uma ameaça de contra-ataque das autoridades do governo, os marujos explicitam essas ideias:

> Ao ministro da Marinha Brasileira. – Temos a honra de, com o maior sacrifício, implorar de S. Excia. a Liberdade, pois nada mais nos aflige do que passar pelas decepções que continuadamente temos sido alvo

---

[11] Entrevista de Hélio Leôncio Martins (vice-almirante da Marinha do Brasil) com a autora, *op. cit.*

e acabar por completo com estas infâmias a que ninguém nos dá direito, temos a tristeza de escolhermos estes termos tão desastrosos em nosso procedimento. <u>Por isto pedimos a V. Excia. abolir o castigo da chibata e os demais bárbaros castigos pelo direito da nossa liberdade, a fim de que a Marinha brasileira seja uma Armada de cidadãos e não uma fazenda de escravos que só tem dos seus senhores o direito de serem chicoteados.</u>[12] (grifo meu)

Os marinheiros estavam dispostos a lutar com todos os meios por essa "liberdade", tanto mais quando se sabe que a memória da escravidão e as práticas de uma sociedade escravista ainda estavam bastante presentes no Brasil.[13] No período pós-abolicionista, exigiam a concretização da promessa de liberdade e dignidade, uma forma de segunda abolição.[14]

Numa carta de outubro de 1910, o marinheiro João Batista Marques Pimentel explica à sua madrinha até onde estavam prontos a chegar para defender a liberdade e para mostrar a coragem da ação:

> Querida Madrinha, [...] hoje estou considerado comandante de uma revolta a fim de melhorar o nosso ordenado muito mesquinho, porém ainda não foi começado, talvez que seja em fevereiro. Não sei se perderei a vida ou se sairei vitorioso em meu combate. Só eu e mais mil homens nós queremos mostrar que marinheiro brasileiro é homem de coragem e valentes nós queremos ou liberdade ou morte, estamos com os navios preparados para o combate. Peço-lhe que não tenha receio de nada. Ou as coisas melhoram, ou morrem todos, ou por hora fica o Brasil completamente desgraçado. Porém, eles há de compreender que a Marinha é valente. [...] Só assim podemos viver bem toda a vida.[15]

---

[12] S/d, citado por: MOREL, 2009, p. 102.
[13] Sobre a permanência de uma sociedade escravista no Brasil, ver também: SOUSA, 2019.
[14] A luta pela abolição contou com projetos radicais e revolucionários para a reparação e igualdade para os afrodescendentes no Brasil, como portavam abolicionistas como Joaquim Nabuco, Luiz Gama, André Rebouças, José do Patrocínio, afrodescendentes, ou ainda Rui Barbosa. A abolição foi feita sem a indenização dos senhores, mas também sem nenhuma medida social de combate à desigualdade, que no Brasil, está em grande parte fundada no preconceito racial. A noção de "Segunda Abolição" como uma luta necessária por liberdade e igualdade, no pós-abolição, foi bem definida por Florestan Fernandes (1989). Petrônio Domingues (2008) utiliza "nova abolição" ao estudar as lutas do movimento negro no século XX. As ideias de "segunda" ou "outra abolição" aparecem também nos dias de hoje, no pensamento de intelectuais tais como Gilberto Gil ou Cristóvão Buarque, mas também nas falas do movimento social. No pós-abolição, a revolta dos marinheiros, ao pedir "liberdade" e fim dos castigos corporais, ao exigir que os marujos não sejam mais escravos na Armada e na República se insere numa luta abolicionista num tempo longo.
[15] AN, Supremo Tribunal Militar, Processo "João Cândido e Outros", op. cit., f. 369/31. Fiz algumas correções gramaticais e ortográficas.

Essa carta indica que o marinheiro estava a par dos projetos de revolta. O segunda-classe João Batista Marques Pimentel é pouco conhecido pela historiografia. De acordo com as memórias de João Cândido, era seu assistente durante a revolta.[16] Tudo indica que, no momento da escrita da carta, não se havia escolhido um comandante geral da revolta e que João Batista M. Pimentel se encontrava entre as mais importantes lideranças da sublevação. Não se sabe mais nada sobre ele, pois esse marujo não faz parte da lista dos acusados durante o processo militar de 1912.

Essa carta não é um documento único. No mesmo processo, são encontradas pelo menos 11 correspondências, entre as quais 10 foram escritas por marinheiros e uma escrita pela mãe de um marujo (a de Miníbio Pereira da Silva, estudada no segundo capítulo). Mesmo se a maior parte desses documentos revela uma escrita dominada com dificuldade, a existência dessa correspondência nos permite pensar que os marinheiros, pelo menos uma parte deles, eram capazes de ler e escrever, ainda que com dificuldades. Essa não é a única evidência.

Nos meses que precederam e durante a revolta, diversos escritos circularam nos navios de guerra. Esses diferentes textos (notas, radiogramas, manifestos, circulares) nos conduzem a pensar em outra dimensão da organização dos marujos (e de seu sucesso): a relação com o mundo letrado. Essa existência de cartas e escritos, como demonstrou Roger Chartier[17], podia apresentar diferentes níveis entre o analfabetismo completo e o bom domínio da leitura e da escrita. Como vimos, entre a tripulação de marinheiros de 1910, a maioria tinha entre 17 e 22 anos e havia frequentado a escola de aprendizes (aproximadamente 70% ou mais, como vimos nos capítulos 2 e 3). Ainda que essas escolas fossem verdadeiros simulacros, como nos dizem alguns testemunhos da época, podiam exercer um importante papel no aprendizado das primeiras letras, em um país onde a educação primária era um privilégio para alguns. Um estudo mais detalhado dos marinheiros diretamente envolvidos na revolta de 1910 pode fornecer outros elementos que confirmam a presença da leitura e da escrita, ainda

---

[16] "Memórias de João Cândido", *Gazeta de Notícias*, 07/01/1913.
[17] CHARTIER, 2003, p. 81-118.

que em níveis diferentes, no seio dessa população com frequência, considerada totalmente analfabeta.

Os atores ocupam a cena

Setenta marinheiros são acusados no processo do Conselho de Guerra formado em 1912, inclusive os dois sobreviventes do massacra da Ilha das Cobras. Porém, os agentes da polícia não conseguem encontrar a maior parte dos réus. Somente 10 entre eles encontravam-se detidos, entre os quais João Cândido, que estava no hospital de alienados. Os outros eram: Ernesto Roberto dos Santos, Deusdedit Teles de Andrade, Francisco Dias Martins, Raul de Faria Neto, Alfredo Maia, João Agostinho, Vitorino Nicácio de Oliveira, Antônio de Paula e Gregório do Nascimento. Quanto aos ausentes, são citados no processo como "desaparecidos, excluídos, inexistentes, extraviados, falecidos por insolação, fuzilados!".[18]

Os praças presentes ao processo estavam muito fragilizados e não tinham condições de pagar a defesa. Mas a Irmandade Nossa Senhora do Rosário, instituição que teve um papel importante na solidariedade e na assistência de antigos escravizados, contrata três dos melhores advogados da época, Jerônimo de Carvalho, Caio Monteiro de Barros e Evaristo de Moraes. Todos três recusam receber uma remuneração.[19] Os 10 marinheiros são absolvidos e, de acordo com o célebre criminalista Evaristo de Moraes, as autoridades da Marinha já tinham consciência de que as acusações da sua participação no segundo levante – do Batalhão Naval – eram falsas, mas queriam punir os acusados e mantê-los em detenção durante a espera do julgamento (por quase dois anos).[20] Depois de sua liberação, os 10 marinheiros são excluídos da Marinha.

A partir das peças presentes no processo, pode-se tentar resgatar um pouco da vida dos 10 réus na Marinha, sobretudo graças às cópias das cadernetas subsidiárias anexas ao processo.

O marinheiro João Cândido era o mais velho de todos e era também quem

---

[18] AN, Supremo Tribunal Militar, Processo "João Cândido e Outros", *op. cit.* Ver também: Morel, 2009, p. 211.
[19] MOREL, 2009, p. 207-227.
[20] MOREL, 2009, p. 321-325.

tinha passado mais tempo na Marinha. Ele tinha 32 anos na época do julgamento. Segundo sua caderneta, ele é inscrito como grumete em 10 de dezembro de 1895, com 15 anos, a bordo do navio Andrada.[21] Em novembro de 1896, é enviado à Ilha Grande para fazer exercícios. No ano seguinte, vai a Santa Catarina, Bahia e Pernambuco. No 16 de novembro de 1897, é punido com quatro dias de solitária a pão e água por ter tentado ferir um dos companheiros. No dia 7 de dezembro do mesmo ano, é transferido para o encouraçado Riachuelo. Em junho de 1898, é hospitalizado e promovido à segunda classe. Em outubro de 1898, é mais uma vez punido com três dias de solitária rigorosa por ter-se envolvido numa luta contra um colega. Em outubro de 1900, João Cândido é enviado à Argentina e, entre 13 de novembro e 5 de janeiro, é hospitalizado. No mesmo ano, é promovido à primeira classe e recebe uma gratificação de meio soldo por ter cumprido cinco anos de serviço.

Entre dezembro de 1902 e fevereiro de 1903, é hospitalizado por tuberculose. Em março de 1903, é promovido a cabo e, no mesmo período, serve na escola de aprendizes a marinheiro. Em setembro de 1904, é transferido para o encouraçado Tiradentes e embarca para Montevideo, Assunção, Rosário, Buenos Aires e outras cidades. Em novembro de 1904, em Assunção, é punido com dois dias de solitária por ter esbofeteado o praça Antônio Alves. Em fevereiro de 1905, é de novo preso em isolamento rigoroso durante dois dias por ter entrado com um jogo de cartas a bordo. Em março do mesmo ano, deixa Montevideo e se instala no quartel de Villegagnon até janeiro de 1906, quando é dispensado por conclusão do tempo de serviço, recebendo 21$000 depositados em sua conta poupança. No dia 22 de janeiro de 1906, é reengajado como cabo no Corpo de Marinheiros Nacionais por três anos e enviado ao navio Benjamin Constant. No dia 7 de julho do mesmo ano, é retrogradado à primeira classe por 60 dias por ter introduzido cachaça a bordo.

Entre março e dezembro de 1906, faz uma longa viagem, passando por Bahia, São Vicente do Cabo Verde, Açores, Copenhague, Estocolmo, Kiel, Amsterdam, Le Havre, Cherbourg, Lisboa, Las Palmas e Fernando de Noronha.

---

[21] AN, "Da caderneta subsidiária do livro de socorros pertencente ao Marinheiro Nacional da 16ª. Compa. 1ª. Classe no. 85 João Cândido", In: AN, Supremo Tribunal Militar, "Processo João Cândido e Outros", op. cit., f. 344-356.

Em julho de 1907, é retrogradado novamente à primeira classe por um prazo não estabelecido, enquanto, no dia 5 de outubro, a bordo do navio-escola Primeiro de Março, recebe um elogio público do ministro da Marinha Alexandrino de Alencar, que também conhecia a sua família, por sua "dedicação e patriotismo no cumprimento das tradições da Marinha Nacional". Após diversas notas sobre seu bom comportamento em 1908, é punido em janeiro de 1909 com três dias de solitária por ter agredido e ferido ligeiramente um companheiro com um pedaço de pau. Entre março e maio de 1909, faz uma viagem ao Sul do Brasil e ao Uruguai e, em junho do mesmo ano, é reengajado. No mesmo mês, é punido com três dias de solitária por ter repreendido brutalmente um colega. Em 22 de junho de 1908, deixa Pernambuco em direção à Europa. Chega à Ilha São Miguel em 15 de agosto. Depois de uma passagem por Greenwich e pelo norte da Escócia, chega a Newcastle em 14 de setembro a bordo do Benjamin Constant. Registra-se seu comportamento exemplar entre julho, agosto e setembro do mesmo ano. Em 30 de outubro de 1909, deixa Newcastle e passa por Lisboa e Toulon. De Toulon, viaja de trem até Paris entre os dias 24 e 26 de novembro, quando retorna a Newcastle. No dia 6 de janeiro de 1910, embarca para o Brasil a bordo do encouraçado Minas Gerais, chegando ao Rio de Janeiro em 17 de abril do mesmo ano. Em seguida, tem comportamento exemplar entre janeiro e setembro de 1910.

As últimas observações em sua caderneta dizem respeito à anistia (Decreto nº 2280 de 25 de novembro de 1910) e sua exclusão do Corpo de Marinheiros Nacionais no dia 16 de dezembro. Mas em seguida, no mesmo dia, acrescenta-se uma informação para dizer que sua nota de exclusão estava retirada e que era anistiado. João Cândido tinha não somente cumprido seus 10 anos de serviço na Marinha (entre dezembro de 1895 e janeiro de 1906), mas tinha também pedido para se reengajar por duas vezes, em 1906, por três anos, e em 1909, sem período indicado, mas provavelmente por três anos também, o que explica sua exclusão depois da conclusão do processo em dezembro de 1912 por fim de tempo de serviço.

A leitura da caderneta nos indica ao menos três elementos. Primeiro, a realização de diversas viagens, nacionais e internacionais. Em seguida, uma alternância entre bom comportamento, promoções e punições. João Cândido conta em seu testemunho de 1968 que ele recebe um elogio público, certa vez, pois tinha dado seu soldo como esmola para uma senhora de idade. O *Correio da Manhã* do dia 26 de novembro confirma a história com um testemunho de Alexandrino de Alencar. Note-se que as faltas punidas se deviam a questões de comportamento, como brigas, mas também de rigor da disciplina militar, como introdução de jogo a bordo e de aguardente, disputas verbais etc. Em terceiro lugar, pode-se observar que o marujo não desejava deixar a Marinha: apesar da conclusão do tempo de serviço, opta por dois reengajamentos. Tratava-se de uma escolha pessoal, provavelmente formada dentro das gamas de escolha que podia ter. Nas suas memórias publicadas em 31 de dezembro de 1912 na *Gazeta de Notícias,* João Cândido escreve com relação ao período anterior a seu primeiro reengajamento:

> Estava por sete meses a minha baixa. Todos os dias, trabalhando ou debruçado das amarras do meu navio, às horas de folga, ficava a pensar longamente sobre o que me restava a fazer, chegada a hora em que devia deixar a vida, levada, desde muito tempo, com tantos sonhos e tristes decepções. Foram meses de muitas resoluções. Uma vez que me lembrava continuar ali, esperando outro dia de grandeza para o Brasil, em que eu, orgulhoso, trouxesse a farda da sua Marinha; outros momentos tinha eu de grande desânimo, cansado de esperar o que fora sempre o meu sonho. [...] Não, o Brasil há de vencer! Muito breve ele virá a ser o poderoso, respeitado, sem receio de ataques à sua liberdade... Ficarei, não me afastarei da sua Armada, cujo futuro há de ser de muitas glórias. E, depois de alguns dias de ligeira e aborrecida separação dos meus camaradas e dos meus queridos navios, a 9 de janeiro de 1906, eu estava, de novo, cheio de fé e alegria.

Segundo os termos do Almirante Negro, ele vivia uma relação de amor e de ódio com a Marinha, de orgulhos e decepções, mas sentia que a função de marinheiro era um dever, na construção de um Brasil "poderoso e respeitado". Quanto às suas viagens, conta que tinha visto castelos e palácios, que havia gostado bastante de Amsterdam, "com seus moinhos e canais", mas sua alegria, segundo suas memórias do dia 5 de janeiro de 1913, era maior no momento da chegada ao Brasil:

> Cheio das impressões muito agradáveis que me dera a velha Europa, com as belezas da civilização e as poderosas novidades do seu progresso, vi, entretanto, muito contente, o Benjamin tomar rumo de Fernando de Noronha [...] Sulcamos, outra vez, o Atlântico. Poucos dias depois, e o Rio, o Rio com as grandezas novas do seu progresso, o Rio que eu adoro, com a Beira-Mar, a Central, a Atlântica. E foi, fremente de prazer, sorrindo sem cessar, boquiaberto de saudade satisfeita, que vi aparecer a Rasa, o Pão de Açúcar, a Santa Cruz, Villegaignon, o meu Rio inteiro, sete meses após de tê-lo deixado em direção à Europa.

As datas das lembranças praticamente coincidem com as datas indicadas na caderneta de registro. Essa saudade do Rio se encontra em outros momentos de lembrança do ex-marujo, que cita as avenidas Central, Beira-Mar e Atlântica, lugares da "cidade cartão-postal". De sua segunda viagem, João Cândido escreve impressões mais fortes. Era, de fato, algo raro e talvez um privilégio poder viajar para o exterior naquele tempo, numa época em que o turismo de massa não existia. As viagens eram reservadas às classes superiores, a políticos, diplomatas, cientistas, alguns artistas, imigrantes (nesse caso, com frequência um trajeto de ida sem volta) e marinheiros. Assim, João Cândido conta em suas memórias publicadas na *Gazeta de Notícias,* no dia 02/01/1913, num estilo típico dos diários de viagem dos oficiais, mas raramente praticado por marinheiros subalternos:

> Em 30 de julho, o Benjamin saiu para a Europa. Era uma nova viagem de instrução, para oficiais. Viajamos bem na travessia do Atlântico, ora a vapor, ora a vela. Muitos exercícios em que todos se esforçavam por aprender bastante. Entramos, em 28 de setembro, no porto de Plymouth! A Inglaterra! Como me agradava o contato da terra do Nelson! Sempre tive uma grande admiração pelos ingleses. [...] Ah! Quanto é surpreendente e encantador o culto inglês, pelo mar, pelos que levam a vida dura e custosa das lutas com o oceano! [...] Deixamos o Tejo, depois, com rumo de Toulon, onde chegamos em 24 de novembro. Aí, o nosso comandante, capitão de fragata Silvinato

de Moura, me deu desembarque. Eu atravessaria a França, do Toulon a Calais. Meti-me, numa manhã, num trem expresso, passando por Marselha. S. Quintino, Massou, Dijon e Paris. Vi, num relance, a bela e valorosa terra da França, tão adorada de todos os brasileiros. Na corrida em que a atravessei, senti, entretanto, um enorme prazer, uma alegria imensa. Como é deliciosa a França, com o inigualável encanto da sua vida, da sua civilização e da sua história cheia de heróis!

A admiração pelo poder naval inglês era algo constante na Marinha brasileira e esse elogio da França também estava bem dentro do "l'air du temps" da Belle Époque. O testemunho indica ainda que a francofilia da época podia ser algo não somente exclusivo das elites. Quanto a João Cândido, sua experiência na Marinha desde a escola de aprendizes, as promoções, os reengajamentos, a participação em viagens internacionais, sua idade mais madura e sua coragem para a tomada de iniciativas foram fundamentais para que fosse escolhido como líder da revolta de 1910. Como já mencionado, João Cândido era bem visto por alguns oficiais (entre os quais, o antigo e prestigiado ministro Alexandrino de Alencar) e próximo de diferentes grupos de marinheiros. Também tinha conhecido punições e conhecia bem o rigor militar. Essas condições faziam dele um homem "passagem", um "mediador" e também um ator experimentado.

João Cândido demonstra, aliás, por diversas vezes, que tinha interesse pela leitura em geral e pela imprensa em particular. Durante a revolta, uma das fotos mais divulgadas do líder o mostra lendo a publicação do decreto de anistia no *Diário Oficial*:

A foto, de Augusto Malta, é publicada na revista *Fon-Fon* do 3 de dezembro de 1910 e também em outros órgãos de imprensa, como a revista *Careta* do mesmo dia. Nela, vê-se a figura de um líder consciente, que lê e acompanha as atitudes do poder público com relação ao movimento dos marujos, longe de uma imagem de classes populares analfabetas. Ao seu lado, vemos outro marujo, mais jovem e identificado unicamente como secretário de João Cândido. Seria o segunda-classe João Batista Marques Pimentel, identificado nas "Memórias de João Cândido" como seu assistente direto? Ou seria Antônio Ferreira de Andrade, identificado por João Cândido como seu secretário na mesma fonte?

Não se pode saber com certeza. A foto aparece com frequência na imprensa, mas o jovem marujo não é identificado.

Figura 2: João Cândido lendo o Diário Oficial – Decreto de anistia

Fonte: Fon-Fon, 03/12/1910.

No hospital dos alienados em 1911, João Cândido pedia com frequência para ler jornais, conforme indica sua ficha. O mesmo documento atesta que João Cândido lia também um livro emprestado por um funcionário do hospital e que ele também tinha pedido o *Jornal do Brasil*, "onde esperava ler na página 5 qualquer coisa a seu respeito", como tinha lhe dito um repórter.[22] Antônio Guerra, sargento encarregado de vigiar os marinheiros rebeldes detidos na Ilha das Cobras à espera do julgamento, conta que João Cândido não se queixava das condições da prisão, só da falta de acesso aos jornais. O sargento, que se torna amigo do marinheiro,

---

[22] DPHDM, Hospital Nacional dos Alienados, "Ficha de João Cândido", 18/04/1911, p. 3-4. Segundo Edmar Morel, ele também gostava do *Correio da Manhã*.

combina com ele que lhe traria jornais na condição de que lesse somente na pausa do almoço e de maneira discreta.²³ A relação dos marujos com a escrita, como vimos, foi determinante na revolta. Mas, também, a relação com a imprensa terá um papel fundamental, como veremos mais adiante.

Outros protagonistas de 1910

Francisco Dias Martins, identificado como caboclo, que vemos no centro da Figura 1 com a bandeirola, era o comandante rebelde do cruzador Bahia, navio no qual servia na época. Nascido em 1888 no Ceará, vinha de uma família em situação menos precária que a maior parte dos companheiros,²⁴ embora o *Correio da Manhã* do 14 de setembro de 1912 identifique a sua mãe, presente no processo do Tribunal Militar que se iniciava, como uma "pobre sertaneja". Ele tinha 22 anos na época da revolta e servia na Marinha entre 1906 e 1910²⁵ sendo frequentemente designado como "mentor intelectual" da revolta. Dias Martins era orador do navio em dias de festa, tinha concluído o curso secundário e havia sido presidente de uma associação literária.

Em menos de um ano, ele passa de grumete à primeira classe e trabalha como instrutor da escola de aprendizes do Ceará entre 1907 e 1908. Mas foi detido e perdeu seu posto de instrutor depois de ter assistido, sem reagir, a uma agressão de um dos alunos da escola, segundo consta em sua caderneta subsidiária. Em 1908, ele bate num aluno da escola de aprendizes do Piauí e é demitido do seu posto e preso por alguns dias. Dias Martins passa a instrutor da Escola Naval do Rio de Janeiro e recebe elogios por seu bom comportamento, disciplina, dedicação, boa apresentação, excelência e coragem. Em 1910, Francisco Dias Martins fazia parte da tripulação do Bahia enviada ao Chile para as comemorações do centenário da independência do país. Depois da revolta de novembro, ele tem baixa da Marinha e trabalha numa casa comercial. Todavia, mesmo desligado, é preso depois da revolta do Batalhão Naval e escapa por pouco

---

²³ CARVALHO, 1998, p. 19.
²⁴ MOREL, 2008, p. 87; MOREL, 2009, p. 100.
²⁵ AN, "Da caderneta subsidiária do livro de socorros pertencente ao Marinheiro Nacional da 10ª. Compa. 1ª. Classe Francisco Dias Martins", AN, Supremo Tribunal Militar, Processo "João Cândido e outros", *op. cit.*

à morte por "insolação" nas celas da Ilha das Cobras. Permanece preso por dois anos à espera da sentença do Tribunal Militar em dezembro de 1912. Em sua defesa, ele alega ser um civil julgado por um tribunal militar.

Durante sua estadia na prisão, tem bom comportamento e pede, como João Cândido, para ter acesso à leitura. Sua mãe, Franscisca Dias Martins, e sua irmã, Generosa de Almeida, vêm do interior do Ceará para assistir ao Conselho de Guerra, conforme publica um artigo da *Gazeta de Notícias* do 31 de dezembro de 2012. Antes disso, seu advogado tenta um *habeas corpus* em maio de 1911 alegando que Dias Martins teria dado baixa da Marinha e era paisano quando foi convidado por um sargento a se apresentar aos quarteis da Marinha no dia 14 de dezembro e lá foi preso, mas o pedido é indeferido, como informa o jornal *O Paiz* do 21 de junho de 1911. O "Comitê de propaganda socialista" dirige um apelo aos membros do Congresso Nacional para pedir anistia aos "prisioneiros do Batalhão Naval", como publicado no *Correio da Manhã* de 11 de junho de 1912. Os argumentos utilizados insistem sobre o fato de que os "princípios de liberdade e segurança individual" são somente válidos, no Brasil, para os "dominantes, os dirigentes, a burguesia". Diz, ainda, "as garantias constitucionais para proletários são ficções, meras formalidades, promessas que jamais tiveram realidade, como vemos quotidianamente e mais uma vez agora". No texto, insistem sobre a liberação de "um moço cearense, Francisco Dias Martins, ex-marinheiro e que, como reclamante, esteve no *scout* Bahia, em novembro de 1910". E continua, para reforçar o apoio a Dias Martins:

> Em 9 de dezembro, por ordem do chefe de Estado Maior da Armada, recolheu-se ao corpo de marinheiros, a fim de ter baixa do serviço. [...] A 11 de dezembro vinha para terra como ex-marinheiro. Pois bem. No estado de sítio foi o infeliz – já mero civil e trabalhando em terra, convidado para ir ao Arsenal da Marinha, sob pretexto de prestar declarações a respeito de fatos da Armada. Lá chegado, prendeu-o um oficial à ordem do ministro da Marinha, sendo conduzido e metido nas solitárias do Corpo de Bombeiros onde permaneceu até fevereiro, quando foi levado para a prisão da Ilha das Cobras. Informando à justiça federal, autoridades da Marinha afirmaram que esse indivíduo praticara o crime de aliciação de praças para se rebelarem contra o governo.

Durante os dois anos da prisão na Ilha das Cobras, os carcereiros recusam dar acesso a jornais a Dias Martins, ele é maltratado, humilhado e possui somente a roupa do corpo, tendo de andar "seminu". Ele conta nas páginas do *Correio da Manhã* do dia 31 de dezembro sentir uma felicidade enorme na ocasião da sua liberação com os companheiros. Além disso, diz que conseguiu guardar o otimismo quando pôde ter acesso às páginas de jornais em que lia que outras pessoas os estavam apoiando e pedindo a liberação dos rebeldes presos.

Seu nome aparece novamente na imprensa em 1916. Dias Martins é acusado de envolvimento, junto com o deputado Maurício de Lacerda e o líder operário Agripino Nazareth, numa conspiração contra o governo e pela criação do Parlamentarismo no Brasil. O artigo do 27/04/1916 publicado no *Correio da Manhã* reproduzia os documentos policiais que diziam que a conspiração seria por causa da "difícil situação econômica [...] e a orientação política do governo, a quem ainda atribuíam imaginários atentados contra o bem-estar do povo e das classes armadas, principalmente dos chamados inferiores". Os verdadeiros objetivos das reuniões, da qual participavam diversos sargentos do exército e da polícia, não estão claros nas páginas dos jornais, mas o *Correio da Manhã* do 15 de abril indica que foram aprendidas cartas com a palavra "liberdade". Aparentemente, as questões políticas e os movimentos sociais interessavam ainda ao ex-marujo. Uma das propostas dessa tentativa de sublevação era a reintegração na Marinha dos marinheiros rebeldes e anistiados de 1910.[26] João Cândido e Dias Martins continuam amigos até a morte deste último, em 1945.

O comandante rebelde do encouraçado São Paulo também estava presente como réu no Processo Militar de 1912. Manoel Gregório do Nascimento, um homem negro, tinha 24 anos em dezembro de 1912 como diz ao Tribunal Militar. Tinha, portanto, nascido em 1888, no Estado de Alagoas, filho de Clorinda Maria do Nascimento (não cita o nome do pai). Serve na Marinha entre 1901 e 1910, desde os 13 anos. Em maio de 1902, é alistado no cruzador Barroso e viaja para Argentina e Uruguai. Seu registro indica ser músico de primeira classe. Em 1904,

---

[26] MOREL, 2009, p. 70-71, note 2.

é transferido para o Benjamin Constant e segue em viagem à Europa. Recebe elogios. Em novembro, passa à primeira classe e em janeiro de 1906 é transferido para o cruzador Barroso, mas retorna depois ao Benjamin Constant, para fazer outra viagem à Europa (a mesma que João Cândido). Ele é punido em agosto do mesmo ano a quatro dias de solitária rigorosa por ter cortado com um canivete as alças da rede onde dormia um colega.[27]

Em 1907, entre abril e julho do mesmo ano, é inserido na companhia correcional. Depois disso, recebe em diferentes ocasiões elogios e é enviado por duas vezes à Europa, em 1908, ainda no Benjamin Constant, e em 1909, a bordo do cruzador República. Faz ainda uma viagem de circunavegação até a Ásia, conhecendo a China e o Japão e auxiliando no socorro de 22 náufragos japoneses numa ilha do Pacífico.

O *Correio da Manhã* do dia 19 de novembro de 1912, na ocasião da apresentação dos réus ao Processo de Tribunal Militar, publica a seu respeito: "Como todos sabem, esse ex-marinheiro, após os acontecimentos da Armada em 1910, serviu como agente especial do sr. Hermes da Fonseca. Mas, apesar disso, não se livrou do processo...".

Ele é detido durante dois anos depois da revolta de 1910 e absolvido com os companheiros. Talvez tenha continuado a servir na guarda pessoal do Marechal Hermes. Segundo João Cândido em seu testemunho a Edmar Morel, Gregório do Nascimento se torna mais tarde agente da polícia e trabalha no Departamento de Ordem Política e Social (o DOPS), ou seja, nos serviços de repressão política de Getúlio Vargas.[28] A revista *Careta*, do dia 3 de dezembro de 1910, publica uma galeria de bustos dos principais líderes de 1910, entre os quais o de Manoel Gregório do Nascimento, um detalhe ampliado da fotografia do marinheiro ao lado de seus colegas do São Paulo, publicada na imprensa no dia 26 de novembro de 1910:

---

[27] Cf.: AN, "Cópia da caderneta subsidiária do livro de socorros pertencente ao Marinheiro Nacional Manoel Gregório do Nascimento", In : AN, Supremo Tribunal Militar, Processo "João Cândido e Outros", *op. cit.*, f. 675-680.
[28] MOREL, 2009, p. 85, note 8.

Figura 3: Busto de Manuel Gregório do Nascimento

Fonte: *Careta*, 03/12/1910.

Ao lado dessas três "celebridades" da revolta de 1910, que são os três comandantes dos principais navios, outros marinheiros estavam presentes no processo do Tribunal Militar que acontece entre setembro e dezembro de 1912. Assim, podemos retraçar alguns elementos de suas vidas a partir da documentação encontrada, como no caso do marinheiro Deusdedit Teles de Andrade, cujo nome não é citado por João Cândido na sua longa lista de oficiais rebeldes. No entanto, ele apoiava os marujos insurgidos em novembro e tinha um bom nível de instrução, tendo sido promovido a cabo cinco meses antes do levante. Em uma carta datada do 29 de novembro e destinada a um "amigo" do Bahia, talvez Dias Martins, ele diz:

> Amigo, ... de uma vitória que ... em conjunto com diversos companheiros tive em tempo de te escrever estas mal traçadas linhas e espero que elas te encontram (sic) no gozo de perfeita saúde, e estou muito (triste) por não ajudar-vos em (tão) arriscada empresa (sic) mas (não) faltará tempo. Amigo o (fato) de não poder te ajudar foi

> que eu estava de licença no dia e só me apresentei no dia 28, e eu não queria pegar em (armas) contra meus companheiros [...] fui preso por um reforço do exército quando tentava ir para o Bahia no dia 23 mas tive a felicidade de fugir [...]. Não foi possível. Nada mais tenho a dizer somente que tenho vontade de te render o ... Bahia se tu quiseres. Aceite um abraço deste amigo, Deusdedit. Viva ao irmão que abraça a liberdade cujo (chefe) acha-se a bordo do Bahia. [...] Viva a guarnição do Bahia cujo nome aclama a população tranquila do Rio de Janeiro.[29]

Esse marujo, mesmo sem participar ativamente do movimento de novembro, compartilhava o mesmo espírito de seus companheiros e estava prestes a ajudar em situações futuras. Mas a carta é, para as autoridades, um elemento que o coloca numa posição de suspeito. Segundo o *Correio da Manhã* do 19 de novembro de 1912, Deusdedit Telles de Andrade era "um jovem marinheiro, claro, alto, muito simpático. Está profundamente abatido".

Encontrei a sua ficha de identificação no Gabinete de Identificação da Armada, o GIA. Segundo os dados, ele tinha 18 anos em 1908 (nascido, portanto, em 1890), vinha de Pernambuco, era órfão de mãe, de instrução rudimentar, 1,67 m de altura e cor branca.[30] Segundo a sua caderneta de registro, ele entra na Marinha como grumete em 19 de janeiro de 1907[31], com 17 anos, e é promovido um mês mais tarde à segunda classe. Após diversos elogios por bom comportamento, é punido em setembro de 1909 a dois dias de solitária rigorosa a pão e água, pois tinha sido encontrado jogando baralho e apostando dinheiro a bordo do Tamandaré. Em outubro do mesmo ano, é punido com solitária, pois é encontrado jogando dados. Em janeiro de 1910, termina o curso de artilharia e em fevereiro é mandado a Newcastle para embarcar no Bahia. Em junho de 1910 é promovido a cabo a bordo do Bahia. Ele não deixa a Marinha depois das revoltas de 1910 e, em janeiro de 1911, depois de uma série de bons comportamentos, é punido com 24 horas de solitária por não ter se levantado

---

[29] AN, Supremo Tribunal Militar, Processo "João Cândido e Outros", *op. cit.*, f. 565/12.
[30] GIA, MN, L3, 1908, ficha 676.
[31] AN, "Cópia da caderneta subsidiária do livro de socorros pertencente ao Marinheiro Nacional Deusdedit Telles de Andrade", In : AN, Supremo Tribunal Militar, Processo "João Cândido e Outros", *op. cit.*, f. 360-367.

quando um sargento passou à sua frente, além de ter acendido um cigarro de forma desrespeitosa. O Conselho de Guerra ordena a sua prisão em março de 1911 (talvez em decorrência do fato de a carta figurar nos autos do processo) para estudar a sua responsabilidade nos atos da rebelião de dezembro de 1910. Ele permanece preso até sua absolvição em dezembro de 1912 juntamente com seus nove companheiros. Durante o seu período na prisão, se indigna por ser colocado na prisão "degredo", com péssimas condições, sem saber por qual razão.

Lembremos aqui que, como vimos no quarto capítulo, as punições corporais raramente eram marcadas nos registros da época. Muitas vezes, onde se lê "prisão solitária", "isolamento", o marinheiro podia ter sido punido por castigos corporais. João Cândido não foi vítima de chibatada, como disse em seus testemunhos, mas talvez outros companheiros próximos a ele tenham sido. Como se vê, todos passam por períodos de elogios, promoções e punições, muitas vezes "solitária" ou "solitária rigorosa".

Os outros seis marujos que respondem ao Processo do Tribunal Militar são, segundo as descrições feitas pelo *Correia da Manhã* em 19 de novembro de 1912: Ernesto Roberto dos Santos, solteiro, natural da Bahia, com 22 anos em 1912, praça desde 1906, citado por João Cândido como "auxiliar" na oficialidade rebelde do Minas Gerais; Raul de Faria Netto, "muito moço também, pálido, abatido com esses dois longos anos de cárcere, mostra, no entanto, ainda uma fisionomia quase infantil, onde sempre brinca um sorriso despreocupado"; Alfredo Maia, que "é também um marinheiro juvenil"; O marinheiro Antônio Agostinho, catarinense e praça desde 1909; o cabo Antônio de Paula, paraibano, contando 27 anos em 1912, solteiro e praça do corpo de marinheiros desde agosto de 1903. Enfim, é interrogado o marinheiro Vitorino Nicácio dos Santos, que se diz civil, mas que foi praça de 1905 a 1910. Ele é casado e natural de Pernambuco. O mesmo jornal tem a ocasião de entrevistá-lo quando os 10 marujos são liberados, em 31 de dezembro de 1912. Ele é descrito como um "caboclo pernambucano, baixo e reforçado, [com] mulher e filhinho no Recife". Sua história é triste e reveladora das práticas das autoridades militares e policiais da época: buscar os rebeldes de novembro "onde estivessem", mesmo se anistiados e já desligados da Marinha em alguns casos, para que respondessem ao processo sobre a rebelião de dezembro. Ele conta nas mesmas páginas desse periódico:

> Estive preso um ano; muito menos que os outros. Tomei parte na 1ª Revolta, fui anistiado e tive baixa, seguindo imediatamente para meu Estado. Um dia estava tocando na Avenida Martins de Barros, no Recife, à tarde. Tocava no embarque do general Carlos Pinto. Era então praça do 2º Corpo da Polícia do Estado. Fui conduzido para o quartel do 49º de infantaria e, no fim de 24 horas, remetido para esta cidade. Não tive tempo, nem deixaram despedir-me de minha pobre mulher, já em adiantada fase de gravidez. Eu era apontado como um dos cabeças do Minas... na 1ª Revolta, e isso explicava as violências que praticavam. Aqui encerram-me na Ilha das Cobras, onde apenas duas ou três vezes tive notícias de minha mulher. Na prisão, pouco tempo depois, soube que tinha um filho... [...].

E o jornalista que o entrevista acrescenta em seguida:

> Nicacio refere-se à sua existência na prisão – verdadeiro martírio esse quadro de vida. Nem roupa ele possuía... Saiu com aquela que entrara e sem um ceitil. Está no Rio de Janeiro, sem casa, sem amigos ou conhecidos, sem recursos para voltar ao seu Estado natal, onde estão a sua mulher e filho. E isso nos relatando, o infeliz ex-marinheiro tinha os olhos cheios de lágrimas.

Na sentença do Tribunal Militar, também publicada no *Correio da Manhã* do dia 2 de dezembro do mesmo ano, lê-se: "Quanto ao réu Victorino Nicácio – nenhuma testemunha o conhece nem referência faz a seu nome". A sentença final foi sem ambuiguidade. Nenhum testemunho tinha algo de válido contra nenhum dos acusados de participação na revolta do 9 de dezembro. Além disso, ficou provado o engajamento de todos na proteção dos navios e que, "assim procedendo concorreram eficazmente para o restabelecimento da ordem". Como "não existe nos autos nenhuma prova", os 10 réus presentes foram absolvidos por unanimidade.

No dia 7 de janeiro de 1912, João Cândido publica uma lista de 26 nomes de oficiais rebeldes, transcrita no quinto capítulo. Alguns marinheiros dessa lista de oficiais deixam alguns traços dispersos nos diferentes documentos, como Vitalino José Ferreira, o imediato do Minas Gerais tomado na insurreição. Como vimos, esse marinheiro faz parte da tripulação deportada no navio Satélite e é fuzilado durante a viagem. Seu nome constava na lista dos 70 acusados do Processo de Tribunal Militar.[32] Esse marujo é citado duas vezes por João Cândido em suas memórias e diversas vezes no processo de 1912. Segundo as memórias do Almirante Negro, ele era um dos chefes do comitê revolucionário. Timoneiro do Minas Gerais, ele é acusado de ter participado da morte dos oficiais do navio. Durante a rebelião do Batalhão Naval, Vitalino José Ferreira conduz o Minas até a ilha do Viana para proteger o vaso de guerra.

Temos poucos dados sobre os imediatos rebeldes do Bahia e do São Paulo. Ricardo de Freitas ocupava esse posto no *scout* Bahia. Segundo Edmar Morel, esse marinheiro tinha dividido a direção da rebelião em seu navio com Francisco Dias Martins e estava também presente na viagem ao Chile. Ele era "inteligente e corajoso, conquistando a chefia do serviço de navegação e sinais, gozando da estima geral da tripulação".[33] Era radiotelegrafista, caboclo e jovem, como vemos na Figura 1 dos marujos do Bahia. Convocado pela Corte Marcial em 1912, é indicado como desaparecido e o processo fornece informações contraditórias sobre seu grau na Marinha – cabo ou primeira-classe – e sobre seu destino. Segundo diferentes informações obtidas no Conselho de Guerra, Ricardo de Freitas estaria talvez em Olinda, talvez seria empregado como telegrafista no Lloyd brasileiro no Rio de Janeiro, ou ainda a bordo do Minas Gerais.

André Avelino de Santana, o imediato rebelde do Minas Gerais, segundo as "Memórias" do Almirante Negro, também não se apresenta ao tribunal em 1912, sendo indicado como excluído. Há uma confusão no trabalho de Morel sobre a função de Avelino, que ele identifica como comandante do Deodoro. Porém, como vimos, o comandante rebelde do Deodoro era, segundo João Cândido, José Alves de Sousa, um marujo sobre o qual se dispõe de poucas informações igualmente, para além da carta enviada a João Cândido criticando

---

[32] O outro marujo fuzilado no Satélite e que se encontra na lista de réus do Conselho de Guerra de 1912 é Ricardo Benedito.
[33] MOREL, 2009, p. 74.

a anistia e citada por Adão Pereira Nunes (ver quinto capítulo). Morel diz que ele era subcomandante do Deodoro "um garoto ainda, porém muito valente e admirado por toda a marujada".[34] Já para Hélio Leôncio Martins, o cabo José Alves era "moço, considerado agressivo, gozando de liderança junto a seus companheiros".[35] Ele é indiciado no Conselho de Guerra de 1912, mas se encontrava desaparecido. Na primeira lista dos marujos deportados no navio Satélite, no entanto, encontramos um marujo chamado José Alves da Silva, como também ele é identificado no *Correio da Manhã* do 29 de dezembro de 1910. É provável que seja a mesma pessoa.

Na fotografia da tripulação do São Paulo, publicada no dia 28 de novembro no *Correio da Manhã* (Figura 2, no quarto capítulo), vê-se André Avelino no centro. A imagem é reproduzida com foco no busto do marinheiro na *Careta* do 3 de dezembro (Figura 4 a seguir), André Avelino é indicado como o "imediato" do São Paulo durante a revolta.

Figura 4: Busto de André Avelino

Fonte: *Careta*, 03/12/1910, p. 9

---

[34] MOREL, 2009, p. 135.
[35] MARTINS, 1988, p. 80.

Edmar Morel escreve, ainda, que o cabo André Avelino tinha fugido, depois da revolta, para o Nordeste, onde ele falece na miséria. Os oficiais da Marinha, no entanto, enfatizam que ele tinha personalidade agressiva e que fazia parte dos ditos "conegaços" ou "gorgotas" da Marinha, ou seja, do grupo de marujos mais experimentado que praticavam "antigos hábitos" como as relações de proteção e a "pederastia", na expressão dos oficiais.[36]

Avelino é réu num processo do Tribunal Superior de Guerra em 1908. Ele é acusado de tentativa de homicídio e de lesão corporal contra um marinheiro músico de segunda classe, Antônio Cosme de Souza.[37] Segundo a declaração anexa ao documento, era natural da Bahia e tinha 23 anos. Segundo os dados da sua caderneta subsidiária, estava a serviço da Marinha desde 1901, engajado como grumete aos 15 anos e afetado no navio Barroso. Ele era órfão e de cor parda. Uma das testemunhas afirma que ele tinha agredido e tentado matar André Cosme com uma espada, pois este último tinha tirado uma folga e ido em terra em companhia do companheiro Francisco do Livramento. Livramento, oriundo do Piauí e contando 24 anos, responde que não conhecia o agressor, mas que tinha ouvido dizer que era muito agressivo. Diz, ainda, que tinha ido em terra com a vítima, pois ambos eram músicos e tinham folga ao mesmo tempo. Em sua defesa, André Avelino responde que tinha reprimido verbalmente Antônio Cosme por ele ter o ridicularizado: André Avelino estava preso e devia fazer a limpeza, quando Cosme teria gritado, "corre, preso, corre". Sem pretender conhecer a "verdade" de tais fatos, pode-se dizer que se trata de um caso de disputa entre praças. André Avelino é absolvido pelo juiz por falta de provas. Ele não assina seu testemunho, porque, segundo o procurador, não sabia assinar o nome.

Ainda segundo a cópia da caderneta de André Avelino anexa ao processo, em julho de 1902, ele é promovido à segunda classe e um ano mais tarde transferido ao navio Timbira, a bordo do qual viaja ao Norte do Brasil e ao Peru. Em setembro de 1904, ele passa à primeira classe. No mesmo ano, é hospitalizado por diversas vezes e recebe uma gratificação por bom comportamento. Em

---

[36] Cf.: MOREL, 2009, p. 336-337; MARTINS, 1988, p. 76-85. Sobre os termos "conegaços" ou "gorgotas", não encontrei referência a eles em nenhuma fala dos marinheiros, mas somente de oficiais. Ver quarto capítulo.
[37] AN, Supremo Tribunal Militar, Conselho de Guerra: Cabo de Esquadra André Avelino de Sant'anna, 1908, BW 2664.

1905, é transferido ao Benjamin Constant e participa de uma viagem à Europa. Em dezembro do mesmo ano, é promovido a cabo por ter se lançado ao mar para salvar a vida de um companheiro, Antônio Rios Filho, durante a viagem entre Las Palmas e Fernando de Noronha, "colocando em risco a própria vida". Recebe, em 1906, uma medalha por esse resgate. No mesmo ano, trabalha na escola naval e depois retorna ao Benjamin Constant até sua prisão preventiva em julho, quando é acusado de estupro. Em abril de 1908, é absolvido pelo Tribunal Militar, mas continua na prisão para responder ao Conselho de Guerra por lesão corporal, até sua liberação.

O cabo André Avelino de Santana, bem como seus companheiros, combinava no seu histórico na Marinha momentos de comportamento suspeito ou condenável e outros excelentes. Acusado em dois Conselho de Guerra, é absolvido duas vezes. Além disso, não é o único cabo que se submete, na tomada de poder da revolta, a um subalterno, já que o comandante rebelde do São Paulo era Manoel Gregório do Nascimento, primeira classe. Há outros casos.

Os líderes da revolta se conheceram, sem dúvida, a bordo dos navios. Talvez quando serviram no Benjamin Constant, talvez mais tarde, nas viagens para a Inglaterra e durante a viagem de retorno dos três vasos de guerra encomendados no exterior. Alguns marujos viveram experiências comuns de viagens pela América do Sul, como a ida ao Chile, quando houve muitas punições corporais, mas também reação da marujada brasileira (com mensagens escritas aos comandantes) e internacional (com vaias), como vimos. Além dos comitês em terra, as viagens serviam, sem dúvida, para criar laços sólidos e "construir" as perspectivas da revolta de novembro de 1910.

Um "novo" antigo líder: a história de Adalberto Ferreira Ribas

Adalberto Ferreira Ribas é citado por João Cândido em suas "Memórias" como um dos dois oficiais de artilharia rebeldes do *scout* Bahia. Seu nome também constava na lista dos 70 marujos convocados pelo Conselho de Guerra em 1912. Uma das peças da acusação inclusa nos autos faz parte da correspondência trocada entre Adalberto Ferreira Ribas e um amigo, que lhe agradece por sua carta e cartão-postal e que menciona a sua participação na revolta. Todavia, ele não se apresenta ao Tribunal Militar. Excluído da Marinha, Ribas estaria, segundo os ofícios anexo ao processo, nos Estados Unidos. Essa informação era falsa, como dizem seus descendentes.

Sua certidão de casamento indica que era filho de Valério Ferreira Ribas e de Maria Domingas Ribas. O documento indica, ainda, a data e o lugar exatos de seu nascimento: 23 de abril de 1891 em Monte Alegre, no Estado da Bahia, e de seu casamento com Laudelina Motta, nascida em 1904, no dia 15 de dezembro de 1921 em Estância, no Estado de Sergipe.[38] Graças ao testemunho de seus dois filhos, podem-se retraçar elementos de sua identidade, um pouco de sua trajetória de vida, bem como as razões de sua entrada na Marinha e participação na revolta de 1910. Adalberto Ferreira Ribas e Laudelina Motta tiveram oito filhos, entre os quais somente três estavam ainda vivos quando pude entrevistá-los, em setembro de 2009. As entrevistas foram feitas com Valério Ferreira Ribas, de 65 anos, e Adaléia Ribas Barbosa, com 80 anos na época.[39] Trata-se da segunda família de membros da revolta de 1910, além da de João Cândido, cujo testemunho oral sobre o pai foi possível recolher.

Segundo seus filhos, Adalberto Ferreira Ribas era o segundo filho de um descendente de espanhol que migrou para o Brasil em 1808 com a comissão de Carlota Joaquina e Dom João VI. O pai de Adalberto, Valério Ribas, chegou a servir o exército durante a Guerra do Paraguai. Ele era monarquista. Segundo a família, depois da abolição da escravidão e da Proclamação da República, teria perdido tudo, a sua propriedade que dá origem à cidade de Cafezal e seu cartório de escrivão para os "escravos e republicanos". Mas Adalberto Ribas não chega a conhecer o pai, que falece um pouco antes do seu nascimento. Como sua mãe não tinha condições de criá-lo, ele é educado por padres católicos, um francês e um italiano. Ribas frequenta uma escola de aprendizes de Salvador entre 12 e 14 anos, pois não queria continuar no seminário. Seu filho Marcos Valério Ribas insiste, assim, sobre sua entrada voluntária na escola de aprendizes da Marinha.

---

[38] Arquivo privado da família Ribas, certidão de casamento de Adalberto Ferreira Ribas e Laudelina Motta, 15/12/1921.
[39] Entrevista com Marcos Valério Ferreira Ribas e d'Adaléia Ribas Barbosa, op. cit.

Do período na escola de aprendizes, Adaléia Ribas conta que o pai nunca brigou com os companheiros, pois era leve e tinha bons resultados nos exercícios, conseguia subir até o mastro rapidamente. Mas ele conta que os castigos corporais eram frequentes tanto nas escolas da Marinha quanto a bordo dos navios, como vimos em seu testemunho sobre a viagem do Bahia ao Chile. Sobre a Marinha da época, Adalberto Ribas contava também que a maior parte dos marujos não sabia ler nem escrever. Porém, ele não somente era letrado, mas sabia também falar bem francês. Falava francês com um dos oficiais, Armando Trompowsky, como apaixonado pela literatura e culturas francófonas que era.[40] Porém, se tinha boas relações com alguns oficiais, não apreciava outros, como Segales Viana, Menas Barreto e o comandante Batista das Neves, do Minas Gerais, que também era criticado por ser violento e corrupto.

Ainda segundo os testemunhos, Adalberto Ferreira Ribas era conhecido mais pelo sobrenome Ferreira do que Ribas. No entanto, notemos que João Cândido o cita como Adalberto Ribas e, no processo do Conselho de Guerra de 1912, era com frequência citado como Ribas unicamente. A adoção de outro sobrenome não teria sido uma estratégia escolhida para escapar da perseguição das autoridades da Marinha e policial depois da revolta? Uma hipótese possível. Seus filhos o descrevem como um homem alto, "mas não tão grande quanto João Cândido", moreno, porém de cor clara ou branca, com olhos verdes ou azuis. "Ele era bonito", acrescenta a filha.

No Gabinete de Identificação da Marinha, encontrei a ficha de Beda Ferreira Ribas, que tinha a mesma filiação de Adalberto. Os filhos de Adalberto também disseram que ele tinha um irmão, um pouco mais velho, chamado Beda, mas que tinha uma estatura e uma personalidade diferente do pai. Beda Ferreira Ribas foi um dos primeiros identificados pelo GIA (ficha 155 do primeiro livro de identificações de Marinheiros Nacionais de 1908). Segundo os dados indicados, ele tinha 18 anos em abril de 1908, momento de sua identificação, era baiano, de instrução rudimentar, marinheiro nacional de profissão e solteiro. Residia no navio-escola Caravelas, tinha 1,61 m de altura, era branco de cabelos castanhos

---

[40] Armando Trompowsky (1889-1964) era guarda-marinha e segundo tenente em 1910. Em 1917, ele entra na escola de aviação da Marinha. Foi um dos fundadores da aeronáutica no Brasil, tornando-se brigadeiro e Ministro da Aeronáutica (1946-1951).

e olhos castanho-claro e portava um buço como bigode. Trata-se, sem dúvida, do irmão de Adalberto Ribas, e em sua ficha de identificação é acrescentada, manuscrita, a seguinte referência: ver registro 610 do livro 3 de inferiores, o que indica que teve promoções na Marinha. Segundo Marcos Valério Ribas, seu tio Beda Ferreira Ribas também frequentou a Marinha, mas não participou da revolta e se tornou, mais tarde, oficial da aeronáutica.[41]

Não há nenhuma informação da participação de Beda na revolta. Tudo indica que ele não participa do levante e continua a sua vida de militar na Marinha, sendo promovido. De forma oposta, Adalberto, que foi um dos líderes do levante, foi excluído mesmo se anistiado, e perseguido pelas autoridades da Marinha, como veremos também no capítulo seguinte. A presença dos dois irmãos na Marinha nos indica, contudo, que a entrada na Armada podia ser uma trajetória familiar.

Adalberto Ribas tinha 19 anos em novembro de 1910. Segundo seus filhos, era timoneiro e radiotelegrafista. Designado como oficial de artilharia no Bahia durante a revolta, foi também, conforme indicam os autos do processo de 1912, encarregado de recuperar o dinheiro junto a seus companheiros para pagar o enterro das duas crianças mortas no Morro do Castelo pelos tiros de canhão na noite do 22 de novembro. Durante a segunda revolta, o processo de 1912 indica que ele trabalhava como timoneiro no Minas Gerais, sob a liderança de João Cândido e junto aos demais marujos que se mantiveram fiéis ao governo. Mas sua participação na revolta pode ter sido bem mais importante. Segundo a família, Ribas reivindicava ser o autor da nota alertando os oficiais sobre a indignação da marujada contra os castigos corporais e assinada por "Mão Negra" no Chile e que era também o autor do manifesto dos marinheiros. Sobre essa questão, Marco Valério Ribas dizia, em seu testemunho, que, quando a mãe brigava com o pai, ela o chamava de "Mão Negra":

> Ah, outra coisa também: mamãe não tinha quase instrução, nem o curso primário acho que não tinha. Ela se casou muito novinha. Quando o papai brigava com ela lá em casa, aí saía resmungando assim "mão negra", "mão negra". Eu escutei, a Adaléia cansou de escutar. Ela sabia que papai escrevia aqueles pasquins e assinava embaixo mão negra. E os oficiais doidos para pegar quem

---

[41] Agradeço o historiador Marco Morel por essas informações complementares.

era. Aí, eles faziam concurso de caligrafia. E sabe o que meu pai fez? Escrevia com a mão esquerda. Para não pegarem ele.

E mais precisamente sobre o manifesto dos marinheiros, ainda segundo Marcos Valério na mesma ocasião:

> Logo depois do falecimento dele, apareceu na revista *O Cruzeiro* um manifesto dos marujos. Se não me engano naquele ano, em 1963 ou 1964. Saiu uma edição com a letra dele. Mas ele dizia que foi ele que escreveu. Inclusive com erros de português para disfarçar. Mas a letra (é) a letra era dele.

Como vimos, tudo indica que esse documento tenha sido escrito antes da tomada de poder pelos marinheiros. O próprio João Cândido menciona a existência de um manifesto que era lido durante as reuniões dos comitês rebeldes. No que diz respeito aos aspectos materiais do texto, trata-se visivelmente de uma carta redigida por alguém que tinha bom domínio da escrita, sobretudo da caligrafia, como se vê na imagem seguinte, cujo fac-símile se encontra nos arquivos da Marinha, e reproduzida por Morel:

Figura 5: O manifesto dos marinheiros

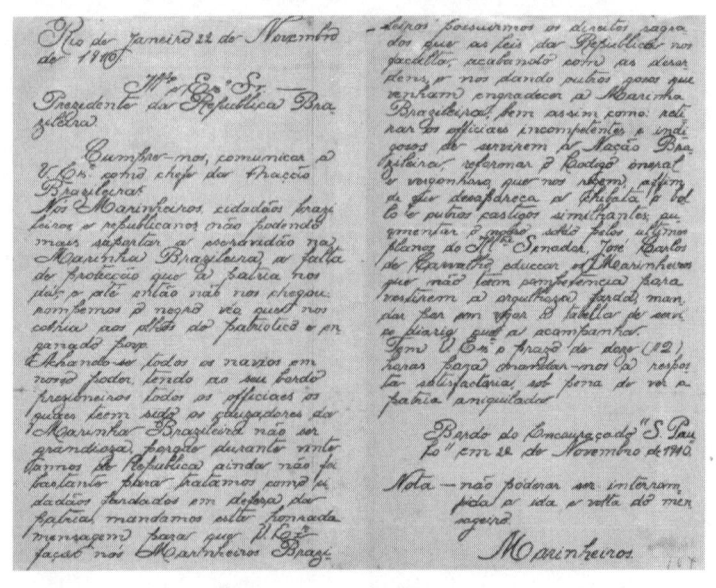

Fonte: MOREL, Edmar, *A revolta da chibata*, op. cit., p. 86.

O texto pode ter sido escrito por Adalberto Ferreira Ribas, Ricardo Freitas, Dias Martins ou algum outro praça. Não se deve confundir, entretanto, o redator da caligrafia e o autor do documento. Acredito numa autoria coletiva, pela própria natureza coletiva da organização e das reivindicações expressas. As ideias eram compartilhadas por um conjunto de marujos e trocadas entre eles. Trata-se de um documento composto pelos marinheiros, tal como assinado.

Esses inúmeros exemplos de escrita (notas, manifestos, cartas, memórias) e leitura (jornais, livros) atestam, uma vez mais, que havia marinheiros que eram alfabetizados e que dominavam a cultura letrada de diferentes maneiras. Mesmo que fossem minoritários, uma parte expressiva desses marinheiros participam da revolta de novembro de 1910 e não se pode de forma alguma dizer que fossem "bestas ignorantes e analfabetos".[42]

Depois da rebelião do Batalhão Naval em dezembro de 1910, contam que Adalberto Ribas é preso e que devia embarcar com companheiros no navio Satélite, mas ele fugiu pelo mar. Era bom nadador e, chegando ao cais Pharoux, ele briga com a sentinela, que estava embriagada, e rouba suas roupas. Pôde, assim, escapar até o subúrbio do Rio, onde os marinheiros tinham comitês. Depois, fugindo da perseguição da Marinha, pôde recomeçar a vida em Santa Catarina, onde se torna professor de português em uma colônia de Alemães na cidade de Brusky, até a Primeira Guerra.

Um teatro de opiniões: a revolta na imprensa

Na imprensa da época, um olhar simpático aos marinheiros de 1910 constrói-se aos poucos, no Brasil e no exterior, sobretudo na Europa e nos Estados Unidos, como bem mostrou o trabalho de Joseph Love[43], apesar do contexto de racismo latente. Essa opinião simpática se explica por três razões principais: o impacto das reivindicações, consideradas justas; a admiração pelo domínio da navegação e boa conduta nos navios; e o respeito que os marinheiros mostraram ter pela cidade do Rio de Janeiro. A revolta alcançou em grande parte o objetivo

---

[42] A qualificação dos marinheiros como analfabetos e "bestas" tem origem nos trabalhos de alguns oficiais, ver, entre outros: BELLO, 1960; MARTINS, 1988.
[43] LOVE, 2012.

de chamar a atenção da população para a condição dos marujos, graças à forma como foi preparada e organizada. No entanto, não havia somente empatia e defesa dos marujos. As críticas, o sarcasmo e uma opinião desfavorável também eclodem na imprensa, expressa pelos textos, mas também nos desenhos de humor que proliferam na época, sobretudo depois do decreto de anistia e da rebelião de dezembro.

O nascimento da imprensa no Brasil é contemporâneo do contexto de emancipação política brasileira, mais precisamente nos anos de 1820.[44] Durante todo o período imperial, a imprensa tem um papel importante na construção de uma opinião pública e de uma opinião popular, apesar de grande parte da população excluída, negros e brancos pobres, ainda ser pouco letrada ou analfabeta. No início da República, os jornais continuam exercendo esse papel de circulação de ideias e de consolidação das opiniões (repercutindo-as e forjando-as) ao mesmo tempo em que passam por um processo de "modernização" comercial e técnica. Verdadeiros jornais-empresa ganham terreno, e os periódicos ficam mais "belos" e mais ilustrados, com fotografias e caricaturas. É também nesse quadro que nascem as revistas ilustradas semanais.[45]

Nesse contexto, circulam muitas imagens da revolta dos marinheiros entre novembro e dezembro de 1910, geralmente com a publicação das mesmas iconografias. Os marujos, nas páginas dos jornais, adquirem um rosto, semblantes e sentidos, eles emergem num meio cujas portas lhes eram frequentemente fechadas, sobretudo nas revistas ilustradas. Essas revistas representam preferencialmente as elites ou classes médias urbanas, no que se refere à vida privada, e os políticos, no que diz respeito à vida pública. Nesse sentido, a revolta de 1910 nos conduz a pensar em outra dimensão da imprensa: além da produção e recepção dos acontecimentos, a imprensa pode ser também uma espécie de "palco público" para diferentes atores. Os praças da Marinha estavam conscientes do acontecimento que criaram e também sabiam que suas imagens estavam sendo divulgadas na imprensa. Uma forma de invasão, de ocupação de uma cena, de um palco, por esses novos atores sociais, negros, nordestinos, jovens e pobres.

---

[44] Ver: LUSTOSA, 2003.
[45] OLIVEIRA; VELLOSO; LINS, 2010.

Assim, como observa o correspondente do governo francês domiciliado em Petrópolis em uma carta ao ministro das Relações Exteriores de seu país no dia 28 de novembro de 1910, bastava a denúncia da existência dos castigos corporais, da chibata, na Marinha brasileira para que a opinião já se revelasse simpática aos marinheiros: "A cidade ficou sabendo com estupor dessa insurreição: mas a calma permaneceu. Os curiosos corriam para as bordas da praia. A população, muito informada dos maus tratamentos que sofriam os marinheiros, geralmente tinha simpatia por eles".[46] Com a divulgação na imprensa, o tema causa grande interesse no exterior. O ministro das Relações Exteriores espanhol escreve um telegrama a seu representante no Brasil buscando informações sobre a "revolução" dos marujos no Rio. A esse telegrama, o ministro Plenipotenciário em Petrópolis responde com uma longa carta, de 11 páginas e meia, resumindo os acontecimentos do seu ponto de vista. Ele diz que não era uma "revolução", mas uma "sublevação sem caráter político" e que não tinha podido escrever antes porque a comunicação por telégrafos tinha sido cortada pelo governo brasileiro para evitar que os marujos a utilizassem.[47]

Histórias e revelações sobre os castigos físicos surgem em quase todos os periódicos de grande circulação da época. A revista *A Ilustração Brasileira,* órgão onde raramente pessoas do povo ocupavam as páginas principais, publica no dia 16 de dezembro de 1910 uma longa reportagem sobre a tradição de castigos corporais. As ilustrações e os textos do artigo enfatizam o caráter ultrapassado e retrógrado desses suplícios, que não deviam "quase" nunca acontecer nas "nações civilizadas", mas que faziam, no entanto, parte da história da humanidade.

O horror da chibata aplicada nas costas dos marujos dá origem, no conservador *O Paiz,* a uma ilustração na qual se via um marinheiro com as costas marcadas pelas cicatrizes dos castigos e, ao lado, uma "Marianne", símbolo da República, carregando uma placa perfurada por um machado com as palavras "lei" e "civilização". O título dizia: "Abusos da Força", e o subtítulo, "difícil problema" (Figura 6). Mesmo se o texto defendia que os marujos haviam cometido uma

---

[46] Archives du Ministère des Affaires Etrangères, La Courneuve, Correspondance politique et commerciale, politique Intérieure – Immigration, vol. 6, 28/11/1910. Tradução da autora.
[47] Arquivo Nacional de Madri, Ministério Exteriores, Brasil, 1419. Telegramas cifrados: de Madri, 24/11/1910; do Rio de Janeiro, 25/11/ 1910 e correspondência, n. 140 Política, 26/11/1910.

falta grave com a revolta, a imagem, construída dentro da simbologia iconográfica da época, denunciava claramente as violências dos castigos corporais, contrários aos princípios republicanos.

Figura 6: Os castigos na imprensa

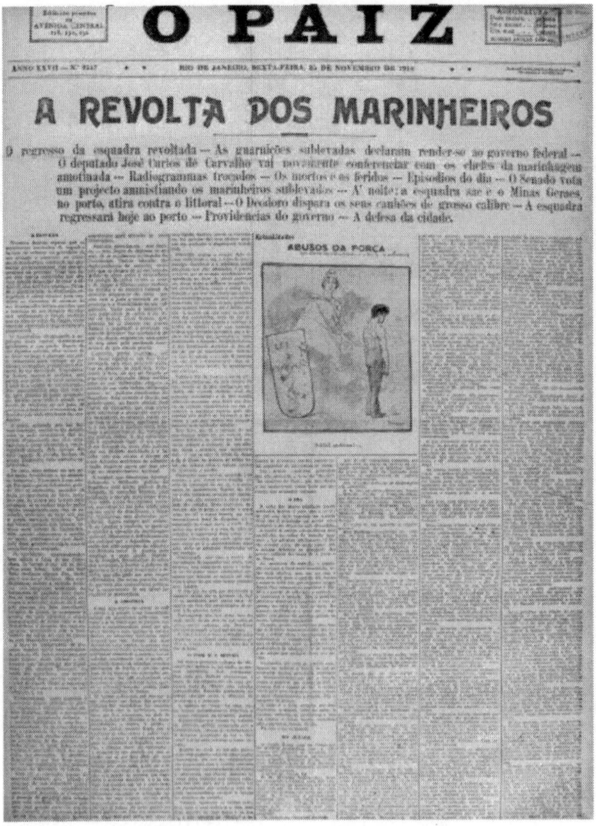

O PAIZ

RIO DE JANEIRO, SEXTA-FEIRA, 25 DE NOVEMBRO DE 1910

A REVOLTA DOS MARINHEIROS

O regresso da esquadra revoltada — As guarnições sublevadas declaram render-se ao governo federal — O deputado José Carlos de Carvalho vai novamente conferenciar com os chefes da marinhagem amotinada — Radiogrammas trocados — Os mortos e os feridos — Episodios do dia — O Senado vota um projecto amnistiando os marinheiros sublevados — A' noite: a esquadra sae e o Minas Geraes, no porto, atira contra o littoral — O Deodoro dispara os seus canhões de grosso calibre — A esquadra regressará hoje ao porto — Providencias do governo — A defesa da cidade.

ABUSOS DA FORÇA

Fonte: *O Paiz*, 25/11/1910, p. 1.

A segunda razão que explica essa simpatia pelos marujos, quase admiração, era a boa manutenção dos vasos de guerra e a preservação da cidade do Rio de Janeiro, como escreve o *Correio da Manhã* do 26 e do 27 de novembro de 1910:

> Acresce que eles se mostraram perfeitos no seu ofício. A quantos assistiram às manobras comandadas por simples companheiros, por simples praças de prêt, surpreendeu, enchendo de admiração, a competência que as presidia e a perícia com que eram executadas.

Zelaram pelos navios, de maneira que os poucos que os visitaram, como o intrépido deputado José Carlos, vieram atestar que nunca os viram em melhores condições.

O *Correio da Manhã*, jornal de Edmundo Bittencourt, é, durante o período, considerado um órgão que aderia às causas populares, enquanto *O Paiz* era mais conservador e elitista.[48] Esse elogio do bom comportamento e condução dos marinheiros aparece, no entanto, também nas páginas de *O Paiz* do dia 25 de novembro de 1910: "Esses homens, que, podendo ter já causado tão graves danos à população e praticado os maiores desatinos nos couraçados de que são donos, resgataram uma parte de seu crime pela prudência excepcional de que deram provas".

E tudo isso também não passa despercebido dos olhares estrangeiros. O correspondente francês no Brasil, em uma carta do dia 28 de novembro de 1910, explica que, além da revelação das injustiças dos castigos corporais, o que surpreende as elites locais e internacionais na época era precisamente a capacidade que tinham de navegar dominando a técnica dos grandes encouraçados:

> O amor-próprio brasileiro, cruelmente atingido, mas nunca em falta, tomou o partido de celebrar a 'magnanimidade' dos marujos que pouparam a cidade e não se entregaram a nenhum ato de vandalismo a bordo, - e a habilidade com a qual um simples quarto-mestre dirigiu as evoluções da esquadra. Parece, com efeito, que durante toda a duração da rebelião, a mais perfeita disciplina reinou a bordo; nenhum marujo embriagou-se e os cofres foram vigiados por sentinelas; quando, no sábado à noite, depois das últimas palestras, os amotinados do Minas Geraes (sic) receberam – pois nenhuma satisfação não lhes tinha sido recusada – o comandante da sua escolha, trazendo consigo os atos oficiais cuja produção eles tinham exigido, o navio estava em um estado de perfeita limpeza, e os estragos que foram constatados depois são, dizem-me, de pouca importância [...]. Não é falso dizer que os navios evoluíram com uma correção como nunca se tinha visto com o comando de seus oficiais: o comandante do Duguay-Trouin

---

[48] SODRE, 1999.

me expressou grande surpresa. Também os jornais proclamam hoje que o Brasil possui os primeiros marinheiros do mundo, e os cinematográficos anunciam no seu programa cenas gravadas durante a rebelião, sob o título: a apoteose da Marinha Nacional![49]

Marinheiros, jornalistas e fotógrafos

Organizar a revolta significava não somente dominar a esquadra, respeitando as novas hierarquias militares dos rebeldes, mas também estabelecendo relações com as autoridades políticas e os formadores de opinião, os jornalistas e os fotógrafos de serviço. Os homens da imprensa tentam penetrar nos navios, escutar os marinheiros, observar seus procedimentos. Tendo em vista o grande interesse da população – e também o medo –, sabiam que tinham em suas mãos um tema que faria vender jornais e revistas. A revolta é, assim, transformada em *fait divers* de ampla difusão. Ao lado das informações factuais, como a narrativa dos fatos, os periódicos tentavam também reproduzir ou recriar a vida cotidiana nos vasos de guerra. No dia 29 de novembro de 1910, os jornalistas do *Correio da Manhã* publicam informações extraídas diretamente da convivência com os praças, como a entrevista de Gregório do Nascimento sobre a organização da reação em caso de contra-ataque do governo e uma entrevista com um maquinista, que diz ainda:

> Um mecânico conta ao *Correio da Manhã* cousas interessantes de bordo dos navios revoltosos [...] Para eles, maquinistas, a revolta foi um suplício. Não dormiam nem se afastavam das máquinas um só instante. [...] Entretanto, foram bem tratados, pois a marinhagem providenciava para que todos se alimentassem bem. Reinou sempre ordem e disciplina. As ordens dadas pelo 'almirante-chefe' eram cumpridas respeitosamente, tendo-se feito evoluções, dentro da baía e fora da barra, que os oficiais da Marinha talvez não seriam capazes de fazer. O nosso informante, conta-nos, em seguida, um caso de traição que houve a bordo, por um marinheiro, logo preso, com

---

[49] Archives du Ministère des Affaires Etrangères, La Courneuve, Correspondance politique et commerciale, politique Intérieure – Immigration, v. 6, 28/11/1910. A tradução é feita pela autora. Sobre a presença do navio francês Duguay-Trouin nos portos brasileiros, ver o capítulo anterior.

sentinela à vista. Descobriu-se que esse marinheiro queria largar fogo ao paiol de pólvora, para fazer explodir o vaso de guerra. Reunindo-se logo um conselho de guerra, entre os revoltosos, ficou deliberado o seu fuzilamento, para o dia seguinte, às 8 horas da manhã (dia 24). Chegou nesse tempo, porém, o decreto de anistia. Assim, ficou sem efeito o fuzilamento, resolvendo o 'almirante-chefe' entregar o referido marinheiro ao novo comandante do navio, 'como elemento perigoso a bordo'. O cofre do navio era guardado com sentinelas à vista.

O almirante dito com naturalidade aqui, como sabemos, era João Cândido, comandante do Minas Gerais e comandante-supremo da revolta. Em grande medida, é a própria imprensa que alimenta a ideia de oficiais rebeldes. As páginas dos jornais reproduziam fotos e bustos dos principais líderes, citando também suas posições no contexto da revolta: almirante, imediato, secretário, etc. Esses títulos nem sempre aparecem entre aspas, são realmente "normalizados" naqueles dias. A edição do *Correio da Manhã* do 29 de novembro publica, assim, na primeira página, fotografias grandes de João Cândido, Manuel Gregório do Nascimento e André Avelino (Figura 7).

Figura 7: Manchete do Correio da Manhã

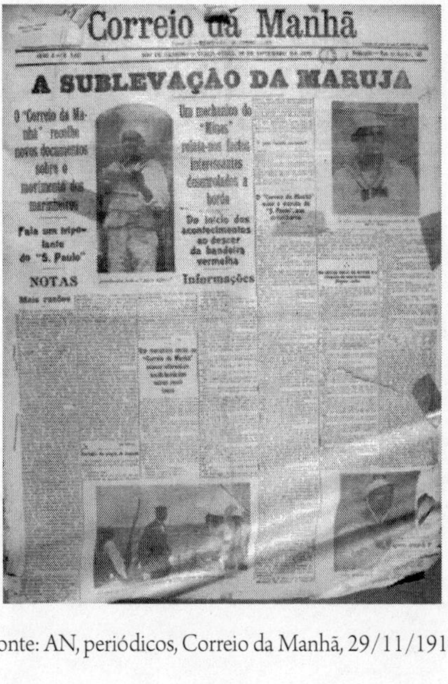
Correio da Manhã

A SUBLEVAÇÃO DA MARUJA

Fala um tripulante do "S. Paulo"

NOTAS

Do inicio dos acontecimentos ao arriar da bandeira vermelha

Informações

Fonte: AN, periódicos, Correio da Manhã, 29/11/1910

Como a insurreição tinha acabado, mas ainda não o interesse por ela, os repórteres e fotógrafos puderam ir a bordo dos navios para entrevistar os marujos e tirar fotos. O *Correio da Manhã* é o primeiro jornal que publica fotografias dos rebeldes, desde 27 de novembro. No contexto da transferência do poder nos navios, alguns jornalistas posam para serem fotografados ao lado dos marujos. Com efeito, como os marinheiros eram agora verdadeiras celebridades, era uma verdadeira honra figurar ao lado deles, como se vê na Figura 8:

Figura 8: João Cândido, os marujos do Minas e o jornalista Júlio de Medeiros

Fonte: Fon-Fon, 03/12/1910, p. 15.

O jornalista que se encontrava ao lado de João Cândido na foto foi identificado como sendo Júlio de Medeiros, repórter do *Jornal do Commércio*. Mas ele não era o único. Atrás dele, se posicionava outro civil de terno, provavelmente outro jornalista. Na direita da foto, veem-se também oficiais e maquinistas. A imagem é republicada em diferentes órgãos da imprensa da época. Observe-se que João Cândido usa em torno do pescoço "o célebre lenço de seda branca com barra vermelha", como diz a própria legenda da foto, símbolo de adesão ao movimento.

Muitas das fotografias, como a imagem de Dias Martins e dos marujos do Bahia (Figura 1), foram obra de Augusto Malta, conhecido fotógrafo da época. Augusto Malta era alagoano e foi fotógrafo oficial das reformas urbanas do Rio durante o período Pereira Passos (1902-1906). Suas fotos feitas com políticos os colocavam em posições que valorizavam suas figuras e poder.[50] Essa técnica foi também utilizada pelos fotógrafos da revolta para destacar os marujos, os posicionando no centro das cenas ou em semicírculo. Na Figura 2, por exemplo, o líder dos marinheiros é fotografado ao lado de seu "assistente" e a fotografia é tirada de baixo para cima, o que acentuava a diferença de tamanho e de idade e colocava os dois sujeitos em posição de poder. Retomados posteriormente, esses clichês representam uma verdadeira galeria de imagens da revolta.

Quanto a Júlio de Medeiros, ele é apontado por João Cândido, em seu testemunho ao Museu de Imagem e do Som, como o único jornalista autorizado a ir a bordo. Havia uma relação de confiança visível entre os dois homens e ele tinha uma relação especial com a marujada. Cumpria, nesse sentido, uma dupla função de comunicação: era repórter da revolta, mas também transmitia aos marinheiros informações exteriores. João Cândido diz, por exemplo, que Júlio de Medeiros contribuiu para que ele soubesse que o governo preparava um contra-ataque.

Dessa forma, os praças rebeldes souberam utilizar essa relação com os homens da imprensa a seu favor. Sabiam que era importante divulgar as razões do levante e como se comportavam. O Almirante Negro conta em suas "Memórias" na *Gazeta de Notícias* do dia 7 de janeiro de 1913 que os jornalistas tinham também um papel de testemunhas públicas dos acontecimentos, como diz: "Pedi, então, aos repórteres que estiveram a bordo do Minas Gerais, que fizessem público de não ser verdade que eu ou qualquer dos meus companheiros de bordo usássemos fardas dos oficiais ou insígnias dos mesmos".

Outros marinheiros do São Paulo convocam também a imprensa para intervir em seu favor na demanda de substituição dos oficiais. Segundo o *Correio da Manhã* de 28 de novembro de 1910:

---

[50] SOUZA, 2006; HOLLANDA, 2003.

Parece que a nomeação do capitão de fragata Sylvinato de Moura não foi bem aceita pela maruja do S. Paulo. De bordo desse navio recebemos uma carta, em que marinheiros pedem a nossa interferência para que sejam nomeados: comandante daquele vaso de guerra, o capitão de fragata Rodolpho Ribeiro Pinna e imediato o capitão de corveta Severino de Oliveira Maia.

Como vimos no início do capítulo, os marujos rebeldes da frota no Rio Grande do Sul, em 1893, também utilizaram a imprensa como um meio através do qual podiam apresentar suas queixas e explicar suas ações. Os arquivos da imprensa nos indicam que os marinheiros, com o movimento, se impunham como atores completos e agentes históricos de seu tempo, obrigando a imprensa a mostrá-los e a escutá-los. Todavia, não tinham controle total da recepção do movimento e, claro, foram vítimas de críticas e discursos de sátira e humor, em particular na caricatura.

Uma inversão de papéis cômica e violenta: a revolta de 1910 na caricatura e na sátira

A inversão de lugares dos dias da revolta incomoda uma parte da sociedade brasileira, como a linguagem humorística o demonstra. A crítica revelada pelos desenhos da imprensa voltava-se contra os marujos, mas também contra a sociedade brasileira e os políticos.

O período estudado corresponde a uma espécie de "época de ouro" da caricatura graças ao desenvolvimento das revistas ilustradas. O tratamento gráfico dessas revistas era uma dimensão privilegiada, e os caricaturistas se tornavam verdadeiros autores, como J. Carlos, na *Careta*, Raul Pederneiras e Kalixto na *Fon-Fon* e *O Malho,* entre outros.[51] As revistas divulgavam a modernidade carioca e eram objetos compartilhados pela sociedade brasileira, classes médias e superiores urbanas, nos momentos de lazer e de tranquilidade da vida cotidiana, objeto de leitura coletiva, para ler, rir, comentar entre grupos. As caricaturas das revistas eram com frequências inspiradas nas fotos da imprensa.

---

[51] LIMA, 1963; LUSTOSA, 2006; 2011; SALIBA, 2002.

Se, num primeiro momento, pode-se pensar que a produção de textos e imagens de humor seria contraditória com a representação da violência e dos traumas sociais, numerosos são os exemplos que nos convidam a pensar o contrário. Mesmo quando aborda o medo ou a violência, o humor cumpre uma função de aliviar as tensões e os traumas, transformar as angústias sociais em sentimentos coletivos banais, talvez ridículos. Mais do que isso, revelam mecanismos sociais inconscientes ou conscientes, como os preconceitos e o racismo.[52] Um exemplo são as caricaturas que representam a inversão da ordem militar, como a Figura 9, na qual se vê um marujo, o almirante negro, recebendo as continências militares da parte de um oficial branco. Já foi analisado o exemplo de outra imagem com situação similar no terceiro capítulo (Figura 1, terceiro capítulo), mas a revista *Careta* do dia 10 de dezembro publica em sua capa outro "claro" exemplo:

Figura 9: A inversão da ordem

Fonte: *Careta*, 10/12/1910, capa.

---

[52] Sobre a representação de sujeitos negros na caricatura do período, ver o nosso artigo: CAPANEMA; SILVA, 2014; Sobre a caricatura e a representação da violência, ver: PURSEIGLE, 2002, p. 124-137.

Abaixo da imagem, o texto da revista dizia que o oficial negro ia pedir para chicotear os subalternos. Com toda evidência, no contexto da época, parecia absurdo pensar em negros e populares ocupando os lugares mais altos da hierarquia militar, como revela o desenho de J. Carlos. O caricaturista acentua também os traços do rosto do oficial negro. Este não é o único "detalhe" considerado pelo artista na sua inversão da ordem: o oficial negro carregava uma medalha com a data da revolta de novembro e calçava sapatos, enquanto os marinheiros subalternos brancos estavam descalços. Porém, os marujos brancos tinham bigodes, mas não o oficial negro, mesmo se, como sabemos, João Cândido portava um belo bigode, como era a estética da época e praxe no meio dos homens "respeitáveis" (ver também terceiro apítulo). Mas J. Carlos escolhe representar o almirante negro sem bigode, em certa medida, revelando desprezo pelo corpo negro. Outro detalhe aparentemente sutil, mas revelador desse tratamento dos corpos: mesmo se ele estava calçado, seus pés são deformados, como se não tivesse o hábito de usar sapatos. Claro que não se pode ler a imagem com nosso olhar atual, mas respeitar os códigos da época. J. Carlos, na criação, está rindo dos oficiais e, de alguma forma, comemorando a superioridade dos marujos negros. Mas ele não deixa de ver que a situação é absurda na sua visão e no contexto, fora de lugar, e é nisso que cria seu humor, na naturalização do preconceito racial na sociedade e na imprensa.

Durante a revolta, os artigos da imprensa mostram diversas vezes que as forças do governo estavam prestes a defender a cidade e a contra-atacar, como vimos. A partir dessa situação, uma caricatura é criada para as páginas de *O Malho*, no dia 10 de dezembro de 1910 (Figura 10):

O desenho mostra a cidade do Rio armada por todos os lados: os encouraçados que apontam os canhões contra a cidade. Morros, centro, sedes do poder e litoral, por sua vez, miram, com seus canhões, os poderosos navios de guerra dentro da baía da Guanabara. Essa situação exagerada convidava o leitor a se questionar. Seria normal tal acontecimento? A mesma imagem poderia ser utilizada, nos dias de hoje, para fazer referência à escalada da violência no Rio e no Brasil.

Outra caricatura que denuncia a violência é publicada uma semana antes,

Figura 10: O Rio armado

Fonte: *O Malho*, n°430, 10/12/1910, p. 66

no dia 3 de dezembro, em *O Malho* e assinada por Storni. Nessa imagem (Figura 11), vê-se um marinheiro negro, de bigode (claramente uma representação de João Cândido), grande, que aponta duas armas de fogo (onde se lê Minas e São Paulo) contra uma mulher branca, com uma coroa na cabeça, que chora (em sua saia estão marcadas as palavras "cidade do Rio de Janeiro"). O Marechal Hermes, vestido como militar, parece apoiar a mulher, mas lhe aponta uma espada. No chão, ao lado da "mulher", vê-se um canhão minúsculo. O texto abaixo da imagem enfatiza o absurdo da situação, aos olhos da linha editorial da revista: "como se faz uma reclamação – aliás justa – perante um governo constitucional, novo, bem-intencionado, e nas bochechas de uma capital civilizadíssima, com um milhão de almas pacíficas e timoratas...". O todo compõe uma peça ao mesmo tempo crítica e irônica, pois, se as reivindicações dos marujos eram consideradas justas, o acontecimento também revelava a fraqueza do governo e da "civilização" do Rio, ridicularizados diante das armas dos rebeldes, frustrando a expectativa de ordem e os anseios de ter-se uma República forte e poderosa.

Figura 11: O medo da "boa sociedade"

Fonte: *O Malho*, 03/12/1910.

Por trás da revolta, era evidenciada a relação que esses periódicos tinham com o poder. A crítica da anistia serve de pretexto para se criticar o governo e o congresso. Isso é explicitado, mais uma vez, na imagem abaixo, assinada também por Storni (Figura 12), onde se vê Hermes da Fonseca, contrariado e pensando nos quatro grandes navios, em vias de assinar o decreto da anistia. Ele era influenciado pelo "burguês", que queria proteger seus interesses comerciais a todo preço e evitar, portanto, o ataque da cidade, e pela "política", que via na anistia uma saída para a situação. Atrás, o "Zé Povo" e a "Pátria" se mostram descontentes, esquecidos. Todos são pessoas brancas.

O marechal Hermes se situa entre os presidentes mais caricaturados do período. Geralmente, ele é representado como uma pessoa fraca, sem atitude, que não exercia efetivamente o poder durante o governo, submisso ao Senador Pinheiro Machado.[53] Quanto ao "Zé Povo", qualquer que fosse a questão, aparecia sempre nas imagens como um "esquecido" da República e do governo. Esse Zé

---

[53] LUSTOSA, 1989, p. 59-70.

Povo, criação dos caricaturistas da Primeira República e muitas vezes presente em *O Malho*, só existia com o objetivo de sancionar o governo.⁵⁴

Figura 12: A anistia caricaturada

Fonte: *O Malho*, 03/12/1910.

As revistas ilustradas brasileiras revelam através das caricaturas o medo que a revolta dos marinheiros suscitava junto à "boa sociedade" brasileira. O medo da sociedade e a covardia dos políticos eram, assim, representados em outra imagem das lavadeiras que agradecem ao deputado José Carlos de Carvalho por ter agido em favor da anistia (Figura 13). As lavadeiras se diziam aliviadas e com menos trabalho depois do decreto, pois os cariocas não sujavam mais as calças com medo da revolta.

As lavadeiras são todas mulheres negras. No diálogo abaixo da imagem, é representada a fala das lavadeiras, marcada por erros gramaticais e de expressão

---

⁵⁴ SILVA, 1990.

da oralidade, enquanto o deputado "fala" corretamente. A imagem e o texto são publicados em *O Malho*, na edição do dia 10 de dezembro de 1910:

Figura 13: As lavadeiras agradecem a J. Carlos de Carvalho

Fonte: *O Malho*, 10/12/1910, p. 84.

> As lavadeiras: – *Viva seu* Zé Carlos de Carvalho! Viva o nosso grande *home*. Viva o nosso *protetô! Vivôôô!!!*
> Zé Carlos: – Ora essa! Mas por que tanto entusiasmo... tanto reconhecimento?
> As lavadeiras: – Ah! Seu almirante! Se V. S. soubesse quanto trabalho nos poupou, acabando com a *tá revorta dos marinhero!...*

Longe de ser uma abordagem de representação de uma consciência, como quando Lélia Gonzales reivindica o "pretoguês"[55], o diálogo expressa

---

[55] GONZALES, 2020 e outros.

claramente uma estigmatização social das lavadeiras, negras e pobres. Os erros de expressão são marcados em itálico no texto, com o objetivo de provocar risos nos leitores.

De um espetáculo a outro: cantar, filmar e representar os marinheiros de 1910

Acontecimento que marca a memória e a história no Brasil, e mais precisamente da cidade e dos subúrbios do Rio de Janeiro, a revolta dos marujos sai das páginas dos jornais para ocupar um lugar significativo nas produções culturais populares. Com efeito, desde o fim de novembro, o compositor popular Eduardo das Neves, que já tinha composto outra cançoneta para homenagear a chegada do encouraçado Minas Gerais em abril do mesmo ano, como vimos no primeiro capítulo, escreve uma nova canção sobre a revolta dos marujos. Intitulada *Os reclamantes*, a música retoma, com humor e ênfase, de forma bem simpática aos marujos, várias das dimensões existentes na insurreição:

Os Reclamantes – Cançoneta, 1910
Eduardo das Neves

Neste Rio de Janeiro
Fez-se grande confusão
Soldado marinheiro
Fez uma revolução.
Eram os chefes reclamantes
Da maruja amotinada
Por eles o grito incessante
Era a Marinha revoltada
Houve grande correria
Todo o povo no receio
Por toda parte dizia
Vai haver um bombardeio
Durante aqueles três dias
De ... e amargor

Viu-se tudo em correria
Só dominava o terror
O comércio fecha a porta
Quando vê o caso sério
Ficando a cidade morta
Parecia um cemitério
E soldado e armamento
Nosso Rio de bloqueio
Só à espera do momento
Do falado bombardeio
Cão com sorte não ladra
Do desgosto não espanta
Tive que aturar a sogra
Num ataque de "demência"
No chão atirou um cinzeiro
A tomar agudos ais
Vou morrer no bombardeio
Do .... Minas Gerais
Com os raios, ouvi da sogra
Com essa revolução
Imaginem uma sogra
Com receio de canhão
João Cândido de fama
Marujo de opinião
Mandou um radiograma
Para o chefe da Nação
E o nosso Presidente
Ganhou logo simpatia
Um decreto baixa urgente
Concedendo anistia
Tudo volta a seus lugares
Já ninguém mais tem receio
Muito embora ....
Já não haja bombardeio
Tudo foi e acabou-se

> Não há nada mais a temer
> A revolta já findou-se
> Vamos todos ....
> Viva o povo, viva a Pátria
> Do auriverde pendão
> Viva os chefes de Armada
> Viva o chefe da Nação

Fonte: http://www.franklinmartins.com.br/som_na_caixa_gravacao.php?titulo=os-reclamantes (consultado em 08/02/2014).

A cançoneta – breve canção sobre um tema leve, espiritual ou satírico – é gravada de forma mecânica, pois as gravações elétricas somente chegam ao Brasil no final dos anos de 1920. Durante a Primeira República, muitas canções populares sobre acontecimentos políticos cotidianos e repletos de humor são gravadas. Elas eram compostas para animar o público, durante momentos de consumo de bebidas alcoólicas nos cafés-concertos, nos carnavais e no âmbito das peças de teatro-revista e de teatro musical.[56] Essa forma de teatro é introduzida no Brasil pelas companhias portuguesas e é bem recebida pelo público local. Os espetáculos tratavam de acontecimentos recentes e abordavam com humor a realidade política brasileira. É nesse universo que surgem os primeiros artistas da indústria fonográfica brasileira, como o palhaço, compositor e cantor Eduardo das Neves, também chamado de Diamante Negro, Palhaço Negro e Crioulo Dudu, como vimos no primeiro capítulo.

Algumas evidências nos indicam que a cançoneta *Os reclamantes*, gravada pela Odéon, um dos estúdios mais importantes da época, teria sido composta logo depois da revolta dos marinheiros e do voto da anistia, e antes da revolta do Batalhão Naval, ou seja, entre o dia 25 de novembro e o 9 de dezembro de 1910: a letra só evoca a participação dos marinheiros, sugerindo um final feliz para os acontecimentos.

A confusão entre "revolta" e "revolução" indica ainda outras questões. Por um lado, a importância desse acontecimento para a população do Rio e,

---

[56] FLÉCHET, 2013.

por outro, a fronteira tênue entre essas duas noções para esses atores sociais. Os historiadores costumam falar em "revolução" quando há mudanças estruturais significativas e uma ruptura da ordem estabelecida inaugurando uma nova relação de poderes, funcionamento social ou de valores, enquanto a revolta seria um ato de contestação e insurreição, ainda que "revelador" de mecanismos sociais. Porém, para outras categorias da população, essa diferença não é tão evidente. Esse não é um caso único de uso do termo "revolução" para nomear a "revolta" dos marujos, outros exemplos se encontram na imprensa da época e em outros textos, nas falas dos próprios marinheiros. E, de fato, será que não podemos dizer que os marujos, durante os dias da rebelião, não teriam constituído uma nova ordem de hierarquias e disciplina na Marinha? De toda forma, a ruptura representada por esse episódio parecia bastante significativa aos olhos dos observadores e atores sociais.

Mas o compositor conclui a canção homenageando os poderes constituídos, personificados na figura do Presidente Hermes da Fonseca. O decreto de anistia deveria garantir a paz e o retorno à ordem, o que permitia os vivas aos chefes da Armada e ao chefe da nação, como num perfeito *happy end*. Com a ordem reestabelecida, a revolta dos marinheiros fazia parte de um passado recente, superado e rememorado com humor e alegria.

Eduardo das Neves estava certamente contente de ver um marujo subalterno, negro, tomar o poder dos navios por alguns dias e se tornar uma celebridade na imprensa, como os jornais mesmo diziam, "o célebre marinheiro João Cândido". Esse elogio final às autoridades e ao retorno à ordem seria um grito de vitória (os marinheiros estavam anistiados) e ao mesmo tempo uma forma de evitar a repressão e a censura das autoridades policiais, que vigiavam todos os produtos e as manifestações culturais na época, filmes, canções e peças de teatro. Essa censura repressiva da polícia era um elemento constante. Dudu das Neves já estava preparado para ela.

A revolta nas telas e no palco

A sublevação dos marujos de 1910 também é um tema que aparece no cinema brasileiro em nascimento nos diferentes tipos de filmes. No início da década de 1910, um número crescente de produções cinematográficas nacionais emerge e diversas obras brasileiras obtêm um importante sucesso de público.[57] No repertório de filmes da cinemateca brasileira, contam-se 211 produções no ano 1910, inclusive uma filmagem do dreadnought Minas Gerais (35 mm) feita no mês de abril, na chegada do navio aos portos do Rio, e produzida por Marc Ferrez.

Em novembro de 1910, ao menos três filmes sobre a revolta dos marinheiros são gravados, todos eles classificados como 35 mm. O primeiro, intitulado *Rebelião dos marinheiros da frota* (25 minutos), é filmado em novembro de 1910 e lançado no Parque Fluminense no Rio, projetado em seguida no dia 30 de novembro do mesmo ano no Radium em São Paulo. Ele tratava da "revolta dos marinheiros da Armada, em todas as suas fases, entre 23 e 26 de novembro de 1910".[58] Um segundo filme tem como título *A revolta da frota*, produzido por William Auler, da compagnia William e Cia, no qual se podia ver "o movimento da frota rebelde, bem como uma fotografia em tamanho real do marinheiro João Cândido".[59] Um terceiro documentário é intitulado *A revolta da frota na baía do Rio* e é projetado no dia 29 de novembro de 1910 no Bijou, em São Paulo.[60] Não pude encontrar nenhuma dessas produções. Porém, mesmo se são citados como três curtas-metragens diferentes, é provável que sejam um mesmo filme, ou dois filmes diferentes apenas, tendo em vista o seu conteúdo similar e data de produção.

Pouco tempo depois do seu término, a revolta dos marinheiros inspira igualmente a produção de um filme de ficção. Entre 1910 e 1912 – data suposta da projeção – é gravado no Rio o longa-metragem mudo de ficção *A vida de João Cândido*, realizado por Botelho. Esse filme teria desaparecido no incêndio da cinemateca do MAM (Museu de Arte Moderna) de São Paulo em 1957.[61] Trata-se de uma das primeiras produções cinematográficas brasileiras que é censurada, num contexto em que, aliás, atores negros quase nunca atuavam em filmes.[62] O *Correio da Manhã* publica uma nota sobre a interdição do filme, no dia 23 de janeiro de 1912:

---

[57] Ver sobretudo: ARAÚJO, 1976; BERNADET, 1979.
[58] Segundo ARAÚJO, 1976, p. 354.
[59] Idem.
[60] ARAÚJO, Vicente de Paula, *Salões, circos e cinemas de São Paulo*, São Paulo, Perspectiva, 1981, p. 189, citado no site da cinemateca brasileira (http://www.cinemateca.gov.br) (consultado em 08/02/2014).
[61] Informações que constam em: "Filmes Perdidos", *Recine*, Ano 4, n. 4, Rio de Janeiro, Arquivo Nacional, setembro de 2007, p. 69.
[62] Cf.: RODRIGUES, 1988, p. 39-40.

Toda gente conhece o formidável sucesso financeiro das duas fitas nacionais *Os estranguladores do Rio* e *Paz e Amor*. Foram duas minas de dinheiro, e - pensando nisso - o proprietário de um cinematógrafo, lá para os lados da rua Marechal Floriano, montou uma peça cinematográfica, e, como chamariz, pôs-lhe o título *A vida de João Cândido*. O sucesso talvez fosse garantido [...] Mas o dr. Belisário Távora, assim como não consentiu que o Gato pusesse a figura de um negro bichano trazendo à boca a caricatura do marechal Hermes, também não podia admitir que se exibisse uma fita que talvez da vida de João Cândido nada mais tivesse que o título. E proibiu a sua representação, mandou apreender os cartazes-reclamos e deu ordens para que prendesse os distribuidores dos reclamos. E com isso o sr. Belizário lavrou um tento, porque, se não fizesse o que fez, talvez a essa hora o Rio em peso estivesse revolucionado ... para ver a fita que se exibia na rua marechal Floriano.

Os estranguladores do Rio era um média-metragem policial (35 mm, 40 min) projetado pela primeira vez no cinema Palace no Rio de Janeiro, em 1908. Inspirado de uma peça de teatro, representa um crime quase perfeito cometido no porto do Rio. Já *Paz e Amor* (35 mm, sem duração mencionada), exibido pela primeira vez no dia 25 de abril de 1910 no cinema Rio Branco, era uma comédia musical sobre a vida cotidiana no Rio, gravada entre 1909-1910. Na cena final desse filme, vê-se a chegada do encouraçado *Minas Gerais*. O filme sobre a vida de João Cândido teria sido, sem dúvida, um grande sucesso como essas duas produções, se ele não tivesse sido censurado. No entanto, contrariamente a esses dois filmes inofensivos, *A vida de João Cândido* podia provocar uma "revolução", como diziam os jornais da época. Prova de que, anistiados ou absolvidos, pouco importa, a perseguição a João Cândido, a seus colegas e à revolta estava ainda presente.

Um ano depois da proibição do filme inspirado em sua vida, João Cândido e a revolta dos marinheiros são temas de espetáculos de circo. Assim, o circo Spinelli prepara em janeiro de 1913 uma sessão em "homenagem ao ex-marinheiro João Cândido", como indica uma nota de *O Paiz,* do dia 24 de janeiro de 1913.

Uma das principais atrações do circo Spinelli era o palhaço Benjamin de Oliveira, nascido na condição de escravizado, ele foge, aos 12 anos (em 1882), da fazenda do seu senhor em Pará de Minas, para seguir o circo Sopero. No início, ele se torna acrobata, mas se vê obrigado a substituir um artista que adoece, revelando seu talento como palhaço. Era vaiado pelo público, mas, aos poucos, aprende a improvisar e a mostrar sua polivalência, numa época em que o circo estava em plena expansão no Brasil. No Rio de Janeiro, Benjamin de Oliveira se torna também ator de teatro e de cinema, cantor e compositor, assim como Dudu das Neves, e autor de peças de teatro. Foi uma das figuras mais conhecidas e respeitadas do circo-teatro, como era conhecido na época a mistura entre atrações de circo, num primeiro momento, e peças de teatro de revista, num segundo momento.[63] Naquele tempo, a figura do palhaço-cantor, responsável pela difusão das canções populares, era uma das principais atrações, tais quais os espetáculos do circo Spinelli.

Porém, até mesmo os circos deviam estar atentos à censura e à repressão policial, sendo obrigados a manter boas relações com as autoridades e a agradar ao público ao mesmo tempo. Como forte indício dessa relação de vigilância policial, compreende-se o fato de que, alguns dias antes do anúncio da apresentação do espetáculo em homenagem a João Cândido, o chefe de polícia do distrito federal, Belizário Fernandes de Silva Távora, o mesmo que tinha ordenado a interdição do filme sobre a vida do marujo, estava presente na plateia do circo Spinelli. O aval da polícia, confirmada pela presença desse agente, é colocado em valor nas páginas de *O Paiz,* em 21 de janeiro de 1913. A nota diz o seguinte: "Grande festival extraordinário ... foi honrado pela presença do Sr. Dr. Belisário Fernandes da Silva Távora, digno e respeitado chefe da polícia do Distrito Federal". Entre os artistas, encontra-se citado, naturalmente, Benjamim de Oliveira.

A data desse espetáculo é bastante próxima da liberação do almirante negro após o processo do Tribunal Militar e da publicação de suas *Memórias,* entre 31/12/1912 e 12/01/1913, na *Gazeta de Notícias*. Mais de três anos depois de terminada, a revolta despertava ainda grande interesse, em

---

[63] SILVA, 2007.

particular nas expressões de cultura popular e para os artistas, compositores e escritores negros, começando a se transformar, progressivamente, em um tema da memória e da história social do Brasil, apesar das perseguições.

SALVE O NAVEGANTE NEGRO: REVOLTA E MEMÓRIA

Quando o ator se torna escritor: as memórias de João Cândido

Pouco tempo depois da revolta, o jornalista e escritor afrodescendente Paulo Barreto, conhecido como João do Rio, decide publicar uma série de 12 artigos na *Gazeta de Notícias*. O texto que é publicado entre 31 de dezembro de 1912 e 12 de janeiro de 1913, como um folhetim, recebe o título *Memórias de João Cândido, o marinheiro*. João Cândido aparece na *Gazeta* no dia da sua liberação, em 31 de dezembro de 1912, como manchete da primeira página: "João Cândido é, enfim, solto! O marinheiro escreve no cárcere a sua vida até o dia da anistia. A 'Gazeta' começa hoje a publicar a palpitante narrativa".[1]

O artigo sobre a liberação de João Cândido conta também que ele era esperado por jornalistas, fotógrafos e outros curiosos no cais do porto. Dias Marins conta ao *Correio da Manhã* do mesmo dia que eles eram escoltados por uma centena de soldados e policiais. Na imagem, João Cândido, de uniforme, é colocado em destaque nas fotografias e é claramente "acompanhado" pelos policiais.

A multidão no cais o recebe aos gritos de "Viva João Cândido". O Almirante Negro é descrito como um homem inteligente e cansado – ele pede um suco e um sanduíche –, que não queria ser considerado um "herói", apesar da sua popularidade. O jornal publica extratos de sua entrevista, na qual ele diz ser um pesar não estar mais na Marinha e que precisava procurar outro meio de vida. Dias antes, em 19 de novembro de 1912, o jornalista do *Correio da Manhã*

---

[1] A existência dessa documentação é citada na biografia de João do Rio escrita por João Carlos Rodrigues: RODRIGUES, 1996, p. 157-160. Agradeço à Cláudia Poncioni pela referência. Os originais do documento se encontram no fundo de arquivos da Biblioteca Mário de Andrade, em São Paulo. Durante muito tempo, a documentação permaneceu "esquecida" nos arquivos, sem ser citada em nenhum outro trabalho sobre a revolta, mas pude consultá-la durante a minha tese. O texto foi publicado nos anexos da quinta edição do livro de Edmar Morel (2009).

Figura 1: Uma nova inversão da ordem?

Fonte: *Gazeta de Notícias*, 31/12/1912.

também faz uma descrição do marujo, no momento em que ele se apresenta para responder ao Conselho de Guerra: "João Cândido é um 'fulo', alto, magro, musculoso, parecendo ter uma ossatura de ferro. Entrou no recinto das sessões com passos largos, firmes, cadenciados".

Segundo a *Gazeta*, João Cândido tinha mencionado a escrita de suas memórias quando ainda estava no hospital dos alienados, num primeiro momento, e no hospital da Marinha, posteriormente. O periódico acrescenta, para reforçar o caráter autêntico do texto, que "ontem, apesar de muito fatigado, João Cândido releu apenas os primeiros capítulos, que já tínhamos em prova, fazendo-lhes a revisão".

O primeiro capítulo das memórias, publicado à parte, é uma síntese da vida de João Cândido Felisberto feita pela redação do jornal. O texto conta que ele teria nascido no dia 24 de junho de 1882, em Corrientes, na Argentina, e que tinha migrado para o Brasil em 1889. No dia seguinte, uma nota é acrescentada ao capítulo das suas memórias para corrigir a informação: "João Cândido esteve ontem nesta redação e pediu-nos uma retificação. João Cândido não é argentino, não nasceu em Corrientes, João Cândido é brasileiro". Além disso, o ano do seu nascimento era 1880 (e não 1882). Na sua ficha do hospital dos alienados de 1911, a idade indicada é 29 anos, e não 31, sua verdadeira idade durante a internação e o lugar de nascimento é indicado como Corrientes. Provavelmente, os jornalistas da *Gazeta* teriam tido acesso a essa ficha. Como podemos perceber também, havia intervenções dos editores, talvez o próprio João do Rio, mas o marujo acompanhava as publicações dos capítulos, que assinava como de sua autoria, podendo corrigi-los. Somente no dia seguinte se publica o texto que teria sido realmente escrito por João Cândido, como diz *A Gazeta* do 1º de janeiro de 1913: "Ontem, fizemos os resumos dos primeiros capítulos das 'Memórias de João Cândido'. Tendo em vista que melhor seria reproduzir a odisseia do célebre marinheiro exatamente como ele a escreveu e capitulou, nós começamos, desde hoje, a publicá-la por esta forma mais atraente".

De fato, a confusão sobre seu lugar de nascimento já vinha de antes. No dia em que se apresenta como réu para o interrogatório do Tribunal Militar, em 19 de novembro de 1912, o *Correio da Manhã* publica uma reação do marujo quando responde a uma questão: "'Peço que fique consignada uma retificação. Não sou argentino, conforme dito e escreveram. Sou brasileiro', diz com altivez! 'Nasci no Estado do Rio Grande do Sul'". Segundo o oficial Oliveira Bello, João Cândido teria dito, durante a investigação em 1911, que teria nascido na Argentina para escapar de uma sentença mais severa.[2]

O certificado de batismo de João Cândido foi consultado por Álvaro Pereira do Nascimento, que atesta que ele nasceu no dia 15 de janeiro de 1880 na fazenda de Coxilha Bonita, no então município de Rio Pardo.[3] O local de nascimento e o ano foram confirmados por João Cândido diversas vezes, mas a data não bate. Ele sempre declarou ter nascido no dia 24 de junho. Um detalhe importante nos faz pensar no porquê dessa data: dia 24 de junho é dia de São João, um santo muito importante na cultura popular brasileira. Na cultura cristã, há uma tradição de nomear as crianças de acordo com o calendário das festas

---

[2] BELLO; MOREL, 2009.
[3] NASCIMENTO, 2020.

dos santos. Mas, também, pessoas que não conheciam sua data de nascimento podiam buscar no calendário "o dia do santo do seu nome".

O folhetim *As memória de João Cândido, o marinheiro* pode ser dividido em três partes. Numa primeira, o almirante negro conta seus primeiros tempos na Marinha, as viagens internacionais e suas impressões. Como vimos no capítulo anterior, o texto se parece com um "diário de viagem", estilo comum de oficiais da Marinha, com forte teor nacionalista. Porém, a especificidade do texto consiste no fato de que o testemunho é feito por um marujo subalterno, negro, membro das classes populares a quem raramente se atribuía um "lugar de escrita".[4]

Num segundo momento, *As memórias* contam o revolta dos marujos, desde a organização até a anistia. O marujo destaca seu papel como comandante e nas decisões tomadas, convidando o leitor a conhecer os fatos. Ele fornece informações que somente uma pessoa que se encontrava a bordo dos navios nos dias do levante podia conhecer. João Cândido conta também detalhes, como as datas e as horas precisas, os nomes dos outros comandantes dos marujos rebeldes, o movimento dos navios, os planos de ataque, de defesa e de contra-ataque. Aqui, a narrativa adquire uma forma típica de textos de correspondentes de guerra, também práticas comuns de jornalistas ou, no interior da Marinha, dos comandantes e oficiais.

Enfim, um terceiro tempo da história de João Cândido começa depois do fim da revolta, da anistia até a liberação após o julgamento do Tribunal Militar, passando pela revolta do Batalhão Naval, sua prisão, hospitalização e exclusão da Marinha. Os horrores vividos nas prisões da Ilha das Cobras são um ponto forte das memórias. Ele acusa o governo de ter contribuído à preparação da revolta de dezembro e, à guisa de conclusão, expõe seu sentimento de injustiça relativo à sua exclusão da Marinha. Contar, rememorar, é também denunciar.

João Cândido ou João do Rio?

Na época, houve uma polêmica que questionava a autoria e a autenticidade das *Memórias*, em razão da qualidade do texto. O texto seria de João Cândido ou João do Rio? No dia 7 janeiro de 1913, um artigo anônimo é publicado no jornal

---

[4] Penso aqui em "Lugar de escrita" em diálogo, imperfeito, com "lugar de fala" de Djamila Ribeiro (RIBEIRO, 2019).

carioca *O Imparcial*, questionando o "casamento literário" de João do Rio e de João Cândido e criticando o diretor da *Gazeta* pela publicação das *Memórias*. O texto lembra os oficiais mortos, em particular Batista das Neves. Uma resposta da *Gazeta* é publicada no dia seguinte, num artigo assinado por João do Rio, que explica então como seu jornal teve acesso aos manuscritos das memórias de João Cândido:

> Há um ano e meio quando o marinheiro João Cândido fingia de doido no Hospício dos Alienados, vieram trazer à *Gazeta* a história que ele ditara a um dos enfermeiros e que fora lida pelo médico. Quem conseguiu esse furo de reportagem faz hoje, disseram-me, parte da redação de *O Imparcial* e pode dar disso testemunho. A história estava e está escrita num caderno de almaço, com capa de papel escuro. É feita a lápis, dos dois lados. Pode ser vista por quem quiser. Verificada a sua autenticidade, a *Gazeta* resolveu não as publicar no momento [...]. *As memórias*, porém, eram e são apenas as memórias do João Cândido. Lidas e relidas, elas são aos poucos copiadas em tiras, com um ou outro período consertado por qualquer redator de plantão. Essa é a história das memórias.[5]

Essas explicações são coerentes na medida em que elas nos remetem à existência de um manuscrito ditado por João Cândido e mencionado por outras fontes. Em certas passagens, sobretudo nos momentos em que João Cândido cita os acontecimentos com as horas exatas, é certo que ele não teria podido se lembrar de tantos detalhes sem anotações. Quanto ao manuscrito, o marujo conta, quando interrogado por Edmar Morel sobre a questão no final dos anos de 1950, que os papéis tinham sido destruídos, bem como outros objetos pessoais, pelos carcereiros da Ilha das Cobras depois de sua transferência para o hospital dos alienados.[6] No entanto, é possível pensar que esses papéis tenham sido apreendidos e entregues a um repórter da *Gazeta de Notícias*, hipótese sustentada também por João Carlos Rodrigues, biógrafo de João do Rio.

Durante a sua estadia no hospital dos alienados, João Cândido, que não dispunha de uma falange do dedo indicador da mão direita devido a uma

---

[5] Gazeta de Notícias, 8/01/1913, p. 2, citado por: RODRIGUES, 1996, p. 158-159.
[6] MOREL, 2009, p. 205.

amputação num carregamento de um canhão, recusa escrever qualquer palavra e até mesmo seu próprio nome. Muito desconfiado, ele diz diversas vezes que não tinha confiança no governo, pois se encontrava preso depois de ter confiado nos tratados. De acordo com a sua ficha de internação, ele evoca com frequência o massacre na Ilha das Cobras, se comportando como uma pessoa inteligente, muito triste pelo Brasil, lúcido, apesar de pessimista. Dizia que se recusava a assinar o próprio nome, pois tremia e tinha medo de se comprometer (Talvez pela mesma razão, tenha se recusado também a assinar o seu testemunho no Conselho de Guerra). Mas pedia jornais e leitura, como vimos. Sobre suas *Memórias*, o diretor do hospital, o psiquiatra Juliano de Medeiros, relata que:

> Pediu-me duas resmas de papel almaço para escrever um romance de sua vida, desejando sair daqui só quando tiver acabado e publicado. Fizemo-lo ver que talvez não precisasse tanto papel no que concordou [...] Dia 1° de maio nenhuma alteração, foi-lhe fornecido o papel tendo começado o romance que dita para um outro doente escrever. Intitular-se-á o romance: *A vida de João Cândido* ou *O Sonho da Liberdade!* Formulou diversos capítulos dos quais um fala sobre os acontecimentos da Ilha dos Martírios e outro sobre os Mistérios de uma Loucura Fantástica. [...] Dia 4 [...] passou o dia ditando o seu romance ao doente Castanhola.[7]

As Memórias de João Cândido, o marinheiro seriam o texto da "Vida de João Cândido" ou do "Sonho da Liberdade" ditados a seu colega do hospital dos alienados? É provável, como também conclui o historiador Marco Morel na introdução do texto publicado nos anexos da edição de 2009 do livro de Edmar Morel. O historiador, neto de Edmar Morel, retoma, ainda, o que se sabe dos manuscritos. Há notícias sobre a existência de duas cópias do material. Uma primeira, feita sob a supervisão do psiquiatra Juliano de Moreira, que pretendia também escrever a história do célebre protagonista da revolta dos marujos. O manuscrito foi, ainda segundo o historiador Morel, dado ao fotógrafo de cinema Edgar Brazil (que participou da produção do filme *Limite*, de Mário Peixoto). Ele

---

[7] DPHDM, Hospital Nacional dos Alienados, "Ficha de João Cândido Felisberto", *op. cit.*

tinha o objetivo de fazer um filme sobre o tema, mas, ao que tudo indica, também não concretizou o projeto. A mãe do fotógrafo "doou o material ao então jovem José Roberto Teixeira Leite, que se tornaria historiador e importante crítico de arte", quem contou todas essas informações a Marco Morel. "José Roberto, por sua vez, presenteou o manuscrito a seu professor de Direito Constitucional, Edgardo de Castro Rebello, influente pensador socialista e que também se interessava em desenvolver o tema, mas que faleceu pouco depois, sem descendentes diretos. Perdeu-se a partir daí o paradeiro da cópia".[8] Esse manuscrito seria composto de umas 30 folhas de papel almaço, frente e verso, escritas à tinta. A segunda cópia dos escritos de João Cândido seria o documento recuperado pela *Gazeta* mencionado por João do Rio, a lápis.

Acredito que podem ter sido dois tempos diferentes de escrita da mesma história, ditada ou não. Também pode se tratar de um manuscrito original e uma cópia. Publicadas na *Gazeta*, são as memórias de João Cândido, ainda que com modificações de João do Rio, como era costume na época nas edições de folhetins ou outros textos, sobretudo de atores populares que se tornavam autores.

Os primeiros autores de uma história censurada: o nascimento de um herói popular

Depois da publicação das *Memórias*, João Cândido desaparece aos poucos da vida pública para construir uma vida como civil. No início, ele encontra facilmente trabalho na Marinha mercante, mas a perseguição das autoridades da Armada não permitia que continuasse na vida do mar, como diz em seu testemunho ao MIS em 1968:

> Queria seguir a vida do mar. Embarcava. Fui para a Marinha mercante, tomava, embarcava hoje aqui, chegava no primeiro porto, os oficiais da Marinha cassavam meus direitos. Diziam que eu não podia embarcar, pois que era revoltoso. [...] Cheguei aqui, fui ao almirante Alexandrino, que era ministro da Marinha [...] e pelo telefone chamou o capitão dos portos e "entregue os papéis de João Cândido

---

[8] MOREL, Marco, "Anexo I, A Vida de João Cândido – ou O Sonho da Liberdade. Introdução do organizador." In: MOREL, 2009, p. 286.

Figura 2: As Memórias de João Cândido, "O sonho da liberdade"

Memorias de João Candido, o marinheiro

ALGUMAS VIAGENS — A ESQUADRA DE EVANS

A entrada da esquadra americana, vista da ilha de Villegaignon

A 3 de janeiro de 1907, fui designado para seguir na esquadra de instrucção, até Santa Catharina.

Essas viagens aos bellos portos do pequeno Estado do sul são sempre cheias de incidentes mais ou menos agradaveis, embora fatigantes, pelos muitos serviços a fazer-se. Em Florianopolis, a pittoresca e hospitaleira capital catharinense, patria de marinheiros valentes e habeis, nunca chegámos sem festejos e manifestações de sympathia. Acho a terra e a gente de Santa Catharina adoraveis. Ainda que os bailes e pique-niques, ali, sejam para a officialidade, nós pas- esta differença entre nós e elles, os guiadores daquellas náos formidaveis. No momento em que o "Connecticut" avançava, encabeçando a linha irreprehensivel da esquadra a mover-se, experimentei apenas a vontade de ver o meu querido e nobre paiz com igual grandeza e gloria que a dos que viajavam ás ordens do almirante Evans.

Possivel ? Eu não sabia dizer a mim mesmo, naquella hora, mas bem o queria o meu patriotismo.

Durante alguns dias, a nossa preoccupação foi a grande esquadra. Nada mais nos foi dado fazer do que admirar o poder naval dos americanos, attestado naquellas na o "Guasca" á pique, nas alturas da Pinheira, numa noite tragica.

Ahi passei para o meu navio. Assisti a factos muito engraçados e curiosos, que se davam por causa da missão de vigilancia que fôra dada ao nosso barco. Os marinheiros estavam alegrissimos de terem os canhões assestados para um navio estrangeiro, ainda que mercante, porque o desejo delles era uma safarrascada com as boccas de fogo... Recordo-me de que, a toda hora, havia um que via... o "São Lorenzo" a movimentar-se. Corria logo aos officiaes, perguntando se não se mandava um "carrão", isto

Fonte: *Gazeta de Notícias*, 12/01/1913

imediatamente, eu também fui revoltoso e sou ministro da Marinha". Depois andei lá pela Argentina, andei pela Grécia, embarcando em navio grego e depois deu saudades e eu voltei para o Brasil.

Ainda segundo seu testemunho, ele recebe convites para viver e trabalhar na Inglaterra e na Argentina, mas prefere não aceitar. Na mesma época, ele se muda para o bairro Laranjeiras, no Rio, na casa de um colega da Marinha que era carpinteiro, e se casa com uma de suas filhas. Em 1917, quatro anos depois do casamento, a esposa do marujo morre, deixando três filhos. Em 1919, ele compra um pequeno barco de pesca o qual batiza de "Três Marias". Ganha a vida pescando e vendendo peixe no mercado do cais Pharoux, na Praça XV, área central e portuária do Rio. Era um trabalho difícil que dava pouco dinheiro, sem nenhuma garantia social, mas pelo menos próximo do universo que ele amava e conhecia bem: o mundo do mar.[9]

Em 1928, o nome de João Cândido reaparece nas páginas da imprensa, em decorrência de um acontecimento trágico na sua vida pessoal. Sua segunda esposa, Maria Dolores Vidal, com quem ele tem quatro filhos, se suicida aos 26 anos, oito anos depois do casamento.[10] No enterro da esposa, João Cândido é homenageado por um grupo de jovens marinheiros desconhecidos que se lembravam da sua história e desejavam agradecê-lo, como ficou registrado pela fala de um deles: "A sua história ficou na Marinha. Hoje não apanhamos, temos soldo regular e comemos bem. Agradecemos tudo isso ao senhor".[11] As autoridades da Marinha também não tinham esquecido João Cândido: em 1930, ele é preso pela polícia, acusado de ser membro da Aliança Liberal, organização que participa da chamada Revolução de 1930, favorecendo a ascensão de Getúlio Vargas ao poder. As acusações eram falsas, mas mostram que, 20 anos depois da revolta, João Cândido ainda era considerado uma ameaça ou um "suspeito" pelas autoridades policiais.

Nos anos de 1930, são escritos os primeiros ensaios que retomam a revolta dos marinheiros e valorizam a figura de João Cândido, denunciando, por outro lado, a violência da Marinha e do governo. Em 1931, o poeta surrealista francês Benjamin Péret se interessa pela questão. Próximo do trotskismo, ele realiza duas viagens ao Brasil, em 1929 e em 1931. Nessa segunda travessia do Atlântico, ele é preso, depois expulso do país por ser visto como "elemento prejudicial

---

[9] Esses dados biográficos são citados em diferentes trabalhos sobre a vida de João Cândido, como: MOREL, 2008, p. 82-84; NASCIMENTO, 2020.
[10] Maria Dolores Vidal era filha de pai português e mãe mestiça. Ela se suicida ateando fogo ao próprio corpo. 10 anos mais tarde, a filha mais velha do casal, Nauçá, também comete suicídio da mesma forma. In: MOREL, 2008, p. 82.
[11] MOREL, 2009, p. 237.

à tranquilidade pública", o que não o impede de voltar às terras tupiniquins mais tarde, em 1955 e 1956.[12] Seu interesse pelo país se deve em grande parte à influência da esposa, Elsie Houston, uma cantora brasileira. Todavia, outro elemento desperta a atenção do poeta: a cultura popular e as lutas sociais do povo brasileiro, e em particular dos afro-brasileiros. Em sua segunda viagem, Péret escreve um livro sobre o quilombo de Palmares.[13]

Benjamin Péret também tinha grande interesse pela revolta do encouraçado Potemkin de 1905 e escreve um prefácio de um livro sobre o tema.[14] A revolta dos marinheiros era, no seu ponto de vista, uma versão brasileira da sublevação russa. Ele começa a escrever um livro usando como fonte os documentos da época da revolta, cujo título era *L'Amiral Noir* (O Almirante Negro). A obra, no entanto, não será jamais publicada, com a prisão do autor no dia 28 de novembro de 1931. Os arquivos da Liga Comunista e os originais do livro são confiscados pela polícia de Getúlio Vargas. Somente quatro páginas do manuscrito são encontradas muitos anos mais tarde, fragmentos do trabalho que correspondem ao início e ao fim do texto.[15]

Péret analisa a revolta como uma expressão da luta de classes. Ele cita um extrato de uma carta na qual um marinheiro convida seus companheiros a continuar o movimento, o que ele interpreta como um exemplo do "despertar da consciência de classe por um homem [...]. As ilusões democráticas lutam ainda com a atração que já exerce a Revolução russa de 1905". Mais adiante no texto, figuram algumas citações dos discursos dos deputados, não comentadas pelo autor e, na última página, ele ressalta a importância do movimento para a melhoria da condição dos marujos, fazendo um apelo à mobilização de todos os trabalhadores brasileiros "numa greve geral revolucionária".

A primeira obra publicada sobre o tema e que propõe uma linha de interpretação próxima à de Benjamin Péret foi *A revolta de João Cândido*, publicação clandestina editada em 1934 em Pelotas, no Rio Grande do Sul.[16] O autor, que

---

[12] Sobre Benjamin Péret no Brasil e as 4 páginas do manuscrito « l'Amiral noir » que foram encontradas posteriormente, ver: « Benjamin Péret et Le Brésil », *Trois Cerises et une Sardine*, publication de l'association des amis de Benjamin Péret à Paris, no. 17, octobre 2005.
[13] PERET, Benjamin. *La Commune de Palmares*. Paris: Syllepse, 1999.
[14] O livro era: F. Slang, *Le cuirassé Potemkine*, São Paulo, Edition Lux, 1931. Cf.: Karepovs, op. cit., p. 11.
[15] Em 1935, a polícia de Getúlio Vargas faz uma busca nos arquivos do crítico literário Mário Pedrosa, amigo e cunhado de Péret. 4 páginas do texto de Péret são confiscadas e anexas ao processo contra ele em 1937. Elas foram descobertas pelo historiador Dainis Karepovs nos anos de 1980.
[16] Importante lembrar aqui que uma obra não favorável aos marinheiros e assinada por "Um oficial da Armada" (o tenente Macedo Soares) foi

assina com o pseudônimo de Benedito Paulo, é, de fato, identificado como o médico Adão Pereira Nunes, também escritor e militante de esquerda.[17] O texto trata João Cândido como herói popular, enquanto o Brasil é apresentado como um país "semicolonial" onde "o povo oprimido" tinha necessidade de conhecer histórias como a da revolta dos marinheiros. Ele compara a importância da história de João Cândido à República de Palmares, outro tema tabu, segundo o autor. No prefácio do livro, diz ainda que alguns oficiais da Marinha se colocaram "do lado do povo", enquanto outros se posicionavam "nas mãos do imperialismo e dos magnatas nacionais".[18]

Ainda que ele não indique suas fontes, Benedito Paulo com certeza consultou a imprensa da época, os discursos dos parlamentares e, como ele conhecia João Cândido pessoalmente, é possível que tenha também escutado o testemunho do marujo. Aliás, ele deve ter tido certamente acesso, por intermédio de um contato no interior da Marinha, a alguns documentos e arquivos militares. Assim, Adão Pereira Nunes foi ajudado por um oficial "que se posiciona ostensivamente do lado do povo oprimido e explorado", segundo seus termos, na consulta de documentos, apesar da repressão da Marinha.

Nesse conflito de posições, outro intelectual se choca com as autoridades da Marinha quando publica, também em 1934, o texto de Adão Pereira Nunes em capítulos de folhetim no *Jornal do Povo*. Trata-se do jornalista Apparício Torelly, apelidado Barão de Itararé, um dos principais escritores de humor, de denúncia e crítica de sua época.[19] Ele começa apenas a tratar do tema quando é sequestrado em seu escritório e agredido por oficiais da Marinha na Barra da Tijuca, no Rio. Depois de recuperado, ele retorna ao jornal e cola um cartaz na porta de entrada da sua sala, com os dizeres "Entre sem bater".[20] O texto que foi

---

publicada em 1911. O argumento do livro busca denunciar tanto a má situação da Marinha do Brasil quanto a decadência racial dos marujos brasileiros, sustentando convicções próximas do determinismo de raça (como vimos no primeiro, no segundo, no terceiro e no quarto capítulo). Essa obra também é censurada e proibida de circulação. Ver a carta do Ministro da Marinha ao Ministro das Relações Exteriores brasileiro, do dia 22 de abril de 1911, que sugere a confiscação do trabalho e uma advertência ao autor e à editora (o livro foi publicado em Paris pela editora Garnier). "Carta do Ministro da Marinha ao Ministro das Relações Exteriores", Arquivo do Ministério das Relações Exteriores, Itamaraty, Ministério da Marinha, Avisos (1909-1913), 22/04/1911, 304/2/5, sem número de página.

[17] De acordo com o historiador Arias Neto, o exemplar do livro conservado na biblioteca da Marinha foi uma doação de João Prado Maia, historiador naval, que anota a lápis na capa da obra o nome de Adão Pereira Nunes (ARIAS NETO, 2001, p. 272).

[18] PAULO, 1934, p. 1-2.

[19] Em 1926, Apparício Torelly funda o jornal cômico de grande sucesso A Manhã. Itararé foi o lugar reservado a uma batalha de tomada de poder no contexto da Revolução de 1930. Mas essa luta nunca aconteceu, razão da escolha cômica do apelido. Em outubro de 1934, ele funda o Jornal do Povo. Nos anos 1950, ele cria a revista humorística *Almanhaque*.

[20] Ver: MOREL, 1999, p. 232. Aparício Torelly era membro do Partido Comunista Brasileiro e é eleito vereador do Rio de Janeiro em 1947.

publicado no jornal foi, sem dúvida, lido e retransmitido ao público leitor do órgão, operários politizados, trabalhadores intelectuais mobilizados e classes médias de esquerda do Rio de Janeiro.

Porém, João Cândido seguia, na época, uma direção oposta ao agrupamento de forças nacionalistas e progressistas da Aliança Nacional Libertadora, criada em 1935 reunindo tendências de oposição a Getúlio Vargas, como o movimento dos tenentes (tenentismo), a esquerda popular e os comunistas do PCB que, seguindo a orientação da Internacional Comunista de 1934, visavam constituir uma frente popular para combater o imperialismo e o fascismo no mundo. O Almirante Negro opta por se aproximar de outro movimento "popular" de tendência fascista, a Ação Integralista Brasileira fundada em 1932 e cujas palavras de ordem eram "Deus, Pátria e Família". Os integralistas eram financiados pelas embaixadas alemã e italiana e tinham como símbolo a letra sigma (Σ), símbolo da soma (a soma de todos). Os adeptos do movimento eram conhecidos como camisas verdes por usarem camisas dessa cor.[21] Entrevistado por Edmar Morel, João Cândido conta que tinha sido consultado pessoalmente por Plínio Salgado, o líder da organização, e que tinha aderido ao movimento, assim como outros marinheiros e oficiais da Marinha. Sua figura atraía ao movimento Sigma outros aderentes do meio militar, o que explica a estratégia de Plínio Salgado de dar importância a João Cândido. O Almirante Negro, isolado, perseguido, pobre e esquecido, pode ter sido seduzido, provavelmente, pela possibilidade de poder participar de outro movimento coletivo social e político, ao lado de companheiros da Marinha.

João Cândido, segundo seus próprios testemunhos, participa de algumas manifestações do movimento fascista brasileiro, vestido de camisa verde e é recebido por Plínio Salgado mais de uma vez. Ele estava presente na marcha ao Catete de 1937, que reúne 50 000 pessoas. Esse movimento era inspirado na marcha sobre Roma de Benito Mussolini. Em 1938, a Aliança Integralista Brasileira (ABI) é cassada e seus membros são perseguidos pela polícia de Getúlio Vargas. Em sua entrevista a Morel no fim dos anos de 1950, João Cândido

---

[21] Criticavam os liberais e os comunistas de maneira geral. Alguns antissemitas brasileiros faziam parte do movimento, como o escritor Gustavo Barroso. Reuniam na verdade valores como a tradição, a união do povo brasileiro, a família, a Igreja, e eram eficazes no uso de símbolos e rituais. Sobre os integralistas, ver: TRINDADE, 1988.

compara, já desiludido e desinteressado, sua experiência de líder da revolta dos marujos e sua participação no movimento fascista brasileiro, que não estaria à altura do movimento dos marujos:

> Desiludido pela falta de atitude dos chefes do Sigma, antevi a desgraça. Em 1910, tudo foi diferente. Agimos no momento preciso e não perdemos um minuto. Eu e meus companheiros levamos a revolução à vitória, pela ação e firme decisão de todos os chefes da rebelião. O que vi naquela tarde foi de chorar.

Como a AIB foi destituída em 1938 e o fascismo era fortemente descreditado no Brasil depois da Segunda Guerra Mundial, João Cândido, desesperançado e desconfiado, prefere não mais seguir nenhuma doutrina ou orientação política.

Sobre esse ponto da vida de João Cândido, é preciso fazer uma observação. A construção de João Cândido como herói nacional e popular é uma tarefa complicada – devido à perseguição das forças Armadas e do Estado brasileiro –, e seria, nos meios progressistas, complicado defender a memória de um herói que defendesse tais correntes e propostas. No entanto, é preciso compreender o ator social em seu contexto e em sua complexidade. Militar, descendente de escravizados no pós-abolição, homem de origem modestíssima, defensor da ordem, sofrido e traído, João Cândido podia ter organizado uma revolta popular e, ao mesmo tempo, ter sucumbido à manipulação do discurso fascista dos anos de 1930, no contexto confuso da época. Isso não seria algo necessariamente contraditório. Não podemos, como historiadores e pensadores sociais, cair na facilidade do amálgama entre movimentos populares e pensamento progressista assumido, sem considerar os contextos e as nuances. O fato de ter liderado uma revolta popular que se torna um verdadeiro ícone para os intelectuais, movimento negro e atores das diferentes correntes de esquerda não significa que João Cândido tinha sempre posições progressistas, de esquerda, em todos os momentos da sua vida.[22] Acreditar nessa linha contínua e pura de uma figura

---

[22] É importante pontuar que os intelectuais de esquerda não foram os únicos a se interessar por João Cândido e a revolta dos marujos, ainda que sejam bem mais numerosos. Um dos mentores da Ação Integralista Brasileira, o escritor e jornalista Gustavo Barroso, tinha tentado publicar sobre o tema no jornal fiel ao governo *A Manhã*, mas ele também é reprimido pelos órgãos de censura do período Vargas (o DIP) e as autoridades da Marinha. Cf.: MOREL, 2009, p. 56.

humana e histórica seria cair numa lógica que Bourdieu muito bem chamou de "ilusão biográfica", sem levar em conta a complexidade de contextos, ações, descontinuidades, contradições, condições e nuances.[23] Observemos, além disso, que João Cândido demonstra uma admiração pessoal, em alguns momentos, por Getúlio Vargas, considerado, por ele e por outros brasileiros de origem popular, um grande presidente. Essa referência constante a Getúlio e o elogio de seu papel como protetor dos trabalhadores se encontram em outros testemunhos de descendentes de escravizados no Brasil.[24]

Do retorno à imprensa às primeiras versões oficiais da Armada: um herói desconstruído

Se já era muito difícil publicar sobre o movimento dos marujos até os anos de 1930, falar da revolta durante o Estado Novo de Getúlio Vargas (1937-1945) parece ser missão impossível. Durante o período, o tema parecia ter sido esquecido, ou totalmente silenciado. Com o retorno à democracia, depois de 1945, os jornalistas redescobrem João Cândido, que morava então na periferia do Rio, em São João do Meriti, com sua terceira esposa, Ana do Nascimento. Ainda que ele não tivesse uma saúde perfeita – tinha passado dos 50 anos e sofria de reumatismo – trabalhava todos os dias no mercado da Praça XV vendendo sua pesca. O Almirante Negro se muda para essa cidade depois de sua rápida passagem pela prisão em 1930 (como suspeito de conspiração política, como vimos). Procurava ter mais tranquilidade para ele próprio e para a família, além de um aluguel mais acessível. Na sua rua, não tinha eletricidade nem saneamento. Em São João do Meriti, João Cândido conhece sua terceira esposa, Ana, que tinha 22 anos a menos que ele. Ela ajuda a criar seus filhos pequenos e os dois têm ainda três outras crianças.[25]

No dia 14 de agosto de 1948, o nome de João Cândido e a memória da revolta dos marujos são citados pelo escritor e crítico literário Tristão de Athayde

---

[23] BOURDIEU, Pierre. A ilusão biográfica. In: FERREIRA; AMADO, 2006, p. 183-192.
[24] MATTOS; RIO, 2005, p. 54-56.
[25] Cf.: MOREL, 2009, p. 241; MOREL, 2008, p. 84-87. Levanto a hipótese que sua entrevista ao *Diário da Noite* no dia 18 de janeiro de 1930 pode ter sido determinante para essa prisão e desconfiança das autoridades. Provavelmente, ele estabeleceu a partir daquele momento uma relação com um jornalista desse órgão, que teria talvez mediado a sua mudança para São João do Meriti. O mesmo jornalista – ou um colega da redação - teria ajudado o marujo em 1935, quando ele ficou doente e sem meios de ganhar a vida.

(Alceu Amoroso Lima) em seu discurso na Academia Brasileira de Letras. Na ocasião, Tristão de Athayde cita, diante de um auditório lotado, os acontecimentos importantes que precederam a publicação do romance *A Esfinge* (1911), de Afrânio Peixoto: "Cheguei ao Rio, num dos dias da revolta de João Cândido; a cidade em pânico, pela possibilidade de bombardeio. [...] Nem medo, nem repulsa a João Cândido e seus algozes, me distraíram de publicar a *Esfinge,* que fazia questão que saísse antes da minha posse na Academia".[26]

A revolta dos marujos não podia ser esquecida: ela representava uma referência no tempo, um acontecimento, marcando o ano de 1910, o antes e o depois. Aliás, Afrânio Peixoto não parece se lembrar de outros nomes de sobreviventes ou marinheiros, além de João Cândido. É o Almirante Negro que entra na história, em detrimento dos outros companheiros.

O primeiro oficial da Marinha que escreve sobre a revolta em um jornal de grande circulação é o comandante reformado Luís Altran de Alencastro Graça, que, em diferentes textos, toma posições radicais contra a boa reputação de João Cândido e demais rebeldes, reivindicando, de certa maneira, a escrita de uma "versão oficial" dos fatos. Num artigo publicado em 1948, Alencastro Graça reage às boas referências a João Cândido nos meios letrados e intelectuais brasileiros. Na mesma época, o jornalista e escritor Raimundo Magalhães Júnior escreve uma reportagem sobre João Cândido para o *Diário de Notícias*. A reportagem, elogiosa, teve boa repercussão. Mas Magalhães Júnior recebe vários telefonemas de ameaças, lhe perguntavam "se ele queria experimentar a chibata".[27] Luís Altran de Alencastro Graça responde, ao nome da Marinha, no *Diário de Notícias*:

> De resto, João Cândido não tinha personalidade. Guindou-se à chefia do movimento a circunstância de ser mais antigo e com larga prática de timoneira [...] A sua incultura não permitia alcançar voos mais altos e daí permanecer, até o presente, descarregando balaios de peixe na rampa do mercado, em que pese a sua avançada idade e de onde foi buscá-lo Magalhães Júnior [...]. Se o nome desse infeliz pertencesse à História, na opinião do ilustre jornalista, que tão bondosamente o

---

[26] O discurso se encontra no site da Academia Brasileira de Letras: http://www.academia.org.br.
[27] "Os ensinamentos dos anos 1930 – depoimento de Magalhães Júnior ao repórter Gilberto Negreiros", *Folha de São Paulo,* 6/01/1979.

apadrinha, não devia ser à guisa de herói. Melhor então não possuir história, para não confundí-la com os anais da criminologia.[28]

Em 1949, o comandante H. Pereira da Cunha publica uma "versão oficial" e "competente" dos fatos, num número da *Revista Marítima Brasileira*. O trabalho, dedicado à memória dos militares mortos, é baseado na imprensa, nos discursos parlamentares, nas correspondências entre oficiais e particulares, bem como no seu próprio testemunho (ele era, em 1910, chefe de gabinete do ministro Batista de Leão) e em uma carta apócrifa assinada por um ex-marinheiro.[29] O argumento do texto defende que o problema central da Marinha na época devia-se ao fato de que se havia investido em uma frota de excelência, mas sem melhorar o pessoal subalterno. A Marinha se encontrava em atraso e em crise depois da queda do Império brasileiro. Ele denuncia também uma contradição entre as ideias do ministro Noronha (projeto naval de 1904) e as de seu sucessor Alexandrino de Alencar (projeto de 1906, ver primeiro capítulo) como uma das razões para a "crise da Marinha".[30] Mais uma vez, a ideia de contradição entre o pessoal e o material é anunciada no meio dos militares (ela surge também no trabalho de alguns intelectuais de tendência conservadora). Essa leitura estigmatiza a composição social da marujada, como vimos, vistos como recrutados no meio da ralé da sociedade. Uma "versão oficial" da revolta começava a ser elaborada na Marinha e em parte do mundo civil.

O despertar de um herói romântico

O escritor e militante comunista Octávio Brandão publica, em 1950, *O Caminho*, livro no qual ele narra, no estilo de uma epopeia poética e "revolucionária", acontecimentos da história do Brasil.[31] Na narrativa, ele cria um personagem, o marinheiro Mariano, que vive os acontecimentos, e sua mulher,

---

[28] Citado por: ARIAS NETO, 2001, p. 278.
[29] CUNHA, 1949.
[30] De fato, o autor, os Ministros Noronha e Marques de Leão faziam parte do grupo que apoiava Floriano Peixoto na Revolta da Armada de 1893 (ver primeiro capítulo), enquanto Alexandrino de Alencar fazia parte dos rebeldes (ARIAS NETO, 2001, p. 289).
[31] Brandão, 1950. Anarquista nos anos 1920, ele se torna em seguida comunista e vereador do Rio em 1928 pelo *Bloco Operário Camponês* criado pelo PCB. Entre 1931 e 1946, se exila na União Soviética. Funda diversos jornais comunistas no Brasil. Cf : Barros, 1996 ; Amaral, Roberto Mansila, "Astrojildo Pereira e Octávio Brandão : os precursores do comunismo nacional". In: FERREIRA ; REIS, 2007, p. 249-272.

Maria Cabinda, que está no Rio e é testemunha dos fatos na cidade. Enquanto ele vê, com 2000 outros marinheiros, a morte do comandante Batista das Neves, ela observa "os ricos e burgueses do Rio" fugirem para Petrópolis por medo dos bombardeios. Sua obra de ficção retoma vários aspectos do texto de Adão Pereira Nunes, mas ele acentua o paralelo entre a situação dos trabalhadores brasileiros de seu tempo e a dos marujos de 1910.

Em 1953, o nome de João Cândido retorna à imprensa. Dessa vez, ele é tema de uma curta nota. Informado de que o encouraçado Minas Gerais ia ser vendido à Itália como ferro-velho, depois de 43 anos após sua inauguração, acorda durante a madrugada para ir se despedir do navio, como conta Edmar Morel. Esse momento é captado pelo jornalista Aôr Ribeiro. No artigo, o Almirante Negro beija e abraça o casco do velho encouraçado, com lágrimas nos olhos. Era sua maneira, aos 73 anos, de dizer adeus a uma parte da sua vida, que o tinha marcado com afeição.

A "Revolta da Chibata": o jornalista e o marujo fazem história

No fim de 1958, um renomado jornalista do Rio decide publicar um livro feito após 10 anos de pesquisas sobre a revolta dos marinheiros. Edmar Morel (1912-1989) publica, pela editora Pongetti, *A revolta da chibata* (a edição é datada de 1959). O livro se torna um marco do levante, tornando-se não somente a principal referência bibliográfica sobre o tema, mas também se incluindo, do meu ponto de vista, na própria história da memória da revolta dos marujos. Antes de 1958, a expressão "revolta da chibata" não era usada. Depois de 1958, ela se torna o nome comum do acontecimento na imprensa, nos livros didáticos, nas narrativas e em outras publicações. O livro batiza a insurreição, o acontecimento histórico.

A capa da primeira edição é ilustrada por uma fotografia do Minas Gerais, acompanhada por um título e subtítulo: "A revolta da chibata: levante da esquadra pelo marinheiro João Cândido".[32] O desejo de Edmar Morel era aproveitar do 50º aniversário do levante, segundo diz. Mas é também verdade que o contexto democrático dos anos 1958 e 1959 favorecia tal lançamento. O assunto interessava

---

[32] O livro teve 6 edições: em 1959, em 1963, em 1979, em 1986, em 2009 e em 2016.

o jornalista desde a infância: ainda menino, na barbearia do pai em Fortaleza, ele tinha lido a reportagem sobre a sublevação dos marinheiros na *Revista da Semana*. O texto abordava a situação de João Cândido, que se encontrava internado no hospital com tuberculose, e fazia uma síntese dos acontecimentos.

A história interessou o futuro jornalista, que "leu e releu" o artigo e só ficou sabendo bem mais tarde que o tema era um tabu na Marinha.[33] Edmar Morel sempre desejou ser jornalista. Desde a infância, admirava os repórteres de Fortaleza. De origem humilde, não chegou a concluir a escola primária. Em 1932, com 20 anos, migra para o Rio para tentar sua chance na profissão. Ele é ajudado e acolhido pelo jornalista e político Maurício de Lacerda, que tinha conhecido em Fortaleza e que lhe encontrou um trabalho no *Jornal do Brasil*, como revisor e auxiliar de repórter. A partir de então, começa uma longa e vibrante carreira.

O jornalista não era afiliado ao Partido Comunista, apesar de muitos lhe atribuírem esse pertencimento. Era, contudo, um homem de esquerda e um dos fundadores da Aliança Nacional Libertadora nos anos de 1930. Segundo o historiador Marco Morel, neto do jornalista com muita proximidade, pois foi criado pelos avós Edmar e Aurora, seu posicionamento político podia ser definido como:

> Olha, na verdade, meu avô só fez até o terceiro ano primário. Ele não teve formação universitária. Ele era um autodidata. E então, ele como uma biblioteca bastante ampla nunca teve uma formação teórica, nunca estudou marxismo, nunca estudou Ciências Sociais, nada disso. Então, ele era uma pessoa de conhecimento de muitas coisas, mas nunca desenvolveu uma interpretação, uma análise assim mais geral sobre a sociedade. Agora, se eu pudesse qualificá-lo em sua visão de mundo, em seu projeto de vida, eu diria que ele tinha uma visão socialista e democrática. Mas eu acho que ele era um homem de esquerda que tinha em alguns momentos até uma atitude até mais de esquerda que o partido comunista. Outras vezes, ele pregava uma aliança com o chamado capitalismo nacional, pois o meu avô era um

---

[33] Sobre a vida de Edmar Morel: MOREL, 1999, p. 231-234.

nacionalista, um nacionalista de esquerda. Era uma corrente assim expressiva da época, o nacionalismo de esquerda.[34]

Edmar Morel não menciona – e não pretende mencionar – nenhuma relação com as correntes historiográficas, mas ele estabelece um diálogo claro com algumas perspectivas do pensamento da "história vista de baixo", ou "história popular", recuperando "heróis do homem comum". O autor admite no seu texto que João Cândido era o segundo "herói da ralé" que ele apresentava, depois da história do "Dragão do Mar", o jangadeiro afrodescendente Francisco José do Nascimento, importante abolicionista do Ceará, província que aboliu a escravidão em 1884, quatro anos antes do resto do país.[35]

No que diz respeito às fontes, Morel consulta a imprensa, publicações de outros autores sobre o tema, os debates parlamentares da época, o processo do Conselho de Guerra de 1912, bem como um documento inédito, o relatório do comandante Carlos Storry sobre o navio Satélite (documento que é fornecido pessoalmente ao autor pelo comandante da Marinha Júlio Brígido Sobrinho) e o testemunho de contemporâneos. Ele acrescenta um testemunho precioso, o do próprio marujo João Cândido, como diz: "Reuni tudo isto e li-o para João Cândido, recolhendo o seu depoimento".

A participação de João Cândido na obra é mais do que a de um simples personagem. Ele se torna, de certa maneira, agente participante da escrita, que ele chamará de "minha história".[36] Edmar Morel conta que, certa vez, com o livro quase terminado, foi visitar João Cândido em sua casa de São João do Meriti, levando consigo vários objetos desencadeadores de memória. De início, João Cândido não acredita no projeto de livro. Outros já tinham passado em sua casa com o mesmo projeto, nenhum tinha concretizado. Mas Morel ganha a confiança do seu herói, que lhe concede seu testemunho, citado em diversas passagens da obra. O jornalista se torna para o marujo a pessoa mais legítima para falar do tema.[37] O ex-marujo se torna um amigo do jornalista, os dois são vistos

---

[34] Entrevista de Marco Morel com Sílvia Capanema, no dia 16/11/2003, em Paris.
[35] MOREL, Edmar, *Dragão do Mar o Jangadeiro da Abolição*, Edições do Povo Ltda, Rio de Janeiro, 1949.
[36] MOREL, 2008, p. 94.
[37] Marco Morel conta que o jornalista Cícero Sandroni, novato no *Jornal du Brasil*, lhe disse uma vez que ele foi entrevistar o João Cândido, já em

e fotografados juntos em diversos lugares do Rio. No lançamento da primeira edição de *A revolta da chibata*, os dois homens assinam juntos os autógrafos, na gráfica, perto dos operários que tinham participado da produção da obra. Morel conta que 10% dos direitos autorais eram destinados a João Cândido durante sua vida. A fotografia abaixo mostra João Cândido, com 78 anos, mas como sempre alto, esguio e esbelto, agora já sem bigode, pois em outros tempos, ao lado de Edmar Morel, com 46 anos, nordestino, de pequena estatura (ele tinha aproximadamente 1,56 m), e descrito como uma pessoa afetiva, engraçada e "brigona". Os dois autografam os livros:

Figura 3: O autor e seu protagonista

Fonte: BN, Divisão de manuscritos, Arquivo Edmar Morel. Imagem publicada em MOREL, 2009 e ALMEIDA, 2009.

idade avançada e cansado, sobre a revolta. Questionado, o ex-marujo lhe respondeu: "Ah, isso aí você pergunta para o Edmar Morel, que conhece essa história melhor do que eu." (Entrevista de Marco Morel com a autora, *op. Cit.*).

O impacto do livro é maior do que o esperado. A imprensa e o público o recebem de forma entusiasmada. João Cândido se tornava uma figura pública, era convidado em muitos lugares e citado na imprensa. As novas gerações conheciam a revolta. Em um mês, Morel contou mais de 275 artigos publicados na imprensa de vários Estados do Brasil.

No dia 27 de dezembro de 1958, logo após o lançamento do livro, a *Revista da Semana* realiza uma reportagem sobre o marujo João Cândido, contando a história do levante e também de sua vida pessoal. A matéria é ilustrada com diversas fotografias da sua família. Numa primeira foto, vemos João Cândido com sua esposa Ana do Nascimento e os três filhos do casal ainda crianças, entre os quais o caçula Adalberto Cândido, o Candinho (à direita).

Figura 4: João Cândido e sua família

Fonte: *Revista da Semana*, n. 51.

Porém, enquanto nessa foto ele aparece bem-vestido, de terno, em outra imagem, o ex-marujo é capturado sentado no cais, ao lado de um barco de pesca, com os pés descalços, vestido de forma simplória. São duas diferentes faces do herói que é exibido na reportagem.

331

Figura 5: João Cândido e o mercado de pesca

Fonte: *Revista da Semana*, n. 51.

Uma terceira imagem destaca outra dimensão de João Cândido. Apesar de sua idade avançada, ele ainda estava vigoroso. Vê-se, assim, João Cândido, sem camisa, mostrar os músculos em posição de combate, uma criação típica da fotojornalismo da época tal qual praticado pela *Revista da Semana*. A revista acentua a virilidade do antigo marujo. O conjunto de fotos buscava uma recepção ao mesmo tempo simpática e empática dos leitores.

Figura 6: João Cândido, o "forte" e viril

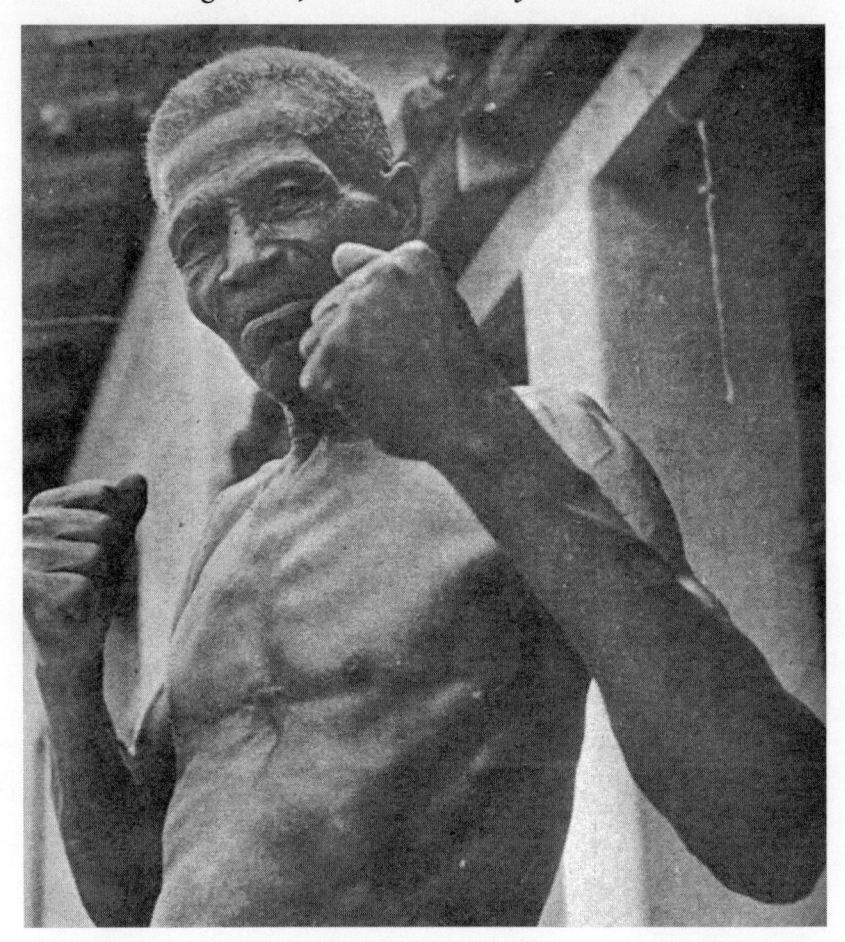

Fonte: *Revista da Semana*, n. 51.

Além disso, o que se via nas imagens não era um "homem do passado", mas uma figura do presente. Ele estava bem vivo, com família, com saúde, trabalhando ainda, apesar de seus 78 anos, no mercado de pesca em condições precárias. É a imagem de um sobrevivente e de um resistente ao mesmo tempo, de um "herói da ralé", segundo a expressão provocativa de Edmar Morel.

No mesmo ano, diferentes jornalistas anunciam a publicação do livro *A revolta da chibata*.[38] No dia 16 de dezembro de 1958, uma nota publicada no *Diário*

---

[38] Os artigos citados foram consultados nos arquivos pessoais de Edmar Morel, que se encontram na Biblioteca Nacional (BN, Divisão de Manuscritos, Arquivo Edmar Morel).

da Noite faz uma relação entre a publicação da obra de Morel e a consolidação da revolta da chibata e de João Cândido na narrativa histórica do Brasil: "Agora, um homem de imprensa, Edmar Morel [...], arranjou um lugar para João Cândido na História do Brasil". No mesmo espírito, o escritor Rubem Braga, numa crônica no *Diário de Notícias* do dia 23 do mesmo mês, celebrava a publicação do livro, escrito por um importante jornalista a partir de fontes inéditas e que revelava "ao grande público e às novas gerações da Marinha" um episódio importante da história do Brasil. Dialogando com outros artigos publicados na imprensa da época, ele diz: "João Cândido existiu (ainda existe, coitado, octogenário e pobre, em um subúrbio distante) e seu nome jamais sairá da história do Brasil". Em 30 de dezembro de 1959, a Revolta da Chibata era, segundo *O Globo*, o terceiro livro mais vendido, logo depois de *Gabriela, Cravo e Canela*, um sucesso de Jorge Amado, e *Bilhetinhos de Jânio*, de J. Pereira.

Um mal-estar era sentido na Marinha. Um artigo publicado em *O Globo* do dia 10 de dezembro de 1959 indica um mal-entendido entre um parlamentar, o deputado Paulo Mincarone (PTB-Partido Trabalhista Brasileiro) e os representantes da Marinha. Em um discurso que homenageava a Marinha de Guerra, o deputado faz referência ao "Almirante Negro", considerado o responsável pela abolição dos castigos corporais na Marinha. Essa referência causa uma reação de indignação no meio dos oficiais presentes, em particular no ministro da Marinha, o almirante Matoso Maia, que se levanta, com outros oficiais, e deixa a Assembleia.

No dia 25 de fevereiro de 1960, o comandante Oliveira Bello redige, em resposta ao livro de Morel, um relatório sobre a vida de João Cândido. O texto é publicado como anexo na quarta edição do livro de Morel, citado como "versão oficial". Como já citado em capítulos anteriores, o relatório "Sucintos elementos autênticos da vida do ex-marinheiro João Cândido na Marinha de Guerra entre os anos 1895 e 1912" faz uma descrição física e psicológica do marujo, carregadíssima de preconceitos raciais e informações falsas, como vimos, sobre a importância da leitura para João Cândido:

> É preto, de cabelos negros e encrespados, olhos escuros, alto e nutrido, olhar esquivo, feio, boca larga, andar vagaroso, introvertido, de poucas

> palavras e gestos; tudo isso herdado dos pais. Temperamento híbrido [...] Inteligência vulgar e pouco desenvolvida, ladino e sonso. [...] Por culpa própria, ou persistente alergia ao estudo, conservou-se analfabeto durante todos os anos em que serviu à Marinha.[39]

Além de dar uma nova visibilidade ao tema, *A revolta da chibata* tem outras consequência mais pragmáticas para a vida pessoal de João Cândido, como relata Morel. Em 1959, aos 79 anos, o marujo é convidado pela *Floresta Aurora*, associação de solidariedade fundada em Porto Alegre em 1972 por negros livres, a fazer uma viagem a seu Estado de origem, o Rio Grande do Sul. Ele viaja pela primeira de avião, em companhia de seu filho caçula.

Várias homenagens a João Cândido estavam previstas, mas somente uma acontece realmente, um churrasco em Cachoeira do Sul para a concessão do título de cidadão de honra da cidade ao marujo. Todavia, o Almirante Negro não consegue ir a Rio Pardo, não recebe o título de cidadão honorário de Porto Alegre e um busto de bronze em sua homenagem não é inaugurado, ao contrário do previsto. Ele também não é recebido pelo governador Leonel Brizola (PDT). Essas anulações demonstram o tabu que pairava em torno de sua figura. O próprio João Cândido se diz cético e afirma, na ocasião, que "o contrário é que seria surpreendente". No entanto, pouco mais tarde é votada, na Assembleia Legislativa da Câmara Estadual, uma pensão de oito mil cruzeiros ao marujo. Ele pôde enfim deixar o mercado da pesca.[40]

João Cândido se exprime, no final da vida, em sua entrevista gravada no Museu da Imagem e do Som, em 1968, sobre essa a viagem e a pensão:

> Trabalhei 40 anos nos mercados de pesca e no serviço de pesca. Em 59, ali na Praça XV, no entreposto da pesca. No dia em que completei 40 anos, abandonei o serviço. Não tinha resultado, via que ia morrer de fome, abandonei o serviço e fui para o Rio Grande do Sul, sabe o quê? Pedir esmolas no Rio Grande do Sul. O Estado dera-me uma pensão de oito mil cruzeiros, o Estado do Rio Grande do Sul. Hoje, graças a Deus, estou com uma pensão, sabe de quanto? Cinquenta

---

[39] BELLO, Luiz Alves de Oliveira. "Sucintos elementos...", publicado em: MOREL, 2009, p. 331-332.
[40] MOREL, 2009, p. 270; FERREIRA, 2002, p. 131-132.

e oito cruzeiros. Foi o quanto recebi do Banco do Estado esse mês, e graças a Deus. Representa para mim, representa milhões por vir de onde vem, do meu glorioso Rio Grande do Sul. O chofer que esteve lá em casa. Ele viu, diploma de cidadão honorífico da Câmara Municipal de Cachoeiro do Sul, da União Estudantil de São João do Meriti e outras coisas mais. Hoje estou com 58 cruzeiros, imagine lá, dá para alguém comer?

Segundo Zeelândia Cândido, filha do segundo casamento de João Cândido, a pensão era de dois salários-mínimos, "o que era realmente muito pouco na época". Tratava-se da única prestação fixa e oficial que João Cândido recebia. No entanto, ela conta que, até 1964, seu pai recebia também um salário-mínimo pago pela Associação de Marinheiros e Fuzileiros Navais do Brasil (AMFNB).[41] Candinho, por sua vez, lembra que seu pai recebia um salário-mínimo como pensão do Estado do Rio Grande do Sul e uma ajuda da associação como complemento. Em outro testemunho, Otacílio dos Anjos Santos, um dos diretores da UMNA (Unidade de Mobilização Nacional pela Anistia) e antigo membro da AMFNB, conta que:

> Mas depois com a revolução (sic), com o governador de lá, o Milton Meneguelli, aí a pensão dele foi a zero. E nós arrancamos daqui, eu levava para ele 200 contos de réis, o equivalente a 200 reais hoje, eu levava para o velho lá. Eu levava lá na casa dele (em São João do Meriti), descobri onde era e levava lá. E nós resolvemos fazer esse aniversário. Não falamos no seu aniversário, nós vamos voltar aqui, eu quero que o seu filho prepare... Isso foi em 1962 mais ou menos. 1961 ou 1962.[42]

De toda forma, a situação financeira de João Cândido parece ter melhorado nos anos que seguiram a publicação de *A revolta da chibata*. João Cândido recebia também ajudas pontuais. Pouco após sua viagem ao Rio Grande do Sul, o governador do Estado do Rio Roberto Silveira (PTB) faz uma doação ao

---

[41] Entrevista de Zeelândia Cândido, Centro de Memória Oral da Baixada Fluminense, em Nilópolis, 07/11/2002, disponível também em: http://www.cemobafluminense.com.br/entrevistas/zeelandiacandido.doc.
[42] Entrevista de Otacílio dos Anjos Santos (diretor de patrimônio da UMNA) com Sílvia Capanema, no dia 24 de julho de 2002 no escritório da UMNA no Rio de Janeiro.

marujo de um cheque de duzentos mil cruzeiros para ajudar na reforma da sua casa.[43] Todavia, sua situação continuava modesta, vários testemunhos contam que ele vivia em grande simplicidade em sua casa em São João do Meriti, na rua Turmalina. E, como veremos, as condições de vida de João Cândido vão piorar depois do golpe civil e militar de 1964, com a pensão desvalorizada e a perda progressiva da ajuda da AMFNB.

Outro marujo que participou da revolta de 1910 reclamava, na mesma época, uma pensão da Marinha. Segundo o *Correio da Manhã* do dia 12 de fevereiro de 1958, ou seja, antes da publicação do livro de Edmar Morel, o ex-marinheiro Severino Cosmo Batista é entrevistado por um jornalista, pois ele fazia um apelo ao governo do Rio para pedir uma aposentadoria de militar. Com 70 anos, o homem, que também era negro, dizia: "Seu repórter, a extinção dos castigos corporais na Marinha me trouxe muita alegria e até hoje eu me lembro da noite em que a revolta se deu. Espero agora que o governo me dê a aposentadoria para poder garantir o meu sustento". Como João Cândido, "homem de consciência", segundo Severino Cosmo Batista, outros ex-marujos de idade avançada, excluídos, também se encontravam em situações precárias, sem renda, e sabiam que deviam ter direito a uma aposentadoria ou pensão da Armada, como era o caso de tantos militares.

Assim, a vida de João Cândido assume um novo rumo depois da publicação de *A revolta da chibata*, mas muitos projetos desejados não saem do papel, como no caso do projeto de um filme, uma espécie de Potemkin brasileiro que deveria ser rodado, segundo o *Correio da Manhã* do dia 20 de fevereiro de 1962. Apesar das divergências e dos mal-estares no meio político ou militar, o intervalo democrático entre 1945 e 1964 foi um tempo propício para que se pudesse novamente falar da revolta e reclamar novas condições para seus membros e descendentes. A mudança será considerável no período seguinte, de maior repressão.

---

[43] MOREL, 1986, p. 251. Esse fato é também relembrado por Zeelândia Cândido na ocasião de minha entrevista com ela. Ela conta que o dinheiro possibilitou a construção da casa onde João Cândido viveu até o fim da vida. Entrevista de Zeelândia Cândido de Andrade, chamada Dona Zeelândia (filha do ex-marinheiro João Cândido), com Sílvia Capanema, em 24/07/2002, em sua casa em São João do Meriti, região metropolitana do Rio de Janeiro.

A Revolta da Chibata e o golpe de estado militar de 1964

A segunda edição de *A revolta da chibata* é lançada em um momento político mais tenso. O livro, editado pela *Letras e Artes* durante o IV Festival do Escritor Brasileiro, no Museu de Arte Moderna do Rio, em presença do jornalista e do marinheiro, bom como de "mais de 200 marujos" que entoavam o Cisne Branco (considerado um hino da Marinha do Brasil) "em homenagem a João Cândido". Como publica *A Notícia*, no dia 23 de julho de 1963: "A revolta da chibata de Edmar Morel foi muito procurada pelo público, que teve a oportunidade de conhecer pessoalmente João Cândido, o herói do livro, presente na barraca do escritor". Edmar Morel conta também que João Cândido é homenageado pelas personalidades mais importantes da literatura brasileira na época, como Jorge Amado, Rubem Braga, Vinícius de Moraes, Manoel Bandeira, Cassiano Ricardo, Rachel de Queiroz... Apesar dessa recepção calorosa dos intelectuais e praças da Marinha, João Cândido, ainda segundo Edmar Morel, tem dificuldade de encontrar um quarto de hotel no Rio. Ele bate às portas de 12 hotéis na cidade, mas todos têm a mesma resposta: "não há vagas". O mesmo fato se reproduz alguns dias mais tarde em São Paulo, quando ele viaja para ser entrevistado por um programa de televisão, o que parece um forte indício de discriminação racial.[44]

No contexto, João Cândido se torna novamente um ator da mobilização social brasileira, uma figura particularmente importante para o novo grupo de marujos organizados, a Associação de Marinheiros e Fuzileiros Navais do Brasil (AMFNB). A associação é criada em 1962, num contexto de politização e polarização da sociedade, durante a presidência de João Goulart. O presidente assume com uma agenda de "reformas de base" (reformas sociais importantes), respondendo à mobilização da população organizada em associações, como os trabalhadores, que amplificam as greves, os praças militares, alguns setores da Igreja, os estudantes, as mulheres, entre outros. Em paralelo, os setores conservadores também de organizam.[45]

---

[44] MOREL, 2009, p. 272. Seria interessante uma busca nos arquivos da TV dessas imagens, talvez as únicas imagens filmadas que poderiam ainda existir do marujo.
[45] Sobre o período entre o golpe civil e militar de 1964, ver: Bandeira; 1983; Toledo, 1997; Ferreira, 2001.

A Associação dos Marinheiros e Fuzileiros Navais tinha, num primeiro momento, o objetivo de prestar assistência aos militares. Porém, ela assume também progressivamente reivindicações políticas. Os marinheiros e fuzileiros navais eram, na época, originários do Norte e do Nordeste do Brasil, vindos de famílias pobres, muitos negros e pardos, que encontravam na Marinha um trabalho estável com salário e moradia, a possibilidade de formação e de realizar viagens internacionais, além de uma forma de migrar para o Rio de Janeiro. No entanto, os marujos eram submetidos a um regime de disciplina rígida sob a autoridade dos oficiais, com tratamento cotidiano desigual e perda de direitos e liberdades. Assim, a AMFNB agrupa as insatisfações cotidianas dos praças da Marinha, começando pela criação de um jornal, a criação de cursos e o apoio a reinvindicações concretas dos jovens praças, como a revogação das cadernetas subsidiárias e do impedimento de casamento para os militares de grau inferior a cabo, bem como a defesa dos direitos políticos, como o direito de votar e ser eleito, recusado também aos subalternos das forças armadas. Todavia, a associação desagrada rapidamente as autoridades da Marinha, que acusam os marinheiros de não respeitar a hierarquia militar e temem que eles apoiem as reformas de base do governo Goulart.[46]

À medida que a repressão se intensifica (com a prisão das principais lideranças da associação), o movimento se radicaliza. Em 1963, a AMFNB apoia um movimento de sargentos da Marinha e da Aeronáutica que questionava a anulação dos direitos políticos dos sargentos e suboficiais dessas corporações, entre os quais muitos são eleitos nos pleitos locais de 1962. A partir desse momento, a hostilidade entre a associação e as autoridades navais se agrava, bem como a rivalidade entre os militares e o poder executivo, que manifesta seu apoio aos sargentos. A imprensa também muda, em grande parte, de orientação depois dessa revolta, criticando o apoio do presidente trabalhista João Goulart aos rebeldes.[47]

Para os membros da associação, João Cândido representa um modelo, um herói. No dia 25 de março de 1964, data do aniversário de dois anos da associação, os marujos organizam uma manifestação. Em princípio, era um

---

[46] Sobre a AMFNB e a revolta dos marinheiros de 1964, ver: Rodrigues, 2004; e Almeida, 2013.
[47] Cf.: Abreu, Alzira Alves de. "A participação da imprensa na queda do governo Goulart", In: Obra coletiva, 2004, p. 15-25.

baile festivo, mas, depois da prisão de seus membros, o movimento se torna um protesto político que acontece na sede do sindicato dos metalúrgicos, com uma sessão de projeção do filme *O Encouraçado Potemkin*.[48] Segundo as palavras do presidente da AMFNB, José Anselmo dos Santos:

> Em nossos corações de jovens marujos palpita o mesmo sangue que corre nas veias do bravo marinheiro João Cândido, o grande Almirante Negro, e seus companheiros de luta que extinguiram a chibata na Marinha. Nós extinguiremos a chibata moral [...]. Queremos, na prática, a aplicação do princípio constitucional: "todos são iguais perante a lei" [...]. Nós, marinheiros e fuzileiros navais, reivindicamos: reforma do Regulamento Disciplinar da Marinha, regulamento anacrônico que impede até o casamento; não interferência do Conselho do Almirantado nos negócios internos da Associação dos Marinheiros e Fuzileiros Navais do Brasil; reconhecimento pelas autoridades navais da AMFNB; [...] ampla e irrestrita anistia aos implicados no movimento de protesto de Brasília. [...] Para que se construam escolas, onde nossos filhos possam aprender com orgulho a história de uma Pátria nova que começamos a construir, para que se construam fábricas e estradas por onde possam transitar as nossas riquezas. Para que o nosso povo encontre trabalho digno, tendo fim a horda de famintos que morrem dia a dia sem ter onde trabalhar nem o que comer.[49]

Essa reunião é seguida por várias prisões. Mas, um pouco como na revolta de 1910 ainda que por razões diferentes, os marinheiros e fuzileiros presos são anistiados pelo presidente João Goulart. O gesto vexa as autoridades navais e funciona como um estopim para a tomada de poder, pelos militares, poucos dias depois, no 1º de abril do mesmo ano, como sabemos. Os praças rebeldes são expulsos da corporação e muitos se tornam militantes dos movimentos de resistência e de luta armada.[50]

No dia 25 de março, João Cândido estava presente na reunião. O periódico *Última Hora* de 27 de março de 1964 publica, com o título "Revolta de 1910

---

[48] Segundo Avelino Capitani, o segundo vice-presidente da AMFNB em 1964, o encontro reuniu 4500 marinheiros. Cf.: CAPITANI, 1997, p. 53.
[49] Citado por: RODRIGUES, 2004, p. 109-110.
[50] ALMEIDA, 2013.

presente em 1964", uma foto do ex-marujo, que tinha 84 anos, ao lado do novo líder dos marinheiros e fuzileiros, o chamado "Cabo Anselmo". A imagem é explícita por juntar, num mesmo plano, os dois líderes dos militares subalternos da Marinha de dois momentos diferentes. Ela deixa subtender uma continuidade dos dois movimentos, ao mesmo tempo em que alerta as autoridades e os setores conservadores sobre o risco de novas revoltas.

Figura 7: João Cândido e Cabo Anselmo, no dia 25 de março de 1964

Fonte: Última Hora, 27/03/1964.

Na foto, João Cândido se mostra, como gostava nas ocasiões públicas, vestido de terno e gravata, enquanto Cabo Anselmo usava o uniforme de marinheiro. Sobre a participação efetiva de João Cândido, o jornalista Araújo Neto escreve: "sentadinho, na sua cadeira, ao lado de José Anselmo, o velho João Cândido continuava entendendo pouco, as coisas ficavam pela metade, enquanto José Anselmo ia falando [...] João

Cândido, homem do tempo da chibata, indagava-se sozinho, falando para dentro para não dar vexame".[51]

Essas palavras vão no mesmo sentido dos discursos que minimizam a consciência política de João Cândido, de preconceito e desprezo. Porém, uma entrevista dada pelo Almirante Negro ao *Jornal do Brasil,* um pouco antes da Assembleia dos marinheiros do dia 25 de março, mostra exatamente o contrário. Apesar da idade avançada, João Cândido tinha uma concepção mais elaborada do movimento dos marinheiros de 1964, em particular, e do contexto brasileiro da época, de maneira geral. Em seu testemunho ao jornal, ele diz, sobre o debate da época: "Sou inteiramente a favor das reformas de base [...] e sei bem que a revolução está nas ruas e que ninguém poderá evitá-la. Por isso, a expulsão dos marinheiros não representa nada mais do que o temor do almirantado, que não admite que eles se salientem demais".

Mas se João Cândido mostrava ter simpatia pelos marinheiros da associação e podia compartilhar suas causas, era cético com relação ao movimento. No dia 25 de março de 1964, ele volta desmotivado para casa e faz uma última observação emblemática. Segundo ele, "Revolta de marinheiro só dá certo no mar".[52] Assim, ele desconfiava do fato de que as reivindicações dos marujos se distanciavam das questões do interior da Marinha para reforçar uma luta que acontecia no exterior. Em sua entrevista ao MIS em 1968, ele retoma a questão, dizendo que havia prevenido os marujos: "vocês vão cair do galho". Para ele, os marinheiros de 1964 tinham se exaltado. Sobre tal fato, o realizador Silvio Tendler se lembra de ter ouvido do Almirante Negro algo similar: "Ah, a coisa mais interessante que ele falou assim politicamente é que ele estava no sindicato dos metalúrgicos de 1964, junto com os marinheiros. Aí, ele me falou uma coisa muito interessante, ele falou: 'eu disse para os meninos, revolta dos marinheiros se faz no mar, não é no sindicato'".[53] Certamente, queria alertá-los para o fato de que deviam utilizar seu ambiente de trabalho na luta, fazer o que sabiam fazer como marinheiros nacionais.

---

[51] ARAÚJO NETO. A paisagem. In: DINES, Alberto. *Os idos de março e a queda em abril*. Rio de Janeiro, J. Álvaro, 1964. Citado por: RODRIGUES, 2004, p.108.
[52] Citado por: MOREL, 2009, p. 275.
[53] Entrevista de Sílvio Tendler (cineasta) com Sílvia Capanema, em 08 de maio de 2007 em Paris.

O movimento da associação de marinheiros e fuzileiros navais do Brasil será, na sequência, descreditado. De fato, um ano mais tarde, é revelado que o presidente da associação, o Cabo Anselmo, tinha colaborado com o a ditadura militar.[54] A imagem do coletivo de praças da Marinha é associada à figura do seu líder, e o movimento é acusado pela sociedade brasileira de ter desencadeado o golpe militar. Trabalhos mais recentes demonstram que as reivindicações dos praças eram legítimas, que a liderança do movimento era dividida com outros atores, Marco Antônio da Silva Lima e Avelino Capitani, por exemplo. Eles foram traídos e sofreram as consequências de um projeto maior, o golpe de estado civil e militar já em articulação.[55]

Ditadura e perseguições

No dia 31 de março, as forças do Exército se organizam e destituem o governo de João Goulart no dia seguinte. Era o início da ditadura civil e militar. No dia 14 de abril do mesmo ano, Edmar Morel escuta pelo rádio que o "Alto Comando da Revolução", como era chamado o coletivo das três forças armadas que tomaram o poder, tinha cassado seus direitos políticos por 10 anos. Ele fazia parte da primeira lista de 10 nomes cassados. A principal razão para isso era a publicação de *A revolta da chibata*. A partir desse dia, Morel não podia votar, ter função pública e não podia mais exercer livremente a profissão de jornalista. Foi, portanto, demitido do emprego na Rede Ferroviária Federal e continua somente como relações-públicas do Sindicato Nacional das Companhias Aéreas, como narra em suas memórias publicadas em 1999.

No entanto, o jornalista aceita o fato com bastante humor, uma forma de resistência política também: ele manda enquadrar o *Diário Oficial* com o decreto de cassação com seu nome e o coloca na parede da sala da sua casa. Para o jornalista, que não tinha feito estudos superiores nem secundários, este era o seu mais importante "diploma". O quadro continuou na parede durante muito tempo, e mesmo após a morte do jornalista.[56]

---

[54] Edmar Morel foi um dos primeiros a revelar esse fato. Segundo ele, Anselmo era agente da CIA. Ver também: Morel, Edmar, *O golpe começou em Washington*, Rio de Janeiro, Civilização Brasileira, 1965.
[55] Rodrigues, 2004, entre outros.
[56] De acordo com Marco Morel, entrevista com a autora, *op. cit.*

Durante os primeiros anos da ditadura civil e militar (1964-1984), com a revolta "cassada", João Cândido continua a seguir a vida em sua casa em São João do Meriti. Seus principais refúgios são a religião – ele era fiel da Igreja Metodista brasileira – e a leitura. Sobre seu gosto pela leitura, Morel, na sua obra mais importante, conta quais eram os livros que se encontravam na estante de João Cândido nos anos de 1960: "o de Gondin da Fonseca sobre o petróleo, uma Bíblia e, como não podia deixar de acontecer, histórias policiais tão do sabor da velhice".[57]

Em 29 de março de 1968, Ricardo Cravo Albim, diretor do Museu da Imagem e do Som no Rio de Janeiro (MIS), realiza a gravação do testemunho de João Cândido, nos estúdios do Museu na Praça Marechal Âncora. A ideia de gravar esse testemunho nasce da correspondência estabelecida, secretamente, entre Cravo Albim e o antropólogo Darcy Ribeiro, exilado no exterior. O diretor do MIS pergunta a Darcy quais seriam os "brasileiros essenciais e perseguidos pelo regime [que] não poderiam morrer sem registrar seu testemunho para a posteridade". Darcy responde com uma longa lista, na qual o nome de João Cândido figurava entre os primeiros. O clima político estava tenso, e João Cândido era visto com desconfiança, mesmo de longe, pelo CENIMAR (o serviço de informação da Marinha, que desempenha um papel na repressão durante o período militar). A Marinha já tinha confiscado as três cópias do filme *O Encouraçado Potemkin* que se encontravam nos fundos do MIS. A entrevista, conduzida pelo historiador Hélio Silva, foi, portanto, feita sob sigilo, escondida da imprensa e das autoridades militares. Ricardo Cravo Albim escreve também sobre as impressões que lhe deram João Cândido, o velho marinheiro: "Na hora marcada [...] chegou João Cândido, acompanhado pelo filho. Alto, de porte nobre e muito polido, sua presença me comoveu de imediato, o que transparece, aliás, em toda a sua entrevista".[58]

O testemunho secreto era, no entanto, conhecido por alguns interessados no assunto. Entre 1968 e 1969, o cineasta e documentarista Sílvio Tendler, que tinha na época entre 18 e 19 anos, decide fazer um filme sobre João Cândido. Sua fonte sobre o tema eram os livros de Nelson Werneck Sodré e de Edmar Morel,

---

[57] MOREL, 2009, p. 274.
[58] ALBIN, Ricardo Cravo. "À guisa de apresentação". In: MIS, 1999, p.64.

apesar de esse último ter sido retirado de circulação pela editora depois da cassação do autor. Ele escuta também o testemunho gravado pelo MIS. Foi através do filho caçula, Candinho, que Sílvio Tendler teve acesso a João Cândido. Ele vai até a casa do Almirante Negro, em São João do Meriti. Tendler conta que o ex-marujo era:

> Uma figura muito bonita. Eu fui visitá-lo várias vezes na Baixada Fluminense. Ele saía de casa, botava o terninho dele, pegava o ônibus, ia até o centro da cidade e voltava para a casa para ler o jornal. Isso até o final da vida. Eu o conheci, se eu não me engano, ele estava com 89 anos. E aquela figura muito bonita, muito íntegra. E aí ele me mostrava o que tinha feito na casa dele e ficava na varanda dele lendo jornal. É curioso porque o *Correio da Manhã* era o grande jornal de oposição naquele momento.[59]

Este teria sido o primeiro filme do jovem documentarista. Ele gravou 30 minutos de imagens. Seu projeto era fazer um "filme mais político do que histórico", tendo em vista seu alinhamento com os movimentos de resistência à ditadura da época. Ele conversa com Edmar Morel, Hélio Silva e com outras pessoas que conheciam João Cândido e filma também imagens dos arquivos de imprensa de 1910. Quando Sílvio Tendler se exila no Chile, ele confia as imagens do filme a um de seus amigos. Com medo das perseguições, a película é destruída pela esposa desse amigo, sem deixar resquícios algum do material. O título do documentário seria "O Almirante Negro", mas o projeto se tornou mais uma vítima das diferentes perseguições.

Uma nova aurora: a revolta dá samba

Em dezembro de 1968, como resposta ao clima de manifestações populares (nacionais e internacionais), o governo brasileiro promulga um novo decreto que reforça os poderes da ditadura e legitima as perseguições políticas, o conhecido Ato Institucional número 5 (AI-5). Tal decreto restringe as liberdades constitucionais, aumenta o poder da censura e reduz a função do Parlamento. Em

---

[59] Entrevista de Sílvio Tendler com a autora, *op. cit.*

outras palavras, tem-se início o período de "linha dura" e a perseguição de todas as organizações de resistência, sobretudo as que praticam a luta armada, através de prisões, torturas, assassinatos, ações combinadas com uma censura rigorosa dos meios de comunicação. Esse contexto dos "anos de chumbo", outro nome dado a esse período, é sustentado por um alto crescimento econômico (o milagre econômico) e um otimismo do sentimento nacional (a vitória do tricampeonato do Brasil na Copa do Mundo, em 1970).

Pouco antes, mas no mesmo contexto, na noite do 6 de dezembro de 1969, o Almirante Negro falece devido a um câncer avançado no pulmão. Ele tinha 89 anos e, mesmo falecendo de morte natural, pede-se que seja feita uma autópsia. O enterro acontece no dia 8 de dezembro, debaixo de uma chuva no Rio. Poucas pessoas estavam presentes, entre elas o pastor Lucas Manzon da Igreja Metodista, a família e um pequeno grupo de jornalistas da Associação Brasileira de Imprensa (ABI), onde Candinho trabalhava. Ao lado do caixão, Edmar Morel diz uma última frase, que ele relata em *A revolta da chibata*: "Você dignificou a espécie humana. Adeus, João Cândido". Entre os presentes, havia quatro policiais, com máquinas fotográficas, provavelmente à espera de encontrar pelo regime pessoas consideradas "subversivas" ou antigos marinheiros da rebelião de 1964.[60] A imprensa notifica a morte de João Cândido, mas sem retomar a história da revolta e sem homenagens. O contexto político e a censura não permitiam. A informação era dada como neste exemplo, de *O Dia* de 9 de dezembro de 1969: "João Cândido, o ex-marinheiro que liderou, em 1910, a revolta contra a chibata, foi sepultado, anteontem, em cova rasa no cemitério de São Francisco Xavier, sem coroas e flores, enquanto a chuva caía". O "herói da ralé", o "Almirante Negro", o "Marinheiro João Cândido" não teve direito ao seu Panteão no momento da morte.

Todavia, a história da revolta e de seu líder não estava enterrada. No início dos anos de 1970, novas manifestações culturais emergem.[61] Em 1975, os

---

[60] Esse controle de polícia no enterro de João Cândido é relatado por Morel em sua obra. Mas ele também aparece nos testemunhos orais, dos membros da AMFNB. Entrevista com Benedito Gomes da Silva (vice-presidente de l'UMNA); Otacílio dos Anjos Santos (diretor de patrimônio da l'UMNA) com Sílvia Capanema, em 24 de julho de 2002, no escritório da UMNA no Rio de Janeiro.

[61] O escritor Paulo Coelho também escreve uma peça sobre a Revolta da Chibata em 1970. Segundo sua biografia, a peça é enviada a um concurso do Teatro Opinião e obtém o segundo lugar. Cf.: MORAES, Fernando, *O mago*, São Paulo, Planeta, 2008, p. 234.

compositores João Bosco e Aldir Blanc gravam o samba *O mestre-sala dos mares*, que trata diretamente da revolta dos marinheiros. Segundo Aldir Blanc, a ideia de fazer um samba sobre a Revolta da Chibata é sugerida por um amigo comum, Pedro Lourenço, que estudava literatura e arte na época e que tinha começado uma pesquisa sobre João Cândido e a revolta dos marinheiros. Além dele, o cineasta Claudio Tolomei tinha o projeto de fazer um curta-metragem sobre o assunto. Assim, os quatro, Aldir Blanc, João Bosco, Claudio Tolomei e Pedro Lourenço, formam um grupo que estuda a revolta e discutem a importância da figura de João Cândido para a cultura brasileira. As pesquisas se inspiravam em grande parte no livro de Edmar Morel.[62]

A ideia dos músicos é de compor um samba-enredo, com a intenção de que a canção fosse retomada por uma escola de samba do Rio de Janeiro, mas eles têm diversos problemas com a censura e o CENIMAR, "que não toleraria louvas a um marinheiro que quebrou a hierarquia e matou oficiais", segundo o testemunho de Aldir Blanc. Eles tiverem de fazer várias mudanças na letra, sem compreender as intenções dos censores até receberem a seguinte explicação: "Vocês não estão entendendo... Estão trocando palavras como revolta, sangue, etc., e não é aí que a coisa está pegando... [...] O problema é essa história de negro, negro, negro...". A história da composição *O mestre-sala dos mares* é, portanto, um exemplo de como a censura podia veicular a visão racista oficial da ditadura brasileira. Finalmente, os compositores, ainda segundo Blanc, mudam algumas palavras da letra e lhe dão um "tom surrealista". A canção é assim aprovada, mesmo se um pouco desfigurada: as palavras "feiticeiro", "navegante", "santos" substituem, entre outras, "marinheiro", "almirante", "negros". Essas mudanças são efetuadas de forma a guardar a rima e a métrica originais, mesmo se o sentido era alterado, remetendo a um recurso de linguagem poética. Ela se torna um grande sucesso na voz de Elis Regina, sobretudo.

---

[62] BLANC, Aldir. Mestre-Sala dos mares. In: MIS, 1999, p. 21-23.

Versão conhecida após a censura
O MESTRE-SALA DOS MARES
João Bosco e Aldir Blanc

Há muito tempo nas águas da Guanabara
O dragão do mar reapareceu
Na figura de um bravo feiticeiro
A quem a história não esqueceu
Conhecido como navegante negro
Tinha a dignidade de um mestre-sala
E ao acenar pelo mar, na alegria das regatas
Foi saudado no porto
Pelas mocinhas francesas
Jovens polacas e por batalhões de mulatas

Rubras cascatas
Jorravam das costas dos santos
Entre cantos e chibatas
Inundando o coração
Do pessoal do porão
Que a exemplo do feiticeiro gritava,
então:

Glória aos piratas, às mulatas, às sereias,
Glória à farofa, à cachaça, às baleias,
Glória a todas as lutas inglórias
Que através da nossa História
Não esquecemos jamais

Salve o navegante negro
Que tem por monumento
As pedras pisadas do cais

(Mas, salve...)

A canção faz um paralelo entre dois libertadores, o Dragão do Mar, o jangadeiro cearense abolicionista afrodescendente Francisco José do Nascimento, protagonista de outro livro de Morel, como vimos, e João Cândido. Além disso, vários elementos da cultura marítima popular da época (ou atribuídos a ela) estão presentes: como as "mocinhas francesas" e "jovens polacas", em referência às prostitutas dos portos, reforçadas pela figura da "mulata"; a "farofa", um ingrediente indispensável no prato dos marujos, como vimos no quarto capítulo; e a cachaça. Ao lado, surgem figuras do imaginário marítimo, como piratas, sereias. Os castigos corporais são mencionados nas "cascatas vermelhas" (de sangue) que jorravam das costas dos santos (marinheiros). A canção também adota o ponto de vista da "história vista de baixo": "inundando o coração do pessoal do porão". No desfecho da música, uma triste conclusão: o herói dos marinheiros, o Almirante Negro, só tinha "como monumento as pedras pisadas do cais". A letra interroga assim o problema da ausência de memória.

Mestre-sala dos mares foi outro marco importantíssimo na memória da revolta. Nesse sentido, ela própria funciona como um monumento não material e oral, tão esperado, feito ao Almirante Negro. Ela se torna uma forma de hino do levante dos marujos. Zeelândia Cândido, filha do segundo casamento de João Cândido, como vimos, nos conta a esse respeito:

> Ele foi homenageado por música também, pelo João Bosco. Eu tenho tanto esse fato do meu pai dentro da minha alma que a primeira vez que eu liguei o rádio aqui na minha casa estava tocando um samba, bem nesse trecho assim: "Há muito tempo nas águas da Guanabara..." Aí, eu ouvi mais um bocadinho [...], "eles estão homenageando o meu pai". Aí, a minha filha falou assim, "tudo para você é homenagem do seu pai". [...] "Não, mas esta daí é uma homenagem a ele". Não procurei saber mais nada. O tempo passou. [...] Depois eu encontrei o João Bosco e perguntei assim: "João Bosco, tem um negócio lá do feiticeiro, meu pai nunca gostou de feitiçaria... 'Nas águas da Guanabara, o Dragão do Mar reapareceu na figura de um bravo feiticeiro...'" Então, eu falei que eu queria saber um pouco mais sobre essa história. Ele: "Quando a senhora souber da história, vai concordar comigo. Se nós não fizéssemos assim, nós não gravaríamos essa música. [...]

Bem sugestiva, bem explícita, porque na primeira vez que eu ouvi, eu notei que era homenagem a meu pai e só fui saber, confirmar mesmo, anos depois. Eu falei para a minha filha: "Ah, uma homenagem a meu pai". Agora todo movimento negro de São João e todo lugar que nós vamos, nos colégios, que façam homenagem a ele, esta música está presente, O mestre-sala dos mares.[63]

Marco Morel, historiador e neto de Edmar Morel, também tem a sua "versão" para a história da música:

Algumas semanas depois, eu vi no jornal que ia ter um show do João Bosco no teatro... eu não lembro em qual teatro, então eu estimulei muito meu avô para ir assistir ao show e ele não queria. 'Vamos lá, vamos assistir, vamos ouvir essa música, vamos conhecer o compositor, etc.' Ele acabou aceitando e foi comigo. Aí, depois do show, nós fomos tentar procurar o João Bosco e fomos lá falar com ele no camarim. E o João Bosco, quando descobriu que era meu avô, ficou emocionado, ficou com olhos cheios de lágrima e abraçou muito meu avô, disse que tinha muito orgulho em conhecê-lo. Nesse dia, ele ficou de mandar convite e toda vez que tinha um show ... e pediu para mim para avisar que meu avô estivesse lá para ele fazer uma homenagem ao meu avô. E isso aconteceu umas duas ou três vezes. [...] Depois quando meu avô faleceu, ele mandou telegrama emocionado e, no lançamento do livro de memórias do meu avô, ele compareceu no lançamento e quis cumprimentar todo mundo da família.[64]

Foi num contexto de abertura "lenta, gradual e segura" da ditadura que Edmar Morel pode lançar a terceira edição do livro (pela Graal), em 1979, ano da anistia e retorno dos exilados. O jornalista volta a ser convidado pelos movimentos negros, grupos estudantis e outros a fazer conferências sobre o tema. Porém, apesar do processo de abertura do regime, Morel ainda era vigiado, como atesta a sua ficha do DOPS (Departamento de Ordem Política e Social).

---

[63] Entrevista de Zeelândia Cândido com a autora, 2002.
[64] Entrevista de Marco Morel com a autora, 2003.

O último registro sobre o jornalista é uma nota sobre uma conferência que ele faz em 1981 em um colégio.

A revolta é novamente homenageada pelo samba entre 1984 e 1985: a escola de samba carioca União da Ilha escolhe o tema como enredo para o carnaval de 1985. Todavia, o resultado não é tão feliz quanto o samba de Aldir Blanc e João Bosco. Apesar do fim da hegemonia dos militares no poder republicano, as perseguições resistem. Segundo a revista *Afinal* do dia 27 de novembro de 1984 ("Marinha versus samba"): "A Marinha brasileira temia que, no calor dos desfiles de 1985, a animada União aparecesse com uma ala de foliões fantasiados de oficiais açoitando marinheiros em plena passarela do samba". Assim, o diretor da escola de samba se vê obrigado a acalmar os oficiais, dizendo que a União da Ilha "não mostrará açoites, muito menos oficiais fardados. Não mostrará nem mesmo a história tal como se passou".[65] A modificação do enredo foi tal que a escola teve um péssimo resultado, terminando em penúltima posição e caindo para o grupo de acesso.

Entre canção e edição: duas novas publicações

Em 1986 é lançada a quarta edição do livro (também pela Graal). O contexto de redemocratização é favorável. Na capa do livro, vê-se uma fotografia, publicada na imprensa da época, dos marinheiros, negros e pardos, com os lenços brancos de borda vermelha em torno do pescoço, vestidos com uniformes surrados em alguns casos, alguns também com pés descalços e com panelas e tigelas nas mãos. No centro da imagem, as palavras: "Viva a liberdade". A mesma imagem é retomada na quinta edição, em 2009, uma "edição comemorativa", organizada por Marco Morel. Ela celebra ao mesmo tempo o centenário da revolta em 2010 e os 50 anos da primeira edição, em 2009.

---

[65] Citado por: MOREL, 2009, p. 281.

Figura 8: Fotografia da capa do livro A revolta da chibata

Fonte: *O Malho*, n°430, 10/12/1910.

Trata-se de uma fotografia de Augusto Malta, provavelmente tirada no dia 25 de novembro, dia da anistia. A pose em meio círculo destaca os atores do centro, sobretudo o que porta a bandeira com os dizeres de "viva a liberdade". Como vimos, a palavra "liberdade" surge no contexto como uma evocação a uma forma de "segunda abolição", aquela que ainda não aconteceu, na demanda por cidadania, igualdade, dignidade e condições de vida, todos esses valores incompatíveis com os castigos corporais, rigor do trabalho e tempo de serviço e demais maus tratamentos. A cena é festiva, representando um momento de descontração e vitória. Eles parecem maltrapilhos e a ironia da palavra "banquete" na legenda da imagem em *O Malho* é bastante contrastiva.

De fato, a quarta edição da obra de Morel suscita nova reação no meio dos oficiais. O vice-almirante Hélio Leôncio Martins publica uma forma de livro-resposta em 1988. O trabalho pode ser compreendido como uma atualização da versão da Marinha, mas agora mais elaborado, documentado e aprofundado, com o título *A revolta dos marinheiros, 1910*, em ruptura com o termo "revolta da chibata", de Morel. A capa do livro não destaca os marujos, mas a Marinha da época, com uma pequena fotografia do encouraçado Minas Gerais. Já na introdução, o autor expõe seu posicionamento com relação aos outros trabalhos:

> Esta fase da vida da Marinha brasileira, de consequências tão transcendentes, tem sofrido, ao ser analisada e descrita, uma dupla deformação. Os oficiais, vítimas de agressões físicas, do rompimento brusco da disciplina a que estavam condicionados, de ataques cadentes, injustos, desmedidos, oriundos do Congresso e da opinião pública comandada pela imprensa, ao narrarem e comentarem os fatos ocorridos, ativeram-se principalmente ao que eles representam de primitivo, de subalterno, de feroz, mantendo sempre atitude defensiva em relação à própria honorabilidade da Marinha. [...] Por outro lado, escritores de esquerda, utilizaram a sublevação, puramente militar que foi, para transformá-la num movimento popular.[66]

Apesar das críticas ao trabalho de Morel, implícitas na passagem, as relações entre o jornalista e o oficial são cordiais. Os dois trocam livros autografados e mantêm uma relação de respeito, evitando se insultarem em público. Sobre Morel, Leôncio Martins diz: "por exemplo, o maior elogio que eu recebi para esse livro foi do Edmar Morel. Eu me dava muito com ele, embora nós discordássemos inteiramente. Porque o Morel, primeiro ele fez um trabalho de jornalista, era um jornalista muito bom, factualmente correto. [...] E, além disso, ele tinha uma formação ideológica. Ele era do Partido Comunista".[67]

Hélio Leôncio Martins, vice-almirante reformado, nasceu no Rio de Janeiro em 1915 e formou-se na Escola Naval, nos anos de 1930. Completou a formação com diversos cursos no Brasil e nos Estados Unidos e foi comandante de vários navios, entre os quais o porta-aviões Minas Gerais em 1960 (navio que substitui o encouraçado Minas Gerais). Filho de um oficial maquinista – que estava presente na tripulação do Minas na ocasião da revolta de 1910, como

---

[66] MARTINS, 1988, p. 7-8.
[67] Entrevista de Hélio Leôncio Martins com a autora, *op. cit.*

vimos –, Hélio Leôncio Martins é também herdeiro de uma tradição familiar de oficiais da Marinha. O acesso à escola naval e a importância do posto de oficial da Marinha eram com frequência determinados pela origem familiar. Também foi membro do Instituto de Geografia e História Militar e escreve diversos textos sobre história naval. Quando se aposentou, trabalhou como administrador por um tempo em outras cidades, mas, aos 65 anos, voltou para o Rio e decidiu se dedicar à história naval, como indica em sua entrevista: "Eu sempre gostei muito de história, embora nunca tivesse me dedicado metodicamente, nunca tirei curso. Mas sempre li muito. E gostava muito de Marinha. Marinha é uma cachaça danada".

Com acesso aos arquivos da Marinha, ele mobiliza diferentes fontes, como relatórios e correspondência entre os ministros, livros de bordo, além das fontes da imprensa, processo do tribunal de 1912, discursos de parlamentares, etc. Como outros "historiadores navais", ele reivindica um "discurso autorizado" que tem continuidade com o de outros oficiais, como a questão da "contradição entre o pessoal e o material", paradigma que questiono no início deste livro. Na linha dos outros oficiais que escreveram sobre o tema, critica João Cândido, acusando-o de indivíduo "primário, semianalfabeto" ou ainda "agressivo e instável"[68], cuja transformação em herói era fruto de uma leitura romântica dos acontecimentos. Como conclusão, ele compara a revolta dos marujos a um ato terrorista da época atual, mesmo se reconhece que ela teve boas consequências para a Marinha, no sentido da modernização, da substituição das tripulações problemáticas e na mudança da legislação disciplinar, além de dar condições para uma nova formação e substituir o recrutamento obsoleto.

O texto é citado na Armada como a versão mais atual e completa da revolta dos marinheiros. O vice-almirante é bastante respeitado como historiador naval. Seu estudo pode ser compreendido, de certa forma, como a concretização da "versão oficial" iniciada por outros oficiais da Armada.

---

[68] MARTINS, 1988, p.8, p.78.

As vozes da revolta[69]

A revolta dos marinheiros existe também nas lembranças dos indivíduos e grupos próximos dos principais atores ou que reivindicam uma relação com o acontecimento, como os membros da família, ou sujeitos engajados com a memória do levante. Nesse sentido, a memória não é somente conservada em sua dimensão "escrita", ela se faz também presente nas palavras de diferentes atores sociais.

O vice-almirante Hélio Leôncio Martins me recebeu em seu apartamento em Copacabana, no dia 9 de agosto de 2006. Aos 92 anos, ele se lembrava de histórias que lhe contavam seu pai e avô, ambos oficiais da Marinha. Seu pai contava que, quando era aspirante a guarda-marinha, assistiu a uma punição corporal pela chibata: "Ele aguentou, mas ele tinha um colega mais moço, que se chamava Pareras, que era um rapaz de 14 anos, que desmaiou à vista daquele sangue. Tal era a impressão que dava, era horrível". Seu pai, como já dito, era maquinista em 1910, mas não tinha nenhuma lembrança da revolta, pois não estava embarcado na noite do 22 de novembro (ele trabalhava de dia) e não conhecia os marujos.

A maior parte dos argumentos apresentados pelo oficial Leôncio Martins sobre a revolta dos marinheiros não difere do conteúdo de seu livro, que, aliás, é citado diversas vezes na entrevista. Porém, ele explicita suas principais ideias. Divide as tripulações entre os mais jovens e os mais velhos da Marinha, a ralé e os bons elementos. A contradição entre o pessoal e o material é desenvolvida dentro dessa lógica:

> É preciso primeiro pensar como era o marinheiro de navio a pano, veleiro. [...] Você precisava de uma habilidade física, de uma força física, e intelectualmente desconhecimento de ... Precisava de uma coragem excepcional. Estamos falavam da Marinha velha, do século XIV até o princípio do século XX, digamos assim. De maneira que os homens que iam para a Marinha eram quase bicho. Eram a ralé da humanidade que aceitava ser marinheiro. Aqueles navios faziam

---

[69] As transcrições de todas as entrevistas reproduzidas aqui em partes encontram-se em anexo na minha tese de doutorado.

cruzeiros de 120, 180 dias ... A comida era o que sobrava, não tinha frigorífico, a comida ia apodrecendo. [...] Mas de repente os navios começaram a ser mecanizados, a partir da segunda metade do século XIX. Então começou a precisar de gente diferente. O pessoal usava até uma expressão: antes precisava-se de homens de ferro para navios de madeira. Agora, precisava-se de homens, não de madeira, mas técnicos, para navios de ferro. Então começaram a admitir físicos, hidráulicos, quer dizer, era gente de nível melhor. Também em compensação não tinham uma vida subumana, porque os navios começaram a ter frigoríficos, começaram a ter vaporizadores. De qualquer maneira, a vida passou a ser humana a os homens também passaram a ser. Então, você repara que houve uma substituição. E essa substituição mudou também o sistema disciplinar.

Nesse quadro, a perpetuação dos castigos corporais era um signo do atraso brasileiro, mas a supressão efetiva dessas punições só podia acontecer com a substituição das tripulações. Além disso, o que existia por trás da contestação da chibata era a dificuldade de adaptação dos marinheiros mais antigos ao novo sistema de trabalho, como ele sugere na passagem seguinte:

> A maneira de manter aquelas feras disciplinadas eram os castigos horrorosos, porque na época também se usavam castigos horrorosos. A bordo então reproduziam-se esses castigos horrorosos, não era específico da Marinha não. Aquilo eram os hábitos da época. Eu encontrei alguns castigos nas revistas francesas, por exemplo. [...] O mais suave deles era a chibata. A chibata era o castigo suave, quando as faltas eram muito leves. [...] Na grande parte das Marinhas, aí no livro você encontra, porque eu encontrei as datas, eles foram acabando com a chibata e mudando também as guarnições. Não só eles acabavam com a chibata, mas mudavam também as guarnições, tirando a ralé.

Também encontrei em publicações de história naval francesas menções aos castigos corporais, como desenvolvido no quarto capítulo. Mas os exemplos remetem ao século XVIII e em parte ao século XIX, jamais ao início do século XX, como no Brasil. Práticas que marcam o antigo regime.

Sobre as mudanças e as transformações em questão, ainda segundo o vice-almirante, elas eram reforçadas por um conflito de gerações. Entre os marinheiros que tinham organizado a revolta, havia alguns, mais jovens e mais esclarecidos, entre os quais Dias Martins, e outros mais experimentados, como João Cândido. Esse fato contribuiu a construir um líder, mesmo se o vice-almirante afirma não conhecer as verdadeiras razões da designação de João Cândido como comandante:

> Também começou a aparecer na Marinha um tipo, que até hoje existe no Nordeste, do menino impossível. Você é um menino impossível, vai para a Marinha que você aprende lá. Isso era muito comum. De maneira que quem imaginou essa revolta, o Francisco Dias Martins, que era de outro nível. Não era uma maravilha, era... [...] Mas ele não tinha liderança com aqueles conegaços. Isso é o que chama atenção muito. Se você quer estudar os marinheiros, tem que estudar, tem que ver essas diferenças. De maneira que eles procuraram então um conegaço, um daqueles marinheiros antigos, que fosse capaz de liderar. Mas por que que escolheram o João Cândido? Até hoje eu não sei. Não consegui descobrir por que não houve investigação de longo processo.

Assim, o problema principal era, segundo ele, a exaltação dos marinheiros que, tendo cometido um "atendado terrorista", foram chamados pela imprensa de grandes navegadores, sem que se compreendesse o funcionamento interno da Marinha e o papel dos maquinistas:

> A imprensa também foi ridícula. Eles enalteceram coisas que não eram para enaltecer. O enaltecimento... foi um pessoal muito elementar que tomou uma atitude e conseguiu vencer uma coisa que não era. [...] Ora, aquele homem do leme não é o comandante do navio, aquele é o timoneiro, que manobra o navio. Não precisa de formação nenhuma. [...] Outro aspecto que você vai olhar quanto ao pessoal, havia um preconceito na Marinha muito grande contra os maquinistas. Eles eram considerados um elemento subalterno. Os oficiais de convés, que se chamavam, "nós os oficiais combatentes". O maquinista

não era combatente. Meu pai era oficial de Marinha e era maquinista, mas ele tinha feito a Escola Naval. Mas apesar de ter feito escola naval, havia um preconceito enorme contra eles. Então, em 1910 meu pai foi da segunda turma da Escola Naval de maquinistas, entrou para a Escola Naval em 1907. Em 1910 ele tinha saído, aliás ele não saiu nem Guarda Marinha, ele saia sub-maquinista. Na Escola Naval ele não estudava navegação, estudava eletricidade. Havia esse preconceito. Resultado: os maquinistas não tomavam conhecimento da revolta. Eles ficaram à disposição. Eles já trabalhavam para os oficiais, passaram a trabalhar para os marinheiros. Esses navios se movimentando, eram os maquinistas. Eles continuaram trabalhando. Havia tanto preconceito contra eles que eles não eram oficiais combatentes, eram operários ou então contratados estrangeiros. A máquina pôs vapor e andou. Andavam vagarosamente. A imprensa transformou aquilo: este é o Nelson brasileiro. Não era, eles movimentavam aqueles navios vagarosamente em lugares absolutamente seguros.

A esses argumentos, o próprio João Cândido responde numa entrevista que dá ao *Diário da Noite* no dia 18 de janeiro de 1930, quando tinha 50 anos, e em outras ocasiões, quando confrontado às críticas semelhantes às do vice-almirante. Vela a pena reproduzir aqui um extrato da sua entrevista, que, também na dimensão da memória, 20 anos depois da revolta, contra-argumenta explicando como eles, marujos, viam a situação e como, segundo eles, conduziam os navios e faziam suas escolhas. Quando interrogado pelo jornalista sobre o fato de que "dizem que as manobras foram inconscientemente feitas", ele responde: "Não faz mal que digam isso. Foi então inconscientemente que dirigi aquelas manobras? Então será possível que numa baía como a nossa, que tem tanto de beleza quanto de perigos, eu, na minha inconsciência, só passasse por lugares fundos, não tocasse em uma só pedra, em um só banco de areia?". E mais adiante, na mesma ocasião, quando questionado sobre por que razão, durante a revolta de novembro de 1910, a esquadra saía todo dia da baía, ele responde, como "mestre" da situação: "é simples. Nós pernoitávamos ao largo para evitar um ataque de surpresa, à noite. Depois, também tínhamos interesse em despertar o entusiasmo popular, fazendo manobras com os navios, apitando e dominando a baía."

Retornando às lembranças do vice-almirante em outro contexto, 90 anos depois da revolta, Hélio Leôncio Martins discute a presença de racismo na Marinha recusando a tese de que a Armada brasileira era uma instituição racista. Ao contrário, as dificuldades de ascensão dos negros se explicavam sobretudo por razões sociais. De acordo com suas lembranças:

> A Marinha tinha a mania de manter, uma mania nobre, pois normalmente ia para a Marinha o pessoal mais nobre, na Inglaterra, na França (não nos Estados Unidos). E nós imitávamos isso. Então, o pessoal de Marinha tinha uma classe social superior à do exército. Até detalhes. A Marinha usa espada dourada, o exército usa espada prateada. A espada dourada é do pessoal diplomático, então a Marinha tem honras de diplomatas porque viajava para o estrangeiro. De maneira que, para entrar para Escola Militar, eles davam roupa, davam tudo. Para entrar para a Escola Naval, tinha que entrar com um enxoval enorme. Eu me lembro que o meu pai pegava vaquinha da família inteira para comprar o meu enxoval. Porque eu tinha que comprar 5 ou 6 uniformes e mais roupa de cama, mala, tudo isso. De maneira que isso afastava o pessoal mais pobre da Marinha e afastava os pretos. Então existia essa visão de que não entrava preto. Eu tive três colegas pretos na Marinha. Um deles era imbecil, não era imbecil porque era preto, era imbecil porque era imbecil. Os outros dois eram muito bons. Um tinha um complexo danado porque não era mandado a viagens para os Estados Unidos, eles tiravam ele. Mas não tiravam ele por causa disso, tiravam por causa dos americanos. Chegava lá, eles iam criar um caso, que não ia poder ir ao mesmo lugar dos outros oficiais. Mas não havia preconceito. [...] Em 1946, eu era instrutor da escola, quando houve uma lei que acabou com o enxoval. Hoje a Marinha dá tudo. Dá roupa, dá tudo. Hoje tem uns três ou quatro almirantes pretos. Inclusive almirante 4 estrelas. Não é mulato não, é preto mesmo. Médico, diretor do hospital da Marinha. Nunca houve esse preconceito na Marinha. O Colégio Naval está cheio. Agora, é difícil entrar. Agora, o nível intelectual do preto continua muito baixo, porque ele tem relação com o nível econômico.

As memórias de Hélio Leôncio Martins são constituídas de diversas digressões. Seu olhar possibilita também enxergar uma linha de continuidade entre seu pensamento e o de outros oficiais navais já citados, ainda que haja diferenças e sutilidades. O testemunho se inscreve em três níveis de memória: pessoal e individual, institucional ou coletiva, e histórica. Ele nos fornece importantes pistas para se pensar a Marinha através do tempo, segundo o olhar e a experiência de um oficial.

Em outro lado da análise e da recepção da revolta, mais próximo da interpretação de Edmar Morel, encontram-se os marinheiros rebeldes de 1964 que se organizaram em duas associações: a UMNA (Unidade de Mobilização Nacional pela Anistia) e o MODAC (Movimento Democrático pela Anistia e Cidadania) nos anos 2000. Essas duas organizações foram criadas no intuito de reivindicar a anistia efetiva para os militares envolvidos na rebelião de 1964 e o pagamento das indenizações às quais eles teriam direito. Em paralelo, as duas organizações recuperam a figura de João Cândido e fazem parte de um movimento que pedia a reintegração do ex-marujo à Marinha, bem como possíveis indenizações.

No dia 19 de julho de 2002, entrevistei os ex-marinheiros Otacílio dos Anjos Santos, de apelido Tatá, diretor de patrimônio da UMNA e marinheiro entre 1954 e 1964, e Benedito Gomes da Silva, vice-presidente da UMNA e marinheiro nacional entre 1945 e 1950. As entrevistas foram feitas na sede da UMNA, no centro do Rio, e foram acompanhadas por Raimundo Porfírio Costa (presidente MODAC, na época) e Adalberto Cândido.

Na ocasião dessa entrevista coletiva, os ex-marinheiros fizeram diversas analogias entre o movimento deles e o de João Cândido. Antes de mais nada, chamaram a atenção para uma diferença significativa: na revolta de novembro de 1910, ninguém traiu, enquanto em 1964, um dos principais líderes, o cabo Júlio, revela-se como traidor. A história de João Cândido, segundo Otacílio dos Anjos, não era conhecida pelos marinheiros antes da publicação do livro de Edmar Morel:

> O problema é que a vida de João Cândido não era um bom exemplo. E essa coisa não era divulgada, as pessoas não conheciam. *A revolta da chibata*, de Edmar Morel, foi que colocou na ordem do dia ... [...]

Na época, tinha alguns marinheiros que sabiam, mesmo porque tinham contato com ele (João Cândido) na praça XV. Ele era uma figura pública. Mas não era uma figura pública conhecida como um herói, até porque a imprensa não dava espaço. Agora, em 1910 sim. Naquela época, o nome da época era ele.

É sobretudo a segunda edição do livro que tem um maior impacto junto à marujada dos anos de 1960. Conforme Raimundo Porfírio: "A Associação de Marinheiros é quem fez a segunda edição do livro a *A Revolta da chibata*. [...]. Aí esse livro começou a circular nos navios. Eu li esse livro em um dia".

Nesse contexto, os antigos marujos se lembram de uma história engraçada envolvendo seu herói, João Cândido, e os marinheiros de 1964. Em 1961 ou 1962, não se lembram exatamente da data, organizaram uma festa de aniversário para o Almirante Negro. Também foi nesse dia, segundo Porfírio e Otacílio, que o ex-marujo recebeu o primeiro salário da AMFNB.[70] E Otacílio acrescenta:

> Quando chegou a do aniversário do João Cândido, eu matutei ... eu tinha um companheiro a bordo que era muito técnico, eu consegui no CENEMAR uma fotografia do navio e nós fizemos com bambu e coisa na casa dele em Niterói, o Aristóbal, a mulher dele fez o bolo [...] E quando foi subir a rampa, o bolo quebrou. Nós conseguimos levar a proa para ele ver ...

Porfírio e Candinho se lembram da mesma história e acrescentam que chovia muito no dia e que, segundo Candinho, a casa dele não tinha nem água encanada nem eletricidade na época. De acordo com Porfírio, Otacílio chorou depois de ter perdido seu belo bolo e foi o próprio João Cândido que o consolou. Otacílio diz que havia 40 ou 50 pessoas reunidas nesse dia e que, infelizmente, ninguém tirou foto do momento: "Máquina fotográfica naquela época também não era uma coisa que estava ao alcance da gente". Depois desse acontecimento, Benedito se lamenta que não puderam organizar nada para homenagear João

---

[70] A data deve ter sido em junho de 1962, ano da criação da AMFNB, ou depois, mas antes de 1964, ano de sua destituição. João Cândido se lembra em sua entrevista ao MIS em 1968 que "seguramente uns 500 marinheiros" estiveram em sua casa para comemorar seu aniversário há dois anos.

Cândido em seu velório, pois os agentes da polícia estavam presentes para flagrar qualquer suspeita de subversão no contexto dos anos mais duros da ditadura.

A memória da revolta: uma história de família

No dia 24 de julho de 2002, na presença de Raimundo Porfírio, entrevistei Adalberto Nascimento Cândido, o filho caçula de João Cândido e Ana do Nascimento. Ele tinha 64 anos na época da entrevista e me concedeu seu testemunho nos locais da Associação Brasileira de Imprensa (ABI) onde trabalhava e onde recebeu o apelido de Candinho, diminutivo de João Cândido, segundo ele. Com efeito, o ingresso na ABI do filho mais próximo de João Cândido, pelo menos durante os últimos anos de vida do Almirante Negro, devia-se a uma mediação de Edmar Morel, que era membro da associação e que tinha também escrito um livro sobre a história da instituição.[71] Candinho nasceu quando João Cândido tinha 58 anos e o filho não ousava muito interrogá-lo sobre a revolta. Conforme dizia:

> Meu pai era muito fechado nesses aspectos. Naquela época também, os filhos menores não podiam ficar intrometendo, fazendo perguntas. Não era como agora, que mudou. Meu pai sempre foi uma pessoa muito reservada, muito fechado. Mas depois que a gente ia conversando com ele e tudo, ele ia se abrindo. [...] Quando uma pessoa, jornalistas, procuravam ele, ele contava tudo.

Candinho guarda ainda outras lembranças do pai. Antes de mais nada, ele o descreve como um homem que "amava a Marinha. Mesmo com esse problema que ele passou na Marinha, ele amava a Marinha. É que a Marinha não aceitou ele". Era um homem muito dedicado à família, saía para trabalhar no fim do dia e voltava para casa de manhã. "Mas também a condição física não dava mais para ele ficar à noite na Praça XV". Se Candinho nunca tinha visto João Cândido bordar ou pintar, atividades que lhe foram atribuídas durante o tempo da Marinha, confirma seu gosto pela leitura e algum conhecimento em língua

---

[71] MOREL, Edmar. *A Trincheira da Liberdade*: histórias da ABI. 2. ed. Rio de Janeiro: Record, 1985.

estrangeira: "Tinha alguns livros. Tinha aquele do Otávio Brandão, *O Caminho*. [...] O jornal que ele lia na época era o *Correio da Manhã* e o *Diário de Notícias*. Tinha noções da língua inglesa. Ele ficou dois anos na Inglaterra, esperando o navio ficar pronto para retomar".

Adalberto Cândido conta, ainda, que o pai era às vezes reconhecido pelas pessoas na rua. Um dia, quando ele tinha 10 anos, João Cândido o levou ao seu local de trabalho. Lá, um homem reconheceu o Almirante Negro, como lembra: "Um dia meu pai me levou na Praça XV ... garoto de 10 anos, né? ... Ele ficou de olho no meu pai. Ficou olhando, não falou nada. Depois que a gente pegou o bonde, ele falou: 'aquele ali é o marinheiro que acabou com a chibata na Marinha'". Ele se lembra que o marinheiro era amigo de Edmar Morel, dizendo: "A maior amizade que ele teve foi o Morel que resgatou ele, que estava esquecido".

Ainda que não tenha conversado muito do tema com o pai, Candinho explica as motivações de João Cândido para a revolta, uma vez "que ele não aceitava os castigos corporais na Marinha e, mesmo que ele nunca levou uma chibatada, ele não aceitava que os companheiros dele apanhassem". Assim como Otacílio dos Anjos, explica que a revolta de novembro de 1910 só pôde ter resultado porque não houve nenhuma traição, que todos confiavam em João Cândido e que estavam entre "iguais": "E foi uma revolta entre marinheiros, não teve sargento, não teve oficialidade, não teve nada..." Adalberto Cândido defende, ainda, que a sua "memória" sobre a revolta só foi sendo adquirida com o tempo, aos poucos, como diz: "A pessoa nunca sabe de cabeça tudo, sempre vai estudando, cada dia é um dia, tem a experiência da vida".

João Cândido também é descrito como um homem muito elegante. De acordo com Porfírio: "quando eu fui vê-lo, com 84 anos, tinha que ver a elegância dele... E doente, né?". E Candinho destaca a coragem de seu pai, um homem que não temia nada: "Para fazer esse negócio na Marinha com os companheiros, ele era um homem que não tinha medo de nada. Para virar os canhões contra o Rio de Janeiro, ele não podia ter medo de nada".

No entanto, a recusa de se aceitar oficialmente João Cândido como herói nacional e as perseguições da memória da Revolta da Chibata, como vimos ao longo deste capítulo, são um problema para o reconhecimento dos descendentes do Almirante Negro. Como conta Candinho sobre um bisneto de João Cândido, numa passagem muito reveladora dos lugares sociais – e raciais – no Brasil: "O meu neto, quando a professora falou do meu pai, ele falou: 'eu sou bisneto'. Ela falou 'não é verdade'. Ele teve que trazer documento". Essa questão evoca um problema mais profundo sobre a identidade dos afrodescendentes e das classes populares no Brasil: para os professores da escola pública de regiões periféricas, era difícil acreditar que um dos seus alunos podia ter antepassados reconhecidos como agentes sociais, ou heróis, nos livros didáticos.

A carreira de militar também parecia ser algo "proibido" para a família de João Cândido, pelo menos para os descendentes que reivindicavam a memória do antigo marujo. Questionado sobre seu interesse pela Marinha, Candinho responde: "se eu tivesse entrado para a Marinha, eles iam fazer alguma coisa para me expulsar. Iam dizer, tal pai, tal filho". Esse pode ter sido o caso do seu irmão mais velho, João Cândido Filho (que vemos também na fotografia da família, figura 4), que trabalhou na Marinha de outro tempo, mas, como afirma: "Ele foi excluído. Era muito temperamental, se meteu em alguma briga lá".

Outra filha de João Cândido, Zeelândia Cândido, também tinha interesse na preservação e na recuperação da memória de seu pai. Durante sua vida, se aproximou de outros "atores" da memória de João Cândido, como os marinheiros associados aos movimentos de anistia oficial para seu pai nos anos 2000. "Dona Zeelândia", como era conhecida, me recebeu em sua casa em São João do Meriti no dia 24 de julho de 2002.[72] Nascida em 1924, ela tinha 78 anos na época da entrevista.[73] Zeelândia era a sexta filha de João Cândido com sua segunda esposa, Maria Dolores. Sua mãe se suicida aos 26 anos, como vimos, quando Zeelândia tinha apenas 4 anos. Ela dizia ter orgulho da ortografia do nome, pois seu pai se inspirou de um transatlântico do país Nova Zelândia, escrito com dois "e".

Como pai, Zeelândia conta que João Cândido era muito correto e que a morte da sua segunda esposa foi uma profunda tristeza em sua vida. Ele ficou com a responsabilidade de criar quatro crianças, entre as quais, um bebê de 8 meses. Sobre esse período, ela conta:

---

[72] Entrevista de Zeelândia Cândido com Sílvia Capanema, *op. cit.*
[73] Zeelândia Cândido, na idade de 82 anos, falece em setembro de 2006. Depois de sua morte, ela é citada como um ícone do movimento negro. Cf.: *Jornal da Marcha*, 15/09/2006: http://www2.fpa.org.br/portal/.

Depois que a minha mãe faleceu meu pai ficou assim muito sozinho, muito desorientado. Não tinha lugar nem para morar. Ele pedia para uma senhora assim para tomar conta de nós. Nem era amor, era uma necessidade. [...] Ele não queria que judiasse, não queria que maltratasse. Se alguém fizesse alguma coisa negativa ele já não queria mais, desmanchava a relação. Aí ele conheceu a mãe do Candinho. A mãe do Candinho era muito paciente, muito calma. Então ela nos criou e criou depois os dela que ela teve com meu pai.

Eles se instalaram em São João do Meriti quando ela tinha 7 anos. Segundo Zeelândia, o pai buscava tranquilidade. Haviam lhe proposto trabalhar na polícia de Vargas, mas ele não quis. Aliás, Candinho também conta, em artigo publicado no *Jornal do Brasil* do dia 31 de outubro de 1999, que haviam proposto a seu pai um trabalho na polícia, mas ele recusou de forma veemente. João Cândido ficava furioso com a ideia de se tornar um delator, um traidor, segundo os filhos.

Na época, São João do Meriti era calma, como se lembra Zeelândia, "São João era atrasado, quase não tinha movimento político". João Cândido não era "um idealista de nenhum partido", mas algumas pessoas iam procurá-lo para que ele aderisse às suas causas, como Plínio Salgado do Integralismo. Os integralistas lhe prometeram que, se ele ficasse do lado deles, ele seria reintegrado à Marinha, conta Zeelândia.

Ela descreve o pai como um homem muito grande ("alto como uma palmeira") e magro, um pai amoroso, "à monda antiga", que era feliz e que gostava de cantar e de dançar, mas que, às vezes, gostava de se retirar, ficar tranquilo, um pouco triste, "talvez ele pensasse na revolta e no que tinha vivido". Não gostava de política, mas gostava de ler jornais. Lia muito e falava um pouco de inglês. Ele não tinha meios de dar a melhor formação para seus filhos, mas ele fez tudo para que todos soubessem ler e "nenhum dos filhos ficou analfabeto".

Dona Zeelândia confirma que João Cândido não falava da revolta em casa. Ela ouvia falar do assunto em outros lugares, em homenagens de estudantes e dos organismos públicos, bem como pelo intermédio de outras pessoas anônimas nas ruas do Rio de Janeiro que tinham conhecimento da revolta:

> Quando nós éramos pequenos, ele não falava dessa revolta dele não. Nós ouvíamos as pessoas às vezes comentarem, as pessoas diziam: "olha, aquele homem ali é um homem muito corajoso". Mas ele não desenvolvia nada desse assunto conosco. Eu me lembro que um dia aconteceu um episódio muito engraçado comigo e com ele. Onde ele ia eu queria estar junto. Meu pai saiu para comprar qualquer coisa aí eu fui com ele. [...] Aí, tinha umas pessoas assim conversando [...]. A gente ficou escutando os outros homens, que não falavam direto com ele não. "Pois é. Vocês conhecem o João Cândido? [...] Ele foi um marinheiro muito valente." [...] Aí ele saiu, eles não viram a cara dele. Então assim, ele não tinha muita disposição em falar da revolta não. Eu acho até que isso devia machucar um pouco.

De suas lembranças, João Cândido preferia evocar sua infância no Rio Grande do Sul. Sobre a Marinha, ele contava poucas coisas:

> Ele contava alguma coisa assim muito ligeira para nós. Ele tinha bigode quando ele servia à Marinha e era proibido, na Marinha não podia ter bigode. Então um dia um oficial virou para ele e disse "João Cândido, tira esse bigode..." Amistosamente. Mas ele nunca tirou, porque não era falta disciplinar ter bigode, só era contra a vontade deles. Assim como com o nome. Meu pai, quando chegou na Marinha, chamava-se João Cândido Felisberto. Chegou lá, tinha um oficial que tinha esse mesmo sobrenome. Eles tiraram o Felisberto do meu pai. Tiraram, meu pai ficou só João Cândido. Foi bom, eu acho que ficou bonito esse nome João Cândido. Eu acho muito bonito.

No entanto, apesar do rigor da instituição militar, segundo a família, o maior sonho do Navegante Negro era de retornar à Marinha de Guerra. Sobre esse tema, Dona Zeelândia conta que uma de suas irmãs, certa vez, tomou a iniciativa de levar uma carta ao presidente Getúlio Vargas na ocasião do Natal para pedir ao presidente a realização desse desejo. O presidente Getúlio Vargas tinha o hábito de receber os pobres e escutar seus pedidos durante o período do Natal, segundo ela. Assim, a filha do Almirante Negro conta:

> E a minha irmã mais velha, que nasceu primeiro do que eu, um dia ela falou para o meu pai assim "Oh, pai, por que o senhor não escreve uma

> carta, se o senhor não quiser escrever, o senhor dita que eu escrevo, que no Natal eu vou lá e entrego para Getúlio Vargas e às vezes ele faz com que o senhor retorne à Marinha." Mas meu pai era cético. Nessas coisas ele não acreditava muito não. [...] Ele já tinha sido traído uma vez e "não, não vou fazer isso não. Deixa o Getúlio Vargas seguir o caminho dele e eu sigo o meu." Mas a minha irmã insistiu. Aí, meu pai escreveu, ditou para ela uma carta. E a minha irmã levou. [...]. Aí ela chegou e entregou para o Getúlio, no meio daqueles homens. "Presidente, o senhor me dá licença para eu entregar uma carta?" Ela entregou, disse que ele olhou assim e pegou e meteu no bolso e disse: "Diga a teu pai que eu não esqueci dele não, hein." E aí ficou. Ah, meu pai não gostava do Getúlio Vargas nem um pouquinho (risos).

Ela não precisa quando esse episódio teria acontecido, mas ele data certamente do final dos anos de 1930 ou do início dos anos de 1940. No entanto, outras passagens sobre a vida de João Cândido, como vimos, indicam que ele gostava do presidente Getúlio Vargas.

Em meados dos anos de 1930, ele adoece e, sem meios para pagar o hospital, pede para ligar para um jornalista que morava em sua cidade. O jornalista publica um artigo *Diário da Noite* para demonstrar o estado de precariedade no qual o ex-marujo se encontrava. Graças à mobilização provocada pelo artigo, o protagonista da Revolta da Chibata consegue pagar sua estadia no hospital. Dessa forma, ela conta em seu testemunho:

> Então eu acho que eu considero muito a imprensa, toda ela. Ela sempre esteve muito junto de nós, muito junto de mim. E quando meu pai [...] em 1933 meu pai esteve muito doente. Ele levou um tombo ali nos negócios da pesca e então um problema que ele teve no joelho ainda quando estava na Marinha retornou. Ele ficou muito doente em casa. Eu achava mesmo que ele ia morrer. Sem recurso nenhum. Ele sem trabalhar, cheio de filho pequeno em volta, doente. Aí a nossa salvação [...] um repórter do *Diário da Noite*, cuja família era conhecida nossa. Não tinha laços de amizade, mas eram conhecidos. Então meu pai pediu que um de nós fosse lá na casa e chamasse aquele rapaz que trabalhava na imprensa para que fosse lá conversar

com ele. Aí o rapaz conhecia o João Cândido. Aí meu pai contou a situação dele, como ele estava se sentindo, que ele estava ruim. Ele estava temendo a nossa sorte. O rapaz foi lá em casa e no dia seguinte o *Diário da Noite* estava lá com manchete enorme, falando dele, [...] relembrando os motivos da revolta. Tirou fotografia da nossa casa. O resultado: passou um dia [...] meu pai foi internado no hospital São Francisco da Cruz [...] e os marinheiros, a cama dele vivia cercada de marujos. [...] Alguns oficiais iam, mas pediam para não falar que eles estiveram lá, em 1933 a revolta estava muito recente.

Procurando no *Diário da Noite* artigos de João Cândido sobre a década de 1930, encontrei uma bela entrevista do marujo, no dia 18 de janeiro de 1930, feita em seu local de trabalho, o mercado da Praça XV. Na ocasião, ele dizia, antes de tudo, que seu maior sonho era voltar ao Rio Grande do Sul: "A minha preocupação constante é rever a terra onde eu nasci. Meus filhos são cariocas. Aqui eles nasceram e estão sendo criados. Mas por serem cariocas não é que vão ficar sem conhecer, ao menos pela leitura, o que é o Rio Grande do Sul".

Interrogado sobre as ações do "futuro presidente" gaúcho, João Cândido diz estar contente com a mudança, mas que não votava: "Não posso votar. Não quis até hoje alistar-me, o que só farei se o dr. Getúlio Vargas for presidente da República. E tenho motivos para isso, pois tendo nascido livre no Império, fui escravo na República!" E mais adiante, para explicar melhor a ideia:

> Perfeitamente. Quando eu nasci, embora filho de escravos, nasci livre, por já estar em vigor a lei do ventre-livre. Mas na República, nesta República que se diz democrática, eu já fui escravo quando envergava a farda de marujo. Por isso, não quis nunca alistar-me. Pelo Brasil eu darei todo o meu sangue, as minhas energias e a minha vida, mas pelo regime atual só depois de ver que as leis são cumpridas e que não voltamos à escravidão.

Na matéria, João Cândido, com 50 anos, já é considerado um velho. Mas as passagens mostram que, ao menos naquele jornal, não era esquecido, tinha lucidez e nítidas posições políticas. O Navegante Negro volta às páginas do mesmo jornal do dia 22 de agosto de 1935. Trata-se de uma matéria alarmista sobre o estado de saúde e de miséria do ex-marujo João Cândido. É, portanto, o artigo sobre o qual fala Zeelândia, mas com diferença com relação ao ano citado (1935 e não 1933). No texto, João Cândido dizia: "vou morrer não de doença, mas de fome". E também: "quero, apenas, um hospital". A matéria é ilustrada com duas fotografias: uma de João Cândido na cama com a família ao lado, e outra de sua esposa tentando cozinhar. O artigo apresenta a miséria da casa, e o fato de que o doente, com dores nos rins, não podia mais trabalhar. Acabado o dinheiro, os seis filhos, ele e a esposa, não teriam mais como comer. Naquele mesmo dia, iam "almoçar feijão, mas talvez jantar brisa". João Cândido quis comentar a revolta no texto, quando interrogado pelo jornalista.

O Almirante Negro fazia, como em 1910, um apelo à imprensa para causar impacto e visibilidade sobre a sua situação. Sua estratégia teve resultado. No dia seguinte, o mesmo jornal avisava que a matéria tinha causado grande impacto e que o próprio jornal iria hospitalizar o marujo e auxiliar a família. E a edição do 24 de agosto é ainda mais precisa. Indica que o marujo seria internado no hospital Francisco de Assis e ainda narra que:

> Várias pessoas, operários, soldados, empregados pobres, farmacêuticos e, até mesmo, os parceiros alegres de um "poker" familiar que destinaram uma "rodada" ao marujo, que aqui vieram e ainda vêm numa solidariedade e numa simpatia sobremodo significativos e nos deixam donativos para o "Almirante Negro" não morrer de fome e de moléstia.

A reportagem publica uma bela fotografia da Nança, jovem filha do Almirante Negro que desempenhava "noite e dia" o papel de enfermeira (a mesma filha que teria tomado a iniciativa da carta a Getúlio Vargas). No 5 de setembro, outra notícia informa de mais donativos, entre os quais de um grupo de marinheiros. E no dia 10 do mesmo mês, uma pequena nota menciona uma doação do Centro Luso Brasileiro Paulo Barreto (nome de João do Rio) ao marujo.

Essas matérias mostram que o marujo ainda despertava bastante simpatia e solidariedade nos anos de 1930. Sobre a sociabilidade de João Cândido, Dona

Zeelândia lembra que, quando ainda era pequena, seu pai tinha o hábito de receber outros marujos em casa. Ela diz: "Quando eu tinha assim uns 5 ou 6 anos, eu lembro que vinha muito marinheiro lá em casa. Eu creio que alguns daqueles marinheiros tinham participado da revolta também. Eles conversavam muito, eles contavam caso, eles riam. Tocavam instrumento de corda, tocavam música". Ela se lembra de um refrão de uma dessas composições, que retoma a revolta de 1910 em sua "inversão da ordem", em grande parte "revolucionária":

> Desses companheiros do meu pai, dos amigos, a gente só conhecia mesmo os que eram mais chegados ao fato, das visitas que eles faziam lá em casa. Então, aqueles que cantavam uma música que era ... eu ficava assim por perto. Tem até um refrão que eles cantavam para o meu pai que eu ainda me lembro. [...] "No tempo da revolta, João Cândido era almirante, Avelino imediato e Gregório comandante. João Cândido almirante, ainda deve se lembrar, que tem seu nome gravado no barco Minas Gerais..."

Os ex-marujos deviam cantar esses versos nos anos de 1930, já que Dona Zeelândia tinha nascido em 1926. Zeelândia se lembra também da presença de Edmar Morel, "que passou muito tempo conversando" com seu pai, provavelmente alguns anos mais tarde. Ela cita o livro de Edmar Morel como "a biografia" de João Cândido. Ela acrescenta que "qualquer um que escrever um livro inspirado no Edmar Morel está fazendo certo". Por outro lado, revela seu descontentamento com outras obras, como o livro que contém o testemunho de João Cândido ao MIS: "Esse depoimento quase me indispôs com um dos diretores do museu. Mas não é por nada. É porque eu senti, ali diz que meu pai elogiou os militares. Ele não elogiou a tomada do poder pelos militares. Ele elogiou a ordem que eles implantariam. Isso causa muita confusão". De fato, no seu testemunho ao MIS, João Cândido diz que o movimento dos militares era bom para salvar a ordem pública, que os militares "estão trabalhando, se bem que estão rodeados de boas equipes, eles estão trabalhando, se não fizerem tudo, farão o que puderem".

Mais precisamente sobre a interpretação dos militares sobre a revolta de

1910, ela não estava de acordo com eles, mas parecia aceitar como "normal" a posição da Marinha:

> Tem um livro de um almirante da Marinha que ele deprecia muito os feitos do meu pai e deprecia também a própria pessoa do meu pai. Mas eu acho que não podia ser diferente. Se um elefante briga com uma formiga, eu acho que ele não vai elevar o feito daquela formiga. Então, eu acho que eles têm razão de ir contra o meu pai, não podia ser diferente. Até tem muita coisa. Até tem um que acusou o meu pai até de pederasta. Coisa que meu pai mais gostava era de mulher. Que meu pai era capacho de oficiais. Se ele fosse capacho de oficiais, ele não aceitava ser, tomar o lugar de líder da revolta. Podem contar o que eles quiserem, são uns derrotados.

Zeelândia Cândido termina falando de sua participação como militante do movimento negro e pela consciência racial: "Já pertenci muito ao movimento negro. Mas depois, bateu um cansaço já pela vida... Mas se eles precisam de mim... Eu também pertenci à Pastoral do Negro da Igreja Católica. Numa escola, numa ocasião, me chamaram para falar alguma coisa dos negros. Eu fui, eu vou, eu falo, né. É a minha raça".

Sua preocupação principal era a luta pela anistia definitiva de João Cândido, o reconhecimento oficial de seu pai como herói nacional e herói da Marinha, assim como Zumbi dos Palmares, herói do movimento negro – que ela compara ao Almirante Negro na entrevista. E diz, ainda, sobre direitos e reconhecimento:

> Eu não caminho sozinha, eu caminho junto com uma associação muito bem-organizada, que é a UMNA. Muito bem credenciada também a UMNA. Constantemente eles estão em Brasília. [...] Então, eles não sabiam disso. Mas não é bem isso não. Uma velhinha que está pedindo um dinheirinho. Dinheiro, sem o resgate da memória do meu pai, vai me interessar para quê? De todo jeito, eu estou no final da vida quase, com 78 anos. [...] O que conta é a memória do meu pai. Agora, os direitos seriam também cobrados porque a Marinha não pode fazer o que fez. Então a gente tem que aprender a cobrar. A anistia que ele ganhou e que passaram por cima de uma lei

do congresso, isso tudo tem que ser refeito. Numa ocasião eu estive lá na UMNA e disse lá para os advogados 'o que eu preciso não é a anistia do meu pai. Eu quero um político de coragem que faça valer essa anistia, porque anistiado ele já foi.' [...] Isso foi tirado também da família, porque se ele não fosse perseguido na Marinha, por certo nós teríamos uma vida um pouquinho melhor. Então, isso que eles não fizeram quando tinham que fazer, que façam agora. Em favor dos descendentes dele, que têm o direito.

Em 2001, um projeto concedendo anistia a João Cândido e a seus companheiros foi proposto pela Sanadora Marina da Silva (PT) e votado no Senado. Essa luta pela anistia definitiva de João Cândido atravessa os anos 2000. Como João Cândido disse em seu testemunho ao MIS em 1968, um ano antes de falecer: "Cheguei aqui no Rio sozinho, a 5 de dezembro de 1895. Hoje estou com uma família constituída de mais de 80 pessoas. Quero dizer que daqui para o ano 2000 e para adiante ainda vai ter João Cândido".

A revolta também foi vivida como uma "história de família" pelos descendentes de outro marinheiro. No dia 12 de setembro de 2009, entrevistei, na companhia do historiador Marco Morel, os descendentes do ex-marinheiro nacional Adalberto Ferreira Ribas, que participa da revolta de 1910 como oficial rebelde de artilharia do Bahia, como vimos nos dois capítulos anteriores.[74] Conhecer a história de Adalberto Ribas através da memória dos filhos nos ajuda a pensar na dimensão coletiva da revolta, com diversos líderes – entre os quais alguns tinham perfil parecido, como Dias Martins, Ricardo de Freitas e Ribas – e a importância dos escritos na comunicação entre marujos e autoridades. Além disso, a vida desse ex-marujo possibilita algumas nuances ao que seria uma identidade e perfil único desses homens de origem popular.

Ribas era baiano e tinha 19 anos em 1910. Alistou-se voluntariamente na escola de aprendizes de Salvador. Era branco e tinha um irmão na marinha, Beda, o qual, não tendo participado da revolta, foi promovido e se tornou oficial da Aeronáutica depois de deixar a Marinha, como vimos no sexto capítulo. Vemos nitidamente que dois irmãos, com formação e origem muito semelhante, tiveram

---

[74] Entrevista de Marcos Valério Ferreira Ribas e Adaléia Ribas Barbosa, *op. cit.*

trajetórias distintas. Um, rebelde de novembro de 1910, foi perseguido e teve de se distanciar das instituições militares, mesmo se anistiado. Outro, que não participou do levante, continuou na Marinha, teve promoções internas e depois também como oficial da Aeronáutica.

Ribas era visto por seus filhos como um sujeito interessante, heroico, corajoso e que gostava de conversar e de contar a vida. No entanto, assim como João Cândido, não gostava muito de falar da revolta com os filhos. Os filhos foram descobrindo, aos poucos, informações sobre o tema. Segundo Marcos Valério, Adalberto Ribas gostava muito de João Cândido: "Ele dizia que o João Cândido era muito respeitado. Que os marujos naquele tempo eram beberrões. Bebiam muito e brigavam muito. E o João Cândido era muito respeitado no meio deles. Além de ser um negão alto, deve ter sido respeitado pelo tamanho. Aí escolheram o João Cândido para ser o chefe". Marco Valério acredita que, apesar da admiração, seu pai nunca mais teria encontrado João Cândido.

Adalberto Ferreira Ribas escapa da prisão e da deportação em dezembro de 1910. A partir dessa data, ele se torna professor e funda várias escolas em diferentes cidades do Brasil, do Sul ao Nordeste. Sua filha diz que ele "tinha uma coisa assim de mudar", mas talvez tantas mudanças tenham sido uma forma de escapar das perseguições de antigo marujo rebelde. Em 1949, ele retorna ao Rio com a família e funda uma escola na Ilha do Governador. Essa escola tinha uma especificidade: alfabetizar e preparar os marujos da Marinha de guerra para os concursos de promoções internas.

Além de professor, Adalberto Ferreira Ribas era também radiotelegrafista e eletricista, competências adquiridas nos tempos de Marinha. Ele era autodidata, sem formação superior, e gostava de física e de matemática, bem como de "fazer invenções". Também para esses inventos, seus conhecimentos na Marinha eram importantes.

Ele era francófilo. Seus filhos contam que ele brigou uma vez, na colônia alemã de Santa Catarina onde dava aulas de português no período da guerra em razão das rivalidades. Na ocasião, Ribas briga com algumas pessoas que cantavam a Marselhesa. A razão da disputa não se deveu ao fato de que cantavam o hino francês, mas porque o cantavam errado. Ele ensinava seus alunos a cantar a Marselhesa e a recitar poemas de Victor Hugo em francês.

Quanto à sua posição política, os filhos de Ribas contam que, assim como João Cândido, ele teria se aproximado do integralismo. Adaléia Ribas se lembra de desfilar nas manifestações desse movimento político, e Marcos Valério conta que o pai foi certa vez preso pela polícia de Getúlio Vargas quando ele estava em sala de aula. Ele foi rapidamente solto, mas o fato contribuiu, segundo os filhos, para que ele voltasse a viver em Sergipe por alguns anos. Porém, mesmo em Sergipe, a Marinha o perseguia. De acordo com a memória dos filhos, não pôde assumir a direção de uma companhia de eletricidade em Aracaju, nos anos de 1940, por causa da perseguição de um almirante da Marinha. Assim como João Cândido, Adalberto Ribas seguiu outro caminho depois da revolta, mas não sem dificuldades. Ele também não será reintegrado à Armada e não terá tranquilidade para falar do assunto, nem mesmo em família.

EPÍLOGO

Para além das pedras pisadas do cais: João Cândido e a revolta dos marinheiros no século XXI

Esta história não acaba aqui. Quando o Almirante Negro falou em seu testemunho ao Museu da Imagem e do Som, em 1968, um ano antes de falecer, que, do ano 2000 em diante, "ainda vai ter João Cândido", ele acertou em cheio. E não só porque deixava dezenas de descendentes, mas porque foi protagonista de um levante, uma revolta de marujos que se inscreve na história mundial das grandes revoltas navais. Na história do Brasil, ele e seus companheiros, jovens negros, pardos, alguns brancos pobres, na maioria nordestinos ou nortistas ou vindos de Estados longínquos da capital, acabaram com a chibata na Marinha. E, com isso, como tinham "nascido livres e se tornado escravos na República", como diz o navegante negro no *Diário da Noite* de 18 de janeiro de 1930, eles invadem as páginas da imprensa e escrevem trechos da história popular da Primeira República, apontando suas contradições. Situam-se até hoje na longa história da chamada "segunda abolição" e da luta pela democracia (palavra que o marujo também usa), cidadania, dignidade e igualdade no Brasil.

Hoje, já se passaram duas décadas depois dos anos 2000 e estamos aqui falando dos "marinheiros, cidadãos brasileiros e republicanos", como se apresentam em seu manifesto de novembro de 1910. Na minha tese de doutorado, fiz um longo mapeamento das manifestações na memória social durante todo o século XX e início do XXI. Mas este capítulo seria como o filme das nossas infâncias, "uma história sem fim". Portanto, no livro, preferi concentrar o sétimo capítulo na memória escrita e oral mais próxima de João Cândido, memória sentida, vivida e relatada por ele mesmo e por pessoas próximas, familiares ou pessoas que se aproximaram do acontecimento por terem criado vínculos de afeto, de estudo ou de revolta, indignação.

Edmar Morel entra na história como o principal narrador da Revolta da Chibata, ainda que excelentes trabalhos de historiadores tenham sido feitos – e outros ainda serão feitos. O jornalista estabelece a ordem dos fatos e aponta muitas questões sobre a violência, a exclusão, as perseguições políticas e das autoridades militares durante um longo tempo. A partir dele, vemos que a revolta dos marinheiros foi um tema importante para dois grupos sociais: os diferentes movimentos de esquerda e o movimento negro, organizado ou não. A Marinha tem as suas versões, ou sua "versão oficial", e alguns outros escritores conservadores também trataram do tema. O assunto ainda segue vivo, provocando versões e aversões, e muitas, muitíssimas, apropriações sociais.

No fim do século XX e início do XXI, a revolta foi inspiração para diversas peças de teatro, livros e alguns romances. Enredo de ao menos dois desfiles de escola de samba, um da União da Ilha, em 1985, fracassado já que foi desfigurado depois da intervenção dos oficiais; outro da paulista Camisa Verde e Branco, em 2003, com a participação entre os passantes de familiares, pessoas do movimento negro e marujos da UMNA. Exposições e concursos de redação com o nome de João Cândido também foram feitos, bem como filmes e curtas-metragens, entre os quais, um projeto de jovens da ONG "Nós do cinema", em 2005. João Cândido e a Revolta da Chibata foram tema de história em quadrinhos e livros infantis.

O Almirante Negro se tornou nome de ruas, uma delas em São João do Meriti, outra em Rio Pardo, sua cidade natal. Foi patrono de cineclubes operários e de turmas de formandos. Em 2012, um navio petroleiro brasileiro foi batizado de "João Cândido", numa ação que buscava valorizar a indústria naval nacional. O marujo deu nome a um assentamento do Movimento dos Trabalhadores sem Teto (MTST) e posteriormente a um condomínio popular, na periferia de São Paulo, inaugurado em 2014.

Seus bordados deram origem a um trabalho premiado da artista plástica Flávia Bonfim. Na Bienal de São Paulo de 2021, suas toalhas bordadas foram exibidas pela primeira vez em um grande evento de arte contemporânea nacional. No mesmo ano, um lindo mural foi pintado na faixada da casa onde morou em

São João do Meriti, na Baixada Fluminense. Ainda na sua cidade de instalação e adoção, existe um projeto coletivo de criação de um museu social e comunitário com o nome do "marujo mais célebre do Brasil", como dizia a imprensa do início do século XX, bem como sua história.

As pedras pisadas dos cais serviram de base a algumas estátuas. A principal delas, erigida primeiro no museu da República, depois na Praça XV em 2008, cuja inauguração foi feita pelo Presidente Lula e pelo ministro da Secretaria da Promoção da Igualdade Racial na época, Edson Santos, mas na ausência das autoridades da Marinha. A estátua representa João Cândido tal como era em novembro de 1910, negro, jovem, alto, com uniforme de marinheiro, de bigode e portando o lenço de barra vermelha em movimento. Com uma das mãos, ele segura o leme do navio e, com a outra, parece saudar a população do Rio. Eis a imagem do Navegante Negro, do Mestre-Sala dos Mares.

Em pleno debate ativo sobre a descolonização dos espaços públicos e a destituição de algumas estátuas de atores sociais dominantes responsáveis por massacres, como sabemos, a estátua do Almirante Negro permanece forte e singular, excepcional. A Prefeitura do Rio de Janeiro, através de uma ação conjunta com a Coordenadoria de Promoção da Igualdade Racial, pretende mudá-la de lugar, para a praça Marechal Âncora, na busca de revalorizar a imagem do marujo e "corrigir uma injustiça", segundo *O Globo* do dia 31 de julho de 2022. O monumento faz parte de um conjunto de 25 obras que serão restauradas e revalorizadas na cidade para comemorar o bicentenário da independência, mas é ainda uma das raras com um personagem afrodescendente pelas ruas e praças do Brasil.

Reclamando uma forma de "segunda abolição", ao marujo João Cândido foi necessária uma segunda anistia. Como resposta às demandas dos movimentos sociais, em 23 de julho de 2008, a Lei federal nº 11.756 concedeu "anistia post mortem a João Cândido Felisberto, líder da chamada Revolta da Chibata, e aos demais participantes do movimento, com o objetivo de restaurar o que lhes foi assegurado pelo Decreto nº 2.280, de 25 de novembro de 1910". O projeto foi aprovado por unanimidade na Câmara e no Senado da época. Sua promulgação é altamente simbólica – afirmar a anistia frente a quaisquer perseguições –, mas seus efeitos concretos são poucos. João Cândido ainda espera para entrar no livro dos heróis da pátria[1] e para ser reintegrado à Marinha, seu maior desejo.

Contudo, até hoje, a Marinha do Brasil reage a essas demandas e manifestações. Nas páginas da *Folha de S. Paulo* do dia 19 de novembro de 2021, as autoridades navais responderam ao projeto de integração de João Cândido no livro de heróis e heroínas da Pátria dizendo não reconhecer ato de heroísmo na quebra da hierarquia e da disciplina. Em 2008, quando o Almirante Negro recebeu a segunda anistia, a Marinha fez uma declaração nas páginas do mesmo órgão paulista (artigo datado de 09/03/2008). Em um extrato publicado no jornal, os interlocutores da Armada foram ainda mais incisivos na não aceitação do marinheiro em seu ato que culminou com a abolição da chibata na instituição:

> A Revolta da Chibata, ocorrida no ano de 1910, sob a ótica desta Força constitui-se em um triste episódio da história do país e da própria Marinha do Brasil (MB) [...]. A MB sempre se pautou pela firme convicção de que as questões envolvendo qualquer tipo de reivindicação obteriam a devida compreensão, reconhecimento e respaldo para decisão superior, por meio do exercício da argumentação e sobretudo do diálogo entre as partes, o que é de fundamental importância para o pleno exercício da liderança e para o estabelecimento de vínculos de lealdade. A despeito dos fatos que motivaram aquela crise, o movimento não pode ser considerado como "ato de bravura" ou de "caráter humanitário". Vidas foram sacrificadas, material da Fazenda foi danificado, a integridade da capital foi ameaçada. Esta Força entende que outras formas de persuasão e de convencimento não foram esgotadas pelos amotinados, motivo pelo qual considera a Revolta da Chibata uma rebelião ilegal, sem qualquer amparo moral ou legítimo, não obstante a indesejável e inadmissível quebra da hierarquia. Na história do Brasil, muitas questões ligadas a direitos humanitários obtiveram solução pelas vias legais, sem açodamento. A abolição da escravatura, assunto mais abrangente e de importância maior na escala de valores nacionais, obteve equacionamento de forma gradual, inicialmente, por meio de leis menores, que foram

---

[1] O Projeto de lei nº 340, de 2018, foi proposto pelo senador Lindbergh Farias (PT/RJ) e aprovado pela Comissão de Educação, Cultura e Esporte, no dia 28 de outubro de 2021.

se complementando, até atingir-se a lei definitiva, em maio de 1888. Quaisquer que tenham sido as intenções do sr. João Cândido Felisberto e dos demais amotinados que o apoiaram, fazendo uso do ideal do resgate da dignidade humana, a MB não reconhece heroísmo nas ações daquele movimento. Os estudos oficiais e fidedignos sobre o tema nem sequer certificam o verdadeiro mentor da revolta.

Essa passagem, também representativa das discussões que atravessam os "anos 2000 em diante", mostra que não somente a Marinha do Brasil, em seu comunicado oficial, não reconhece o ato dos marujos, como também defende a opção pela "abolição gradual" da escravidão. Além disso, põe em questão, mais uma vez, o protagonismo do Almirante Negro. Vê-se que a quebra da disciplina não é o único elemento que constrange a força armada. A disputa memorial não está, portanto, prestes a ser terminada.

Teria a chibata sido abolida naturalmente e gradualmente da Marinha sem precisar da luta dos marujos? Não é certo. Pelo menos não naqueles anos. O terceiro decreto da República, em 1889, já havia abolido os castigos corporais no papel. Mas essas punições continuaram na prática e voltaram também a serem autorizadas pela legislação logo em seguida, como vimos. Sabe-se que as torturas ainda existem nos presídios brasileiros, em corpos de homens e mulheres majoritariamente negros e pardos, pobres e periféricos. Ela existiu com vigor durante os anos da ditadura civil e militar, contra pessoas consideradas "subversivas" e inimigas do regime, entre as quais, vários marinheiros e militares rebeldes de 1964 e depois. Há registros na imprensa de tortura policial ou militar ao longo do século XX. Por exemplo, na mesma página do *Diário da Noite* do dia 22 de agosto de 1935, em que lemos a matéria que alerta sobre o estado de saúde e de miséria de João Cândido, há um artigo sobre a palmatória na polícia fluminense. A denúncia é feita por um jovem identificado como pardo, de 18 anos, operário no setor de calçados e morador de Caxias, detido por "vagabundagem" no Rio de Janeiro. Dessa forma, pode-se pensar que, sem a revolta dos marujos, revelando para a sociedade o horror, os castigos podiam ainda durar – e muito – na Marinha de Guerra do Brasil.

Mais do que isso, nessa abolição, os navegantes negros representados nesse livro foram os atores do movimento. Usaram a leitura, a escrita, os conhecimentos técnicos que tinham, as relações com imprensa, as trocas internacionais, a solidariedade interna entre companheiros para transformar a indignação em ato. Resistir é, como foi para João Cândido e os demais marujos, tão necessário e tão "preciso" quanto navegar, parafraseando Fernando Pessoa.

A história das historiadoras e dos historiadores também não termina aqui. Na época em que comecei minhas pesquisas, há exatos 20 anos, não havia todo o acesso a fundos que temos hoje, não estava disponível a digitalização de documentos, e sobretudo da imprensa, tão fundamental no contexto. Novos achados e novas problemáticas também merecem ser evocados. E o livro está aqui para isso, desde a formação da Marinha na virada do XIX para o XX, com as escolas de aprendizes e encomendas de navios, passando pelas questões de saúde, alimentação, pelo perfil coletivo dos praças, pelas relações exteriores e pelos olhares internacionais, chegando à própria revolta, seus atores e sua memória. Espero que contribua, assim, para novas pesquisas em diferentes frentes.

Devemos também nos interrogar sobre a ausência de mulheres, um fato na Marinha e nas esferas de poder, sobretudo no início do século XX. Mas elas estão lá, estão aqui, construindo a memória e a história, como vimos, do Brasil abolicionista, pós-abolicionista, republicano e em luta longa pela democracia real e efetiva.

Nesse processo, a escuta da sociedade é algo importante. Por isso, prefiro terminar este texto com uma nota aberta, reproduzindo alguns versos do samba-enredo da Beija-Flor no desfile de 2022. A favela e a Baixada Fluminense, a periferia, estão falando, hoje, na segunda década do século XXI. Escuta só:

> Foi-se o açoite, a chibata sucumbiu
> Mas você não reconhece o que o negro construiu
> Foi-se ao açoite, a chibata sucumbiu
> E o meu povo ainda chora pelas balas de fuzil
> Quem é sempre revistado é refém da acusação
> O racismo mascarado pela falsa abolição
> Por um novo nascimento, um levante, um compromisso
> Retirando o pensamento da entrada de serviço

(Saint-Denis, agosto de 2022).

FONTES E BIBLIOGRAFIA

I – Arquivos Públicos:

A – Arquivo Nacional

AN, Associação de resistência dos marinheiros e remadores, fundo 1º Ofício de registro e título, estatutos de sociedade civil, 2255, V. 3, 11/02/1905 a 02/12/1905.

AN, Série Marinha, Escola de Aprendizes, 1886-1888, III M702.

AN, Série Marinha, Fundo AP, Livro de Matriculados Menores da 2ª Cia de Aprendizes do Arsenal de Marinha da Bahia tendo principiado a funcionar o ensino primário em 8 de setembro de 1860, Cia. de Artífices- matrícula de menores, 1860, VIII M-92.

AN, Supremo Tribunal Militar, Conselho de Guerra: Cabo de Esquadra André Avelino de Sant'anna, 1908, BW 2664.

AN, Supremo Tribunal Militar, Inventário, 1896-1910.

AN, Supremo Tribunal Militar, Processo "João Cândido e Outros", Série Judiciária, Subsérie: Processo Crime, 1913, BW 2847 (3 volumes).

B – Arquivo do Itamaraty (Rio de Janeiro)

Arquivo do Ministério das Relações Exteriores, Itamaraty, Ministério da Marinha, Correspondência enviada, 1912-1914 (jan-jun).

Arquivo do Ministério das Relações Exteriores, Itamaraty, Ministério da Marine, Avisos (1909-1913).

C – Archives du Ministério des Affaires Etrangères, La Courneuve (França)

AMAE, Correspondance politique et commerciale, Défense Nationale, vol. 3, septembre-1908, mai-1910.

AMAE, Correspondance politique et commerciale, politique Intérieure – Immigration etc, vol. 5, avril 1909-mai 1910.

AMAE, Correspondance politique et commerciale, politique Intérieure – Immigration, etc, vol. 7, janvier-1911, avril 1912.

AMAE, Correspondance politique et commerciale, politique Intérieure – Immigration, vol. 6, juin-décembre 1910.

D – Arquivo Nacional de Madri. Ministério Relações Exteriores, Embaixadas, Brasil (1419).

E – Arquivos: Diretoria do Patrimônio Histórico e Documentação da Marinha – DPHDM

F – Imprensa: Fundo de Imprensa da Biblioteca Nacional do Rio de Janeiro

Periódicos:

A Ilustração Brasileira

A Notícia

Careta

Correio da Manhã

Diário Carioca

Diário da Noite

Diário de Notícias

Echos do Mar

Folha de S. Paulo

Fon-Fon

Jornal do Brasil

Jornal do Commércio

O Estado de São Paulo

O Globo

O Imparcial

O Malho

O Paiz

Revista da Semana

Última Hora

G – Fundo de imprensa da biblioteca Mário de Andrade, São Paulo

Gazeta de Notícias (dezembro/janeiro 1912-1913)

II – Testemunhos

A – Testemunho gravado: testemunho de João Cândido (1968) ao Museu da Imagem e do Som. Publicado em MIS. *João Cândido, o almirante negro*. Rio de Janeiro: Gryphus, 1999.

B – Entrevistas:

Entrevista com Adalberto Cândido, o "Candinho", (filho de João Cândido) com Sílvia Capanema, 24/07/2002 em seu escritório na ABI (Associação Brasileira de Imprensa), Rio de Janeiro.

Entrevista de Moacir C. Lopes (escritor e ex-marujo) com Sílvia Capanema, 17/07/2002, no Rio de Janeiro.

Entrevista de Benedito Gomes da Silva (vice-presidente da UMNA); Otacílio dos Anjos Santos (diretor de patrimônio da UMNA) com Sílvia Capanema, 24/07/2002 no escritório da UMNA, no Rio de Janeiro.

Entrevista de Hélio Leôncio Martins (vice-almirante da Marinha do Brasil) com Sílvia Capanema, 09/08/2006, em Copacabana, Rio de Janeiro

Entrevista de Marco Morel (historiador e neto de Edmar Morel), com Sílvia Capanema, 16/11/2003, em Paris.

Entrevista de Marcos Valério Ferreira Ribas e Adaléia Ribas Barbosa (filhos do marinheiro Adalberto Ferreira Ribas), com Sílvia Capanema e Marco Morel, 12/09/2009, em Saquarema, Rio de Janeiro.

Entrevista de Raimundo Porfírio Costa, chamado "Porfírio" (Presidente do MODAC – Movimento Democrático pela Anistia e Cidadania – e ex-marinheiro), com Sílvia Capanema, 19/07/2002 no escritório do MODAC, no Rio de Janeiro.

Entrevista de Sílvio Tendler (cineasta, documentarista) com Sílvia Capanema, 08/05/2007, em Paris.

Entrevista de Zeelândia Cândido de Andrade, chamada "Dona Zeelândia" (filha do marinheiro João Cândido), com Sílvia Capanema, 24/07/2002, em sua casa em São João do Meriti, Grande Rio de Janeiro.

Entrevista de Zeelândia Cândido, Centro de Memória Oral da Baixada Fluminense, em Nilópolis, 07/11/2002.

III – Obras

A – Testemunhos, memórias, romances de época, manuais, relatórios

ANDRADE, Osvald. *Um homem sem profissão*. Rio de Janeiro: Civilização Brasileira, 1976.

BARBOSA, Rui. Lição do Extremo Oriente. In: *Cartas da Inglaterra* [1895]. São Paulo: Iracema, 1972.

BARBOZA, Carlos. Pedindo passagem para ficar. In: *Sessão solene post-mortem ao marinheiro João Cândido* (projeto vereador Jorge Ligeiro). Câmara Municipal do Rio de Janeiro, 1984.

BRANDÃO, Octávio. *O caminho*. Rio de Janeiro, 1950.

BRASIL, Ministério da Marinha. *Relatório dos Ministros da Marinha (RMM)*, entre 1888 e 1911.

BRYCE, J. *South America: Observations and Impressions*. New York: The Macmillan Company, 1916.

CAMINHA, Adolfo. *Bom-Crioulo* [1895]. São Paulo: Ática, 2002.

CAMINHA, Adolfo. *No país dos ianques* [1894]. Rio de Janeiro: José Olímpio, 1979.

CLEMENCEAU, Georges. *Notes de voyage. L'Amérique du Sud. Argentine, Uruguay, Brésil.* Paris: Hachette et Cie, 1911.

CORACY, Vivaldo. *Couves da minha horta*. Rio de Janeiro: José Olympio, 1949.

CRUZ, Ernesto Manoel da. *O marinheiro instruído* (oferecido ao augusto e digníssimo parlamento por E.M.C., oficial marinheiro da Armada Nacional e Imperial). Rio de Janeiro: Tup. De Oliveira e C., 1881.

CUNHA, H. Pereira. A revolta na Esquadra Brasileira em novembro e dezembro de 1910. *Revista Marítima Brasileira*, outubro/dezembro 1949, reimpressão da Imprensa Naval, Rio de Janeiro, 1953.

DIAS, Arthur. *Nossa Marinha*: notas sobre o renascimento da Marinha de guerra do Brazil no quatriennio de 1906 a 1910. Rio de Janeiro: Officinas Graphicas da Liga Maritima Brazileira, 1910.

FRANKLIN, Benjamin. *A ciência do bom homem Ricardo, ou meios de fazer fortuna.* Tipografia de Sociedade Propagadora dos Conhecimentos Úteis, 1825.

GAMA, Luiz Philippe de Saldanha da (capitão-tenente). *Relatório apresentado sobre a Escola Naval de Anapólis, Academia Militar de West-Point, Escola de Torpedos de New-Port e Instituição dos Aprendizes Marinheiros dos Estados Unidos.* Rio de Janeiro: Tipografia Nacional, 1877.

JANE, Fred T. (ed.). *Fighting Ships*. London: Printed by Netherwood, Dalton & Co., Phoenix Works, Raschcliffe, Huddersfield, 1914.

LACASSAGNE, Alexandre. « L'enquête d'Alexandre Lacassagne (1881): Classification des dessins de tatouages. Du tatouage chez les criminels », In : ARTIERES, Philippe (org.). *À Fleur de Peau:* médecins, tatouages et tatoués, 1880-1910. Paris: Editions Allia, 2004.

MOREL, Edmar. *A revolta da chibata* [1959]. 4. ed. Rio de Janeiro: Edições Graal, 1986.

MOREL, Edmar. *Histórias de um repórter*. Rio de Janeiro/São Paulo: Editora Record, 1999.

PAULO, Benedito [Adão Pereira Nunes]. *A revolta de João Cândido*. Pelotas, 1934.

PENALVA, Gastão. *A Marinha do meu tempo*. Rio de Janeiro, 1951.

PERET, Benjamin, « L'Amiral Noir » [1931], In : « Benjamin Péret et Le Brésil », Trois Cerises et une Sardine, publication de l'association des amis de Benjamin Péret à Paris, n. 17, octobre 2005.

RIO, João do. *A alma encantadora das ruas* [1908]. São Paulo: Companhia das Letras, 2005.

RIO, João do. *As religiões no Rio* [1904]. Rio de Janeiro: José Olympio, 2006.

ROCHA, Francisco José Marques da [capitão de fragata]. *Manual do Marinheiro-Fuzileiro*. Rio de Janeiro: Imprensa Nacional, 1908.

The Encyclopedia Britannica, a Dictionary of Arts, Sciences, Literature and General Information, Eleventh Edition, volume XXIV. Cambridge: University Press, 1911.

Um oficial da Marinha [José Eduardo de Macedo Soares]. *Política versus Marinha*. Paris, 1911.

VI – Dicionários:

FIGUEIREDO, C. *Novo Dicionário da Língua Portuguesa*. Lisboa: Livraria Editora Tavares Cardoso & Irmão, 1899.

LACERDA, J. M. de A.; A. C. de. *Diccionario encyclopedico ou novo diccionario da lingua portuguesa*. 4. ed. Lisboa: F. A. da Silva, 1874.

SILVA, A. de M. *Diccionario da lingua portuguesa*. 8. ed. Rio de Janeiro: Empresa Literária Fluminense, 1891.

V – Legislação, códigos e discursos

BRASIL, Academia Brasileira de Letras (ABL), "Discurso de Recepção ao Acadêmico Afonso Pena Júnior", 14/08/1948.

BRASIL, *Anais da câmara dos deputados*, 1910, vol. VIII.

BRASIL, *Anais do Senado Federal*, 1910, Livro V.

BRASIL, *Anais do Senado Federal*, Livro V.

BRASIL, *Artigos de Guerra*. Lisboa: Galhardo e Irmãos, 1841.

BRASIL, *Código Penal dos Estados Unidos do Brasil*, 1890.

BRASIL, *Código Penal da Armada dos Estados Unidos do Brasil*, 1891.

BRASIL, *Regimento provisional para o serviço e disciplina das esquadras e navios da Armada Real*. Lisboa: Galhardo e irmãos, 1841.

VI – Arquivos privados

BN, Seção de Manuscritos, Arquivo Edmar Morel (Rio de Janeiro).

Bibliografia:

ABOUT, Ilsen. « Les fondations d'un système national d'identification policière en France (1893- 1914): anthropométrie, signalements et fichiers », *Génèse*, Vos Papier!, n. 54, mars 2004, p. 28-52

ABREU, Martha. "O 'crioulo Dudu': participação política e identidade negra nas histórias de um músico cantor (1890-1920)". *Topoi*, v. 11, n. 20, jan.-jun. 2010, p. 92-113.

ALBERTI, Verena; PEREIRA ARAUJO, Amilcar (org.). *Histórias do movimento negro no Brasil*: depoimentos ao CPDOC. Rio de Janeiro: Pallas/CPDOC-FGV, 2007.

ALBUQUERQUE, Wlamyra R. de. *O Jogo da Dissimulação*: abolição e cidadania negra no Brasil. São Paulo: Companhia das Letras, 2009.

ALMEIDA, Anderson da Silva. *Todo leme a bombordo*: marinheiros e ditadura civil e militar no Brasil da rebelião de 1964 à anistia. Rio de Janeiro: Arquivo Nacional, 2012.

ALMEIDA, José Ricardo Pires de. *História da instrução pública no Brasil* (1500-1889). São Paulo: INEP, 1989.

ALMEIDA, Silvio. *O que é racismo estrutural?* Belo Horizonte: Letramento, 2018.

ALMEIDA, Sílvio. *Racismo Estrutural*. São Paulo: Sueli Carneiro; Pólen, 2019.

ALMEIDA, Sílvia Capanema P. de; SILVA. Rogério. Do (in)visível ao risível: o negro e a raça nacional na criação caricatural da Primeira República. *Estudos Históricos* (Rio de Janeiro), v. 26, p. 316-345, 2014.

ALMEIDA, Sílvia Capanema P. de. A modernização do material e do pessoal da Marinha nas vésperas da revolta dos marujos de 1910: modelos e contradições. *Estudos Históricos* (Rio de Janeiro), v. 23, p. 147-169, 2010. Artigo republicado em: *Revista Brasileira de História Militar*, v. 03, p. artigo2, 2010.

ALMEIDA, Sílvia Capanema P. de. « Nous, marins, citoyens brésiliens et républicains » : Identités, Modernité et mémoire de la révolte des matelots de 1910. Tese de doutorado em História, Paris, École des Hautes Études en Sciences Sociales, 2009.

ALMEIDA, Sílvia Capanema P. de; FLECHET, Anaïs (org.). *De la démocratie raciale au multiculturalisme*: Brésil, Amériques, Europe. Bruxelles: Peter Langue, 2009.

ALMEIDA, Sílvia Capanema P. de. Body, health and nutrition in the Brazilian Navy in the post abolition period, 1890-1910. *História, Ciências, Saúde-Manguinhos*, v. 19, p. 15-33, déc. 2012.

ALONSO, Ângela. *Flores, votos e balas*: o movimento abolicionista brasileiro (1868-88). São Paulo: Cia das Letras, 2015.

AQUINO, Dolores. *Escola de aprendizes-marinheiros do Ceará*. Resgate histórico: criação e evolução. Fortaleza: Gráfica e editora tipogresso, 2000.

ARAÚJO, Vicente de Paula. *A bela época do cinema brasileiro*. São Paulo: Perspectiva, 1976.

ARIAS NETO, José Miguel. Em busca da cidadania: praças da Armada nacional, 1867-1910. Tese (Doutorado) – Departamento de História, Faculdade de Filosofia, Letras e Ciências Humanas, Universidade de São Paulo, 2001.

ARIAS NETO, José Miguel. Intervenção estrangeira na revolta da Armada?.*Revista Marítima Brasileira*, Rio de Janeiro, v. 120, n. 1/3, jan./mar., 2000, p. 123-35.

ARTIERES, Philippe (org.). *À Fleur de Peau*: médecins, tatouages et tatoués, 1880-1910. Paris: Editions Allia, 2004.

ASSOCIATION DES AMIS DE BENJAMIN PÉRET, « Benjamin Péret et Le Brésil », Trois Cerises et une Sardine, publication de l'association des amis de Benjamin Péret à Paris, n. 17, octobre 2005.

AZEVEDO, Célia Maria Marinho de. *Onda negra, medo branco*: o negro no imaginário das elites do século XIX. Rio de Janeiro: Paz e Terra, 1987.

AZEVEDO, Sânzio de. *Adolfo Caminha*: vida e obra. Fortaleza: UFC, 1999.

ARENDT, Hannah. *Les Origines du totalitarisme*: l'impérialisme [1951]. Paris: Fayard, 1982.

BANDEIRA, Moniz. *O governo João Goulart*: as lutas sociais no Brasil: 1961-1964. Rio de Janeiro: Civilização Brasileira, 1983.

BATALHA, Cláudio. *O movimento operário na Primeira República*. Rio de Janeiro: Jorge Zahar, 2000.

BEATTIE, Peter. *The Tribute of Blood*: Army, Race and Nation in Brazil, 1864-1945. Durham: Duke University Press, 2001.

BECCHI, Egle; JULIA, Dominique. *Histoire de l'enfance en occident*: du XVIIIe siècle à nos jours, T-II. Paris: Seuil, 1998.

BELL, Christopher M.; ELLEMAN, Bruce A. (Ed.). *Naval Mutinies of the Twentieth Century*: An International Perspective. Londres/Portland: Frank Cass, 2003.

BENCHIMOL, Jaime L. "História da febre amarela no Brasil", Hist. cienc. saúde-Manguinhos [online], v.1, n. 1, 1994, p. 121-124.

BENCHIMOL, Jaime L. *Pereira Passos*: um Haussmann tropical. Rio de Janeiro: Secretaria Municipal de Cultura, 1990.

BERBOUCHE, Alain, « L'œuvre judiciaire pénale du maréchal de Castries, secrétaire d'État de la Marine et des Colonies du Roi Louis XVI (1780-1787) », *Neptunia*, n. 199, 1995, p. 39-54.

BERNARDET, Jean-Claude. *Filmografia do cinema brasileiro*, 1900-1935. São Paulo: Comissão Estadual de Cinema, 1979.

BOURDIEU, Pierre. *Langage et pouvoir symbolique*. Paris: Seuil, 2001.

BRASIL, *História Naval Brasileira*, Rio de Janeiro, Ministério da Marinha-Serviço de Documentação da Marinha, 1997, v. 5, t.1 B.

BUCHERIE, Luc. « Enquête sur les graffiti anglais dans les prisons maritimes françaises aux XVIIe et XVIIIe siècles », *Neptunia*, n. 204, 1996.

BUENO, Clodoaldo. *Política externa da Primeira República*: os anos de apogeu – de 1902 a 1918. São Paulo: Paz e Terra, 2003.

CAMINHA, Herick Marques. *História administrativa do Brasil*: organização administração do Ministério da Marinha na República. Brasília/Rio de Janeiro:

Fundação Centro de Formação do Servidor Público/ Serviço de Documentação Geral da Marinha, 1989.

CAPITANI, Avelino Bioen. *A rebelião dos marinheiros*. Porto Alegre: Artes e Ofícios, 1997.

CARVALHO, Fernando Martins; JACOBINA, Ronaldo Ribeiro, Nina Rodrigues epidemiologista: estudo histórico de surtos de beribéri em um asilo para doentes mentais na Bahia, 1897-1904. *Hist. cienc. saúde-Manguinhos* [online], v. 8, n. 1, 2001, p. 113-132.

CARVALHO, José Murilo. *Os bestializados*: o Rio de Janeiro e a República que não foi. São Paulo: Companhia das Letras, 1987.

CARVALHO, José Murilo de. *Forças Armadas e política do Brasil*. Rio de Janeiro: Jorge Zahar, 2005.

CARVALHO, José Murilo de. *Pontos e bordados*: escritos de história e política. Belo Horizonte: Ed. UFMG, 1998.

CASTRO, Celso. *A Proclamação da República*. Rio de Janeiro: Jorge Zahar, 2000.

CASTRO, Celso. *O espírito militar*: um estudo de antropologia social na academia de Agulhas Negras. Rio de Janeiro: Jorge Zahar, 1995.

CASTRO, Celso; IZECKSOHN, Vitor; KRAAY, Hendrik (Org.). *Nova história militar brasileira*. Rio de Janeiro: Editora FGV, 2004.

CASTRO, Jeanne Berrance de. *A milícia cidadã*: a guarda nacional de 1831 a 1850. São Paulo: Companhia Editora Nacional, 1979.

CHALHOUB, Sidney. *Cidade febril*. São Paulo: Companhia das letras, 1997.

CHALHOUB, Sidney. *Trabalho, lar e botequim*: o cotidiano dos trabalhadores no Rio de Janeiro da Belle Époque. Campinas: Editora da Unicamp, 2001.

CHALHOUB, Sidney. *Visões da liberdade*: uma história das últimas décadas de escravidão na Corte. São Paulo: Companhia das Letras, 2001.

CHALINE, Olivier, «Les mutineries de 1797 dans la Navy», Histoire, économie et société: cultures politiques, identités sociales en Grande Bretagne, Paris, Armand Colin, n. 1, 2005, p. 51-62.

CHARTIER, Roger (dir.). *Pratiques de la lecture.* Paris: Payot, 2003.

CHARTIER, Roger. *Au bord de la falaise.* Paris: Albin Michel, 2009.

CHEVALIER, Louis. *Classes laborieuses, classes dangereuses* [1957]. Paris: Plon, 1958.

CHIAVENATTO, Júlio José. *Os voluntários da Pátria e outros mitos.* São Paulo: Global, 1983.

CAMINHA, Herick Marques. *História administrativa do Brasil*: organização administração do Ministério da Marinha na República, Brasília/Rio de Janeiro: Fundação Centro de Formação do Servidor Público/ Serviço de Documentação Geral da Marinha, 1989.

COQUIN, François Xavier. *La Révolution Russe manquée:* 1905. Paris: Éditions Complexe, 1995.

COSTA, Emília Viotti da. *Da senzala à colônia.* São Paulo: UNESP, 1998.

COSTA, Emília Viotti da. *Da Monarquia à República*: momentos decisivos. São Paulo: Grijalbo, 1977.

COSTA, Emília Viotti da. *A abolição.* São Paulo: Unesp, 2008.

COSTA, Wilma Peres. *A espada de Dâmocles.* O Exército, a Guerra do Paraguai e a crise do Império. São Paulo: Hucitec, 1996.

COURTINE, Jean-Jacques (org.). *Histoire du corps*: les mutations du regard. Le XXe siècle (V. 3), Paris, Seuil, 2006.

CUNHA, H. Pereira da. A revolta na esquadra brasileira em novembro e dezembro de 1910. *Revista Marítima Brasileira,* 1949.

CUNHA, Olívia Maria Gomes da; GOMES, Flávio dos Santos (Org.). *Quase-cidadão*: histórias e antropologias da pós-emancipação no Brasil. Rio de Janeiro: Editora FGV, 2007.

DELGADO, Lucília de Almeida Neves; FERREIRA, Jorge (Org.). *O Brasil republicano*. v. 1. O tempo do liberalismo excludente: da Proclamação da República à Revolução de 1930. Rio de Janeiro: Civilização Brasileira, 2006.

DELAPORTE, François. *Histoire de la fièvre jaune*. Paris: Payot, 1989.

DIACON, Todd A. *Rondon*: o marechal da floresta. São Paulo: Companhia das Letras, 2006.

DIAS, Adriana Albert. Os fiéis da navalha: Pedro Mineiro, capoeiras, marinheiros e policiais em Salvador na República Velha. *Afro-Ásia*, n. 32, 2005, p. 271-303.

DOMINGUES, Petrônio. *A nova abolição*. São Paulo: Selo Negro, 2008.

ENDERS, Armelle. Pouvoirs et fédéralisme au Brésil: 1889-1930. Tese (Doutorado) – Paris, Université de Paris IV- Sorbonne/ Institut d'histoire, 1993.

FARGE, Arlette, « Penser et définir l'événement en histoire : Approche des situations et des acteurs sociaux ». *Terrain*, numéro 38, mars 2002.

FARGE, Arlette. *Effusion et tourments*: le récit des corps (histoire du peuple au XVIIIe siècle). Paris: Odile Jacob, 2007.

FERNANDES, Florestan. *A integração do negro na sociedade de classes*. São Paulo: Ática, 1978.

FERNANDES, Florestan. *Significado do protesto negro*. São Paulo: Cortez, 1989.

FERREIRA, Jorge (Org.). *O populismo e a sua história*. Rio de Janeiro: Civilização Brasileira, 2001.

FERREIRA, Maria Luci Corrêa. *Tributo a João Cândido*: o rei do farol da liberdade. Encruzilhada do Sul, 2002.

FERREIRA, Marieta de Moraes; AMADO, Janaína (Org.). *Usos e abusos da história oral*. Rio de Janeiro: Editora FGV, 2006

FERREIRA, Jorge; REIS, Daniel Aarão. *As esquerdas no Brasil 1*: a formação das tradições, 1889-1945. Rio de Janeiro: Civilização Brasileira, 2007.

FLECHET, Anaïs. *Si tu vas à Rio*. La musique populaire brésilienne en France au XXe siècle. Paris: Armand Colin, 2013.

FOUCAULT, Michel. *Surveiller et punir*. Paris: Gallimard, 2003.

FREYRE, Gilberto. *Ordem e progresso* [1959]. 5. ed. Rio de Janeiro: Record, 2000.

FREYRE, Gilberto. *Casa grande e senzala*. São Paulo: Global, 2004.

GAY, Jacques. « L>eau à bord aux XIXe et XXe siècles », *Neptunia*, n. 189, 1993, p. 8-17.

GILROY, Paul. *L'Atlantique noir*. Modernité et double conscience. Paris: Kargo, 2003.

GOFFMAN, Erving. *Asylums*: Essays on the Social Situation of Mental Patients and Other Inmates, Garden City (N.Y.): Doubleday and Co, 1961.

GOMES, Flávio dos Santos. *História de quilombolas*: mocambos e comunidades de senzalas no Rio de Janeiro, século XIX. São Paulo: Companhia das Letras, 2006.

GOMES, Flávio. *Negros e política* (1888-1937). Rio de Janeiro: Jorge Zahar, 2005.

GONZALEZ, Lélia. *Por um feminismo afro-latino-americano*: ensaios, intervenções e diálogos. Organização de Flávia Rios e Márcia Lima. Rio de Janeiro: Zahar, 2020.

GOODY, Jack. *Pouvoirs et savoirs de l'écrit*. Paris: La Dispute, 2007.

GRAMSCI, Antoni. *Los intelectuales y la organización de la cultura*. Buenos Aires: Nova Visión, 1972.

GREENHALGH, Juvenal. *O arsenal de Marinha do Rio de Janeiro na história*: 1822-1889. Rio de Janeiro: IBGE, 1965.

GRINBERG, Keyla; MUAZE, Mariana. *O 15 de novembro e a queda da monarquia*. Rio de Janeiro: Chão Editora, 2019.

GUIMARÃES, Antônio Sérgio Alfredo. *Racismo e anti-racismo no Brasil*. São Paulo: Ed. 34, 1998.

GUIMARÃES, Antônio Sérgio Alfredo. *Modernidades negras*: a formação racial brasileira (1930-1970). São Paulo: editora 34, 2021.

HALBWACHS, Maurice. *Les Cadres sociaux de la mémoire*. Paris: Albin Michel, 1994.

HALBWACHS, Maurice. *La Mémoire collective*. Paris: Albin Michel, 1997.

HEINSFELD, Adelar. Estanislau Severo Zeballos: artífice da política armamentista argentina no início do século XX, comunicação apresentada na 26ª Reunião da Sociedade Brasileira de Pesquisa Histórica, julho 2006.

HOBSBAWM, Eric. *The Age of Capital*: 1848-1875. Londres: Weidenfeld and Nicolson, 1975.

HOLLANDA, Ricardo de. Augusto Malta, a versão mecânica do flâneur. *Revista Rio de Janeiro*, n. 10, mai-août 2003, p. 177-192.

HOLLOWAY, Thomas H. *Polícia no Rio de Janeiro*: repressão e resistência numa cidade do século XIX. Rio de Janeiro: Fundação Getulio Vargas, 1997.

HOUGH, Richard. *La Mutinerie du cuirassé Potemkine*. Paris: Robert Laffont, 1960.

KRAAY, Hendrik. O abrigo da farda: o Exército brasileiro e os escravos fugidos, 1800-1888. *Afro-Asia*, Salvador, v. 17, 1996.

KIPLE, Kenneth F. (Ed.). *The Cambridge Historical Dictionary of Disease*. Cambridge: Cambridge University Press, 2003.

LARA, Sílvia Hunold; MENDONÇA, Joseli Maria Nunes (Org.). *Direitos e justiças no Brasil*: ensaios de história social. Campinas: Editora Unicamp, 2006.

LARA, Sílvia Hunold. Escravidão, cidadania e história do trabalho no Brasil. *Projeto História*, São Paulo, n. 16, fév. 1998, p. 25-38.

LENHOF, Jean-Louis. « Voile ou vapeur : le travail et la vie à bord des cargos français à la fin du XIXe siècle (1880-1920) », *Revue d'Histoire Maritime*, n. 5, 2006.

LEVI, Giovanni; SCHMITT, Jean-Claude (Org.). *Histoire des jeunes en occident*. Paris: Seuil, 1996.

LIMA, Ivana Stolze de. *Cores, marcas e falas*: sentidos da mestiçagem no Império do Brasil. Rio de Janeiro: Arquivo Nacional, 2003.

LORIGA, Sabina. *Soldats*: un laboratoire disciplinaire, l'Armée piémontaise au XVIIIe siècle. Paris: Mentha, 1991.

LOVE, Joseph. *The revolt of the whip*. California: Stanford, 2012.

LUSTOSA, Isabel. *O nascimento da imprensa no Brasil*. Rio de Janeiro: Jorge Zahar, 2003.

LUSTOSA, Isabel. *Imprensa, humor e caricatura*: a questão dos estereótipos culturais. Belo Horizonte: Ed. UFMG, 2011.

MAIA, João Prado. *A Marinha de guerra do Brasil na Colônia e no Império* (tentativa de reconstituição histórica). Rio de Janeiro: José Olympio, 1965.

MAESTRI, Mário. *Cisnes negros*: uma história da Revolta da Chibata. São Paulo: Moderna, 2000.

MARCONDES, Marcos Antônio (Ed.). *Enciclopédia da música popular brasileira*: erudita, folclórica e popular. São Paulo: Art Editora/Publifolha, 1999.

MARINS, Paulo César Garcez. Habitação e vizinhança: limites da privacidade no surgimento das metrópoles brasileiras. In: SEVCENKO, Nicolau (org.). *História da vida privada no Brasil*. v. 3, República: da Belle Époque à Era do Rádio. São Paulo: Companhia das Letras, 1997.

MARX, Karl. *A luta de classes na França de 1848 a 1850*. São Paulo: Boitempo, 2012.

MARTINS, Hélio Leôncio. *A revolta dos marinheiros, 1910*. São Paulo: Editora Nacional; Rio de Janeiro: Serviço de Documentação Geral da Marinha, 1988.

MATTOS, Ilmar Rohloff de. Construtores e herdeiros: a trama dos interesses na construção da unidade política. *Almanack Braziliense*, n. 1, maio 2005.

MATTOS, Hebe. *Das cores do silêncio*. Campinas: editora Unicamp, 2013.

MATTOS, Hebe; RIOS, Ana Lugão. *Memórias do cativeiro*: família, trabalho e cidadania no pós-abolição. Rio de Janeiro: Civilização Brasileira, 2005.

MARTINS FILHO, João Roberto. *A Marinha brasileira na era dos encouraçados, 1895-1910*. Tecnologia, forças armadas e política. Rio de Janeiro: FGV, 2010.

MBEMBE, Achille. *Necropolítica*. São Paulo: N-1 edições, 2018.

MBEMBE, Achille. *A crítica da razão negra*. São Paulo: N-1 edições, 2018.

MENEZES, Lená Medeiros de. *Os estrangeiros e o comércio do prazer nas ruas do Rio (1890-1930)*. Rio de Janeiro: Arquivo Nacional, 1992.

MENEZES, Nilza. Os sobreviventes do barco Satélite. *Primeira Versão*, n. 54, Porto Velho, out. 2001.

MIS. *João Cândido, o almirante negro*. Rio de Janeiro: Gryphus, Museu da Imagem e do Som, 1999.

MORAES. Paulo Ricardo de. *João Cândido*. Porto Alegre: Secretaria Municipal de Cultural, 2000.

MOREL, Edmar. *A revolta da chibata* [Organização de Marco Morel]. Rio de Janeiro: Paz e Terra, 2009.

MOREL, Edmar. *A revolta da chibata*. Rio de Janeiro: Graal, 1986.

MOREL, Edmar. *A trincheira da liberdade*: História da ABI. Rio de Janeiro: Rio Arte/Record, 1985.

MOREL, Edmar. *Histórias de um repórter*. Rio de Janeiro/São Paulo: Editora Record, 1999.

MOREL, Marco. *João Cândido e a luta pelos direitos humanos*. Brasília: Fundação Banco do Brasil, 2008.

MORGAN, Z. *Legacy of the lash*: race and corporal punishment in the brazilian navy and the Atlantic World. Bloomignton: Indiana University Press, 2015.

MOURA, Roberto. *Tia Ciata e a pequena África no Rio de Janeiro*. Rio de Janeiro: Funarte, 1983.

MUNANGA, Kabengele. *Rediscutindo a mestiçagem no Brasil*. Identidade nacional versus identidade negra. Petrópolis: Vozes, 1999.

NABUCO, Joaquim. *Essencial*. São Paulo: Penguin/Companhia das Letras, 2010.

NASCIMENTO, Abdias. *O Genocídio do Negro Brasileiro*. São Paulo: Editora Perspectiva/ IPEAFRO, 2016.

NASCIMENTO, Álvaro Pereira do. Do cativeiro ao mar: escravos na Marinha de Guerra. *Estudos afro-asiáticos* [online], n. 38, 2000, p. 85-112.

NASCIMENTO, Álvaro Pereira do. *A ressaca da marujada*: recrutamento e disciplina na Armada imperial. Rio de Janeiro: Arquivo Nacional, 2001.

NASCIMENTO, Álvaro Pereira do. *Cidadania, cor e disciplina na revolta dos marinheiros de 1910*. Rio de Janeiro: Mauad/Faperj, 2008.

NASCIMENTO, Álvaro Pereira do. *Do convés ao porto*: a experiência dos marinheiros e a revolta de 1910. Tese (Doutorado) – Departamento de História, Instituto de Filosofia e Ciências Humanas, Universidade Estadual de Campinas, 2002.

NASCIMENTO, Álvaro Pereira do. *João Cândido*: o mestre-sala dos mares. Niterói: Eduff, 2020.

NASCIMENTO, Moacir Silva do. Cor, racialização e sociedade: uma análise sobre a inserção de negros nas fileiras do oficialato da Marinha de Guerra do Brasil no pós-abolição (1908-1917). Dissertação (Mestrado em História) – Universidade Federal de Pelotas, Pelotas, 2019.

NEVES, Lúcia Maria de Bastos das; MACHADO, Humberto Fernandes. *O império do Brasil*. Rio de Janeiro: Nova Fronteira, 1999.

NOIRIEL, Gérard. *L'identification: genèse d'un travail d'Etat*. Paris: Belin, 2007.

Obra coletiva. *1964-2004: 40 anos do golpe* – ditadura militar e resistência no Brasil (anais do seminário "40 anos do golpe"). Rio de Janeiro: 7 Letras, 2004.

PURSEIGLE, Pierre, « La guerre au miroir de l'humour en France et en Grande-Bretagne: le dessin de la presse pendant la Première Guerre Mondiale », In: *Histoire et sociétés*: revue européenne d'histoire sociale, n. 1, 1er trimestre 2002, p. 124-137.

PRIORE, Mary del (Org.). *História das crianças no Brasil*. São Paulo: Contexto, 2006.

QUEIROZ, Suely Robles Reis. *Os radicais da República*. São Paulo: Brasiliense, 1986.

REIS, João José. *Rebelião escrava no Brasil*: a história do levante dos malês em 1835. São Paulo: Companhia das Letras, 2003.

REVEL, Jacques (dir). *Jeux d'échelles*. La Micro-analyse à l'expérience, Paris, Hautes Etudes-Gallimard-Seuil,1996.

REVENIN, Régis. *Homosexualité et prostitution masculine à Paris*, 1870-1918. Paris: L'Harmattan, 2005.

RIBEIRO, Darcy. *Os índios e a civilização*: a integração das populações indígenas no Brasil moderno. São Paulo: Companhia das Letras, 1996.

RIBEIRO, Djamila. *O que é lugar de fala?* Belo Horizonte: Letramento, 2017.

RIO, João do. *A Alma Encantadora das Ruas* [1908]. São Paulo: Companhia das Letras, 2005.

RIO, João do. *As religiões no Rio* [1904]. Rio de Janeiro: José Olympio, 2006.

ROCHA, Leandro Mendes. *A política indigenista do Brasil:* 1930-1967. Goiânia: Editora UFG, 2003.

RODRIGUES, Flávio Luís. *Vozes do mar*: o movimento dos marinheiros e o golpe de 64. São Paulo: Cortez, 2004.

RODRIGUES, João Carlos. *João do Rio: uma biografia*. Rio de Janeiro: Toopbooks,1996

ROUQUIE, Alain (dir.). *Les Partis militaires au Brésil*. Paris: Presse de la Fondation Nationale des Sciences Politiques, 1980.

ROMIEUX, Yannick. « La pathologie à bord des vaisseaux de l'Ancien Régime », *Neptunia*, n. 203, 1996, p. 23-32.

SALLES, Ricardo. *Guerra do Paraguai*: escravidão e cidadania na formação do Exército. São Paulo: Paz e Terra, 1990.

SAMET, Henrique. *A revolta do Batalhão Naval*. Rio de Janeiro: Garamond, 2011.

SCHWARCZ, Lilia Moritz. *As barbas do imperador*. São Paulo: Cia das Letras, 2002.

SCHWARCZ, Lilia Moritz. *O espetáculo das raças*: cientistas, instituições e questão racial no Brasil (1870-1930). São Paulo: Cia. das Letras, 2005.

SEVCENKO, Nicolau (Org.). *História da vida privada no Brasil*. v. 3. República: da Belle Époque à Era do Rádio, Companhia das Letras, São Paulo, 2002.

SEVCENKO, Nicolau. *A Revolta da Vacina: mentes insanas em corpos rebeldes*. São Paulo: Unesp, 2018 [1984].

SILVA, Alberto da Costa e. *Um rio chamado Atlântico*. Rio de Janeiro: Nova Fronteira/Ed. UFRJ, 2003.

SILVA, Ermínia. *Benjamim de Oliveira e a teatralidade circense no Brasil*. São Paulo: Ed. Altana, 2007.

SILVA, Eduardo. *As camélias do Leblon e a abolição da escravatura*: uma investigação de história cultural. São Paulo: Companhia das Letras, 2003.

SILVA, Marcos Antônio da. *A caricata República:* Zé Povo e o Brasil, São Paulo, CNPq/Marco Zero, 1990.

SILVA, Marcos. Nossa Classe: A Revolta da Chibata na imprensa operária. *Revista Brasileira de História*, São Paulo, mar. 1982, p. 33-44.

SILVA, Amizael Gomes da. *Da chibata ao inferno*. Porto Velho: Edufro, 2001.

SILVA, Francisco Bento da. História, degredados, gente sem memória. Encontro Regional de História, 12, ANPUH-Rio, Rio de Janeiro, 2006.

SMALLMAN, S.; SHAWN, C. Military terror and silence in Brazil, 1910-1945. *Canadian Journal of Latin American and Caribbean Studies*, v. 24, n. 47, 1999, p. 5-27.

SOARES, Carlos Eugênio Líbano. *A negrada instituição*. Rio de Janeiro: Arquivo Geral da Cidade do Rio de Janeiro, 1995.

SOARES, Carlos Eugênio Líbano. *A capoeira escrava e outras tradições rebeldes no Rio de Janeiro, 1808-1850*. Campinas: Editora da Unicamp, 2004.

SODRÉ, Nelson Werneck, História da imprensa no Brasil, Rio de Janeiro, Mauad, 1999

SOHN, Anne-Marie. « *Sois un homme!* » *La construction de la masculinité au XIXe siècle*. Paris: Seuil, 2009.

SOUZA, Fernando Gralha. Augusto Malta e o olhar oficial – Fotografia, cotidiano e memória no Rio de Janeiro - 1903/1936. *História, Imagem e Narrativas*, n. 2, année 1, avril/2006, p. 71-93.

SOUSA, Jessé. *A elite do atraso*: da escravidão a Bolsonaro. São Paulo: Leya, 2019.

STRAUSS, Lévi. *Race et histoire* [1957]. Paris: Denoël, 1987.

TAILLEMITE, Etienne. *L'Histoire ignorée de la Marine française*. Paris: Perrin, 1999.

TAMAGNE, Florence. *Mauvais genre?* Une histoire des représentations de l'homosexualité. Paris: La Martinière, 2001.

TOLEDO, Caio Navarro de (Org.). *1964*: visões críticas do golpe. Campinas: Editora da Unicamp, 1997.

TINHORÃO, José Ramos. *História social da música popular brasileira*. São Paulo: Editora 34, 1998.

TRINDADE, Hélgio. *La Tentation fasciste au Brésil dans les années trente*. Paris: Maison de Sciences de l'homme, 1988.

VALLADARES, Lícia. *La Favela d'un siècle à l'autre*: mythe d'origine, discours scientifiques et représentations virtuelles. Paris: Fondation de la Maison des Sciences de l'Homme, 2006.

VERDIER, Henri. *Flottes en colère*. La Grande mutinerie de la Marine britannique 1797. Paris: Nouvelles Éditions Latines, 1976

VERGE-FRANCESCHI, Michel. *Dictionnaire d'histoire maritime*. Paris: Éditions Robert Laffont, 2002.

VISCARDI, Cláudia Maria Ribeiro. *O teatro das oligarquias:* uma revisão da "política do café com leite". Belo Horizonte: C/Arte, 2001.

Esta obra foi composta em Arno Pro Light 13 para a editora Malê e impressa na Trio gráfica, no Rio de Janeiro, em agosto de 2024.